Florian Wacker

Zebras im Schnee

PIPER

Zu diesem Buch

Bei seinen Recherchen zum 75-jährigen Jubiläum des Bauhausnahen Stadtplanungsprogramms *Neues Frankfurt* fällt dem New Yorker Kunsthistoriker und Architekten Richard Kugelman ein Ende der 1920er-Jahre aufgenommenes Foto seiner Mutter Franziska in die Hände. Fotografin ist eine gewisse Ella Burmeister. Immer tiefer taucht er während einer Reise in die Main-Metropole in ihre Lebensgeschichte ein – würde er mehr Material von dieser völlig zu Unrecht vergessenen Künstlerin finden, wäre seine geplante Ausstellung nicht weniger als eine Sensation. Doch in welchem Verhältnis standen die beiden Frauen zueinander? Und warum hat die ehemalige Kunststudentin Franziska nach der Immigration in die USA 1933 nie mit ihrer Familie über diese Ella und ihre gemeinsame Zeit in Frankfurt gesprochen – und auch nicht mehr gemalt? Unversehens gerät Richard in eine Geschichte, die auch sein Leben für immer verändern wird.

»Florian Wacker hat mit ›Zebras im Schnee‹ einen mitreißenden Roman verfasst, über den Schmerz und die Sehnsucht nach einer Kunst und Liebe, die nie eine Möglichkeit erhielt.« *SWR Kultur*

*Florian Wacker*, geboren 1980 in Stuttgart, studierte Heilpädagogik sowie literarisches Schreiben am Deutschen Literaturinstitut Leipzig. Von ihm erschienen der Erzählband *Albuquerque* (2014), die Romane *Dahlenberger* (2015), *Stromland* (2018) und *Weiße Finsternis* (2021), wofür er mit dem Robert Gernhardt Preis ausgezeichnet wurde, sowie die Kriminalromane *Die Spur der Aale* (2023) und *Der goldene Tod* (2024). Er lebt mit seiner Familie in Frankfurt am Main und schreibt Prosa, Dramatik und Code. Mehr unter www.florianwacker.de.

Florian Wacker

# ZEBRAS IM SCHNEE

Roman

PIPER

Von Florian Wacker liegen im Piper bzw. Berlin Verlag vor:
Stromland
Weiße Finsternis
Zebras im Schnee



Ungekürzte Taschenbuchausgabe
ISBN 978-3-492-32120-4
Juli 2025

Georgenstraße 4, 80799 München, *www.piper.de*
Für direkten Kontakt und Fragen zum Produkt wenden Sie sich bitte an: *info@piper.de*
Umschlaggestaltung: zero-media.net, München
Umschlagabbildung: FinePic®, München;
La Cassette Bleu / Getty Images
Satz: Eberl & Koesel Studio, Kempten
Gesetzt aus der Adobe Garamond
Gedruckt von ScandBook in Litauen
Printed in the EU

*Für meine Mutter*

# PINEHURST AVENUE

New York City, 1997

In der plötzlichen Dunkelheit fühlte sich Richard wie verloren. Er wusste genau, wo er stand und wohin er greifen musste, um die Tür zu öffnen, aber er tat es nicht. Er blieb neben dem Lichtschalter stehen, durch die beiden hohen Fenster fiel das Leuchten vom Cooper Square: Da war sein Schreibtisch, das Regal mit den Büchern, da der Bildschirm, der Holzelefant von Sarah, den sie ihm aus Indien mitgebracht hatte; es war sein Büro, wie er es seit Jahren kannte, und doch fühlte er in der Dunkelheit eine seltsame Beklemmung, als könnte er sich nicht entscheiden, hinauszugehen, aber zurück an den Schreibtisch konnte er auch nicht, und so blieb er einfach stehen und wartete. Manchmal fragte er sich, über sich selbst erstaunt, was mit ihm los war, woher diese Zögerlichkeit kam, dieses Gefühl, nicht mehr von der Stelle zu kommen. Die Dinge, die er den Tag über getan hatte, kamen ihm plötzlich belanglos vor, all das, was Leute wie er so taten: nachdenken, schreiben, nachdenklich dasitzen und schreiben, mit den Studenten reden, zu viel Kaffee trinken, zu viel rauchen, ins Restaurant gehen. Dabei hätte er allen Grund, glücklich und zufrieden zu sein: Er hatte eine feste Professorenstelle an der Cooper Union, seine Freundin Sarah war eine erfolgreiche Architektin, und man hatte ihm vor ein paar Monaten angeboten – ihn als Nachfahren deutscher Immigranten geradezu bedrängt –, eine Architekturausstellung im International Center of Photography zum Thema *Neues Frank-*

*furt* zu kuratieren, was er, ohne viel darüber nachzudenken, angenommen hatte, geschmeichelt und überzeugt davon, etwas Großartiges auf die Beine stellen zu können, auch weil er gleich an seine alte Freundin Ilse gedacht hatte.

Doch genau das hatte ihm in den letzten Wochen immer mehr zu schaffen gemacht, denn Richard war mit der Planung der Ausstellung kaum vorangekommen. Bis auf ein paar lose Ideen hatte er keinen blassen Schimmer, *was* er zeigen sollte, ganz zu schweigen davon, *wie*. Bisher hatte er in solchen Situationen auf seinen Instinkt vertrauen können, darauf, dass zum richtigen Zeitpunkt der richtige Einfall kam und er dann mit der Arbeit begann, konzentriert, fokussiert, wie er es immer getan hatte.

Aber diesmal war es anders.

Die Idee und die damit verbundene Hoffnung, Ilse Bing würde ihm bei der Konzeption helfen, könnte vielleicht sogar selbst zu einem Teil der Schau werden, hatte sich rasch zerschlagen. In fast schon entrüstetem Ton hatte sie ihm gesagt, sie sei viel zu alt dafür, sie werde die Ausstellung sowieso nicht mehr erleben, was denn mit ihm los sei, ihr eine so absurde Idee anzutragen. Zaghaft hatte er noch versucht, sie sanft zu locken, nach wie vor sei sie doch eine bedeutende Fotografin, die Leute interessierten sich für ihre Arbeit, eine letzte große Schau. Aber natürlich hatte sie ihn durchschaut und mit einem Lächeln gesagt, da müsse er schon seinen eigenen Weg finden, nein, sie werde ihm nicht helfen, und er brauche auch gar nicht mehr damit anzukommen.

Ilses Abfuhr hatte Richard vollkommen ratlos zurückgelassen. Er wusste, dass man von ihm mehr erwartete, als nur die bekannten Architekten wie Ernst May oder Martin Elsaesser zu zeigen, dass man einen neuen Blick, einen neuen Zugriff von ihm wollte. Und jetzt saß ihm seit fast zwei Wochen auch noch der Museumsdirektor des ICP im Nacken, kaum ein Tag verging, an dem er Richard nicht eine E-Mail schrieb oder anrief, um zu erfahren, was denn nun sein Konzept sei, worauf sich die Sponsoren und Förderer einstellen könnten.

Er wusste es einfach noch nicht.

Richard öffnete die Bürotür und sah in den hell erleuchteten Gang, trat hinaus und zog die Tür hinter sich zu. Um diese Uhrzeit war er wahrscheinlich allein im Haus. Als er unten in der Lobby ankam, grüßte er den Sicherheitsmann und verließ den alten Ziegelbau raus auf den Cooper Square, überquerte die Straße und ging die East 8th Street bis zur Kreuzung Broadway hinauf. Dort nahm er die Subway und fuhr bis zum Times Square, stieg um und sauste weiter Richtung Norden, parallel zum Hudson River, haarscharf am Central Park vorbei, sah davon aber nichts, sah nur sein eigenes müdes Gesicht in der Scheibe gespiegelt und die müden Mienen der anderen Fahrgäste. Er hielt seine Tasche vor sich auf den Knien, darin ein neuerlicher Umschlag von Adrian mit Bildern, die er sich unbedingt ansehen müsse. Adrian, sein engster Mitarbeiter, durchsuchte seit einiger Zeit Archive, nahm Kontakt zu Sammlern alter Fotografien auf und übergab ihm von Zeit zu Zeit einen Umschlag mit Bildern, von dem sich Richard jedes Mal erhoffte, darin endlich eine überzeugende Anregung für das Ausstellungsprojekt zu finden.

Den ganzen Nachmittag war er nicht dazu gekommen, sich die Aufnahmen anzusehen, die wöchentliche Sprechstunde, mehrere Telefonate und ein Artikel für die Wochenendausgabe der *New York Times* zur letzten Durchsicht waren ihm dazwischengekommen. Vielleicht hatte er aber einfach nur Angst gehabt, auch dieses Mal enttäuscht zu werden. Er rieb sich mit zwei Fingern über die Stirn; zu Hause warteten eine dunkle Wohnung und die Reste der Lasagne vom Wochenende auf ihn. Er dachte wieder an den Museumsdirektor oder *Executive Director*, wie er sich selbst bezeichnete, ein hochgewachsener Mann mit zurückgehendem Haaransatz, John Rosen, sie duzten einander zwar, aber Richard verband mit ihm nichts Freundschaftliches, in letzter Zeit durchfuhr es ihn vielmehr, wenn er Johns Namen in einer Mail las oder seine Stimme am Telefon hörte.

An der Station 181st Street verließ er die Subway und stieg zurück an die Oberfläche, Hudson Heights, seit fast sechs Jahren wieder seine Heimat. Er blieb stehen, sah das nervöse Blinken der Ampeln und überlegte, ob er sich im *Hudson View* noch ein Sandwich holen und die Lasagne ignorieren sollte, entschied sich jedoch dagegen und machte sich auf den direkten Weg nach Hause. Die geräumige Wohnung lag in der Pinehurst Avenue. Hier war er groß geworden, zwei Straßen weiter hatte sich die Praxis seines Vaters befunden, und obwohl er jahrelang an immer anderen Orten gelebt hatte, dort, wohin ihn seine Projekte geführt hatten, bereute er den Entschluss keine Sekunde, vor sechs Jahren zurück in die Wohnung seiner Kindheit gezogen zu sein. Er war weder sentimental, noch glaubte er, etwas gutmachen zu müssen, aber es war wie ein Heimkehren gewesen, die fünf- und sechsstöckigen Häuser hier in den Heights mit ihren flachen Dächern, den schmalen Fenstern und den alten Bäumen davor gaben ihm Sicherheit und Stabilität.

Richard stand in der dunklen Wohnung und sah die Anzeige des Anrufbeantworters blinken. Während er die Nachricht abhörte, saß er auf dem Sofa und zog sich die Schuhe aus. Sie war von Eleonore. Seine Schwester erinnerte ihn zum wiederholten Mal an den sechzigsten Geburtstag von Carl, dass er sich den Sonntag auf jeden Fall frei halten müsse, um zu ihnen zu kommen, am besten übers gesamte Wochenende, dann könnten sie ausgedehnt miteinander frühstücken und hätten mal wieder Zeit füreinander. Ob Sarah auch mitkomme?

Richard schob die Lasagne in den Ofen und schaltete den Plattenspieler an. Gerade hatte er eine nostalgische Phase und hörte besonders gern die frühen Ultravox und Joy Division. Die ersten Takte von *Disorder* erfüllten das Wohnzimmer, *I've been waiting for a guide to come and take me by the hand*, sang Ian Curtis. Morgen würde er Ilse wieder besuchen. Vielleicht, so seine Hoffnung, würde sie ihm zumindest ein paar ihrer Bilder aus der Frankfurter Zeit überlassen, die er dann zusammen mit anderen Fotos ausstellen könnte. Etwas Besseres fiel ihm im Moment nicht ein.

Richard holte die Lasagne aus dem Ofen, schenkte sich ein halbes Glas Wein ein und setzte sich an den Tisch. Adrians Umschlag mit den Bildern lag vor ihm, aber er rührte ihn noch nicht an. Er aß ein Stück Lasagne und dachte dabei an Johns letzte E-Mail, seine nachdrückliche Bitte, sich doch endlich zu äußern, und er dachte an seine Antwort, die er nach einigem Zögern geschrieben hatte: dass er bald in Frankfurt auf einem Symposium sein würde und ihm danach zeitnah ein erstes Konzept vorlegen wolle. Natürlich war das ein Hinhalten, aber es verschaffte ihm etwas Zeit und war mit der vagen Hoffnung verbunden, bei der Tagung tatsächlich auf etwas zu stoßen, was ihn weiterbringen könnte.

Schließlich schob er den Teller beiseite und begann, sich die Abzüge anzusehen. In einer beigelegten Notiz nannte Adrian die Fotografin: Ella Burmeister – Richard hatte diesen Namen noch nie gehört, obwohl er sich gut in der Zeit der 1920er-Jahre rund um das Bauhaus und die Weimarer Republik auszukennen glaubte. Die Bilder waren mit einer Leica gemacht worden: Feiernde in einem Tanzlokal, *Malepartus, Frankfurt am Main*, las er auf der Rückseite; begeisterte Gesichter während einer Sportveranstaltung, *Sechstagerennen*; Arbeiter vor einem neu errichteten Gebäude, *Gartenbad Fechenheim*; eine Straße, ein Durchgang, *Siedlung Höhenblick*.

Auf einem weiteren Bild eine Ansammlung von Menschen, Dunkelheit, Laternenlicht, ein Demonstrationszug, *Erwerbslosendemonstration der KPD*, las er. Das nächste Bild: ein Gesicht, im Hintergrund Aufruhr, geweitete Augen. Er verschluckte sich, hustete und hielt das Foto etwas weiter von sich weg, drehte es um. *KPD-Demonstration*, mehr stand da nicht. Er sah wieder auf die Fotografie. Wie konnte das sein? Wie um alles in der Welt … Auf dem Foto war Franziska, seine Mutter, zu sehen, ohne jeden Zweifel. Ihr Haar war kürzer, als er es gekannt hatte, das Gesicht schmaler, aber Augen und Mund, dieser bohrende, fast strenge Blick … Eindeutig, sie war es. Mitte zwanzig, schätzte er. Irgendwo in Frankfurt am Main.

Er betrachtete das Foto lange, dann rief er Adrian an, entschuldigte sich für die späte Störung und fragte ihn, woher diese Aufnahmen kamen. Sein Assistent war etwas angetrunken, versuchte aber, konzentriert zu sprechen. Von einem Mann aus Berlin habe er die Bilder bekommen, der Enkel eines Zeitungsredakteurs, Genaueres könne er ihm morgen sagen. Ob was Interessantes dabei sei? Vielleicht, sagte Richard, wünschte ihm noch einen schönen Abend und legte auf.

Er war verwirrt, als hätte man ihn mit einer geheim gehaltenen Geburtstagsfeier überrascht. Aber hatte er sich nicht genau solch einen Moment herbeigewünscht? Einen Hinweis, endlich eine Anregung? Er wusste, dass seine Mutter ihre Kindheit und Jugendzeit in Frankfurt verbracht hatte, und vielleicht hatte er auch deshalb so schnell die Aufgabe mit der Ausstellung übernommen, weil er insgeheim darauf hoffte, dadurch seiner Mutter etwas näher zu kommen. Nur hätte er sich ihr lieber behutsam genähert. Seine Mutter hatte so gut wie nie über ihre Zeit in Frankfurt erzählt; er wusste, dass sie damals schon bei Grandpa Henry und Grandma Elsa gelebt, dass sie ein Gymnasium besucht und dann an der Kunstgewerbeschule zu studieren begonnen hatte. Und er wusste auch, dass Grandpa und Grandma in Wahrheit Onkel und Tante seiner Mutter gewesen und ihre leiblichen Eltern früh bei einem Brand ums Leben gekommen waren. Aber dass sie neben der Malerei auch politisch aktiv gewesen war, hatte sie ihnen allen verschwiegen. Wohl zu Recht: Ein solches Foto in den falschen Händen hätte sie während der McCarthy-Jahre in ziemliche Schwierigkeiten bringen können. Sämtliche Fotos, die er von ihr kannte, waren in den Heights aufgenommen worden, das früheste kurz nach ihrer Ankunft 1934, in einer kleinen Wohnung, die sie mit Henry und Elsa bewohnte; in den Alben fanden sich ansonsten nur die üblichen Aufnahmen von Hochzeiten, Geburtstagsfeiern, Jubiläen. Franziskas Leben vor New York lag dagegen vollständig im Dunkel.

Plötzlich fragte er sich, wie gut er seine Mutter überhaupt gekannt hatte. Wie wahrscheinlich auch seine Geschwister Carl und Eleonore hatte er sie vor allem als Mutter und weniger als Menschen mit eigenen Wünschen, Hoffnungen, mit einer eigenen Geschichte gesehen, die losgelöst von seiner bestanden hatte. Wieder betrachtete er die Fotografie und überlegte kurz, seine Schwester anzurufen, entschied sich aber dagegen. Er trank den Wein aus, stand auf und ging ins Schlafzimmer. Während er in seinen Pyjama schlüpfte, dachte er an die morgige Verabredung mit Ilse. Vielleicht hatte sie schon einmal von Ella Burmeister gehört. Ilse war in Frankfurt aufgewachsen, hatte dort die Universität besucht und später auch als Fotografin gearbeitet.

Trotz der Vorhänge fiel das Licht von der Pinehurst Avenue weich in den Raum. Richard sah an die Decke. Er schlief in letzter Zeit schlecht ein, kaum lag er, begannen die Gedanken zu kreisen, der Tag zog an ihm vorbei, kurze Gesprächsfetzen, Gesichter, zu denen sich jetzt auch das seiner Mutter gesellte.

Er versuchte, die junge Frau von der Fotografie mit seiner Mutter in Einklang zu bringen. Dabei wälzte er sich herum, zog die Decke über die Schultern, aber bald wurde ihm zu warm, und er befreite die Arme wieder.

Der Mann, von dem die Bilder stammten, heiße August Geisenheyner, sagte Adrian am nächsten Morgen. Er sei der Enkel eines gewissen Max Geisenheyner, früher Redakteur bei der *Frankfurter Zeitung* und jahrelang Schriftleiter beim *Illustrierten Blatt*; von seinem Großvater habe er ein ganzes Konvolut an Bildern geerbt. Adrian erzählte weiter, wie er August Geisenheyner in einer Newsgroup für historische Fotografien aufgespürt und mit ihm Kontakt aufgenommen hatte. Aber da hörte Richard schon gar nicht mehr richtig hin, lehnte sich stattdessen im Stuhl zurück und sah durch eins der hohen Bürofenster hinaus. Zur Mittagszeit war er mit Ilse verabredet, er würde einen kleinen Lunch besorgen und sie in ihrer Wohnung besuchen.

Es war ein herrlicher Märztag, die Luft klar, der Himmel wolkenlos. Den kurzen Weg rüber nach East Village ging Richard zu Fuß, besorgte unterwegs zwei Sandwiches, von denen er wusste, dass er sie wahrscheinlich beide würde essen müssen. Vor einigen Jahren, zu Beginn seiner Zeit an der Cooper Union, hatte er eine Ausstellung mit Bildern von Ilse Bing mitgestaltet und während der Arbeiten daran auch die Künstlerin persönlich kennengelernt. Ohne sein Zutun hatte sie in ihm etwas entdeckt, was sie anzog, was ihn interessant für sie machte, und so hatten sie sich auch nach der Ausstellung immer wieder getroffen, zuerst noch zu Spaziergängen durch die Parks oder entlang des East River, später dann, als es Ilse gesundheitlich immer schlechter ging, bei ihr zu Hause.

Sie umarmte Richard, trotz ihrer augenscheinlichen Schwäche nur auf die Gehhilfe gestützt, und bat ihn herein. Es roch nach gekochter Milch, nach Papier und Parfüm. Er begrüßte Roberta, die Pflegerin, die Ilse seit Jahren Tag und Nacht begleitete. Sie setzten sich ins Wohnzimmer, Ilse aufs Sofa, Richard an den Tisch. Roberta stellte ihm eine Dose Coca-Cola hin, und wie immer verweigerte Ilse das Sandwich. Über ihre Gesundheit sprachen sie so gut wie nie, immer nur über Kunst, über Fotografie, Kinofilme, Literatur. Er biss einmal in das Sandwich, formulierte in Gedanken schon seine Frage nach ihren Frankfurter Fotos, als er innehielt. Ilse ging es augenscheinlich nicht gut. Sie atmete schwer, ihre Hände zitterten.

»Ist alles in Ordnung?«, fragte er.

»Ach, Richard, wie soll es einer fast Hundertjährigen schon gehen? Ich bin ja froh, dass ich noch laufen kann. Und ich gebe mir wirklich Mühe, hier bei dir zu sitzen.«

»Ja, das sehe ich. Und ich bin dir sehr dankbar dafür.« Er legte das Sandwich zurück auf die Papiertüte, wischte sich mit einer Serviette über den Mund. Aus dem Flur kam leise Musik, Roberta war wahrscheinlich in der Küche beschäftigt, er konnte sie mitsummen hören. Nein, er würde Ilse nicht weiter mit der Ausstellung behelligen, sie hatte recht: Er musste selbst einen Weg finden. Sie hatte so viel gesehen und so viel erlebt, Ausstellungen, Auszeichnungen, Ehrungen für ihr Lebenswerk, sie wollte einfach nur noch ihre Ruhe haben hier in der Wohnung zwischen all den Bildern. Stattdessen würde er ihr die Fotografien von Ella Burmeister zeigen.

»Schau mal, diese Bilder könnten dich interessieren«, sagte er, stand auf und holte aus seiner Tasche die Fotos. Er trat zu Ilse ans Sofa und legte ihr die Aufnahmen in den Schoß. »Sie stammen aus Frankfurt, eine Ella Burmeister hat sie aufgenommen. Kanntest du sie vielleicht?«

Er konnte sehen, wie Ilses Augen sich weiteten, wie sie nachdachte und unruhig etwas auf dem ersten Bild wie auf einer Landkarte suchte. Dann sah sie hinauf zur Decke, und plötzlich entspannte ein sanftes Lächeln ihre Züge.

»Natürlich, Ella, Ella Burmeister.« Ilse sprach meist Deutsch mit Richard, und auch er wechselte dann die Sprache, versuchte es zumindest. »Wir hatten damals in Frankfurt zusammen eine Ausstellung, ich weiß nicht mehr, wann. Sie war talentiert.«

Richard nickte und machte sich eine Notiz. Er deutete auf das Foto von der Demonstration. »Das da ist meine Mutter Franziska«, sagte er, und Ilse lächelte, so, als wüsste sie das längst.

»Ella war ein unscheinbares Mädchen«, sagte sie und sah Richard an, »sie hatte so gar nichts Extrovertiertes an sich, weißt du, sie wirkte nicht wie eine Künstlerin, obwohl sie durch und durch eine war. Sie hat gearbeitet, immer gearbeitet, wie ich auch, sie war immer in Bewegung, verstehst du, etwas anderes blieb uns auch gar nicht übrig, uns Frauen. Wir haben uns in Paris noch einmal gesehen, 1933 muss das gewesen sein, danach habe ich nie wieder von ihr gehört.«

Richard sah, wie Ilses Kraft von Minute zu Minute schwand. Sie bat Roberta, sie ins Schlafzimmer zu bringen. Er stand auf, dankte der Freundin, beugte sich zu ihr, und sie küsste ihn auf die Wange. Dann humpelte sie langsam, auf die Gehhilfe gestützt, aus dem Raum. Achtundneunzig Jahre, ein gelebtes Jahrhundert.

Unten auf der Straße brauchte Richard einen Moment, um sich wieder in der Zeit zu orientieren. Es war 1997, und er war hier, in New York. Doch er ahnte bereits, dass ihn die Arbeit an der Ausstellung tief in die eigene Vergangenheit zurückführen würde, an Orte, die er bisher stets gemieden hatte. Und vielleicht hatte er mit dem Namen Ella Burmeister jetzt endlich auch das, wonach er so lange gesucht hatte: einen guten Anfang.

# DIE LEICA

Frankfurt am Main, 1927

*Kein Licht, nur Ahnungen.*

*

Sie steht still da und lauscht. Sie fröstelt trotz des milden Frühsommertags, traut sich aber nicht, die Augenbinde abzunehmen, obwohl eine Enge in ihrer Brust aufsteigt. Nicht schauen, hat ihr Franziska ins Ohr geraunt, nicht schauen! Wenn du schaust, machst du alles kaputt, und hat ihr den Schal noch etwas fester um den Kopf gebunden. Also hält sie still, nicht schauen, ganz still. Sie atmet und bewegt etwas den Kopf, versucht, hinter dem Stoff zu blinzeln, schließt die Augen. Durch das geöffnete Fenster dringen die Geräusche der Straße zu ihr, plötzlich hört sie alles mit erschreckender Intensität, die knirschenden Reifen eines Automobils, die Schritte der Leute unten auf der Straße, die entfernten Erschütterungen einer Elektrischen, ein Kind ruft den Namen eines anderen Kindes, »Hannes, Hannes!«; die aufgeregte Stimme eines Mannes, »Gehste her, Waldi, gleich gehste sofort her, Mistvieh, miserables«, eine Frau, die direkt unter dem Fenster stehen muss und hinaufruft, »Willste zum Ochsenfleisch Kartoffelsticker oder willste Gemies oder Grie Sooß?«, und Ella kann nicht anders, sie beginnt zu kichern. Dieser komische dicke Mann mit seinem kleinen Hund, er watschelt wie eine Ente, und das miserable Mistvieh springt zwischen seinen Beinen herum, da *muss* er ja fluchen, der Arme, und das Gesicht der Frau ist unwirsch, wann kommt der Alte endlich ans Fenster, Gemies oder Grie Sooß, was denn nun, Alterchen, was denn nun? Fast verliert Ella das Gleichgewicht, dann spürt sie eine Hand am Arm, die sie sanft zurückhält.

»Pst«, zischt Franziska direkt hinter ihr. Ella zuckt zusammen, tastet um sich. Da sind nur die ungefähren Umrisse des Raums, Ahnungen von Möbeln, ein bisschen wie beim Versteckspiel, als wären sie wirklich noch Kinder, schau nicht hin, mach die Augen zu, dann wird alles gut. Sie spürt Franziska neben sich.

»Komm mit«, sagt sie, »aber du darfst nicht schauen.«

Ella nickt, nicht schauen, kleine Schritte. Franziska schiebt sie sachte vor sich her, und Ella tappt durch den Raum, stößt gegen das Bett und zuckt zusammen.

»Autsch!«

»Pass auf, wo du hintrittst.«

»Pass *du* auf, du hast die Augen!«

»Hör auf zu jammern.«

Ella spürt den kühlen Luftzug aus dem Treppenhaus, dann weiter in die Wohnstube. Wieder stößt sie gegen etwas, blödes Spiel, aber da sagt Franziska, »Jetzt ist es gleich so weit«, und Ella ertastet die Lehne eines Stuhls. Und jetzt?

»Wart noch, gleich!« Ein Zündholz ratscht, es riecht nach Feuer. Franziska pustet ihr sachte ins Gesicht. »Jetzt darfst du.«

Ella zieht sich den Schal von den Augen und blinzelt ins helle Licht dieses Junitags. Vor ihr auf dem kleinen Tisch steht ein Schokoladentörtchen, eingeschlagen ins weiße Spitzenpapier der Konditorei Weber, eine schmale Kerze brennt, und neben dem Kuchen, hübsch hinter einem Strauß Blumen arrangiert, steht ein Karton, umwickelt mit Schleifenband.

»Herzlichen Glückwunsch, liebste Ella«, Franziska nimmt sie in den Arm und drückt ihr einen Kuss auf die Wange. »Und jetzt mach es auf!«

Die Glasur des Törtchens glänzt so verführerisch, Ella würde am liebsten sofort hineinbeißen, zumindest einmal drüberlecken, aber sie hält sich zurück, nicht gierig sein, alles zu seiner Zeit, hört sie die Stimme der Mutter, sei nicht so ungeduldig. Zurückhaltung und Anstand. Sie ist jetzt zweiundzwanzig. Um sie herum wuchert, tanzt, taumelt die Stadt, eine neue Zeit. Zum Teufel mit Zurückhaltung und Anstand. Sie beugt sich über das Törtchen und leckt daran. Der Geschmack ist überwältigend, ist plötzlich überall in ihrem Mund. Franziska lacht hell auf, und Ella grinst.

»Du bist gierig.«

»Ist ja auch mein Geburtstag.«

»Jetzt mach's schon auf!«

Ella setzt sich, nimmt das Paket und legt es sich auf den Schoß. Es ist schwerer als erwartet. Was um alles in der Welt hat sich Franziska da wieder einfallen lassen? Ein neues Paar Schuhe, Bücher? Oder einfach ein paar Flusskiesel, zuzutrauen wär es ihr. Ella zieht das Band vom Paket und hebt es an. Franziska steht hinter ihr, leicht über ihre Schulter gebeugt. Ella sieht sie an. Über die Stirn der Freundin zieht sich eine schmale Falte, als wäre sie angespannt, aber sie lächelt.

»Nun mach schon!«

Ella hebt den Deckel ab. Etwas ist in Seidenpapier eingeschlagen, das Papier knistert zwischen den Fingern. Sie lässt es achtlos neben sich fallen, denn das, was sie da vor sich in der Pappschachtel liegen sieht, verschlägt ihr den Atem. Sie schaut wieder zu Franziska. Die hat sich aufgerichtet, die Falte ist aber nicht verschwunden. Was um alles in der Welt? Ella presst eine Hand auf den Mund, um nicht loszuschreien. Da vor ihr liegt, schlank und matt schimmernd, die Kleinbildkamera *Leica I*, sie erkennt sie sofort, beißt sich auf den Mittelfinger.

»Blödes Geschenk, nichts für eine Frau«, Franziska lehnt sich an den Schrank und verschränkt die Arme vor der Brust.

»Du bist völlig übergeschnappt«, bringt Ella hervor. Eine Leica. Die Kamera ist gerade mal zwei Jahre auf dem Markt und kostet ein Vermögen. Sie steht auf, die Schachtel im Arm wie ein Wickelkind, stellt sich vor Franziska. »Woher hast du die?«

»Sie gefällt dir nicht, oder?«

»Ich …«, Ella weiß nicht, was sie sagen soll. Ist das ein Scherz? So etwas kann Franziska unmöglich verschenken wollen. »Woher ist die? Willst du sie nicht selbst benutzen?«

Franziska grinst verschlagen, wissend; das schlaue Kindergesicht der Neunjährigen, die gerade einen Plan ausheckt, um an ein paar Bonbons zu kommen. »Von Papa«, sagt sie. »Du weißt ja, wie viele Leute der kennt, und vor ein paar Wochen hat er sie mit nach Hause gebracht und mir gegeben. Sie hat schon ein paar Kratzer, aber ansonsten ist sie tadellos.«

»Warum schenkst du sie mir?«

»Du willst sie nicht, oder? Dann werf ich sie einfach aus dem Fenster, und der erstbeste Idiot kann sie mitnehmen und damit ein paar lächerlich dumme Fotos machen, wenn er denn überhaupt kapiert, wozu das alles da ist, die Knöpfe und der ganze Kram, oder ich versenk sie im Main, und wir vergessen alles.«

»Jetzt hör auf damit«, Ella stellt die Schachtel auf den Tisch und schlingt die Arme um ihre Freundin, zieht sie an sich. »Das ist das tollste, das beste, das herrlichste Geschenk, das du mir machen konntest!«

Die beiden sehen sich an, haben gerötete Wangen.

»Du weißt ja, dass ich dieses Ding nie benutzen würde«, sagt Franziska. »Du weißt, was ich darüber denke.«

Ella setzt sich wieder. Sie weiß, dass Franziska nichts von der Fotografie hält, ein kleines Freizeitvergnügen vielleicht, ein Hobby wie Sticken oder Flache-Steine-Sammeln.

»Nimm sie doch mal in die Hand«, sagt Franziska.

Ella tut es, befühlt die Leica mit den Fingern, die gerillten silbernen Knöpfe und Verschlüsse, hält sie sich vors rechte Auge, kneift das linke zusammen und sieht durch den Sucher, Franziskas Gesicht, die Stirn hat sich wieder beruhigt, zwei wache Augen, die Wangen leicht gerötet.

»Film ist drin«, sagt Franziska.

»Halt still«, Ella richtet sich auf, sucht mit dem Finger nach dem Auslöser, dreht an der Blende, noch ein zögerndes Herumtasten, der Apparat ist so leicht, so nah am Leben. Dann Klick, dieses wunderbare mechanische Geräusch, sie dreht den Aufzugsmechanismus weiter bis zum Anschlag, fertig.

»Und jetzt Kuchen und Sekt«, sagt Franziska.

Sie machen sich über das Schokoladentörtchen her, Franziska schenkt Sekt ein, und sie lassen die Gläser klingen. Mit klebrigen Händen und Schokoresten in den Mundwinkeln stehen sie in der warmen Sonne draußen auf dem Dachbalkon, dem *Belvederchen*, und teilen sich eine Zigarette. Die Leica ist mit einem schönen Lederband ausgestattet, sodass man sie sich wie eine Tasche umhängen kann. Ein warmer Wind geht, und Ella sieht überall Licht und Schatten, überall kleine Spielereien, irgendwas im Wind, dazu die Geräusche von der Straße, vielleicht ist der Mann mit dem Hündchen noch irgendwo da unten, alles lohnt sich festgehalten zu werden, klick – und eingefangen in dieser kleinen Aluminiumschachtel mit dem magischen Namen. Leica. Von heute an ihr drittes Auge.

»Los, wir haben noch einiges vor«, sagt Franziska und sieht Ella verschwörerisch an.

»Und was?«

»Überraschung.«

Franziskas Überraschungen. Ella ist müde, erschöpft von diesem Tag, der wie immer um sechs begonnen hat, raus aus den Federn und rauf aufs Rad, rüber zur Universität, auf die harten Bänke; an die Blicke dort hat sie sich mittlerweile gewöhnt, und doch starrte sie wieder dieser seltsame Mensch an, Flaum im Gesicht und Mundgeruch, sie ließ sich aber nichts anmerken, versuchte, sich aufs Gebrabbel von Professor Siegel zu konzentrieren. Dann wieder aufs Rad und mit wehenden Fahnen zu Franziska. Die sitzt jetzt neben einem der Blumenkästen, um die sie sich zu kümmern hat, Vereinbarung mit ihrem Vermieter und dem Papa, der gar nicht ihr Papa, sondern ihr Onkel ist, Advokat Heinrich Goldblum. Er hat ihr diese Wohnung unterm Dach beschafft und bezahlt alles; das Haus bewohnt Richter Hemberger mit seiner Familie, ein netter Mann mit feuchten Augen.

Franziska reicht ihr die Zigarette und streckt sich. »Bist du bereit?«

»Bin ich!«

»Na, dann los!«

*

Das Schaukeln der Elektrischen macht Ella müde, der Sekt ist ihr zu Kopf gestiegen, die halbe Zigarette weckt ihren Appetit. Für einen Augenblick lehnt sie den Kopf an Franziskas Schulter und schließt die Augen. An der Hauptwache schreckt sie hoch, ein unglaubliches Gewusel am Freitagnachmittag, Gebimmel, Hupen, Fahrradklingeln. Franziska rückt sich den Hut zurecht. Ella nimmt die Leica und sieht durch den Sucher, ein erstaunliches Gefühl mit dieser Apparatur vor dem Gesicht, als würde der Blick durch den Sucher ihr Sehen verändern, in Einzelteile aufspalten: Da ist eine Gruppe Schupos, zwei Typen mit Zigaretten im Mund und Armbinden, wahrscheinlich Kommunisten, eine Frau mit mächtigem Hut, ein Pferdekarren, beladen mit Fässern, nähert sich, dann ruckt die Elektrische weiter, alles gerät durcheinander, beginnt sich zu drehen. Ella schließt die Augen. Es geht unter schattigen

Bäumen über die Zeil weiter zur Pfingstweide, da zieht Franziska sie am Arm, und sie steigen aus, stehen vorm Eingang zum Zoologischen Garten.

»Ich bin seit Ewigkeiten nicht mehr im Zoo gewesen«, sagt Franziska und bezahlt den Eintritt. »Ich habe Sehnsucht nach Nashörnern, Elefanten und Zebras!«

Also streifen sie für zwei Stunden durch das weitläufige Parkgelände mit den Käfigen und Gehegen, sitzen eine Zeit lang am Weiher im Schatten und rauchen, amüsieren sich über die putzig-munteren Totenkopfäffchen, die, so Franziska, eine seltsame Traurigkeit in ihr auslösen: Denn obwohl sie so lebendig seien, schaue sie doch gleichzeitig immer in das Gesicht des Schnitters, liege da der frech grinsende Schatten des Todes auf den Tieren.

»Mach mal ein Foto, los!«

Vor dem Gehege der Zebras nimmt Franziska den Hut ab und legt den Kopf schräg, tut wie eine Schauspielerin. Und irgendwie hat sie auch etwas davon, ein einnehmendes Lachen, feine Grübchen, glänzend blonde Haare. Ella ist lieber hinter der Kamera, auf der anderen Seite. Sie kann das nicht so wie Franziska, so dastehen und allen zeigen, dass sie da ist, schaut mich an, hier bin ich, und ich habe etwas vor. Ella hat zwar die schmale, bubenhafte Gestalt, die jetzt überall auf den Modeplakaten zu sehen ist, mittellang gelocktes Haar, lange Arme, aber sie hätte gern auch so einen schönen Busen wie Franziska, Grübchen und ein anziehendes Lächeln.

Am Gehege der Antilopen drehen sie das Spiel um, jetzt muss sich Ella vor dem Gatter aufstellen, und Franziska hält sich die Kamera vors Gesicht und sagt: »Nun schau nicht so ernst, zeig lieber mal dein schönstes Lächeln«, und Ella versucht es. »Du bist hier doch nicht beim Zahnarzt«, ruft Franziska, »und beim Karneval sind wir auch nicht, also keine Grimassen, verdammt noch mal!«

Ella streckt ihr die Zunge raus.

Weiter geht es durch den Park, die Leica führt sie: Weidenbäume und Platanen, ein kleiner Bachlauf, ein Springbrunnen; Licht und Schatten; Holzfasern und das dunkle Fell eines Pumas; Lichtpunkte in Franziskas Gesicht, ihre Sommersprossen leuchten.

Ellas Magen beginnt zu knurren, dumpf und grollend.

»Dagegen müssen wir sofort etwas tun!«, entscheidet Franziska.

Sie stürmen dem Ausgang entgegen, grüßen einen Parkwächter und verlassen das Gelände, raus auf die Pfingstweide, die Elektrische fährt ihnen vor der Nase weg. Dann laufen sie halt ein Stück die Zeil runter Richtung Hauptwache im Laubschatten. Der Nachmittag ist viel zu warm, die Herren und Damen schwitzen, und ständig wischen Tücher über gerötete Gesichter. Plötzlich, einfach so, ist es Sommer geworden.

Sie finden Platz im Café Corso, bestellen Limonade, Mokka und Kuchen, dem Kellner im weißen Frack perlt Schweiß von der Stirn, er verbeugt sich knapp und stürmt wieder davon, schlängelt sich durch die Reihen der Tische wie ein Hindernisläufer. Alles drängt an diesen ersten warmen Sommertagen nach draußen, die Zeil ist voller Menschen, Automobile, ab und an ein Pferdegespann, die Elektrischen zischen hin und her. Franziska fächelt sich theatralisch Luft mit ihrem Hut zu und macht ein gequältes Gesicht. Der Kellner taucht wieder auf, stellt ihre Bestellung auf den Tisch, Franziska fragt, ob er ihr auch Zigaretten bringen könne, er verbeugt sich knapp und wedelt davon.

»Du rauchst zu viel«, sagt Ella.

»Ich weiß, und es ist mir egal«, Franziska teilt ihr Stück Sahnetorte in zwei Teile. »Weißt du, was Peter letztens zu mir gesagt hat? Ich gehöre auf eine Bühne oder vorne drauf aufs *Illustrierte Blatt.*«

»Meinst du Peter Westphal, den Kommunisten?«

Franziska nickt. Der Kellner bringt die Tabakware.

»Der will sich nur bei dir einschmeicheln. Der hat doch nicht besonders viel im Kopf außer Apfelwein und Prügeleien.«

»Ich glaube, der hätte mich gern als sein Püppchen«, Franziska lehnt sich zurück, zieht eine Zigarette aus der Packung. »Der ist eher in seine Vorstellung verliebt als in mich.«

»Ich dachte, bei den Kommunisten sind alle gleich.«

»Ist doch alles auch nur Theater. Frauen gehen denen genauso am Arsch vorbei wie allen anderen, wenn's der großen Sache dient. Als Plakatmädel, ja, aber nicht mehr.«

»Warum redest du dann überhaupt noch mit dem?«

Franziska zuckt mit den Schultern.

»Er nennt dich Franzi«, sagt Ella, vom Mokka ist ihr etwas flau. »Niemand sonst darf dich so nennen.«

»Er ist schon ein Idiot«, Franziska nimmt einen großen Schluck von ihrer Limonade. »Aber irgendwie gefällt mir das.«

»Ich glaube, du magst es einfach, wie er um dich herumscharwenzelt.«

»Und wenn schon, jeder braucht was zum Spielen«, Franziska pustet den Rauch aus, reicht Ella die Zigarette.

Sie nimmt einen tiefen Zug, lehnt sich zurück, streckt die Beine aus. Die Torte rumort ihr im Magen, aber in ihrem Kopf ist es schön wolkig. Sie nimmt die Leica und fährt mit den Fingern über die silbernen Knöpfe.

»Hör auf zu träumen, wir müssen los«, Franziska stößt sie an.

»Wohin denn noch?«

»Tanzen, meine Liebe. Im Malepartus!«

*

Der Lärm und das Durcheinander sind überwältigend, Körper an Körper an den Tischen, auf der Tanzfläche Herren in Anzügen, kühle Damen mit langen Zigarettenspitzen, Wesen mit aufgemalten Schnurrbärten, lächelnd, schmeichelnd, Typen mit Stumpen im Mund, besoffene Studenten, krakeelende Weiber. Gerade stimmt die Kapelle den ersten Schlagerhit des beginnenden Sommers an, die Leute wirbeln über die blank polierte Fläche, und als der Gesang einsetzt, grölen schon alle mit: »Wer hat bloß den Käse zum Bahnhof gerollt? Das ist 'ne Frechheit, wie kann man so was tun, denn er war noch nicht verzollt!«

Die beiden finden einen freien Tisch, ein Kellner schießt heran, die Haare pomadisiert, schiefe Schneidezähne: Was er den Fräuleins bringen dürfe, Wein, was zu knabbern? Und wieder ab. Franziska klopft zum Takt der Musik auf die Tischplatte, ihre Wangen glühen. Ja, das ist ihre Zeit, hier fühlt sie sich wie ein Fisch im Wasser, glitzernde Schuppen, Sardinen dicht an dicht, Gelächter und Gekicher. Franziska schiebt ihr die Koksdose zu, schnupft eine Prise und zahlt den Kellner gleich aus, der die Gläser vor sie stellt, zwei Brezeln dazu. Geldsorgen hat Franziska keine; wenn sie was braucht, läuft sie zum Onkel oder zur Tante. Ella hat sich mittlerweile daran gewöhnt, dass die Freundin für alles bezahlt. Sie sieht zu, dass sie ihre Klamotten in Ordnung hält, aber ab und zu muss es schon mal was Neues sein, eine Bluse oder ein Sweater, dann spart sie eine Zeit lang das bisschen Lohn, den sie für die Arbeit im Laden bekommt; aber wie oft stopft sie abends, auf dem Bett sitzend, noch schnell ein kleines Loch, reibt mit einem Lappen den Schmutz von den Schuhen.

Franziska steckt sich eine Zigarette an, lässt Ella ziehen, schweigend schauen sie in die Menge, zu den Musikern.

»Schau mal, da drüben sitzt Walter Hagedorn«, Franziska zeigt zu einem der Tische. »Der mit dem Hut da.«

»Und wer soll das sein?«

»Einer von Beckmanns Schülern. Auch ein Maler.«

»Der schaut traurig aus.«

»Beckmann triezt ihn wohl ganz schön, wie man hört. Walter fühlt sich eher zu den Franzosen hingezogen, also, künstlerisch, und das passt dem Meister nicht, sie geraten darüber ständig in Streit.«

»Hast du mit ihm zu tun?«

»Mit Walter oder Beckmann?«

»Such's dir aus.«

»Walter seh ich ab und zu. Und Beckmann«, Franziska stößt eine mächtige Wolke aus, »der will mich nicht haben. Kann mir aber auch den Buckel runterrutschen mit seinen hässlichen Bildern.«

»Also, ich mag ja ein paar von seinen Sachen, den *Eisernen Steg* und *Nizza*.«

Franziska zuckt mit den Schultern. Was ihre Kunst betrifft, hält sie sich bedeckt, zeigt nicht gern was vor, sagt, das alles sei nicht das, was sie malen wolle, was sie im Halbschlaf vor sich sehe, es seien nur schlechte Kopien oder Fingerübungen, nichts Ernsthaftes. Ella glaubt, dass das Ausreden sind, und sie ahnt, wie schwer sich Franziska tut, wie sehr sie beweisen will, dass sie es verdient hat, dort an der Kunstgewerbeschule unterrichtet zu werden, also muss auch etwas dabei herauskommen. Und was herauskommt, was Ella gesehen hat, sind alles andere als Fingerübungen: bleiche Gesichter, das Porträt einer Prostituierten, eines Fuhrwerkers, Kindergesichter, ernst, verschattet. Franziska schätzt die Strenge und das Dunkle, kann wenig mit Futurismus, Dadaismus, dieser gepinselten Selbstüberhöhung anfangen, wie sie es nennt.

Franziska steht auf, zieht Ella auf die Tanzfläche. Beine und Arme, verschwitzte Gesichter und das wunderbare Gefühl, Teil von etwas zu sein, das größer und bedeutender ist als man selbst, es gibt nur eine Richtung: vorwärts, hinauf! So tanzen sie, zappeln und schwingen. Dann ist da plötzlich Peter Westphal und greift sich Franziska. Ella schließt die Augen, um sie toben die Planeten.

Irgendwann sitzt sie wieder, trinkt Wein. Franziska vergnügt sich irgendwo zwischen den anderen Paaren mit ihrem Peter, kommt dann aus dem Gewühl heraus an den Tisch getaumelt und zieht eine Grimasse. Sie setzt sich, trinkt ihr Weinglas leer und starrt Ella an.

»Genug gespielt?«

Franziska fährt sich über den Mund. »Du musst mir was versprechen«, sie beugt sich zu ihr, senkt die Stimme, fast flüstert sie.

Ella rückt näher heran. »Was denn?«

Franziska deutet auf die Leica. »Du machst jetzt Ernst mit der Fotografie«, ihre Stimme ist plötzlich eine Tonlage tiefer und rau. Ihr Blick gleicht jemandem, der zutiefst von einer Sache überzeugt ist, ein Blick, der, wenn er könnte, die Erde zum Stillstand bringen würde; klar, aufrichtig, unnachgiebig. »Jetzt gibt es keine Ausreden mehr. Für uns beide nicht. Gib mir deine Hand!«

Ella zögert.

»Los, her mit deiner Hand«, Franziska fasst nach ihrem Arm, packt Ellas Finger. »Es gibt nur zwei Dinge, die für uns wichtig sind: Freiheit und Wahrheit! Das ist es, meine Liebe, Freiheit und Wahrheit. Alles andere kannst du vergessen, scheiß drauf!«

»Wenn du meinst.«

»Es ist mir todernst, Ella. Freiheit und Wahrheit. Wir lassen uns nichts vorschreiben, von niemandem, von keinem Professor, von keinem Papa oder der Polente oder sonst wem. Wir sind aufrichtig, immer sind wir aufrichtig, uns und der Kunst gegenüber. Wir zeigen das, was wir sehen und fühlen, verstehst du? Wir sind keine Äffchen, die Kunststücke vorführen. Wir brauchen Platz, und den nehmen wir uns. Himmel noch mal, Ella, jetzt glotz mich nicht so an! Glaubst du, die Kerle denken auch nur einen Moment drüber nach, bevor sie zugreifen? Ab jetzt machen wir das genauso, aber wir tun es immer aufrichtig und intensiv, mit beiden Händen, mit beiden Augen, mit vollem Mund! Wir werden Künstlerinnen, du und ich, das musst du mir jetzt versprechen!« Franziskas Blick kreist um Ella, lässt sie nicht entkommen, sie lässt ihre Hand nicht los. »Versprich es mir!«

Sind das nur Koksgedanken, ihr Feuerwerk im Kopf in all dem wilden Durcheinander? Sie sehen sich an. Ella blinzelt. »In Ordnung, ich versprech's dir!«, sagt sie.

Franziska lächelt.

Ella spürt eine Enge in der Brust, plötzlich ist da eine Unschärfe, die Ränder ihres Blickfelds verschwimmen. Franziska streicht ihr eine Strähne aus der Stirn, lehnt sich zurück und fummelt an der Zigarettenschachtel herum. Ella nimmt die Leica, steht auf. »Ich muss mal raus an die Luft«, sagt sie und schiebt sich durch die Menge.

Das Laternenlicht liegt milchig weiß über der Straße, Ella geht ein paar Schritte. Die Luft tut ihr gut. Sie bekommt einen Schluckauf, merkt, wie ihr das Herz rast in der Brust, obwohl sie doch ganz still dasteht. Die Wahrheit zeigen, denkt sie, und die Gedanken wirbeln in ihrem Kopf umher. Sie selbst hat das Fotografieren bisher nicht besonders ernst genommen, eine schöne Spielerei, aber jetzt haben Franziska und sie einen Schwur getan, jetzt soll es also ernst sein. Die Wahrheit zeigen, was immer das heißen soll. Bisher hat sie geglaubt, die Wahrheit liege in den Zahlen, denn Zahlen lügen nicht, Zahlen verstellen sich nicht. Aber auch eine Fotografie zeigt die Welt, wie sie wirklich ist, und nicht, wie das Auge sie zu sehen glaubt. Aber sie hat keine Ahnung, wie sie das anstellen soll mit der Wahrheit und noch weniger das mit der

Freiheit; sie hat ja kaum Geld, und ohne Geld ist auch keine Freiheit zu haben, das weiß sie längst, denn Freiheit heißt lange schlafen und spät frühstücken, Freiheit heißt Automobil und Zeppelin, wie soll sie also Geld verdienen? Mit der Mathematik? Im Laden beim Vater? Sie will kein Büromädel werden, sie will nicht hinter einer Schreibmaschine sitzen und sich die schalen Witze des Chefs anhören müssen und langweiliges Zeug heruntertippen. Sie will das Neue und Aufregende kennenlernen, es liegt so viel in der Luft, überall geschieht das Leben gleichzeitig. Und sie will mit ihrer Kamera dabei sein.

Sie geht in die Hocke und peilt an der Hausfront hinauf, ins Gegenlicht einer Laterne.

»Machen Sie besser Bilder von lebendigen Dingen.«

Ella fährt herum, verliert kurz das Gleichgewicht und stützt sich mit einer Hand ab. Der traurige Maler steht vor ihr im abgegriffenen Anzug, den Mantel über den Arm geworfen. Er reicht Ella die Hand, hilft ihr auf.

»Danke«, murmelt sie.

»Entschuldigung, ich wollte Sie nicht erschrecken. Ich bin Walter Hagedorn, Maler an der Kunstgewerbeschule. Und Sie sind die Freundin von Franziska Goldblum.«

»Ella Burmeister.«

Der Mann schwankt etwas, streicht sich eine blonde Locke aus der Stirn.

»Ist das eine Leica?«

»Ja.«

»Ein kleiner Wunderkasten, nicht wahr?«, er bemüht ein Lächeln. »Wollen Sie denn von mir einmal … Also, wenn es jetzt noch genügend Licht hat, ich kann hier unter die Laterne gehen. Wollen Sie ein Bild von mir machen?«

Ist er nur selbstverliebt oder schlicht schon zu betrunken? Aber wie Walter Hagedorn da im gelben Licht der Straßenlaterne steht, etwas unschlüssig, leicht vorgebeugt, so als drücke ihm etwas in den Nacken, wirkt er eher wie einer, der noch nicht angekommen ist. Ella nickt und betätigt den Auslöser. Er schlüpft umständlich in den Mantel.

»Wussten Sie, dass Malepartus die Raubhöhle von Reineke Fuchs ist?«

Ella sagt nichts.

»Wie auch immer. Ich würde mich freuen, wenn wir uns irgendwann wiedersehen. Gute Nacht.«

»Gute Nacht.«

Er geht davon, leicht hinkend, vielleicht ist ihm der Fuß eingeschlafen.

»Wo bleibst du denn?«, hört sie Franziska rufen, im Eingang stehend und ihr zuzwinkernd. »Komm wieder rein!«

*

Ella schreckt hoch, sitzt aufrecht im Bett. Sie ist nicht mehr in der Raubhöhle. Neben ihr schläft Franziska. Sie wartet, bis Traum und Wirklichkeit die Plätze getauscht haben, dann steht sie auf und tappt in die Stube. Ihr ist flau, ihre Beine sind zittrig. Sie trägt ein Nachthemd von Franziska, zieht ihren Pullover vom Stuhl und schlüpft hinein. Sie fröstelt etwas, krümmt die Zehen. Dann zieht sie die Tür zum Flur auf, lauscht, und als nichts zu hören ist, huscht sie zur Toilette, verriegelt die Tür und pinkelt. Die heutige Vorlesung kann sie vergessen, Stochastik, Gestocher im Nebel, wie Franziska es nennt. Sie muss grinsen.

Als sie zurück ins Zimmer kommt, bleibt sie in der Tür stehen. Da sitzt jemand mit dem Rücken zu ihr am Tisch, und es ist nicht Franziska. Ist das Peter Westphal? Ist der ihnen gestern gefolgt und hat die Nacht unten vorm Haus herumgelungert, und jetzt ist er hinaufgekommen? Oder ist es ein Fremder, benebelt von Eifersucht und Rache? Sie muss an eins der Bilder von Beckmann denken, ein Dachboden, ein jaulender Hund, jemand wird an einem Seil in die Höhe gezerrt. Ella schluckt, tastet nach dem Türrahmen. Soll sie sich auf ihn stürzen? Oder runter zum Richter laufen? Der Fremde macht eine Bewegung, und da kapiert sie, es ist Franz, ihr Bruder.

»Warum schleichst du einfach so hier rein?«, sie geht vor zum Tisch. Franz dreht sich um.

»Guten Morgen!«

»Schick ihn weg«, hört sie Franziska verschlafen aus dem Nebenzimmer rufen.

»Es ist nur der Franz«, sagt Ella und setzt sich.

»Vater ist stinksauer«, sagt er so laut, dass auch Franziska es hören kann.

»Soll er doch.«

»Er sagt, er wird dir die Universität nicht länger bezahlen, wenn du so rumtrödelst. Er sagt, du sollst im Laden helfen.«

»So, sagt er das«, Ella drückt sich die Stuhllehne in den Rücken, sie richtet sich auf. Lieber, süßer Papa, was verstehst du denn schon vom Leben? Den ganzen Tag hinter der Ladentheke, einmal im Monat ins Theater, im Sommer in den Taunus. Was weißt du schon? »Mach dich lieber mal nützlich und geh zum Bäcker«, sagt sie zu ihrem Bruder.

»Hab kein Geld.«

Ella zieht ihre Hose von der Stuhllehne, sucht in den Taschen, findet ein paar Münzen. Franz steht jetzt vor dem Regal und hält die Leica in der Hand.

»Tolles Ding«, sagt er.

Ella nimmt sie ihm weg und drückt ihm das Geld in die Hand.

»Und wehe, du kaufst dir davon Kippen. In zehn Minuten bist du wieder hier.«

»Zu Befehl, Frau General«, er tippt sich lächelnd an die Stirn und macht sich davon.

Ella betrachtet die Leica. Sie ist tatsächlich da. Das war also alles kein Traum. Reinekes Raubhöhle. Walter Hagedorn unter der Laterne. Franziska schlurft herein, nimmt Ella in den Arm. So stehen sie einen Augenblick da, duftend nach Schlaf, Zigarettenrauch, Parfüm.

# ALTE FREUNDE

Frankfurt am Main, 1927

*Es war ein hoher, heller Raum, das Licht fiel schräg gegen die Wände und warf schöne Schatten. In diesem Raum standen die Staffelei und ein Sofa, neben dem Sofa ein Glas mit ausgedrückten Zigaretten und Tassen, in denen Kaffeesatz klebte. Die Sonnenstrahlen brachen sich im letzten Rest vom Zigarettenrauch, der in der Luft hing und über den Bildern schwebte, die überall an den Wänden standen, Porträts von Frauen, Männern und Kindern, Landschaften, aber keine, die fröhlich waren. Eine graublaue Tristesse bestimmte alle diese Bilder, niemand lächelte. Trotzdem waren sie schön, blieb das Auge daran hängen und vertiefte sich in die Gesichter. Man fragte sich, was diese Menschen da erlebt haben mochten, wie sie am Tisch zusammensaßen, wie sie einander umarmten, mit einer ratlosen Traurigkeit in den Augen. Aber dann gab es da immer wieder diesen einen Moment in den Bildern, wenn aus der scheinbaren Gleichförmigkeit plötzlich etwas herausblitzte, zwei Ohrringe, gespitzte Lippen, in verhöhnendem Rot gemalt.*

*

Ella sitzt in ihrem Zimmer und betrachtet sich im Spiegel. Sie schürzt die Unterlippe, reißt die Augen auf, ein kleiner Rülpser rutscht ihr heraus. Das Fenster steht offen, lässt die Geräusche der Straße herein, ein warmer Windzug, von ferne sind Kirchenglocken zu hören. Ihr Notizbuch liegt aufgeschlagen da, die Leica steht vor ihr, und sie betrachtet den kleinen

Kasten, dieses Wunderwerk, fährt mit dem Finger über die Knöpfe. Noch immer kann sie nicht glauben, dass Franziska ihr dieses Geschenk gemacht hat, verknüpft mit dem Versprechen, zu zeigen, was ist. Ihrem Schwur. Dass sie endlich ernst machen soll mit der Fotografie, wo sie doch ständig mit ihrer alten Voigtländer versucht, den Augenblick zu fassen zu kriegen, einen Moment großer Stille, flüchtiger Ahnungslosigkeit: die Spiegelungen auf einer regennassen Straße, eine schlafende Katze auf der sonnenbeschienenen Treppe; den verdrehten Schattenwurf eines Verkehrsschupos auf dem Schweizer Platz; Franziskas Atelier mit den Pinselwäldern und Farbseen. Dass sie das Studium endlich aufgibt, den Vater gegen sich aufbringt, die Mutter betrübt, in den Tag hineinschlittert, wie es Franziska tut. Aber die hat Geld, und sie hat ihren Onkel Heinrich. Die Leica macht aus Ella noch längst keine Fotografin, es ist nur ein dummer Kasten, und es sind dumme Gedanken an einem trägen Sonntagmittag: eine große, helle Wohnung mit hohen Fenstern, Ausflüge ans Meer, die eigenen Fotos in den Illustrierten.

Seit der Vater vor einigen Jahren die Voigtländer von einem Fotografen gebraucht erstanden hat, ist Ella bei jedem Ausflug, auf jeder Ausfahrt mit dem Ding herumgerannt und hat es ausprobiert; zu Beginn fanden ihre Bilder noch den Beifall der Eltern, schönes Fachwerk, Blumenbeete, Bäume im Frühlingswind, aber nach und nach fasste Ella anderes ins Auge, richtete den Sucher auf mehr Beiläufiges, auf Schatten, das Geflecht von Stromleitungen, zwei heranfliegende Tauben. Der Vater hatte nur die Stirn gerunzelt und die Mutter den Kopf geschüttelt, und Ella war dazu übergegangen, die wenigen Bilder, die sie zur Entwicklung ins Labor gab, für sich zu behalten. Ein paar davon hatte sie Franziska geschenkt. Warum machst du nichts draus, fragte die sie manchmal, du solltest es versuchen.

Ellas Spiegelbild zieht die Brauen zusammen, zwei Falten legen sich auf ihre Stirn. Für Franziska ist das Leben ein zappelndes Kunstwerk, ein frei herumspringendes Ding, das sich nie einfangen lässt, und so spricht sie auch davon, Wahrheit, na sicher, Freiheit, immer her damit! Aber sie, Ella, ist nicht die Nichte eines Advokaten, ihr Vater ist nur Drogist, und dass sie ein Gymnasium besucht und das Studium der Mathematik aufgenommen hat, ist der Hartnäckigkeit ihrer Mutter und dem zusammengekratzten Geld des Vaters zu verdanken. Sie ist die Vorzeige-Ella, ein tüchtiges Mädchen, klug, höflich und still, wenn man still zu sein hat. Sie hockt nicht wie Franziska in einem hellen Atelier in der Neuen Mainzer Straße und rührt Farben an; stattdessen schlägt sie sich mit Gleichungen und Ableitungen herum, mit den Sprüchen der fast ausschließlich männlichen Kommilitonen und den abschätzigen Blicken der Professoren, die immer noch glauben, der beste Ort für eine Frau wie sie wäre die Küche oder ein Platz hinter der Schreibmaschine.

Das Spiegelbild wendet den Blick ab, hin zum Fenster. Die Badeanstalten am Main haben seit zwei Wochen geöffnet, die Leute flirren durch die Parks, durch die Straßen der Altstadt, hinaus in den Stadtwald in die Wirtshäuser. Warum bin ich nicht draußen, fragt sie sich, bin ich krank, ohne es zu wissen, melancholisch verstimmt? Aber sind wir das nicht alle, melancholisch verstimmt? In einer trägen, leidenschaftslosen Erwartung ohne jede Lust, sich noch einmal hinaus in die Felder treiben zu lassen, einem höheren Versprechen zu folgen, Vaterland, Kaiser, Ruhm, dahinaus in die Felder, die zu Schlachtgruben wurden, die senfgelb wurden, aschgrau. Dann lieber im Zimmer herumlungern, an den Tischen im Malepartus, schimmernde Momente, glitzernde Steine im Diadem der Tänzerin, zum Teufel mit dem Kaiser, zum Teufel mit den gestutzten Bärten!

Ella gähnt, es klopft an der Tür.

Er habe einmal mit ihr zu sprechen, hört sie die Stimme des Vaters, und wie er es sagt, klingt es nicht so, als wolle er sie vom anstehenden Mittagessen unterrichten.

*

Der Drogist Hans Burmeister bewohnt mit seiner Familie – dazu gehören neben Ella seine Frau Luise und der neunzehnjährige Franz – Erdgeschoss und erste Etage eines Hauses in der Cranachstraße in Sachsenhausen. Im Erdgeschoss befindet sich die Drogerie, darüber die Wohnung der Familie mit Warmwasseranschluss und modernem Haushaltsgerät. Hans Burmeister steht kurz vor dem fünfzigsten Geburtstag, ein halbes Jahrhundert, das er nahezu ausschließlich in Frankfurt verbracht hat, immer rund um den Schweizer Platz, Diesterwegstraße, Oppenheimer Landstraße, das enge Raster eines Lebens links des Mains, sonntags in die Dreikönigskirche, danach Rippchen und Kraut. Der Großvater, noch ein Zugewanderter aus dem Oberrheinischen, schleppte Schweinehälften, zog Karren, dem Sohn sollte es mal besser gehen und ging es dann auch; der Großvater eröffnete das erste Ladengeschäft, zum Verkauf wurde geboten, was gebraucht wurde: Schuhcreme, Backpulver, Salben verschiedenster Arten und Sorten, Franzbranntwein, Tabak. Der Berufsstand des Drogisten war neu und stieß bei den Apothekern auf erbitterten Widerstand. Einmal war es im Ladengeschäft der Burmeisters zu einem kurzen Faustkampf zwischen Hans' Vater Ernst Burmeister und dem Apotheker Alfons Katz gekommen, den Burmeister mit einer durchgezogenen Rechten humorlos für sich entschied, beobachtet vom kleinen Hans, der sah, wie der Vater dem Unterlegenen ein Tuch für die blutig geschlagene Lippe reichte – und der ihm später eintrichterte, man müsse nach jedem Schlag auch immer wieder die Hand ausstrecken können, sonst sei alles verloren.

Hans Burmeister war seinem Vater nachgefolgt, etwas anderes war nicht vorstellbar gewesen, er heiratete Luise Reeck aus der Gutzkowstraße und erarbeitete sich den Ruf eines zuverlässigen und tüchtigen Drogisten: Nach den Wünschen seiner Kunden fertigt er Zahncremes, Hautpasten und Kräutermischungen an und vertreibt seit Kurzem auch Einwegbinden für die Frau der Firma *Vereinigte Papierwerke Nürnberg*. Den Krieg hat er mit einem Granatsplitter in der Hüfte überstanden, in den letzten Tagen zog man ihn noch ein, er ging aber nur einem Arzt zur Hand, feuerte seine Waffe kein einziges Mal ab und wurde sechs Wochen später verletzt wieder nach Frankfurt zurückgeschickt. Und als das ganze Land in die Inflation schlitterte, da schrumpften auch die Ersparnisse der Burmeisters rasch zusammen, man war froh, am Sonntag noch ein paar Kartoffeln und Würste zu haben, man sparte, wo man konnte. Luise Burmeister verdingte sich als Näherin, stopfte Löcher, verlängerte Röcke, am Ende war nicht mal mehr Geld für Kohle da. Hans Burmeister musste sich welches vom Apotheker Otto Katz leihen, den er für einen Aufschneider hielt und von dem er wusste, dass er sich damals, als Hans schon mit seiner Luise verlobt gewesen war, mit Komplimenten und kleinen Geschenken an sie herangemacht hatte. Nun stand er in seiner Schuld, sah ihn wohlwollend lächeln und ihm zunicken, und als ihn Katz einmal fragte, ob er ihm nicht den Laden verkaufen wolle, wünschte Hans Burmeister dem Apotheker noch einen schönen Tag und ging davon. Trotz aller Schwierigkeiten sollte er recht behalten: Mit Einführung der Rentenmark zogen die Geschäfte schnell wieder an, es schien, dass die Leute nun all das nachholten, was sie die Jahre zuvor eingebüßt hatten, anscheinend putzten sie sich viermal am Tag die Zähne, cremten und pflegten ihren

Körper, wichsten täglich die Schuhe und rauchten wie Kaminschlote.

Hans Burmeister blickt hoffnungsvoll in die Zukunft, die Tochter an der Universität, der Sohn draußen am Flughafen Rebstock in der Ausbildung, einmal im Monat ins Schumanntheater, einmal im Jahr in die Oper. Ein gutes, ein planbares Leben entlang der Jahre: der Krieg, die Euphorie, das Taumeln und der Neuanfang.

*

»Meine liebe Tochter«, beginnt der Vater und stützt sich auf dem Bettpfosten ab, und immer, wenn er so beginnt, dann ist es ihm ernst, dann erwartet er etwas von ihr; er macht eine Pause und zupft an seiner Weste, »meine liebe Ella«, sagt er dann und will von ihr wissen, an wie vielen Tagen der vergangenen Woche sie die Universität besucht habe.

Sie will aufstehen und dem Vater über den Kopf streichen, über die Wange, liebster Papa, dein Leben und mein Leben haben gar nichts miteinander zu tun, verstehst du, Papa, wir wollen keine Untergebenen mehr sein, keine Gehetzten, wir wollen Fahrrad fahren und Champagner trinken, wir wollen tanzen, wir gehen in die Badeanstalten. Lieber, armer Papa. Ella richtet sich auf.

»Die ganze Woche«, sagt sie.

»Die ganze Woche, soso«, sagt der Vater und wackelt mit dem Kopf. »Und du warst nicht mit Franziska in den Lokalen oder bei den Tanzfesten, das also nicht?«

»Und wenn's so wäre?«

»Wir sind nicht die Goldblums, Ella, wir müssen was tun, um Brot und Kartoffeln auf dem Tisch zu haben«, sagt er, und sie lässt das Kinn etwas nach vorn auf die Brust sinken, denn nun kommt wieder die Geschichte des Mannes, der jeden Morgen Punkt sieben Uhr im Laden steht, bis abends um acht, der Nächte hindurch Cremes und Salben anrührt, der sich mit Vertretern herumplagt; einer, der doch nur ein ehrliches, bescheidenes Leben führen will, der nicht in den Tanzlokalen herumlungern, nicht mal am Main spazieren gehen kann, weil er sich etwas vorgenommen hat für sein Leben. Ella will ihn fragen, warum er glaubt, sich von Heinrich Goldblum so zu unterscheiden, auch der wolle doch Kartoffeln auf dem Tisch haben und stehe morgens früh auf, um seine Klienten zu vertreten, was denn da der Unterschied sei, aber sie schweigt.

»Ich erwarte von dir, dass du dein Studium ernst nimmst, dass du vorankommst. Ich erwarte von dir, dass du diese Lokalbesuche einstellst, dass du künftig wieder in deinem Bett schläfst und ich nicht deinen Bruder losschicken muss, um dich zu suchen.«

»Aber Papa ...«

»Deine Mutter und ich erbringen große Opfer, damit du studieren kannst, Ella, wir hatten Kämpfe durchzustehen und Fragen zu ertragen, dass ein Mädel wie du sich doch besser einen Gutsituierten anheiraten sollte, wozu denn so ein Studium überhaupt nötig sei. Aber deine Mutter und ich sind uns einig, dass du diesen Weg gehen sollst, den keiner von uns zuvor gehen konnte.«

Er atmet schwer, sein gutes Sozialistenherz schlägt ihm hektisch in der Brust. Lieber Papa, denkt Ella, ich bin euch für so vieles dankbar, aber ich bin nicht euer Äffchen, nichts, was ihr stolz vor den Nachbarn herumzeigen könnt.

»Und wenn du des Studiums überdrüssig wirst, dann such dir schleunigst eine Arbeit, dann geh nähen, wie deine Mutter, oder werde Kindermädchen oder lerne, auf der Maschine zu schreiben. Aber dass du da herumtändelst in deinem Alltag, noch dazu mit dieser Kamera, und dein Geld für Wein und Filme ausgibst, das ist nicht länger zu tolerieren, Ella, das ist nicht mehr hinzunehmen. Ich habe mir das lange angesehen, und deine Mutter hat mich immer wieder besänftigt, dass du schon zur Vernunft kommen wirst, aber das sehe ich nicht, Ella, diese Vernunft sehe ich nicht bei dir.« Er schnauft, humpelt rüber zum Fenster und sieht auf die Straße.

»Dann werde ich mir eben Arbeit suchen, und ein Zimmer gleich dazu«, sagt Ella. »Dann seid ihr mich los.«

»Himmel, Ella«, der Vater stemmt die Arme in die Seiten. »Jetzt werd nicht hysterisch. Deine Mutter hat mich gewarnt. Himmel noch mal, liebes Kind, das alles treibt euch doch nur ins Unglück, dieses Getanze und Gestampfe und was weiß ich noch alles.«

»Und wenn schon«, wehrt Ella sich halbherzig. »So ist eben die neue Zeit, du kannst sie nicht aufhalten.«

Der Vater schweigt, sieht an sich hinab. Schweiß perlt ihm auf der Stirn, ein zartes Rinnsal an den Schläfen. Dann sieht er auf, und in seinem Blick liegen Fürsorge und Bitterkeit zugleich. Schwerfällig geht er zur Tür, drückt die Klinke herunter.

»Halb eins gibt es Mittag«, sagt er und geht hinaus.

*

Ella hat sich die Leica umgehängt und geht die Schweizer Straße hinunter an den Main, vorbei an der Schifferwerft in Richtung Dreikönigskirche zu den Badeanstalten am Eisernen Steg. Sie braucht etwas anderes um sich als den Vater und die Mutter beim schweigenden Mittagessen. Das Wetter hält zum ersten Mal, was vorhergesagt worden ist. Sie bezahlt und geht hinunter auf die Plattform; sie schwankt, alles schwankt immer für einen Augenblick, wenn sie die ersten Schritte auf den schwimmenden Pontons macht; sie kneift die Augen zu, bleibt stehen, und alles beruhigt sich wieder. In riesigen Kübeln stecken Palmen. Man schart sich um die Sprungbretter und sieht zu, wie die Jungs und Mädels ins Wasser platschen. Eine neue Welt, die ihnen gehört! Als hätte man die Jahre davor einfach abgeschnitten, kein Krieg mehr, kein Kaiser mehr, alle Krüppel von den Straßen gefegt, alle Verrückten in die Heilanstalten gesperrt, und die, die noch einigermaßen bei Trost sind, müssen aufs Wohlwollen der Verwandten hoffen. Ella geht vor ans Wasser, die Wimpel der Sonnenschirme flattern nervös. Sie ist jetzt zweiundzwanzig, aber was bedeutet das schon? Sie kann ja nichts vorweisen, keine Auszeichnungen, keine Erfindungen, nicht mal verlobt ist sie, und wann hat sie eigentlich das letzte Mal geküsst, so richtig geküsst? Sie ist nur eine unter vielen, Bubikopf und Hemdkleid und eine Kippe zwischen den Lippen, aber was sich wirklich dahinter verbirgt, davon weiß sie nicht viel, Freiheit, ja, Wahrheit, ja, aber was sind das schon, außer im Kokstaumel hingesagte Worte. Sie plagt sich mit der Mathematik und wohnt noch immer bei den Eltern. Das macht ihr schlechte Laune.

Sie nimmt die Leica, zögert. Wasser spritzt auf, weiße Fontänen. Sie geht vor bis an die Kante und wartet, bis der Nächste vom Sprungbrett hüpft, knipst im Moment, als der Körper aufs Wasser trifft.

Jemand tippt ihr auf die Schulter, sie fährt herum. August Gottlob!

»Was haste denn da Schönes«, er verschränkt die Hände hinterm Rücken.

»Nichts für dich.«

»Och, schade.« August ist bis auf die schwarze Badehose nackt. Sein rotes Haar ist feucht, Sommersprossen tanzen in seinem Gesicht. »Willste nicht auch mal eins von mir machen?«

»Nö.«

»Bin dir nicht schön genug, was?«

»Zu langweilig.«

»Das Fräulein Burmeister hat aber wieder mal bestechende Laune heute. Komm, die anderen sind da drüben!«

August geht voran, und Ella folgt ihm, ganz gegen ihren Willen. Eigentlich hätte sie auf der Stelle kehrtmachen sollen und raus aus dem Bad, aber hier geht wenigstens etwas Wind. Die anderen, das sind alte Jugendfreunde, neben August noch Oskar Körte, Lilly Brenner, Johanna Blanck, sie sitzen in zwei Korbstühlen und auf Handtüchern. Ella hockt sich dazu. Lilly hält ihr eine halb heruntergerauchte Zigarette hin. Ella schüttelt den Kopf.

»Schon mitgekriegt? Georg wurde fast von einem Automobil plattgemacht.«

Ella nickt.

»Die findet uns langweilig«, sagt August und gähnt.

»Selber langweilig«, Johanna streckt die Beine aus. »Ist das eine Leica?«

»Ja.«

»Tolles Ding. Woher hast du die?«

»Ein Geschenk.«

»Oha«, macht Oskar und pfeift durch die Zähne. »Der Typ muss ja ganz schön Schotter haben.«

»Ist von Franziska.«

»Dann haste also mit der rumgemacht.«

»Ach, halt die Klappe!«

»Ja, Oskar, halt einfach die Klappe«, Lilly richtet sich in ihrem Korbstuhl auf. »Bist ja nur neidisch. Willst wohl selbst was von Franziska.«

»Doch nicht von der! Die ist ja halb verbrannt.«

Ella fährt blitzschnell herum und schlägt Oskar Körte mit der flachen Hand ins Gesicht. Der glotzt sie verdutzt an. Lilly und Johanna jubeln, und gerade kommt Georg klatschnass aus dem Wasser, schüttelt sich wie ein Hund.

»Ich zieh dir gleich noch eins über, wenn du so saudummes

Zeug redest!« Ella macht einen Buckel wie eine Katze. Niemand redet so über Franziska, niemand! Den würde sie grün und blau kloppen! Sie steht auf, will gehen.

August hält sie am Arm. »Bleib doch noch.«

Lilly bietet ihr Limonade an. Und da Georg gerade den grummelnden Oskar ins Wasser zerrt, setzt Ella sich wieder, nimmt einen Schluck aus der Flasche und schließt die Augen.

*

Samstags arbeitet Ella im Laden, eine Abmachung mit dem Vater. Sie bekommt etwas Geld dafür, natürlich ist es zu wenig, es ist immer zu wenig, und ohne Franziska würde sie niemals über die Runden kommen, denn das wenige, was sie hat, gibt sie für Rollfilme und die Entwicklung der Bilder aus. Samstags ist der Vater bei seinem wöchentlichen Stammtisch der SPD und übergibt Ella die Verantwortung; am Abend bereitet er alles vor, legt die bestellten Cremes und Salben beschriftet zurecht, wiegt Kräuter ab, stellt Tinkturen zusammen, sodass Ella sie nur noch rausgeben und abkassieren muss.

Sie sitzt hinter der Theke, liest sich durch die *Volksstimme* und das *Illustrierte Blatt*, das sie sich selbst kauft wegen des großen Bildanteils, trinkt dazu schwarzen Kaffee und wartet auf Kundschaft. Manchmal schaut die Mutter herein, einen Korb Wäsche unterm Arm, stellt ihr einen Teller mit Butterbrothälften und einem halben Apfel hin.

Die Tür springt auf, das Glöckchen schellt, ein warmer Windzug fährt herein. Franz schnellt in den Laden, im Schlepptau sein Freund Wilhelm, hockt sich auf den Tresen.

»Alles in Butter?«, er grinst, und Ella versucht, sich nicht von ihrer Lektüre ablenken zu lassen. »Verkaufst du uns Zigaretten?«

»Verzieht euch!«

»Da hat wohl jemand schlechte Laune«, hört sie Wilhelm sagen.

Ella liebt Franz, wie man einen kleinen Bruder eben liebt, mit Nachsicht und genervt verdrehten Augen. Besonders viel verbindet sie beide nicht, was vielleicht auch daran liegt, dass er vor zwei Jahren, als sie ihr Studium antrat, das gemeinsame Zimmer räumen und in die zurechtgemachte frühere Speisekammer umziehen musste. Der Vater hatte es so bestimmt, es gab keine Diskussion. Ella brauche Ruhe für ihr Studium, einen Ort, an dem sie lernen könne. Seitdem ist Franz nicht gut auf sie zu sprechen, fühlt sich zurückgesetzt, triezt sie, wo er kann, und die Eltern lassen ihm freien Lauf, vielleicht aus schlechtem Gewissen. Sie ist die Vernünftige, die Kluge, die zur Universität radelt, ein Mädchen, das man wunderbar in der Nachbarschaft vorzeigen kann, während Franz in ihrem Schatten bleibt und es sich dort auch recht gemütlich macht. Seit einem Jahr lässt er sich zum Flugzeugmechaniker ausbilden, man sieht ihm den Stolz an, täglich mit den glänzenden Junkers-Maschinen zu tun zu haben; ansonsten liebt er Sport, Fußball und Wettlauf, nimmt an Wettkämpfen teil und behängt die Wände seiner Kammer mit Urkunden und Medaillen. Neuerdings verschwindet er an den Wochenenden mit Wilhelm regelmäßig zum Biwaken, in Gruppen ziehen sie ins Umland, und erst sonntagabends kehrt er, nach Feuer und Schweiß riechend, zurück.

»Wir sind auch gleich wieder weg«, Franz rutscht vom Tresen. »Ich würde dich ja sogar mitnehmen, aber du würdest dich vermutlich nur langweilen.«

»Wohin denn?«

»Saalbau«, Wilhelm schiebt sich an Franz vorbei, lehnt vor Ella an der Theke. »Ist aber nichts für Mädels«, sagt er mit einem schmeichelnden Lächeln. »Da geht's um die großen

Sachen, Politik und so, davon habt ihr eh keine Ahnung. Was liest du denn da? So ein Proletenblatt!«

Ella zuckt nur die Schultern, sie hat keine Lust auf Streit. Sie fragt sich, seit wann Franz zu diesen politischen Veranstaltungen geht, was ihn da hinzieht, wo er doch sonst nur Fußball und Motoren im Kopf hat – und vielleicht auch mal den Namen eines Mädchens. Aber wahrscheinlich wird er sich schon nach kurzer Zeit genauso langweilen wie alle anderen. Großes, aufgetürmtes Geschwätz und sonst nichts.

Schon wieder klingt das Glöckchen.

Sie sieht zuerst Franziska und dann auch Peter. Aber etwas an ihm ist anders, sein Gesicht. Es ist zerschrammt, das linke Auge zugeschwollen, die Lippe blutig. Dennoch grinst er und hockt sich hin.

»Hast du ein Handtuch?«, fragt Franziska.

Peter streicht sich die Kappe vom Kopf. Ella sieht zu Franziska, zu Peter, und aus den Augenwinkeln erkennt sie, dass ihr Bruder eine seltsam fremde Miene macht, ein versteinerter Ausdruck, den sie noch nie an ihm gesehen hat.

»Ella, hast du ein Handtuch und Wasser?«, fragt Franziska noch einmal.

Sie legt die Zeitung zur Seite, steht auf.

»Haben sie dem Roten mal ordentlich das Hemd gewechselt«, tönt Wilhelm.

»Solltest mal den andern sehen«, Peter fährt sich mit dem Ärmel über den Mund.

»Verzieht euch«, zischt Franziska die Jungs an.

Etwas breitet sich im Raum aus, etwas, von dem Ella nicht weiß, was es ist, aber sie kann es spüren: Es drückt ihr in den Magen, legt sich trocken auf ihre Zunge. Sie schluckt, rührt sich nicht von der Stelle. Franz macht einen Schritt auf Peter zu, der lächelt verschlossen. Stille. Draußen ist Samstag, Geplauder, ein Hund kläfft, hier drinnen aber drückende Schwüle.

»Na denn, noch einen schönen Tag«, sagt Wilhelm, fasst Franz am Arm und zerrt ihn hinter sich her. »Wir sehen uns sicher mal wieder.«

Die Jungs ziehen ab.

Ella holt aus der Kammer ein Handtuch, feuchtet es an, reicht es Peter, der sich das Blut aus dem Gesicht wischt.

»Ich wollte dich eigentlich abholen, ich habe zwei neue Bilder, die du fotografieren kannst. Aber dann ist mir der Typ hier in die Arme gerannt, kaum war ich aus dem Atelier raus«, Franziska hockt sich auf die Theke, »die schlagen sich jetzt anscheinend auch schon vor dem Mittagessen.«

Peter sagt wie immer nichts, grinst nur wie blöde.

»Du musst aber gleich wieder gehen«, sagt Ella in seine Richtung. »Einen verhauenen Kommunisten kann ich hier nicht gebrauchen.«

Sie treten vor die Tür, Franziska verteilt Zigaretten. Die drei stehen zusammen, Franziska und Peter rauchen, Ella hat einen komischen Geschmack im Mund. Jeder brüllt, jeder hat eine bessere Idee, und am Ende trinken sie zu viel Bier und schlagen sich die Visagen blutig. Wie langweilig!

# HÖHENBLICK

Frankfurt am Main, 1997

Richard lag mit ausgebreiteten Armen auf dem Bett und starrte an die Decke. Er spürte das weiche Kissen um seinen Hinterkopf, und für einen Augenblick fielen ihm die Augen zu. Der Flug vom *John F. Kennedy International Airport* nach Frankfurt war unspektakulär verlaufen, trotzdem fühlte er sich wie erschlagen. Er hatte keine Angst vorm Fliegen, hatte aber nach einiger Zeit auf seinem Sitz eine merkwürdige Unruhe gespürt, und während er sich auf seine Arbeit zu konzentrieren versuchte, glitt sein Blick immer wieder zum kleinen Fenster, schweiften die Gedanken ab, wurde er sich seiner seltsamen Lage bewusst: eingeschlossen auf über dreißigtausend Fuß Höhe, mutterseelenallein, unter sich die dunkle Fläche des Atlantiks, nur durch ein paar Schichten Plastik und Aluminium von der todbringenden Kälte der Atmosphäre getrennt. Irgendwann hatte er das Arbeiten aufgegeben, sich einen Wein bestellt, zu dösen versucht und schließlich doch den Film auf dem Bordbildschirm verfolgt – *Mission: Impossible*, ein Blockbuster mit Tom Cruise in der Hauptrolle, der im Vorjahr weltweit die Kinokassen hatte klingeln lassen.

Richard richtete sich wieder auf. Er durfte jetzt nicht einschlafen, musste zumindest bis nach dem Abendessen durchhalten. Er stand auf und zog sich aus. Das Hotel lag in der Nähe der Messe und war eine jener Durchschnittsunterkünfte für Durchschnittsreisende wie ihn. Die Zimmer waren einfach und doch mit gewissem Komfort, das Frühstück laut

Beschreibung reichhaltig. Er tappte ins Bad und stellte sich unter die Dusche.

Während das Wasser auf ihn niedertrommelte, versuchte er sich klarzumachen, wo er war. Er kannte Frankfurt eigentlich nicht, war hier ein paarmal zu Flügen auf die Arabische Halbinsel umgestiegen, einmal hatte er bei einem längeren Stopp drei Stunden in der Stadt verbracht, aber er erinnerte sich daran kaum noch. Seine Mutter hatte so gut wie nie von ihrer Heimatstadt erzählt, und er und seine Geschwister hatten auch nicht nachgefragt. Nur wenn wieder einmal eine neue Familie aus Europa bei ihnen in der Wohnung saß, man gemeinsam Tee trank, hatte sie manchmal vom Baden im Main, von Ausflügen in den Taunus oder geselligen Abenden in den Tanzlokalen erzählt. Für Richard gab es dabei kaum einen Unterschied zu *Rapunzel* oder *Die sieben Zwerge*. Frankfurt war immer ein Märchenort für ihn geblieben. Und seine Mutter war schnell wieder verstummt, hatte über andere Dinge gesprochen oder gedankenversunken dagesessen, wie von einer bleiernen Traurigkeit heimgesucht.

Richard trocknete sich ab und hockte sich aufs Bett. Es war später Nachmittag, beim Landeanflug hatte es leicht genieselt. Er dachte an Sarah, die gerade an einem Kongress in Barcelona teilnahm, nur zwei Flugstunden entfernt. Sie hatten sich schon wieder seit über zwei Wochen nicht gesehen, und obwohl er sonst gut damit umgehen konnte, fehlte sie ihm plötzlich. Vielleicht war es der Jetlag, der ihn sentimental werden ließ. Er stand auf und nahm das Nokia. Sarah hatte ihm das Mobiltelefon vor einem halben Jahr geschenkt, damit konnten sie sich kurze Textnachrichten schicken, ohne gleich teure Telefonate führen zu müssen. Er sei gut angekommen, schrieb er, noch etwas müde. Dann zog er sich an und versuchte dabei, den Nachrichten im Fernsehen zu folgen. Er verstand erstaunlich viel und erfuhr, dass Bundeskanzler Helmut Kohl seine erneute Kandidatur für die Wahlen im nächsten Jahr bekannt gab. Richard trat ans Fenster, schlüpfte in seine Hose und sah zwischen den Vorhängen hindurch auf die Straße. Feucht glänzender Asphalt, das dumpfe Rattern einer Tram.

Zum Abendessen war er in ein Restaurant in der Nähe des Römerbergs eingeladen. Ein erstes Treffen der Symposiumsteilnehmer, die zur Vorbereitung des 75-jährigen *Neues Frankfurt*-Jubiläums zusammenkamen, das man in drei Jahren feiern würde. Morgen würde die Veranstaltung mit mehreren Vorträgen starten. Er knöpfte das Hemd zu und kämmte sich die Haare. Auf dem Schreibtisch lagen seine Unterlagen ausgebreitet. Er griff nach dem Foto von Franziska und betrachtete es wohl zum hundertsten Mal: Er sah eine junge Frau voller Kraft, voller Lebendigkeit und fragte sich erneut, weshalb sie bis zu ihrem Tod nicht mit ihren Kindern über das Leben in Deutschland gesprochen hatte. Aus Scham? Aus Angst, man könnte ihrer kommunistischen Vergangenheit auf die Spur kommen? Hatte sie ihr politisches Engagement in New York vielleicht sogar fortgeführt und vor allen verheimlicht, um die Familie zu schützen? Richard spürte, wie er zu schwitzen begann, und begriff plötzlich, dass die Jahre in Frankfurt seine Mutter auf eine Weise geprägt hatten, die auch auf ihn heute noch einwirkte. Er legte das Bild zurück in die Mappe. Als er das Licht ausgeschaltet hatte, lag ein diffuser Schimmer von draußen über dem Dunkel der Möbel. Er zog den Mantel an und verließ das Zimmer.

Das Symposium begann am nächsten Vormittag und fand im Dominikanerkloster in der Nähe der Konstablerwache statt. Es waren etwa vierzig Teilnehmer, die meisten kamen aus Deutschland, zwei Kollegen waren aus Frankreich angereist, eine Kollegin aus Italien. Richard wurde als besonderer Gast aus den USA vorgestellt, er sagte ein paar Worte auf Deutsch, er freue sich, dabei zu sein, hoffe auf regen Austausch, und überbrachte Grüße von Ilse Bing, was mit Applaus goutiert wurde.

Nach dem Essen am Vorabend war er zeitig ins Hotel zurückgekehrt, hatte noch versucht, mit Sarah zu telefonieren, aber sie hatte nicht abgenommen, und so hatte er sich schlafen gelegt. Nach neun Stunden war er mit dem Gefühl erwacht, nichts geträumt und sich im Schlaf nicht ein Mal bewegt zu haben.

Am Vormittag hatte es zwei Vorträge gegeben. Professor Rühr von der Goethe-Universität hielt die Einführungsrede über Ernst May, dann sprach der Historiker Thomas Theben *Über Wirkung und Einfluss von Frauen auf das Neue Frankfurt.* In der Pause gab es Kaffee und Brezeln, man stand vor dem Saal zusammen und unterhielt sich. Richard, von zwei Teilnehmern auf seinen Ausstellungsplan für New York angesprochen – er versuchte, elegant vom Thema abzulenken, indem er Gegenfragen stellte –, sah sich nach Theben um, der aber seinerseits von einer Schar Interessierter umringt wurde. In seinem Vortrag hatte er die bekannten Namen erwähnt: Margarete Schütte-Lihotzky, Grete Leistikow, Ella Bergmann-Michel, und Richard wollte ihn unbedingt nach Ella Burmeister fragen, vielleicht war ihm ja auch dieser Name ein Begriff. Etwas an diesem jungen Historiker hatte ihn sofort angesprochen. Er wusste nicht, was es war, vielleicht sein offener Blick, die Art, wie er gestikulierte, jede seiner Bewegungen war schwungvoll, aber nicht ziellos, die Leute schienen Thomas Theben zu mögen. Auch fand es Richard bemerkenswert, dass dieser Mann sich mit der Rolle der Frauen in diesen Jahren auseinandersetzte – ein Aspekt, der in wissenschaftlichen Arbeiten und Publikationen noch immer kaum Beachtung fand.

Nach der Pause diskutierte man über die Gründung eines Vereins zur Förderung und Wahrung der May-Bauten und erzielte zumindest darüber Einigkeit, dass ein solcher Verein aus der Mitte der Bürgerschaft hervorgehen und nicht nur aus Wissenschaftlern bestehen dürfe, weitere Gespräche zu diesem Thema wurden vertragt.

Während des Mittagessens saß Richard mit Professor Rühr und einigen anderen zusammen, deren Namen er sich nicht gemerkt hatte. Er aß schweigend, beteiligte sich am Gespräch nur, indem er hin und wieder zustimmend nickte. Er hatte gehofft, Theben näher kennenzulernen, aber der saß an einem anderen Tisch, wo er angeregt mit seinen Sitznachbarn sprach, anscheinend kannten sich dort alle.

Richard stocherte in seinem Salat. Seine Vorfreude auf das Symposium war schnell verflogen, schon am Vormittag war ihm beim Blick ins Programmheft klar geworden, dass er auch hier aller Wahrscheinlichkeit nach keine Fortschritte in Hinblick auf seine Ausstellung machen würde, und je mehr er sich dessen bewusst wurde, desto mehr sank seine Stimmung, und er begann, die Reise nach Deutschland als reine Zeitverschwendung anzusehen. Aber er wusste, dass er nicht mit leeren Händen zurückkommen durfte, sein Team wartete, und noch viel mehr wartete John Rosen, der ihm vor dem Abflug noch eine gute Reise und möglichst große Ausbeute gewünscht hatte. Als sei Richard ein verdammter Jäger. Nein, vorzeitig abzureisen kam nicht infrage.

Nach dem gemeinsamen Lunch setzte sich Richard mit einem Kaffee in den Innenhof an einen der Tische. Die Gruppe zerstreute sich, manche rauchten, andere verließen den Tagungsort für einen Spaziergang. Er überflog seine Notizen. Einzig Theben schien ihm mit seinem Thema ein möglicher Ansatzpunkt, und er nahm sich vor, ihn später direkt anzusprechen. Wieder holte er die Bilder aus seiner Tasche, breitete sie auf dem Tisch aus. Etwas an diesen Fotografien ließ ihn nicht los. Es waren nicht die Gebäude des *Neuen Frankfurt*, die im Mittelpunkt der Aufnahmen standen, sondern die Menschen. Sie posierten nicht, sie gingen ihrer Arbeit nach, und wenn sie einmal aufsahen und in die Kamera blickten, taten sie es gleichgültig, als wüssten sie nichts mit dem Apparat oder dem Tun der Fotografin anzufangen, vielleicht weil sie noch kein Bewusstsein dafür hatten, dass sie für die Ewigkeit festgehalten wurden. Diese Natürlichkeit im Kontrast zur Strenge und Kühle der Gebäude war es, die Richard faszinierte. Die Fotografien erinnerten ihn an die Bilder von Ilse aus ihrer Zeit in Paris, ihre Straßenfotos von herumhockenden Menschen, Alltagsszenen. Bei Ella Burmeister aber kam ein weiterer Aspekt hinzu, bei ihr spielten die Menschen *und* die Bauten eine Rolle, beide bedingten einander, waren ohneeinander nicht denkbar.

Ein Schatten fiel über den Tisch, und Richard sah auf. Vor ihm stand Thomas Theben, er trug einen altmodischen Hut und blickte mit leicht zusammengekniffenen Augen auf die Bilder. »Darf ich mich zu Ihnen setzen?«

Richard richtete sich auf, so als müsste er vor den Augen dieses Mannes eine besonders gute Figur machen, und bat ihn mit einer Geste, Platz zu nehmen.

»Interessante Fotos, von wem sind die?«

»Von einer gewissen Ella Burmeister. Sagt Ihnen der Name etwas?«

Der junge Historiker beugte sich über die Bilder. »Den Namen hab ich schon mal gehört, ja.«

»Stand sie mit dem Neuen Frankfurt irgendwie in Verbindung?«

Thomas Theben sah auf, nahm den Hut ab und legte ihn neben sich auf den Tisch. »Ich würde sie nicht direkt dazuzählen, nein, aber ich kenne so gut wie keine ihrer Arbeiten.

Wo haben Sie die Bilder denn her? Sie sind großartig. Diese Unmittelbarkeit, und doch ist darin eine große Ruhe. Wunderschön.« Er lächelte jetzt und lehnte sich zurück, und Richard konnte nicht anders, er musste mitlächeln.

»Von einem Sammler«, sagte er, ohne konkreter zu werden.

»Sie arbeiten an einer Ausstellung über das Neue Frankfurt?«

»Ja, ich hatte gehofft, hier Anregungen zu bekommen.«

»Und haben Sie das?«

Richard zögerte, er wollte dem Mann nicht von seiner Ratlosigkeit erzählen, er kannte ihn ja kaum, und kaum etwas war unangenehmer als das Gerede unter Kollegen über Fehltritte und Misserfolge. »Ihr Vortrag hat mich auf jeden Fall inspiriert«, sagte er.

»Das freut mich.«

»Glauben Sie, Sie könnten mir in Bezug auf Ella Burmeister weiterhelfen?« Richard hatte plötzlich das Gefühl, Thomas Theben könnte vielleicht so etwas wie ein Verbündeter werden, ein Beistand und Helfer, wie er es sich von Ilse erhofft hatte. »Viel mehr als den Namen weiß ich nicht von ihr.«

Sein Gegenüber antwortete nicht sofort, schaute weiter die Fotografien an, nahm eine davon in die Hand, um sie genauer zu betrachten. »Geben Sie mir etwas Zeit«, sagte er dann. »Ich denke, dass ich bis heute Abend mehr weiß.«

Richard nickte nur und war irgendwie angerührt. Sie saßen bis zum Beginn des nächsten Vortrags zusammen, er erzählte von Ilse und beobachtete die Reaktionen des anderen, sein Lächeln, das Gestikulieren seiner Hände.

Es war eine Ewigkeit her, dass Richard zuletzt geraucht hatte. Er stand im Innenhof des Klosters mit Professor Rühr zusammen, ein Glas Apfelwein in der einen Hand, in der anderen eine Zigarette. Sie sprachen über einen der Vorträge des Vormittags, in dem es um die Typisierungen gegangen war, die von der Aufteilung der Wohnungen bis hin zu Türgriffen und Heizungsknäufen gereicht hatten. Richard war erstaunt, wie leicht ihm die deutsche Sprache fiel, nahezu problemlos konnte er den Vorträgen folgen. Franziska hatte mit ihren Kindern kaum Deutsch gesprochen, nur manchmal hatte sie ihnen alte Lieder vorgesungen, war sie beim Erzählen eines Märchens in ihre Jugendsprache zurückgefallen, und auch mit den Neuankömmlingen aus der Alten Welt hatte sie ab und an Deutsch geredet. Dann hatte sich ihre Stimme verändert, war tiefer geworden, auch geschmeidiger, und Richard war jedes Mal ebenso überrascht wie besorgt über diese Verwandlung seiner Mutter gewesen. Vor einigen Jahren hatte er an einem New Yorker Institut einen Deutschkurs besucht, vielleicht aus Sentimentalitätsgründen, und konnte sich jetzt zumindest so ausdrücken, dass er seine Sätze halbwegs verständlich formulierte.

Am Nachmittag war die Gruppe zu einem Ausflug nach Niederrad zur Siedlung Bruchfeldstraße aufgebrochen, dem sogenannten *Zickzackhausen*, wo ihnen Professor Rühr die Besonderheiten der Bauweise erläutert hatte. Man habe hier die jeweils vorspringende Bewegung der Baukörper gewählt, um den Lichteinfall zu verbessern und Mays Motto *Licht, Luft, Öffnung!* in die Tat umzusetzen. Aufnahmen des Fotografen Paul Wolff wurden herumgereicht, man sprach über den heutigen Zustand der Gebäude. Richard registrierte die irritierten Blicke der Bewohner, von denen die meisten wahrscheinlich keine Ahnung hatten, in welch historisch bedeutsamen Räumen sie lebten, sodass sie zu einem Teil der Stadtgeschichte wurden.

Nach der Führung hatte es eine längere Pause gegeben, und Richard nutzte die Zeit, um entlang des Mains zu spazieren. Die Stadt gefiel ihm, nicht nur wegen des Flusses. Die wenigen Hochhäuser vermittelten ihm ein Gefühl von Zuhause, aber schon der Wechsel der Mainseite brachte eine Veränderung hin zum Dörflichen, schmale Gassen, Spitzdächer; die Stadt drängte sich um wenige Straßen im Zentrum und dünnte dann entlang des Flusses immer weiter aus, verlief in Straßenrinnsalen hinein in den Vordertaunus, begrenzt im Süden durch den Stadtwald. Er versuchte sich vorzustellen, wie seine Mutter sich knapp siebzig Jahre zuvor durch diese Straßen bewegt haben mochte, vielleicht war sie in einer der Badeanstalten gewesen, die es seinerzeit an den Ufern gegeben hatte, und ihm wurde klar, dass er überhaupt nicht wusste, wo sie damals gelebt hatte, zusammen mit Henry und Elsa.

Jetzt fühlte er eine leichte Übelkeit aufsteigen und drückte die Zigarette in einen Aschenbecher. Das Buffet wurde eröffnet. Es gab hessische Spezialitäten: Grüne Soße mit Ei, Kartoffeln und Tafelspitz, Handkäse, Rippchen. Man griff beherzt zu. Auf den Tischen standen grau-blau gefärbte Bembel. Richard setzte sich zu Thomas, er hatte ihm nach ihrem Pausengespräch das Du angeboten, und Thomas hatte freudig zugestimmt. Seit dem Vormittag hatte er ihn nicht mehr gesehen, auch beim Ausflug nach Niederrad war er nicht dabei gewesen.

Thomas erkundigte sich, ob er etwas verpasst habe, und Richard schüttelte den Kopf. »Ich denke nicht«, sagte er und zog eine Kartoffel durch die Grüne Soße. »Du als Frankfurter wirst das alles kennen.«

»Nicht alles, aber wohl doch ein bisschen mehr als die meisten hier, würde ich sagen.« Dabei hatte er wieder dieses sofort einnehmende Lächeln im Gesicht. »Ich habe übrigens etwas zu Ella Burmeister herausgefunden«, er legte das Besteck zur Seite, griff in die Jacketttasche und schob Richard einen Zettel zu. »Sie hat eine Zeit lang in der Siedlung Höhenblick gelebt, zusammen mit dem Architekten Max Harder«, erklärte er. »Die Wohnung gibt es noch.« Außerdem wolle er mit einer Kollegin vom Städel Museum telefonieren, eventuell gebe es dort im Archiv noch etwas zur Fotografin. Richard bedankte sich für die Hilfe und steckte das Papier ein.

Das Essen lag ihm etwas im Magen, die meisten der Wissenschaftler waren vom Apfelwein bald angetrunken. Entlang der Klostermauer schwoll das Gelächter an, der Dunst der Zigaretten zog durch den Hof. Richard fühlte sich wohl im Kreis der Gleichgesinnten. Er erfuhr von der Debatte um eine Ausstellung über die Verbrechen der Wehrmacht, die schon vor der Eröffnung kontrovers geführt wurde, und auch unter den Symposiumsteilnehmern gab es verschiedene Meinungen und Argumente: Einige stellten sich auf die Seite der Oberbürgermeisterin Roth, die die Eröffnung boykottieren wollte, andere hielten es mit dem hessischen Ministerpräsidenten Eichel, der die öffentliche Dokumentation von Wehrmachtsverbrechen verteidigte. Über die Lokalpolitik gelangte man nach weiteren geleerten Gläsern zum Fußball. Er hörte, dass Eintracht Frankfurt unter dem Trainer Horst Ehrmantraut gerade eine bärenstarke Rückrunde spielte und auch dank ihres Torhüters und eines brillanten Mittelfeldregisseurs kurz vor dem Wiederaufstieg in die erste Liga stand. Und immer wieder kreuzte sich sein Blick mit dem von Thomas. Sein Lachen konnte er deutlich aus dem Gewirr der Stimmen heraushören.

Es wurde bald kühler, und die meisten Teilnehmer verabschiedeten sich, bis nur noch eine kleine Gruppe übrig blieb, die die letzten Schälchen Nachtisch verspeiste und sich dann auch allmählich zerstreute.

Als Richard sich verabschiedete, bot Thomas an, ihn noch ein Stück entlang des Mains zu begleiten. Schweigend gingen sie die kurze Strecke hinunter zum Fluss. Richard spürte, wie der Alkohol seine Wahrnehmung weichzeichnete. Vor der

Alten Brücke blieben sie stehen, Thomas bot ihm eine Zigarette an.

»Eigentlich habe ich aufgehört«, sagte Richard.

»Es muss ja niemand davon erfahren«, sagte Thomas und blies Rauch über den Fluss.

Richard ließ sich Feuer geben, sie gingen weiter. Er sah zu den erleuchteten Fenstern der Hochhäuser. Dann fragte ihn Thomas, ob die Bilder von Ella Burmeister auch Teil seiner Ausstellung werden würden.

Richard blieb stehen. »Ich weiß es nicht. Bis auf diese wenigen Fotos habe ich ja nichts von ihr, keine biografischen Daten, sie ist im Grunde eine völlig Unbekannte. Für eine Ausstellung ist das zu wenig.«

»Dann stell ihr etwas an die Seite«, sagte Thomas, »Bilder anderer Fotografinnen, von Ilse Bing oder Grete Leistikow. Da ergeben sich sicher spannende Überschneidungen, meinst du nicht?«

Richard hörte die Begeisterung in Thomas' Worten, eine Begeisterung, die er eigentlich selbst an den Tag legen sollte, stattdessen grübelte er nur und fühlte sich nach wie vor fehl am Platz. »Ja, das ist sicher ein guter Ansatz«, versuchte er, zuversichtlich zu klingen, obwohl er wusste, dass John Rosen, dass sein Team ihn nur fragend anschauen würden, käme er mit kaum mehr als diesem unbekannten Namen aus Frankfurt zurück.

»Und vielleicht finden wir übers Städel auch noch etwas über Ella heraus.«

Thomas blieb stehen, seine Wangen waren leicht gerötet, und Richard sah schnell an ihm vorbei zum Fluss. Als wären sie bereits ein Team, dachte er und merkte, wie ihm dieser Gedanke gefiel: Thomas Theben bei der Ausstellungseröffnung in New York an seiner Seite, engagiert, lebenslustig, genau der Richtige für diese Stadt. »Danke für deine Hilfe«, sagte er.

»Unter Kollegen doch selbstverständlich«, sagte Thomas. Bei jedem anderen hätte es anmaßend geklungen, doch er meinte es genau so: dass man sich untereinander weiterhalf ohne Hintergedanken, dass man sein Wissen teilte, anstatt es vor anderen zu verheimlichen.

Am Hauptbahnhof trennten sie sich. Thomas nahm die Tram, Richard ging weiter zum Hotel. Im Aufzug zog er den Zettel aus der Hosentasche, den Thomas ihm zugesteckt hatte. Darauf eine Adresse: *Höhenblick 14*, und darunter, etwas kleiner, eine Telefonnummer und Thomas' Name in Klammern.

Der Morgen war kühl, Richard fröstelte, als er ins Taxi einstieg.

»Bitte zum Höhenblick 14«, gab er dem Fahrer als Ziel an und lehnte sich zurück.

Seine Haare waren noch feucht vom Duschen. Er hatte schlecht geschlafen, wieder einmal waren ihm die Gedanken Karussell gefahren, er hatte von John Rosen geträumt, dessen enttäuschtem Kopfschütteln, auch Adrian hatte ihn im Traum mitleidig angesehen und schließlich wortlos das Büro verlassen.

Während das Taxi im dichten Morgenverkehr auf der Miquelallee zum Stehen kam, blätterte Richard gedankenverloren durch sein Notizbuch. Es war erschreckend leer. Er überflog das wenige, was er bislang von Ilse und Thomas über Ella Burmeister erfahren hatte, und sah wieder aus dem Fenster. Als er erwacht war, hatte er sofort gewusst, dass er vormittags nicht zum Symposium gehen, sondern zu der von Thomas ermittelten Adresse fahren würde. Beim Blick in den trüben Morgen – ein weitläufiger Park lag hinter einem Zaun – fragte er sich, weshalb seine Mutter nie von dieser Frau gesprochen hatte. Möglicherweise war das Bild nur eine zufällige Straßenaufnahme, wie auch Ilse sie immer wieder festgehalten hatte, vielleicht hatten die beiden Frauen einander also gar nicht gekannt. Doch seit Richard in dieser Stadt war und der Spur von Ella zu folgen versuchte, trat für ihn immer deutlicher auch die Schweigsamkeit seiner Mutter in Bezug auf ihre Zeit in Frankfurt zutage. So, wie sie auf dem Bild in die Kamera blickte, ganz natürlich und der Fotografin zugewandt, mussten die beiden miteinander vertraut gewesen sein. Das war alles andere als ein Schnappschuss während einer beliebigen Demonstration.

Das Taxi fuhr nach Norden, in den Stadtteil Ginnheim. Im Höhenblick bezahlte Richard für die Fahrt und stieg aus. Obwohl es bewölkt war, schienen die weißen Fassaden zu leuchten, und er fühlte sich für Augenblicke wie aus der Zeit gefallen. Die Straße wurde zu beiden Seiten von Gebäuden des *Neuen Frankfurt* eingefasst, ganz typisch in ihrer Bauweise mit Flachdach, den symmetrisch angeordneten Fenstern, den schmalen Türen mit den blau gestrichenen Vordächern. Aufgrund der attraktiven Lage mit Blick ins Niddatal, Wohnungsgrößen bis zu 125 Quadratmetern und einer besonderen Ausstattung hob sich die Siedlung von anderen Ensembles deutlich ab und war dem Bürgertum vorbehalten gewesen; viele Architekten und Künstler der Zeit hatten hier gelebt.

Richard schritt einmal die ganze Straße ab. Die Nummer 14 hatte er da längst entdeckt, zögerte aber noch, direkt hinzugehen. Er sah auf die Uhr. Wie merkwürdig musste es wirken, wenn ein Tourist aus New York morgens um kurz nach neun plötzlich vor der Tür stand, um nach einem Namen zu fragen. Andererseits waren die hiesigen Anwohner architekturinteressierte Besucher sicherlich gewohnt, und er sollte sich besser nicht so viele Gedanken machen, dachte er und hatte dabei die Stimme von Eleonore im Ohr. Also trat er schließlich vor die Tür der Nummer 14 und drückte auf die Klingel.

Nichts rührte sich zunächst, und er wollte sich schon wieder umwenden und gehen, als die Tür sich doch einen Spaltbreit öffnete. Richard blickte in das Gesicht einer älteren Frau, lockiges graues Haar, wache Augen, und für Momente fragte er sich, ob er hier tatsächlich gerade Ella gegenüberstand. Aber das war unmöglich, die Frau müsste annähernd einhundert Jahre alt sein. Schweigend sah sie ihn an, und Richard schoss das Blut in den Kopf.

»Entschuldigen Sie bitte die Störung«, begann er und erzählte in kurzen Sätzen, wer er war und was er wollte. Dabei fühlte er sich wie ein Kind, das eine Entschuldigung hervorstotterte, und machte sich darauf gefasst, die Tür vor der Nase zugeschlagen zu bekommen.

Die Frau öffnete den Spalt jedoch noch etwas weiter. »New York, sagen Sie? Ich war sehr oft dort.«

Richard wiederholte seine Frage, ob sie vielleicht schon einmal von einer Ella Burmeister gehört habe.

Die Frau lächelte. »Wer ist diese Ella? Sind Sie in sie verliebt?«

Jetzt lächelte auch Richard. »Nein, ich forsche zu ihr«, sagte er. »Sie war Fotografin und hat einmal in dieser Wohnung gelebt. Ich hatte gehofft, jemand würde sich womöglich an sie erinnern.«

»Das alles ist so lange her«, sagte die Frau und blickte an ihm vorbei auf die Birken des kleinen Vorgartens. »Unsere Fahrt auf dem Hudson und dann dieses kleine Restaurant in Lower Manhattan, alles so lange her.«

Richard nickte. »Danke für Ihre Zeit«, sagte er, »ich will Sie nicht länger stören.«

»Wissen Sie, was mich mehr als alles andere erstaunt hat, damals in New York? Es waren nicht die Wolkenkratzer und nicht die Boulevards, Restaurants oder Hotels, sondern es waren immer die Menschen. Ihre Gesichter. An manche erinnere ich mich heute noch, eine Rollschuhfahrerin im Central Park oder ein kleines Mädchen in der U-Bahn, als würde ich sie vor mir sehen. Verstehen Sie das? Alles andere verschwindet, aber diese Gesichter bleiben mir, die vergesse ich nie.«

Leise schloss sich die Tür wieder, ein Aroma von Lavendel hing für einen Moment in der Luft, und Richard trat ein paar Schritte zurück, verwirrt, aber auch berührt von den Worten der Frau. Er sah die Straße hinab, nichts regte sich, es war, als wäre die Zeit eingefroren, als könnte jeden Augenblick Ella Burmeister um die Ecke kommen und ihn in den Sucher ihrer Leica nehmen. Und plötzlich begriff er, dass das, was die Frau zu ihm gesagt hatte, das Gleiche war, was ihm auch auf Ella Burmeisters Fotografien als etwas Besonderes erschien: Die Menschen waren es, diejenigen, die in den Gebäuden gelebt und gearbeitet, die sie erbaut und erdacht hatten; es ging um das Zusammenspiel von Architektur und Alltagsleben, nicht darum, Ikonen zu schaffen, Paläste aus Gold, sondern für die Menschen zu bauen und also für das Leben an sich. Aufgeregt zog er das Notizbuch aus der Tasche, ging in die Hocke und brachte hastig seine Gedanken zu Papier. Dann machte er sich auf die Suche nach einem Taxi, das ihn zurück in die Stadt bringen würde.

# SCHNAPPSCHÜSSE

Frankfurt am Main, 1927

*Es gab Hunderte Schuhe, Tausende Schuhe, und sie stiegen alle aufs Trittbrett der Elektrischen. Es war so banal und so langweilig, dass es mich aber auch höchst faszinierte. Der Schmutz auf den Wegplatten, ein Blutfleck, ein Kippenstummel, und dann der entscheidende Moment: Die Elektrische hielt quietschend, die Frau wusste genau, was zu tun war. Nah an die Haltestellenkante musste sie den linken Fuß heben und eben jetzt aufs Trittbrett setzen, der Rock schob sich an den Beinen hinauf, zwei dunkle Absatzschuhe voller Schrammen, die Seidenstrümpfe noch tadellos. Da war sie auf dem Weg ins Büro, mit den Gedanken bei ihrem Geliebten oder den Kopf noch voll vom Sekt, was weiß denn ich, und so geht es Tag für Tag, Hunderte Schuhe.*

*

Im Garten sind die Bäume mit Girlanden und Lampions geschmückt, der Wind hat seine Freude daran, und alle sind in Aufregung, hier und da ein helles Lachen, Ausrufe, und man begrüßt die Musiker mit Beifall, die sich, ganz in Weiß, um ihre Instrumente einfinden, Trompete, Gitarre, Kontrabass, Trommel. Bravo! Lasst sie erst mal spielen! Die Kunstgewerbeschule hat zum Sommerfest geladen, die großen Fenster der Ateliers stehen offen, warmer Wind in allen Räumen, der Geruch nach Farben, Terpentin. Die Band jazzt sich ein.

Ella sitzt im Schatten, hält sich an einem Glas fest und betrachtet die Szenerie, die Studenten in ihren oft etwas zu großen oder zu eng sitzenden Anzügen, die Professoren, ältere Herren mit wachen Augen, darunter auch eine Frau, Margarethe Klimt, wie Ella später erfährt, Leiterin der Modeklasse, und für einen kurzen Moment, so glaubt sie, treffen sich ihre Blicke, streift etwas ihr Gesicht, vielleicht ein Lächeln. Die jungen Studentinnen geben ein selbstbewusstes Bild ab in ihren modischen Kleidern, mit diesen beinah strengen Blicken. Unter ihnen ist auch Franziska, sie hat Ella überschwänglich und nach einem neuen Parfüm duftend in die Arme geschlossen, hat sie gleich hinaus und in den Garten gezogen, ihr ein Getränk besorgt und den Stuhl dazu, sie solle es sich im Schatten bequem machen und sich schon mal einen kleinen Schauer antrinken, später gebe es auch zu essen, sie sei gleich wieder bei ihr.

Ella sitzt, trinkt, schaut durch den Sucher der Leica hinauf in die Bäume, wippt zur Musik mit dem Fuß. Da schwofen sie schon. Und abseits der anderen geht einer einsam umher, die Hände auf dem Rücken verschränkt, blickt ebenfalls hinauf ins Laub, hin zu den Büschen, beugt sich vor, um was auch immer zu betrachten, ein Insekt, eine Blüte. Die Stirn hoch und glänzend, eindrücklich geschwungene Brauen, zwischen schmalen Lippen steckt eine Zigarette. Er scheint wenig Interesse an der Musik und den anderen Gästen zu haben, geht da im Schatten, dreht sich, und auch die anderen scheinen ihn zu meiden, als würde sie etwas trennen, vielleicht die Sprache, der Stand, vielleicht ist es ein Finanzmensch, ein Prokurist, dem die finanzielle Aufsicht dieser Feierlichkeit übergeben wurde und der schon jetzt am Nachmittag alles aus dem Ruder laufen sieht.

»Beckmann mag diese Art von Festen nicht besonders.«

Ella sieht auf. Da steht Walter Hagedorn vor ihr, die blonden Haare ordentlich gekämmt, in einem weißen Hemd.

»Schön, Sie zu sehen, Fräulein Ella.«

Sie muss aufstoßen, hält sich die Hand vor den Mund und hustet. »Ja, freut mich auch«, sagt sie dann, und sie geben sich die Hand. »Was macht er da?«

»Ich weiß nicht. Wahrscheinlich sammelt er wieder Dinge ein, also, ich meine, Eindrücke, Visuelles.«

Ella nickt, Franziska hat ihr von Max Beckmann schon erzählt. Er führt zusammen mit Professor Cissarz seit zwei Jahren die Malereiklasse, wählt seine Schüler selbst, und es gilt als große Auszeichnung, von ihm unterrichtet zu werden. Natürlich gibt Franziska nicht viel auf ihn, weil Beckmann sie bisher ignoriert hat, und sie gibt auch nicht viel auf Walter Hagedorn, weil der von Beckmann aufgenommen wurde.

»Wollen Sie tanzen?«, fragt Walter.

»Meinetwegen«, sagt Ella. Sie leert ihr Glas, und als sie aufsteht, schwankt für einen Augenblick der Garten, geraten die Bäume in Bewegung, öffnen sich die Fenster noch etwas mehr.

Walter fasst sie am Arm.

»Huch«, sagt sie nur.

Er ist gar kein schlechter Tänzer, besitzt Rhythmusgefühl und tritt ihr nicht ständig auf die Füße. Nach dem ersten Tanz aber ist Ella etwas übel, und sie bittet Walter, ihr ein Glas Wasser zu besorgen.

Franziska schleicht sich von hinten an. Ja, der Walter sei schon ein netter Typ, sagt sie und streicht Ella die Haare aus der Stirn. »Etwas verhalten für meinen Geschmack, aber nett.« Sie sagt es so, als würde sie von einem Kätzchen sprechen.

»Meine Damen und Herren«, erhebt sich die Stimme von Professor Wichert, des Leiters der Schule, »das Buffet ist angerichtet und erwartet Sie. Nur keine Scheu, es ist genug da, und es wird keinem auf den Teller geschaut. Nur zu!«

Und wie aufs Stichwort strömt die Menge nun in Richtung der Tische mit den Schüsseln und Platten.

»Walter scheint dich zu mögen«, raunt Franziska ihr über die Schulter zu. Ella will nichts davon wissen. Sie hat jetzt Hunger, geduldig steht sie in der Reihe, hört dem Schwatzen zu, dem Geklapper von Besteck, tut sich auf wie die anderen, folgt Franziska an einen der Tische, hat ihn fast erreicht, als sie aus dem Augenwinkel eine Bewegung wahrnimmt, hektisches Gekicher, einen Schatten, und jemand rempelt sie an, sodass ihr die Schnittchen vom Teller springen. Da sind zwei Ohren, die sich rot färben, eine helle Stimme.

»Oh, so ein Mist, entschuldigen Sie, so eine Dummheit … warten Sie … ich …«

Ella blickt auf einen gebückten Rücken, auf zwei Hände, die die im Gras verstreuten Schnittchen aufzusammeln versuchen, die Scheibe Kassler wieder auf dem Brot platzieren, das Stück Käse neu drapieren.

»Das tut mir sehr leid.«

Jetzt sieht der Mensch auf.

»Ich kann mir neue holen«, versucht ihm Ella zu helfen.

Der junge Mann hält die Schnittchen in den Händen und weiß nicht, wohin damit, er entschuldigt sich noch einmal für sein Ungeschick, wobei er etwas hilflos lächelt: Er neige, wenn er zu viel Sekt trinke, leider dazu, nach rechts zu schauen und nach links zu gehen, nun ja, das bringe ihn manchmal in missliche Situationen, und er würde sich jetzt also gern revanchieren – wo sie denn sitze, er wolle ihr etwas bringen.

»Ich sitze da drüben«, Ella zeigt zum Tisch, an dem Franziska gerade Platz genommen hat.

»Dann bin ich gleich bei Ihnen, einen Moment.«

Ella sieht ihn davonhasten, schlendert in aller Ruhe zu Franziska und setzt sich.

»Schon vorbei mit Walter?«, die Freundin beißt in eine saure Gurke.

»Der ist doch nur höflich. Kennst du ihn?«

»Nie gesehen.«

Schon kommt der Mann zurück an ihren Tisch, schiebt einen Teller vor Ella hin, zieht sich einen Stuhl heran.

»Max Harder«, stellt er sich vor und entschuldigt sich ein drittes Mal für das Missgeschick, wobei er, anscheinend über sich selbst belustigt, den Kopf schüttelt. »Ich sollte eigentlich überhaupt nichts mehr trinken außer Wasser oder Limonade, es tut mir wirklich nicht gut. Hoffentlich habe ich Ihnen nicht den Appetit verdorben.«

Ella hat noch nicht das kleinste bisschen gegessen.

Max Harder hat schöne Hände, die übereinandergelegt auf dem Tisch ruhen, gepflegte Fingernägel, und Ella fragt ihn, ob er auch von der Kunstgewerbeschule komme.

»Nein, nein, dafür bin ich weiß Gott zu wenig Künstler und zu viel Pragmatiker. Ich arbeite für Ernst May im Hochbauamt, das Neue Frankfurt, wenn Ihnen das etwas sagt.«

Ella nickt. Nun hat er doch ihr Interesse geweckt; seine Stirn ist hoch, die Brille macht sein Gesicht älter. Sie beißt in ein Schnittchen.

»Und was bauen Sie so?«, fragt Franziska. »Sind Sie draußen in Praunheim beschäftigt?«

»Nein, nein, das macht May höchstpersönlich«, er lehnt sich zurück, schlägt die Beine übereinander und zieht aus der Hosentasche eine Pfeife, die er zu stopfen beginnt. »Ich verantworte zusammen mit Martin Elsaesser den Bau der Großmarkthalle drüben im Ostend. Und ein neues Hallenbad in Fechenheim. Aber das ist alles …«, er zieht an seiner Pfeife, »das ist doch alles recht gewöhnlich im Vergleich zu den Dingen, die Sie hier tun. Es ist zweckdienlich.«

»Und Sie meinen also, die Kunst ist das nicht, zweckdienlich?«, Franziska nimmt einen Schluck aus ihrem Glas.

»Sollte sie es denn sein? Ist sie nicht vielmehr ungebändigt und frei?«

»Dann könnten wir sie ja auch gleich abschaffen oder ganz ins Private verlegen, wozu dann so eine Schule wie diese hier? Natürlich muss Kunst auch zweckdienlich sein, sie muss einem Zweck dienen, keinem banalen natürlich, sondern immer einem höheren. Also, der Mensch ist doch mehr als eine Maschine, der will nicht nur ackern und seinen jämmerlichen Lohn vertrinken, der braucht auch noch etwas anderes, das ihm die Seele heilt.«

»Da bin ich ganz bei Ihnen. Der Mensch ist keine Maschine, er muss sich bewegen können, braucht Licht und Luft. Das ist unsere Maxime im Hochbauamt. Wir wollen den Menschen befreien.«

»Oha«, Franziska schnalzt mit der Zunge, »da haben Sie sich aber was vorgenommen«, in ihrer Stimme schwingt Ironie mit.

»So was braucht es heute, große Gedanken, freie Gedanken, davon leben wir doch alle, Sie als Malerinnen am allermeisten.«

»Ich male nicht«, sagt Ella und schiebt den Teller von sich.

»Aber Sie fotografieren«, Max Harder deutet mit der Pfeife auf die Leica. »Kann man etwas von Ihnen sehen?«

Sie schüttelt den Kopf.

»Ich habe ein paar Fotos von ihr«, sagt Franziska. »Wollen Sie die sehen?«

»Wenn Sie dem auch zustimmen«, sagt der Architekt mit einem Blick zu Ella.

Da ist Franziska schon los. Ella schiebt sich ein letztes Schnittchen in den Mund, kaut, fühlt sich etwas unwohl und weiß nicht, was genau der Grund ist, der Sekt, Max Harder, der ihr in den Arm gerauscht ist, Franziskas plötzlicher Einfall mit den Fotos. Aus den Augenwinkeln sieht sie Walter bei Beckmann stehen, anscheinend erzählt der Meister seinem Schüler etwas, und der scheint über dessen Worte erstaunt.

Sie wendet den Blick ab, Max Harder lächelt sie an, und das Sonnenlicht lässt seine Ohren opak schimmern.

»Wenn es Ihnen unangenehm ist, dann behalten Sie die Bilder für sich«, sagt er.

»Es ist nur so ein Zeitvertreib, nichts Besonderes.«

Und schon ist Franziska zurück, legt die Bilder auf den Tisch. Der junge Architekt rückt sich die Brille zurecht, betrachtet die Fotos schweigend. Es sind Schnappschüsse aus den Straßen, dem Zoo, den Parks.

»Ella ist ja sehr talentiert und wird mal ganz groß werden«, sagt Franziska und wirft einen raschen Blick zu Ella. »Aber grundsätzlich halte ich die Fotografie für ein nettes Hobby. Zumindest hat es mit Kunst nicht viel zu tun.«

»Es gibt auch in der Fotografie einen gewaltigen Unterschied zwischen Laientum und Kunst«, Max Harder legt die Bilder zurück auf den Tisch. »Und ich würde sagen, dass diese Aufnahmen hier Letzterer zugeordnet werden sollten.«

»Es ja gerade in Mode, von der Fotografie als einer Kunst zu sprechen«, Franziska greift nach einer weiteren Gurke, besieht sie kurz, beißt dann hinein. »Aber ist sie das wirklich, eine Kunst? Ist sie nicht genau das, *zweckdienlich*, also im gewöhnlichen Sinn nur eine Kopie dessen, was wir jeden Tag sehen?«

»Ehrlich gesagt bin ich da kein Fachmann«, sagt der Architekt, »aber ich würde behaupten, dass sich unser Auge allzu oft täuscht und dass die Fotografie eine Wahrheit ans Licht bringt, die unseren Blicken oft entgeht. Was meinen Sie?«, er schaut dabei Ella an.

Ein seltsamer Mensch ist das, denkt sie, ungeschickt und doch liebenswürdig, er ist klug und neugierig.

»Ich weiß es noch nicht«, gibt sie offen zu.

»Und ich sage, es wohnt eine Künstlernatur in Ihnen«, Max Harder lehnt sich zurück und kaut auf dem Mundstück der Pfeife herum. »Nicht das Ende zu kennen, die Wahrheit suchen, ohne zu wissen, wo genau sie zu finden ist, eine Ahnung zu haben, aber keine Glaubenssätze.«

»Die Kunst ist doch schon ein Glaube für sich!«, sagt Franziska, »und Ahnungen helfen gar nichts, wenn man nicht weiß, woher sie kommen, das sind sonst nur Träumereien!«

Max Harder lacht glucksend auf. »Ich liebe die Feste hier!«

Ella hat plötzlich einen bitteren Geschmack im Mund. Die Geräusche um sie schwellen an, Stimmen, Gelächter, und für Augenblicke wird das Gefühl übermächtig, das alles gelte ihr, jedes einzelne Wort, jedes Lachen, selbst die Musiker scheinen eine Pause zu machen, um dem Hohn Raum zu geben, der Bloßstellung: Ella Burmeister ist ein braves Mädchen, sie trägt die Leica wie ein modisches Accessoire mit sich herum, manchmal drückt sie auf einen der Knöpfe. Ein feines Mädel, aber doch etwas langweilig und gewöhnlich!

»Nun ja«, Max Harder klopft seine Pfeife aus. »Ich wollte mich Ihnen nicht aufdrängen und werde mal zurück zu May gehen«, er deutet auf eine Gruppe Männer in grauen Anzügen, die beisammenstehen und rauchen.

Er wünscht Ella und Franziska noch ein schönes Fest, hoffentlich sehe man sich einmal wieder. Dann steht er auf, schiebt eine Hand in die Hosentasche und schlendert davon.

Franziska zuckt mit den Schultern. Und Ella betrachtet die armseligen restlichen Schnittchen, sie hat keinen Hunger mehr, will in den Schatten.

Im Licht der Lampions schwirren Falter und Mücken, in den Wipfeln der Bäume rauscht der Wind, pinselt sanft über Ellas Gesicht, die mit einem Glas Pfälzer Rotwein dasitzt und der Musik lauscht, den Stimmen, dem Gelächter. Sie spürt ein Rumoren in sich, wenn sie an das Treffen mit Max Harder denkt, an Franziskas Worte über die Fotografie, dass die ja keine Kunst sei, mehr so ein Handwerk, ein Ding zum Zeitvertreib. Sie blickt auf die Leica an ihrer Seite. Vielleicht ist es ja wirklich nur eine Art Spielzeug für Erwachsene. Aber warum dann Franziskas ernste Worte im Malepartus, von der Wahrheit, von der Freiheit? Hat sie da nur zu sich gesprochen, war sie es selbst, der sie das Versprechen abnahm? Ella blickt hoch zu den schwankenden Lichtern, sieht einen Studenten durch den Garten taumeln und sich übergeben, die Musik nimmt einen neuen Anlauf.

Mit einem Bierkrug in der Hand nähert sich jemand, es ist Max Harder. Er bleibt etwas unschlüssig stehen, erwartet wohl so etwas wie eine Aufforderung, aber Ella nippt nur am Glas.

»Ich hoffe, ich habe Sie vorhin nicht verärgert«, sagt er.

»Nein, haben Sie nicht.«

»Es ist gar nicht meine Art, aber Ihre Freundin hat mir nun mal keine Wahl gelassen. Ich verschwinde auch gleich wieder, wenn Ihr Freund wiederkommt und Sie zum Tanz mitnimmt.«

»Er ist kein Freund, nur ein Bekannter. Und ich glaube nicht, dass er wiederkommt.«

»Darf ich mich dann noch einen Moment zu Ihnen setzen?«

Als Ella nichts sagt, holt er einen Stuhl, setzt sich und beginnt wieder, seine Pfeife zu stopfen.

»Also, Ihre Bilder, ich finde wirklich, dass sie etwas sehr Außergewöhnliches zeigen, etwas Wahrhaftiges. Sind Sie Autodidaktin?«

»Ich studiere Mathematik.«

»Das kommt Ihnen sicher entgegen. Aber wenn ich offen sprechen darf: Sie müssen daraus etwas machen«, er deutet auf die Leica. »Mathematik, schön und gut, aber da bleiben Sie auch nur im Theoretischen. Wir müssen die Kunst auf die Straße bringen, zu den Menschen. Es ist bedauerlich, dass es hier an der Schule keine Fotografieklasse gibt, denn das brauchen wir, den neuen Blick. Die Maler verbleiben in ihrer eigenen Sphäre, aber Sie, Sie müssen mit diesem kleinen Gerät da die Welt in all ihrer Flüchtigkeit und Beiläufigkeit einfangen, Sie müssen die Welt verständlich machen für die, die heute von allem nichts mehr wissen wollen. Wir müssen zu den Menschen und sie rausholen aus ihren engen Zimmern, diesem ganzen Mief.«

Seine Pfeife ist ausgegangen, er hat sich aufgerichtet, gleich wird er aufspringen, seine Stirn glänzt. Er nimmt einen Schluck aus dem Bierkrug.

»Wollen Sie tanzen?«

»Ich habe morgen Vorlesung, also, es ist wohl besser, wenn ich jetzt gehe.«

»Natürlich. Ich hoffe, Sie verzeihen mir meinen Enthusiasmus, aber wenn ich jemanden wie Sie für unsere Sache gewinnen könnte, dann ist es mir mit jedem einzelnen Wort ernst. Ich will Sie ermutigen, schreiben Sie May.«

»Ich werde drüber nachdenken«, sagt Ella und steht auf.

Der Kopf schwirrt ihr, die Lampions schaukeln sanft, sanft wiegt sich auch der Garten um sie, sie geht ein paar Schritte, bleibt stehen. Max Harder dampft. Er winkt ihr zu. Sie winkt zurück. Sie stakst über die Wiese, Gestalten im Halbdunkel, sie gelangt hinaus auf die Neue Mainzer Straße und sucht nach ihrem Fahrrad.

*

Im Garten des Malepartus bekommt man mittags reichlich zu essen für wenig Geld. Da sitzen Studenten, einige Angestellte aus den umliegenden Bürogebäuden in knittrigen Hemden, zwei Kriegsinvalide, der eine mit halbem Gesicht, der andere mit weggeschossenen Beinen, aber sie halten zusammen: Der eine schiebt den Rollstuhl, der andere schneidet das Essen klein, zerdrückt die Kartoffeln; in einer Ecke ein Grüppchen Kommunisten überm Apfelwein.

Ella hat keinen Hunger, die Hitze drückt trotz des schattigen Laubs. Sie sieht Franziska beim Essen zu, nippt hin und wieder an ihrem Wein. Franziska ist über Mittag oft hier, isst, erholt sich von den Nächten, döst im Schatten. Ella hat Rückenschmerzen, streckt sich ein paarmal. Die Vorlesung am Vormittag hat sie schon fast wieder vergessen, kann sich gar nicht mehr an die letzten Wochen erinnern, nur ein dumpfes Gefühl von Überwältigung, Zahlengewirr, Gestocher. Während vorne Professor Dehn über statistische Wahrscheinlichkeit sprach, legte sie sich in Gedanken die Worte für den Brief an Stadtbaurat May zurecht, machte sich Notizen zur Anrede. Man musste glauben, dass sie aufmerksam den Ausführungen des Professors folgte, während sie mit den einzelnen Sätzen rang; nicht zu niedlich sollte es klingen, nicht bettelnd, aber auch nicht fordernd. Sie kam stockend voran. Der Satz von Bayes kam ihr in die Quere; bedingte Wahrscheinlichkeit, A-priori-Wahrscheinlichkeit, Professor Dehn musste niesen, und Ella fand nicht mehr zurück zu May und der Leica.

»Ich glaube, der Walter kann dich gut leiden«, sagt Franziska und schiebt sich eine Kartoffel in den Mund.

Ella zuckt nur mit den Schultern.

»Oder doch lieber der Architekt von May, ich hab seinen Namen vergessen.«

Max Harder. Aber sie denkt nicht dran, den Namen auszusprechen. »Bin ich in deinen Augen auch eine Laiin?«, fragt Ella stattdessen.

Franziska schaut sie an, hört auf zu kauen.

»Was meinst du?«

»Eine Anfängerin. Eine, die vielleicht eine gewisse Leidenschaft mit sich herumträgt, aber auch ein noch größeres Unvermögen.«

»Du meinst die Fotografie?«

»Ja, genau die.«

Franziska legt die Gabel zur Seite, trinkt einen Schluck Wein.

»Die Fotografie hat eben keine Seele. Dieser Apparat, durch den der Eindruck hindurchgeht und dann zum Bild wird, das ist ja reine Mechanik. Während die Eindrücke bei mir hier und hier durchmüssen«, sie tippt sich an die Stirn, legt sich dann die Hand auf die Brust. »Die Transformation ist doch das Entscheidende. Der Eindruck, der verwandelt wird.«

»Hast du nicht gesagt, du willst die Wahrheit zeigen?«

»Ja natürlich, aber es ist *meine* Wahrheit. Die ist nicht objektiv. Dafür muss ich mehr tun als nur auf einen Knopf drücken. Fotografie ist etwas für die Unbegabten und Faulen, hat Baudelaire gesagt.«

»Also bin ich das, unbegabt und faul.«

»Weit entfernt davon«, Franziska fasst nach Ellas Hand. »Das darfst du alles nicht so sehr auf dich beziehen. Du weißt doch, wie sehr ich deine Bilder mag. Wenn du sie an die Zeitungen verkaufst, dann freue ich mich für dich, das ist doch wunderbar! Und wenn ich erst eine Fotografie von dir als Reklame am Bahnhof sehe, werde ich stolz allen erzählen, dass ich die Fotografin kenne. Aber es ist doch nicht dasselbe, eine Fotografie oder eine Zeichnung. Das sieht man doch auf den ersten Blick.«

Ella fallen keine Widerworte ein, nichts zur Verteidigung, außerdem hat sie keine Lust, mit Franziska zu streiten. Vielleicht sollte sie auch mit dem Zeichnen beginnen und sich an der Kunstgewerbeschule bewerben. Sie könnte es mit Mode versuchen, mit Metall oder Buchgestaltung. Sie könnte sich aber auch einfach in eine Wiese legen, auf einem Grashalm herumkauen und warten, dösen, mit den Zehen wackeln. *Faul und unbegabt*, würde sie auf ihren Grabstein schreiben lassen.

*

Ella geht in ihrem Zimmer auf und ab, sie spürt ein nervöses Kribbeln in den Händen, bleibt wieder vor dem Schreibtisch stehen und starrt auf die wenigen Worte, die sie schon zu Papier gebracht hat: *Sehr geehrter Herr Stadtbaurat May* … Sie tritt ans Fenster und sieht hinab auf die Straße, als erhoffte sie sich von dort unten, von den Rufen, dem entfernten Rattern der Elektrischen, von den munteren Kinderstimmen, Antworten, schön formulierte Sätze für ihr Anliegen. Sie denkt an ihren Vater, sein immer so gutmütiges Gesicht, denkt an die Mutter, an Franziska, an Max Harder, den Architekten. Was soll sie bloß anfangen? Tausende Möglichkeiten da draußen auf den Straßen, und sie fühlt sich wie eingeschnürt, ein Paket, das man auf der Poststelle vergessen hat, ohne Adresse drauf. Was um alles in der Welt will sie bloß mit Mathematik? Wird es denn nicht auf das immerselbe hinauslaufen für junge Frauen wie sie: Ein Herr zeigt Interesse, man trifft sich, empfindet Sympathie, der Herr spricht beim Vater vor, und schon ist alles geregelt, schon steht man am Altar und stammelt ein: Ja, ich will! (Was bleibt mir denn auch anderes übrig.) Sie geht wieder zum Tisch, liest: … *erlaube ich mir, Ihnen einige meiner Fotografien beizulegen*, betrachtet die Leica, ihre Studienbücher. Wenn der Stadtrat sie einstellte, könnte ihr Vater keine Einwände mehr haben, und die Mutter würde beruhigt sein; dann verdiente sie ihr eigenes Geld, dann würde sie eine kleine Wohnung beziehen, alles würde wahr sein und frei!

Noch am selben Abend will Ella den Brief einwerfen, umschleicht den Postkasten aber einige Zeit wie ein Raubtier, entfernt sich, kommt wieder heran, hat das Schreiben schon in den Schlitz geschoben und zögert noch einmal, es ist alles so lächerlich und dumm, und dann lässt sie es endlich los und läuft davon.

*

Das Gebäude des Kunstvereins liegt in der Junghofstraße, zweistöckig, mit hohen Fenstern und einem Eingangsportal. Es ist angenehm warm, ein Wind geht durch die Straßen. Franziska hat sich bei Ella untergehakt. Vor dem Kunstverein hat sich eine kleine Schlange gebildet. Auf einem Plakat wird das Ereignis angekündigt: *Ausstellung im Frankfurter Kunstverein. Bilder von Ottilie W. Roederstein, Paul Klimsch und Rudolf Gudden.* Während sie warten, kaut Ella am Daumennagel, Franziska tadelt sie mit einem strengen Blick.

Seit Tagen umhüllt Ella eine nervöse Unruhe, und sie fragt sich, ob ihr Brief tatsächlich das Hochbauamt in der Adalbertstraße erreicht hat, ob er bei May auf dem Schreibtisch gelandet ist oder von einem Behördenmann mit Mütze an sich genommen wurde, weil es eben die Aufgabe dieses Männleins ist, den Stadtbaurat vor der Flut an Briefen junger Damen zu bewahren, die ihn um Arbeit bitten. Und je mehr Ella darüber nachdenkt, desto schlechter wird ihre Laune, desto mehr leiden ihre Nägel. Franziska hat sie nichts von dem Brief erzählt, sie will auch sie damit überraschen und ihr gleichzeitig beweisen, dass die Sache mit der Fotografie ernst zu nehmen ist.

Im Saal herrschen eine stickige Hitze und unerträgliches Gemurmel, unerträglich für Ella, die nichts mit sich anzufangen weiß, in die Menge glotzt zu den hohen Herren und Damen, Mitglieder des Kunstvereins, Journalisten, Mäzene, sie entdeckt Beckmann, erkennt Wichert und andere Gesichter vom Fest im Garten der Kunstgewerbeschule. Man gefällt sich in seiner Rolle, Teil von etwas Neuem zu sein, glaubt, etwas entdeckt zu haben, was anderen doch wohl verborgen bleiben muss, der Sekretärin oder der Wurstverkäuferin, dem Hafenarbeiter oder den Angestellten; da teilt sich das Leben, hinein ins Alltägliche oder in den Kunstverein mit seinen knarzenden Dielen, dem wichtigtuerischen Geraune. Fast ist es wie im Theater, eine Welt im exklusiven Kreis hinter noblen Vorhängen.

Und wie sie weiter so am Rand steht, kehrt sich das Unerträgliche langsam doch ins Erträgliche, da überkommt sie ein wohliges Gefühl der eigenen Besonderheit; da mag sie es auf einmal, sich von den anderen zu unterscheiden, von August Gottlob und Oskar Körte, von Lilly Brenner und Johanna Blanck. Aus der Menge heraus begrüßt sie Advokat Heinrich Goldblum, ein hoch aufgeschossener Mann im eleganten Anzug, der Franziska überhaupt nicht ähnlich sieht. Er reicht Ella die Hand, und sie sprechen kurz miteinander, er erkundigt sich zum Stand ihres Studiums und nickt, als Ella ausweichend antwortet. Als wisse er längst über alles Bescheid. Franziska nennt ihn je nach Laune und Zustand Papa oder Onkel Goldblum. Jetzt bringt sie ihm noch ein Glas Wein, und er küsst sie flüchtig auf die Stirn.

Ansprachen werden gehalten, vom Vorsitzenden des Kunstvereins, von der Mäzenin Lilly von Schnitzler. Etwas an den Rand gedrängt stehen die drei Künstler. Eine davon ist Ottilie Roederstein, sie trägt trotz der Schwüle einen dunklen Mantel mit strengen Falten und einen grauen Hut, und ihr Blick geht in die Menge, ohne eine Spur von Nervosität oder Unsicherheit. Ella kann die Augen nicht von ihr wenden. Etwas an dieser Frau erschüttert sie bis ins Mark, sie weiß nicht, was es ist. Roederstein steht dort vorn, man nennt ihren Namen und ihre jahrzehntelangen Verdienste für die Kunst, man lobt ihre Anstrengungen für die Rechte von Frauen, und sie nimmt all das gelassen hin, ohne den Kopf zu senken oder dankend zu lächeln, ohne auch nur mit einer einzigen Gefühlsregung auf diese Worte zu reagieren.

Nach den Reden zerstreut sich die Menge, man schreitet bedächtig die Bilder ab, nickt kundig, flüstert einander zu. Ella schaut in gemalte Gesichter, junge und alte, zwei Birnen, ein Korb mit Äpfeln. Aber es sind weniger die Bilder, die sie anziehen, als die Malerin selbst, die mit hinter dem Rücken verschränkten Händen dasteht und die Fragen eines Journalisten beantwortet. Neben ihr steht eine Frau im dunklen Kleid, sie steht so nah an Roederstein, fast berühren sich ihre Schultern, dass es für einen Gast zu vertraut, für eine Freundin zu beiläufig ist. Sie betrachtet die beiden eine Weile, sieht, wie die Malerin sich der anderen zuwendet, ihr die Hand sanft auf den Arm legt, während sie dem Journalisten etwas in den Schreibblock diktiert.

»Was halten Sie davon?«

Kurz erschrickt Ella und blickt ins Gesicht von Walter, der neben ihr steht, das Kinn leicht gehoben, geradeso als betrachte er nicht das Bild, sondern etwas darüber.

»Sie sind der Künstler«, sagt Ella.

Walter trägt einen nicht mehr ganz neuen Anzug, er schwitzt etwas, kleine Farbsprenkel sind auf seinem Hemdkragen zu erkennen. Er kneift die Augen zusammen.

»Es scheint mir hier alles sehr schwer und deutsch, wenn Sie verstehen, was ich meine. Ich muss unentwegt an einen Kartoffelacker denken, wenn ich diese Bilder betrachte.«

»Auch ein Acker hat seine Schönheit, meinen Sie nicht? Wenn nach einem Gewitter die Wasserlachen in den Furchen stehen, und alles leuchtet auf eine unerklärlich durchdringende Art und Weise, als sei die Welt transparent.«

Walter wackelt nur mit dem Kopf, und Ella verspürt plötzlich eine Abneigung gegen ihn, gegen seine Art, wie er hier steht und über die Bilder urteilt, als habe er ein Recht dazu. Sein ganzes Auftreten ist ja ein einziger Kartoffelacker, denkt sie, sein ranziger Anzug, sein blödes Herumstehen.

Sie macht einen Schritt zur Seite. Sie hat nun endgültig genug von den knarzenden Dielen, vom Geflüster und Geraune, sie will hinaus, braucht frische Luft.

»Entschuldigen Sie mich bitte«, sagt sie kühl, ohne sich weiter zu erklären und geht mit schnellen Schritten hinaus in den Garten, wo sie Franziska in die Arme läuft.

»Lass uns gehen, jetzt!«, bittet Ella die Freundin.

*

Sie will schreien, aber tut es nicht. Sie sitzt nur da und schluckt, immer wieder schluckt sie es herunter, so lange, bis sie davon Halsschmerzen bekommt. Das Zimmer erscheint ihr mit einem Mal so armselig, obwohl sie dankbar sein sollte, dass es ihr ganz allein gehört. Dieses schmale Bett, die Kommode mit den Fotografien darauf. Alles kommt ihr so schal und dumm und kleingeistig vor. Aber sie kann nicht schreien. Sie spürt ein übles Ziehen im Unterleib, obwohl es noch gar nicht Zeit ist für ihre Periode. Sie sitzt an dem kleinen Schreibtisch, und die Tränen schießen ihr in die Augen, aber sie schluckt sie hinunter, ist vernünftig.

Vor ihr liegt der Brief. Maschinengeschrieben mit Unterschrift. Vielleicht ist die sogar von May selbst. Den Brief aber hat mit Sicherheit seine Sekretärin verfasst, dafür muss der Stadtbaurat gar nicht belästigt werden: *Sehr geehrtes Fräulein Burmeister … dankend Ihr Schreiben erhalten … leider keine Verwendung bei der täglichen Menge eingehender Anfragen und Bitten … keine Anstellung von Amateuren … bitten wir Sie, von weiteren Schreiben abzusehen … Hochachtungsvoll.*

Alles ist so armselig! Wie hat sie nur glauben können, Eindruck zu machen, nur weil sie eine Leica vor sich herträgt? Wie konnte sie annehmen, mit ihren Bildern etwas zu erreichen? Sie ist doch bloß eine Amateurin, knipst ein bisschen herum, und alles Gerede von Freiheit und Wahrheit ist Theater, Worte im Koksnebel. Sie wird irgendeinen vernünftigen Menschen mit vernünftigem Einkommen heiraten, sie wird eine kleine Ausfahrt auf dem Rhein machen und bald schon die Kinder und die Stube schätzen lernen, die Liebe wird sich schon einstellen und ihre Leica in einer Schublade schnell vergessen sein.

Ella blickt auf die Zeilen, die vor ihren Augen langsam verschwimmen, dann zerreißt sie den Brief. Zum Teufel damit!

# FIEBER

Frankfurt am Main, 1927/28

*Das schöne, ruhige Licht einer Oktobersonne war auf ihrer Schulter; genau in dem Moment, als sie mich ansah, fiel es durchs Fenster. Da war das Licht auf ihrer Haut, und ein Schatten war um ihren Hals, da sah man auch ihre Verbrennung. Die Haut war dort an der Schulter gerötet und etwas zerknittert, und als das Licht darauffiel, wurde es zu einem schönen Muster, als hätte man es ihr auf die Haut gemalt, zarte Blumenkelche und andere Schönheiten. Sie sagte, ich solle meine Hand dort hinlegen, und ich tat es. Sie sagte, sie spüre gar nichts, dort sei alles taub, und sie sah mich an und lächelte, und ich nahm meine Hand wieder weg, denn ich hatte doch Angst, Mutter könnte hereinkommen und uns sehen, und dabei ist es ja nichts, nur ein Foto.*

*

»Es brennt! Flammen!« Die Lumpartz-Zwillinge stehen mit aufgerissenen Augen da und starren ins Feuer, ihre Wangen sind gerötet, das Mädchen trägt einen schön geflochtenen Zopf und hat verschorfte Knie, dem Buben klafft eine Lücke in der oberen Zahnreihe, durch die er wie eine Schlange die Zunge schiebt, und beide bewundern die tanzenden Flämmchen und machen dazu gurgelnde Geräusche. Der Rauch steigt in einer Säule aus dem Hinterhof hinauf in den Himmel. »Es brennt, ja!«, murmelt der Bub und sieht zu Ella. Die wirft eine weitere Fotografie in die Flammen und kümmert sich nicht um die Kommentare der Kinder. Was wissen die schon! Gar nichts wissen sie! Aus ein paar losen Ziegeln hat sie eine Feuerstelle errichtet, weit genug entfernt von der Hauswand und auch von den kümmerlichen Beeten vom Riebsand, und sie sieht zu, wie sich das chemisch behandelte Papier zusammenrollt, wie die Häuser auf dem Bild ganz krumm werden und aufeinander zustürzen, dann ist auch diese Fotografie hinüber, ein zusammengeschrumpelter Klumpen. Ella geht in die Hocke, stochert mit einem Stöckchen in der Glut herum. Der Bub fragt, ob er auch mal dürfe, aber er darf nicht. Das ist ganz allein ihre Sache. Das Mädchen bedauert die schönen Bilder, sie will eins davon haben, aber das geht nicht. Ella will sie alle aus der Welt schaffen, ein für alle Mal. Sie will nicht mehr dran erinnert werden. Ab jetzt wird sie wieder vernünftig sein. Sie wird in die Universität gehen und sich alle Mühe geben, die Mathematik zu verstehen und mit den Zahlen ein gutes Auskommen zu finden; sie will dankbar sein dafür, dass sie als Mädchen einen Platz an der Universität hat und nicht in einem Kurs für Sekretärinnen sitzen muss; sie hat die Leica in der Kommode verstaut, hat sie in die Schublade mit den Socken geschoben, ganz nach hinten, und das Notizbuch dazu, denn auch dafür hat sie jetzt keine Verwendung mehr.

Eine letzte Fotografie, die einer nassen Straße mit den Spiegelungen von Lichtern, wellt sich, fällt für immer in sich zusammen. Die Zwillinge verlieren das Interesse und verziehen sich. Das Feuer ist fast erloschen, nur noch die Aschereste vom Papier sind zu erkennen. Ella fühlt sich wie nach einer Beerdigung, als würde sie am Grab eines geliebten Menschen stehen, aber sie weiß, dass es doch weitergehen muss. Ihre Finger sind rußverschmiert, sie sieht den Kindern zu, wie sie auf einem Bretterhaufen herumklettern. Riebsand kommt auf Krücken heran, das Bein hat es ihm unterhalb des Knies weggerissen, in Verdun, und er erzählt, dass er trotzdem oft noch ein Reißen in den Zehen spürt; er fragt, was hier gebrannt hat, und blickt auf die Überreste.

»Man muss doch die Feuerwehr rufen«, sagt er.

»Es ist schon wieder aus«, sagt Ella und wirft das Stöckchen zur Seite. »Da ist nur noch Asche übrig.«

Riebsand steht zwischen seinen Beeten und kratzt sich am Kinn, während er auf die kümmerlichen Pflänzchen blickt. Oben am Fenster wird ein Teppich ausgeklopft, Staub tanzt durch die Luft. Nicht hinsehen, befielt sich Ella, es ist jetzt vorbei mit dem Sehen, das interessiert niemanden.

*

Ella betritt das Universitätsgebäude. Hier scheinen sie alle vergnügt und lebendig, es geht treppauf und treppab, ein Konzert der Schuhsohlen. Schon in der Elektrischen kamen ihr die Menschen so aufgeräumt vor, wie sie da auf den Holzbänken saßen, wie sie sich an den Strippen festhielten und alle gemächlich im Takt der Bahn mitschaukelten; sie alle haben etwas zu tun, denkt sie, haben eine Aufgabe und vielleicht auch Ideen für diesen Tag, für die kommenden Tage, die wissen etwas mit sich anzufangen, die stehen ein für etwas, während sie sich hinaufarbeitet ins Mathematische Seminar zu Professor Siegel.

Durch die Fenster geht der Blick hinaus in den Park. Professor Siegel ist kaum älter als die meisten hier, sein Haar ist glatt, sein Gesicht auch und die Fliege an seinem Hals zu groß. Er hat eine angenehm weiche Stimme, und wenn er zu sprechen beginnt, wenn er ihnen die Diophantische Gleichung am Beispiel der Eulerschen Vermutung auseinandersetzt, klingt seine Stimme wie die eines Märchenerzählers.

Immer spürt sie die Blicke der anderen, hat das Gefühl, das ganze Seminar würde sie anglotzen, dass alle tuscheln, sich hinter ihrem Rücken lustig machen über ihre geflickten Klamotten, über ihre zerschrammten Schuhe, was hat dieses Mädel überhaupt hier zu suchen, die gehört doch in die Fabrik oder an den Marktstand. Ein dumpfer Schmerz kriecht ihr in die Schläfen. Professor Siegels Stimme macht es nicht besser; immer mal wieder blickt er zu ihr hin, vielleicht aus Bedauern, vielleicht, weil er sie ebenso für fehl am Platz hält wie ihre Kommilitonen. Und wenn sie recht haben? Was soll sie später auch mit all den Zahlenkünsten anfangen? Bücher und Aufsätze schreiben? Über die Himmelsmechanik forschen wie Siegel? Wird sie dann nicht doch nur hinter einer Theke stehen und Dinge abwiegen, auf- und abrunden oder für irgendjemanden die Finanzen überblicken oder Schülern aus der Nachbarschaft das Einmaleins einbläuen?

Professor Siegel stellt Fragen, aber Ella schweigt. Sie starrt in ihr Heft, auf die Kritzeleien, und auch wenn sie die Antworten weiß, auch wenn sie sich durch die Zahlen hindurchschlängeln kann, so schweigt sie doch nur weiter.

»Fräulein Burmeister, Sie vielleicht?«

Sie schreckt hoch. Der Professor steht vor ihr und sieht auf sie herab mit einem milden Lächeln. Sie schüttelt nur den Kopf. Siegel presst die Lippen zusammen, dann wendet er sich ab, und Ella spürt die Blicke der Kommilitonen auf sich, will sich schütteln, aber bleibt bis zum Ende der Stunde still sitzen.

Später geht sie durch den Nieselregen und isst ein Sandwich. Ein frischer Wind fährt ins Laub der Bäume, sie fröstelt, fühlt sich fehl am Platz. Sie geht an der Christuskirche vorbei Richtung Opernplatz. Alle um sie herum machen vergnügte Gesichter, trotz des Wetters, selbst der Verkehrsschupo lächelt sich eins, weil er weiß, dass er eine gute und sinnvolle Arbeit verrichtet, weil er etwas gefunden hat, das ganz zu seiner Aufgabe geworden ist, dem Verkehr eine Struktur geben. Auch der Fahrer der Elektrischen lächelt, er hat nun die Aufgabe, Ella wieder über den Main nach Sachsenhausen zu bringen. Als sie vor dem Haus steht, spürt sie schon die ersten eiskalten

Schauer durch ihren Körper fahren, sie zählt sich ein paar Zahlenreihen vor, wie zur Beruhigung, dann steigt sie langsam die Stufen in die Wohnung hinauf.

*

Draußen vor dem Fenster tobt sich der erste Herbststurm aus, schlägt Fensterläden zu, reißt Laub von den Bäumen, furcht Wellen in den Main. Ella hört den Wind singen, mal hoch und schrill, dann wieder dumpf. Sie richtet sich verwundert auf, fällt aber sofort wieder ins Kissen zurück. Der Kopf zerspringt ihr trotz des Aspirins, das Fieberthermometer steht bei 39,7 Grad. Die Bouillon der Mutter hat sie nicht angerührt, hat nur etwas am Brot geknabbert. Die Lider sind ihr schwer und fallen immer wieder zu, dann träumt sie, glaubt zu träumen. Der Vater steht am Bett und fühlt ihr den Puls. Die Mutter legt ihr einen feuchten Lappen auf die Stirn, steht schon wieder da mit verschränkten Armen, ob sie Aal zum Mittagessen wolle, geräuchert oder gekocht, ganz nach ihrem Wunsch, aber Ella mag keinen Aal, die Mutter will, dass sie ein Stück vom Aal probiert, und fährt mit der Gabel an ihren Mund heran, aber Ella hält die Lippen geschlossen, was das Kind nun wieder habe, diese neuen Moden, das verstehe doch keiner mehr. Und auch Franz steht am Bett mit ölverschmiertem Gesicht und grinst sie an, er könne sie ja mal mitnehmen raus zum Rebstock, da könne sie sich in einen Zeppelin setzen und abheben, da werde sie dann mal sehen, wie so eine Stadt von oben aussehe, und dass die Leute nur winzige Ameisen seien, und diese Ameisen, die bräuchten nun mal jemanden, der sie führe und ihnen die Richtung vorgebe, weil ja sonst alles im Chaos versinke, sagt Franz und grinst breit und sagt: Wird schon, Schwesterherz, wird schon.

Der Sturm schlägt gegen das Fenster, hebt kurz das Bett an, die Dielen ächzen. Ein dumpfer Schmerz pulsiert ihr durch die Glieder. Das Fieber fällt leicht, steigt aber zum Abend hin wieder. Der Pförtner vom Hochbauamt schimpft, dass hier ja nicht jeder hereinkommen und Briefe aufgeben könne, man sei schließlich kein Postamt, was sie denn glaube, er wendet sich zu der jungen Sekretärin, die May die Briefe tippt, und beide lachen frech und tuscheln miteinander, so ein dummes Mädel, nur gut, dass sie ihre albernen Fotos verbrannt hat, und schon poltern die Kommilitonen laut schwatzend herein, jetzt haltet doch mal den Mund, schaut sie euch an, die wird so schnell nicht mehr wieder, und die Studenten stehen da mit Beinen lang wie Stelzen, sie machen sich krumm unter der Zimmerdecke, Gepolter, Gelächter, als würde das Haus gleich aus den Angeln gehoben, das ist doch nur der Wind, sagt August Gottlob, der mit nassen Haaren und in Badehose am Bettende sitzt und auf die Decke tropft, oder was hast du geglaubt? Dass sie alle deinetwegen hier wären? Du bist ja auch nicht besser als wir, das hast du wohl geglaubt, und das Bett rutscht etwas auf die Tür zu, das Fenster schwingt auf und wieder zu, ich muss schlafen, muss nur schlafen, denkt sie, geht jetzt alle, raus mit euch, aber die beäugen sie weiter. Die Leica, schreit Oskar Körte, die Leica kann ja fliegen, und sie stürzen zum Fenster, die Kommilitonen, der Pförtner, das Fräulein Sekretärin. Ein grollendes Lachen kommt von unter dem Bett. Was glauben Sie denn, wie viele Briefe ich die Woche bekomme, alle von Fräuleins wie Ihnen, die meinen, jetzt eine Künstlerin zu sein, eine Fotografin, aber da ist keinerlei Kunstverstand in Ihnen, was also um Himmels willen soll ich mit Ihnen anfangen?

»Bist du wach? Ella, bist du wach? Ella?«

Sie öffnet die Augen. Franziska steht da und nimmt ihre Hand. »Ich bin jetzt bei dir«, sagt die Freundin. »Du kannst gesund werden!«

Franziska sitzt am Bettrand und löffelt ihr Bouillon in den Mund, liest ihr aus der Zeitung vor. Ella ist wieder bei Sinnen, etwas schwach noch, aber das Fieber ist vergangen. Sie berührt die Freundin mit den Fingerkuppen am Oberarm, und die hält inne. Ella weiß von den Narben, von den Flecken auf Franziskas Schultern, ihrem Rücken.

»Tut dir das weh?«, fragt sie.

»Nein, gar nicht«, Franziska faltet die Zeitung zusammen. »Es ist da ganz taub, weißt du?« Sie nimmt Ellas Hand und legt sie sich aufs Schlüsselbein, hält sie fest, schaut Ella an.

Die Haut ist warm, etwas runzelig. Ella beginnt zu schwitzen, wahrscheinlich kommt das Fieber zurück.

»Ich fühl da gar nichts«, sagt Franziska, ohne ihre Hand loszulassen.

»Kannst du dich denn noch an etwas erinnern?«

»Ich erinnere mich an die verbrannten Hände meines Vaters, an Bettlaken und an Menschen ganz in Weiß. Aber vielleicht habe ich das alles auch nur geträumt.«

Ella weicht dem Blick der Freundin aus. Sie sprechen nicht oft über Franziskas Vergangenheit, ihre Zeit in Berlin, vielleicht liegt es daran, dass sie nicht viel mehr weiß als das, was Heinrich Goldblum ihr erzählen konnte. Dass ihr Vater sie noch aus den Flammen ins Freie trug, während hinter ihm die Wohnung brannte und die Schreie der Mutter bereits verstummt waren; dass man sie in ein Hospital gebracht und keine großen Hoffnungen gehabt hatte; dass sie erwacht war und ins Gesicht ihres Onkels Heinrich und ihrer Tante Elsa geblickt hatte und sie ihr sagten: Wir sind jetzt deine Eltern, und dass Franziska ihnen das hatte glauben wollen, da war sie gerade fünf geworden.

Es klopft. Die beiden fahren zusammen. Franziska lässt Ellas Hand los, richtet sich das Hemd und rutscht von ihr weg. Ella lehnt sich zurück ins Kissen. Es ist die Mutter, die eine Kanne Tee bringt, sie auf den Schreibtisch stellt und fragt, ob alles in Ordnung sei.

»Ja, vielen Dank, Frau Burmeister«, sagt Franziska mit einer etwas zu hohen Stimme.

»Wo ist denn die Leica?«, fragt sie Ella, als die Mutter wieder gegangen ist.

»Ganz unten in der Kommode.«

»Warum das?«

»Ich muss studieren, ich habe keine Zeit mehr dafür.«

»Aber du könntest Geld damit verdienen.«

»Wie denn? Soll ich sie verkaufen? Es ist nichts Besonderes daran, auf den Knopf zu drücken, gar nichts.«

»Aber wir haben doch eine Abmachung, du und ich. Hast du das vergessen?«

»Du hast es auch leicht, da in deinem Atelier. Ich kann das nicht. Und jetzt habe ich auch wieder Kopfschmerzen.«

Einen Moment ist da eine unsichtbare Wand zwischen ihnen beiden, kein Gefühl dringt mehr hindurch. Franziska zuckt mit den Schultern und steht auf.

»Wie du meinst, dann will ich mal wieder in mein Atelier gehen und die Zukunft umkrempeln«, sie drückt Ella einen flüchtigen Kuss in die Haare.

»Steck dich ja nicht noch an bei mir.«

»Ist jetzt eh schon zu spät, meine Liebe«, Franziska zieht die Tür auf. »Ich komme bald wieder.«

Sie schließt die Tür, und im Zimmer bleibt etwas von ihrem Duft zurück, ihrer Wärme, ein kribbelndes Gefühl in der Handfläche.

*

Das Glöckchen geht, und ein Kunde betritt den Laden. Er trägt den Mantelkragen hochgeschlagen, den Hut tief in die Stirn gezogen. Er wartet einen Moment. Ella grüßt, ohne hinzusehen. Der Mann sieht sich um, nimmt den Hut ab und tritt auf sie zu.

»Ist denn das zu fassen, jetzt habe ich Sie endlich gefunden!« Max Harder steht vor ihr, lächelt sanft und lehnt sich an die Theke. »Da haben Sie mich aber ganz schön durch die Stadt gescheucht.«

Ella sieht ihn verwirrt an. »Ich wusste nicht, dass Sie nach mir suchen.«

»Ich auch nicht«, er lacht hell auf, das Lachen eines Jungen, der ein Geschenk bekommen hat. »Ich wollte schon viel, viel früher zu Ihnen kommen, Drogerie Burmeister, das hatte ich schnell herausgefunden, aber es war zu viel zu tun. Ich hoffe, Sie sind mir nicht böse.«

Er steht da an der Theke, leicht nach vorn gebeugt, wirkt etwas nervös, seine Augen gleiten über die Behälter hinter Ella, dann wieder schaut er sie an, und sein Blick ist offen und warm.

»Hatten wir denn eine Verabredung?«

»Vielleicht werden wir bald eine haben, wenn Sie es möchten.«

Ella schaut auf ihre Hände. Eigentlich will sie nur ihre Ruhe haben, erst vor wenigen Tagen hat sie das Bett wieder verlassen, hat ein paar Spaziergänge gemacht, sich auch wieder ins Seminar gesetzt, und jetzt merkt sie doch, wie erschöpft sie noch ist. Aber vielleicht würde es ihr auch einmal guttun, aus dem Trott herauszukommen, nicht nur der Seminarraum, das Malepartus, ihr Zimmer und der Laden. Vielleicht wieder etwas hinein ins Leben, man kann sich ja nicht auf ewig so einigeln.

»Ich bin im Moment nicht besonders gesprächig«, sagt sie und steht auf.

»Das macht nichts. Wir könnten ins Kino gehen. Da müssen wir nicht reden, wir müssen uns nicht mal anschauen. Was wollen Sie sehen?«

»Läuft *Metropolis* noch?«

»Aber sicher. Sagen wir, Freitag, acht Uhr? Ich hole Sie ab.«

Ella nickt. Max Harder lächelt erneut, er scheint erleichtert.

»Und? Wollen Sie jetzt noch etwas kaufen?«, fragt sie. »Sie brauchen doch sicher noch irgendwas. Sie sollten schon der Form halber etwas kaufen.«

»Haben Sie Schnürsenkel?«

Die Bilder auf der Leinwand sind von überwältigender Monumentalität, Zahnräder und stampfende Kolben, Nahaufnahmen von Maschinen, tickende Uhren, stoisch vor sich hin starrende Menschengruppen in Marschformation, eine riesige Maschine und die steigende Druckanzeige, die das Publikum ächzen und stöhnen lässt, dann eine Explosion, Schreie – und die Leinwand wird schwarz. Geraschel ist zu hören, Rufe, ob das auch Teil des Films sei. Ella fühlt sich in den Sitz gedrückt, beide Hände auf den Armlehnen, als sei sie gerade selbst dort unten bei der riesigen Maschine gewesen, ihre Handflächen sind feucht. Sie weiß, dass Max neben ihr sitzt, kann ihn aber nicht sehen. Was los ist, wann es denn weitergeht? Das Publikum wird unruhig, das Licht bleibt aus. Um Himmels willen! Das ist nun aber ein besonders schlechter Scherz!

»Geht es Ihnen gut?«, hört Ella seine Stimme neben sich.

»Ja«, sagt sie. »Ein seltsamer Film.«

»Ich glaube nicht, dass das dazugehört.«

Die Türen öffnen sich, ein Schimmer fällt in den Saal, Köpfe recken sich nach den beiden Bediensteten, die mit Lampen hereinkommen. Man habe es wohl mit einem Stromausfall zu tun, erklärt eine Stimme, die gesamte Stadt liege im Dunkel. Man wolle noch zehn Minuten abwarten, ob sich das Problem wieder löse und der Film fortgesetzt werden könne, aber schon in die Worte hinein stehen die Ersten murrend und schimpfend auf. Es ist nicht die erste Elektrizitätsstörung, immer wieder kommt es zu Unterbrechungen, liegen die Schaufenster der Kaufhäuser plötzlich dunkel da. Man scheint zu wissen, dass es nicht in zehn Minuten vorbei sein wird.

Auch Ella und Max verlassen schließlich das Lichtspielhaus. Draußen ist es dunkel wie eben im Saal. Ella friert, versucht das Zittern aber zu unterdrücken. Er bietet ihr an, sich bei ihm unterzuhaken, und sie nimmt an.

»Ich schulde Ihnen jetzt noch mindestens ein Glas Wein.«

Max manövriert sie durch die finsteren Straßen, ein eisiger Wind geht, bald wird es sicher den ersten Schnee geben. Vor dem Astoria bleibt er stehen, schaut sich um. Die Fenster sind dunkel, doch Musik ist zu hören, Gelächter. Also hinein. Er fasst nach Ellas Hand und zieht sie hinter sich her ins ausgelassene Getümmel. Auf den Tischen brennen Kerzen, die Stühle sind gepolstert, an der Bar behilft man sich mit Gaslampen, und die Musiker beherrschen ihre Instrumente sowieso im Schlaf. Man begrüßt Max, weist ihm einen kleinen Tisch zu, entzündet eine Kerze, bringt sofort Wein und ein Kännchen Mokka.

»Ist doch auch recht gemütlich so«, sagt er dann. »Frieren Sie?«

»Nein, es geht schon.«

Ella war noch nie hier. Sie fühlt sich etwas unwohl in ihrem abgetragenen Mantel und dem Pullover, und sie blickt sich verstohlen um, die Herren im Anzug, die Frauen in stilvollen Kleidern, und das an einem Mittwoch. Max spricht über *Metropolis*, ob sie den gleichnamigen Roman von Thea von Harbou auch im *Illustrierten Blatt* mitgelesen habe. – Nein, das hat sie nicht. Er gibt zu, dass er den Film bereits einmal gesehen habe und sich trotzdem noch immer nicht entscheiden könne, was davon zu halten sei. Ella ist enttäuscht, nimmt einen großen Schluck Wein. Wer weiß schon, mit wie vielen

Bekanntschaften er das Kino besucht hat und danach hier im Astoria saß. Aber wenn sie nun schon einmal hier ist, will sie es auch genießen. Sie tanzen zusammen, sie fühlt sich wohl mit ihm und sicher, denn obwohl er sich bei ihrem ersten Zusammentreffen im Garten der Kunstgewerbeschule tölpelhaft anstellte, bekommt er den Shimmy gut aufs Parket, was für sie beide ein Vergnügen ist.

Als sie sitzen, ist auch der Strom wieder da, und es gibt Beifall, als die Lichter angehen. Ellas Kopf summt, alles leuchtet und funkelt um sie, ein schöner Ort ist das Astoria. Keine hitzigen Studenten, keine halb garen Künstler, nur Menschen mit Zielen.

»Haben Sie es denn schon einmal bei May versucht?«, will Max wissen.

Ella zögert einen Moment. Das Gesicht des Pförtners taucht vor ihr auf. »Nein«, lügt sie dann, sie weiß nicht genau, warum, und ihre Wangen röten sich.

»Das trifft sich gut«, sagte er und lehnt sich zurück, trinkt einen Schluck Wein. »Ich habe Ihnen nämlich ein Angebot zu machen: Fotografieren Sie für mich! Ich habe einen Auftrag für Sie, vom neuen Schwimmbad in Fechenheim soll es Bilder geben, und ich möchte, dass Sie die machen.«

»Warum denn ich? Sie kennen mich doch gar nicht.«

»Ich glaube, ich kenne Sie gut genug, Ella, zumindest von den Aufnahmen, die Sie mir gezeigt haben. Und es herrscht nun mal überall Mangel an guten Leuten. Ich werde Sie selbstverständlich angemessen bezahlen. Was sagen Sie?«

»Aber ich fotografiere gar nicht mehr.«

Einen Moment lang steht ihm der Mund offen, dann holt er seine Pfeife aus der Jackentasche und beginnt, sie zu stopfen.

»Wie schade. Ich hatte fest mit Ihrer Zusage gerechnet.«

»Ich muss studieren, meinen Eltern zuliebe. Sie haben sehr

viel dafür geopfert«, und wie Ella sich reden hört, da verachtet sie sich plötzlich selbst dafür, denn es klingt so brav und gehorsam und unaufrichtig.

Max zieht an seiner Pfeife und betrachtet sie, so wie ein kleiner Junge eine aufregende Straßenszene betrachtet. Seine Ohrläppchen leuchten.

»Sie sind sehr nett zu mir«, sagt Ella in einer Weise, als säße sie einem Beamten gegenüber. »Aber wie gesagt, ich fotografiere nicht mehr, ich kann das eigentlich auch gar nicht.«

Max pafft und schweigt. Sie sieht, wie es hinter seiner Stirn arbeitet. »Sie könnten direkt morgen anfangen, Ella«, versucht er es erneut. »Verstehen Sie, es geht mir dabei nicht um Eitelkeit, sondern um eine Dokumentation. Die Dinge, die hier gerade geschehen, sind historisch. Die Geschwindigkeit, mit der wir ein neues Frankfurt errichten, ist atemberaubend. Und es muss jemanden geben, der das alles festhält. Sie könnten dazugehören.«

»Ich …«, Ella zögert, ein Schauer durchfährt sie, und kurz glaubt sie, das Fieber würde zurückkehren. »Ich bin müde. Können Sie mir bitte ein Taxi besorgen?«

»Aber Sie werden wenigstens über mein Angebot nachdenken, darf ich Ihnen das Versprechen abringen?«

»Ich denke drüber nach, ja«, sagt Ella.

Er reicht ihr seine Karte. »Telefonieren Sie mich an. Sie können mich auch im Hochbauamt aufsuchen, wenn Sie möchten.«

»Ich überlege es mir«, Ella sagt es in der festen Überzeugung, Max und sein Angebot in den Wind zu schießen.

*

An den Weihnachtstagen fällt endlich der erste Schnee des Jahres und bleibt liegen. *Stille Nacht, heilige Nacht. Es ist ein Ros entsprungen. Ihr Kinderlein, kommet.* Die Stimme der

Mutter ist kräftig und geübt von den Stunden im Kirchenchor, der Vater brummt im Hintergrund mit, und während sich Ella schwertut mit dem Gesang und der Besinnlichkeit, singt Franz aus voller Kehle mit, es scheint ihm ernst zu sein, er grinst nicht, schneidet keine Grimassen. Sie versichern einander, dass das Bäumchen prächtig sei, und es gibt Orangen und Schokolade, für den Vater eine Krawatte, für die Mutter ein neues Glasservice. Ella und Franz bekommen Strümpfe, wie jedes Jahr, ein Füllfederhalter für Ella, für Franz Werkzeug und Hosenträger. Ella und der Vater trinken die Flasche Rotwein fast allein aus, und nun kommt doch noch Stimmung auf, der Vater legt eine Platte aufs alte Grammofon und tanzt mit ihr einen Walzer, die Mutter schläft im Sessel ein, draußen fällt wieder Schnee, ein Radfahrer stürzt, schlittert über die Straße und singt auf dem Hosenboden sitzend *Macht hoch die Tür*.

Nach den Feiertagen ist Ella bei den Goldblums in der Eysseneckstraße zum Abendessen eingeladen. Es gibt noch etwas von der Gans, Krapfen, ein Weihnachtsbaum funkelt neben dem Chanukkaleuchter. Heinrich Goldblum ist bester Laune, sie singen, Franziska spielt Klavier, und Elsa Goldblum begleitet sie auf der Geige. Es ist ein fröhlicher Abend, man bezahlt ihr das Taxi, Franziska küsst sie zum Abschied.

*

Silvester im Malepartus. In der Raubhöhle läuft das Leben über, schlittert über die Tanzfläche, ballt sich um die Tische, schäumt über in den Gläsern, schlingert, lallt und kreischt. Die Bude ist rappelvoll, die Kellner arbeiten sich schwitzend zu den Tischen vor, sie tragen goldene Krönchen und weiße Fracks, die Musiker spielen sich die Köpfe rot. Ella sitzt mit Franziska an einem Tisch. Auf ihr Drängen hat sie auch wieder die Leica dabei, Franziska will Erinnerungen haben, dafür sei der Apparat doch da, um Erinnerungen zu konservieren, und Ella tut ihr den Gefallen. Sie trinken wild durcheinander, rauchen, tanzen allein, zusammen, mal bittet sie irgendein Kerl, dann ist es Walter, der heute wild entschlossen scheint, beinah wütend. Er sitzt neben Ella, futtert Erdnüsse und hält große Reden über die Zukunft, dass er es dem Beckmann zeigen wolle, eines Tages werde er ihn in den Schatten stellen, im Städel würden seine Bilder hängen, in Berlin und Paris, den Beckmann werde man rasch vergessen. Dann beugt er sich zu Ella, als habe er ihr ein Geheimnis anzuvertrauen. »Man muss an sich glauben und an die Kunst, die man liebt«, sagt er und zieht die Worte lang und länger. »Verstehen Sie, Ella, die Leute quatschen und tun den ganzen Tag alle so wichtig, und man meint, diesem oder jenem Ratschlag folgen zu müssen, oder es sind die Eltern, Ella, die einen in diese oder jene Richtung drängen, man bekommt gesagt, was man zu tun hat, man ist ja ein vernünftiger Mensch. Sind Sie denn auch so ein vernünftiger Mensch?«, und er sieht sie mit wässrigen großen Augen an, als habe er ihr gerade einen Heiratsantrag gemacht.

»Wollen wir uns nicht endlich einmal duzen?«, sagt Ella »Es ist sonst so schrecklich anstrengend.« Walter nickt nur, und Ella fährt fort: »Du bist ein Mann, man wird dich schon noch auf einen geeigneten Stuhl hinaufheben.«

»Du bist gemein. Du nimmst mich nicht ernst.«

»Aber so ist es doch. Wir Frauen dienen, während die Herren die Kommandos geben.«

»Aber du darfst nun doch auch schon lange wählen und in die Parteien gehen.«

»Und wir haben rein gar nichts davon außer ein paar netten Bildern für die Gazetten.«

Franziska schleudert von der Tanzfläche kommend an den Tisch: »Los, ihr Turteltäubchen, gleich ist Mitternacht!« Und tatsächlich drängt nach einem Tusch alles hinaus auf die

Straße, stolpert übereinander, und als die Kirchturmglocken zu läuten beginnen, fallen sich alle um den Hals, Küsse und Knutscher, Ella wird von Franziska schier erdrückt: »Meine liebste Ella«, schluchzt sie betrunken an ihrem Hals, sie gehen ein paar Schritte. »Wir müssen hier weg«, murmelt sie, während das Feuerwerk den Himmel erleuchtet, Hurra-Rufe, Kanonenschläge wie im Krieg. »Wir müssen das alles ganz anders machen, wir beide«, sagt Franziska dann und schaut Ella ernst an.

»Was meinst du denn?«

»Erinnerst du dich an die Malerin Roederstein? Die lebt mit ihrer Freundin in einem großen Haus und malt und schert sich einen Dreck um alles andere. Dahin müssen wir auch kommen, Ella, dass wir uns einen Dreck um alles scheren, um die Professoren, die Politiker, um die Väter. Papa glaubt, dass ich eines Tages schon noch zur Besinnung kommen und dann einen Anwalt heiraten werde. So ein himmelschreiender Blödsinn!«

Sie stehen eng beieinander, Franziska scheint plötzlich ganz klar, stößt Atemwölkchen aus, lehnt sich an Ella. Sie schauen hinauf in den Himmel, wiegen leicht hin und her.

»Wir müssen es ganz anders machen«, flüstert Franziska wie im Traum, »denn es ist überhaupt nichts gewonnen.«

Walter taucht neben ihnen auf, da ist auch Peter, man tauscht Neujahrsküsse, taumelt übers Pflaster, nur schnell wieder rein in die gute Stube, hier draußen friert man sich noch den Arsch ab.

Ella drückt Walter die Leica in die Hand, dann stellt sie sich neben Franziska vor dem Tisch auf, die scheucht Peter weg, nein, jetzt sind mal nur die Frauen dran, und Walter drückt den Auslöser.

Die Nacht bis zum Morgengrauen verschwimmt hinter einem Schleier, ein Rauschen in den Ohren, ein Flimmern vor den Augen; irgendwann liefert sich Peter eine Keilerei mitten auf der Tanzfläche, als er angerempelt und als »Sozensau« beschimpft wird, da lässt er nicht locker und bricht dem anderen das Nasenbein, bekommt aber auch selbst was ab, zwei Kellner, kräftige Kerle, zerren die Prügelnden auseinander und schmeißen sie raus auf die Straße; Walter gesteht Ella seine Liebe und tritt ihr beim Tanz auf die Füße; Franziska hat einen kleinen Zusammenbruch, sie heult, dann muss sie sich auf der Toilette übergeben und heult noch mehr, Ella hält sie im Arm, Peter hat einen Kaugummi zur Hand; auch die Musiker sind betrunken, und die Kellner singen im Chor.

Ella, Franziska und Peter stehen draußen vor der Tür, rauchen, werden wieder nüchtern. Alles ist wunderbar, sie frieren, sie denken an die Zeit, die vor ihnen liegt, golden ist die, voller Verheißungen. Sie tragen Pappkrönchen, Peter sieht damit aus wie ein zerschrammter Krieger, Franziska wie eine müde, bleiche Königin. Walter ist drinnen an einem der Tische eingeschlafen, man hat ihm seine letzten Münzen aus der Tasche stibitzt, und er bejammert die Schlechtigkeit der Welt, da bekommt er von Franziska was zugesteckt, er solle jetzt endlich mal den Mund halten.

Es beginnt leicht zu schneien. Franziska setzt Ella in ein Taxi, küsst sie auf die Stirn und schickt das Fahrzeug rüber nach Sachsenhausen.

# MUSEUMSUFER

Frankfurt am Main, 1997

Richard konnte sich kaum auf den Vortrag konzentrieren. Er sah auf seine Armbanduhr, blätterte gedankenverloren durch seine Unterlagen, während vorn am Pult die Referentin über die Gartenlauben von Margarete Schütte-Lihotzky und ihre Bedeutung für das *Neue Frankfurt* sprach. In Gedanken war er immer noch an der Wohnungstür im Höhenblick, beim Gesicht der alten Frau, die ihm geöffnet und ihn gefragt hatte, ob er in Ella Burmeister verliebt sei. Auf dem Rückweg hatte er plötzlich Kopfschmerzen bekommen und überlegt, gar nicht mehr zum Symposium, sondern direkt ins Hotel zu fahren, sich etwas hinzulegen und später an seiner Idee weiterzuarbeiten. Aber er war ein Mensch, den schnell das Gewissen plagte, wenn er unentschuldigt einer Veranstaltung oder Einladung fernblieb.

Er war also zur Tagung zurückgekehrt, hatte auf der Toilette eine der Schmerztabletten genommen, die er immer bei sich trug, und sich dann wieder in den Saal begeben. Seine Euphorie nach dem Besuch der Siedlung war schnell verflogen. Bereits im Taxi war ihm klar geworden, dass sein Ansatz, die Gebäude *und* die Menschen zu zeigen, sicherlich gut war, ihm aber schlicht das Material dafür fehlte. Mit den wenigen Bildern, die er von Ella Burmeister hatte, war einfach keine Ausstellung zu bestreiten, er würde sich auf die Suche nach Aufnahmen weiterer Fotografinnen machen müssen, was aber seiner Idee zuwiderlief, da er außer von Burmeister keine Fotos des *Neuen*

*Frankfurt* kannte, die sich so intensiv auch den Bewohnern und der Umgebung der Bauten zugewendet hatten. Seine einzige Hoffnung war also, dass Thomas über seine Kontakte ins Städel Museum noch etwas herausfinden würde.

In der Pause holte er sich einen Kaffee und ein Stück Kuchen und suchte nach ihm. Thomas saß bereits an einem der Tische, ein Glas Orangensaft vor sich, und war in eine Broschüre vertieft. Bevor Richard ihn ansprach, glitt sein Blick über Thomas' Nacken, der feine Flaum dort schien im Licht wie von selbst zu leuchten. Schnell wandte er den Blick ab.

»Darf ich mich zu dir setzen?«, fragte er.

Thomas sah auf. »Aber sicher, bitte!«

Richard nahm Platz, trank einen Schluck Kaffee und aß ein Stück vom Apfelkuchen. »Ich war heute Morgen im Höhenblick«, sagte er. »An der Wohnung von Ella Burmeister.«

»Und?« Thomas sah ihn gespannt an.

»Sie wohnt leider nicht mehr dort«, sagte Richard, merkte aber sofort, dass der kleine Witz ihm nicht besonders gut gelang, da er dabei viel zu ernst blieb.

Trotzdem lächelte Thomas. »Ganz ausgeschlossen wär es ja nicht«, sagte er. »Ella wäre heute Mitte neunzig.«

»Es hat sich trotzdem gelohnt«, Richard schob den Teller mit dem halben Stück Kuchen von sich, er hatte überhaupt keinen Appetit mehr. »Ich hatte die Idee, etwas aufzugreifen, was in den Bildern von Ella sichtbar wird. Das Menschliche neben der Architektur, also diejenigen Leute, die in den Siedlungen und Gebäuden wohnten, die dort gearbeitet haben. Für wen, wenn nicht für diese Menschen, sind die Gebäude und Siedlungen gebaut worden?«

»Ein guter Ansatz«, sagte Thomas und lehnte sich zurück.

»Bleibt nur das Problem, dass ich zu wenig Material habe. Konntest du denn noch etwas in Erfahrung bringen?« Richard sah Thomas an und fragte sich, ob es richtig war, sich von ihm so abhängig zu machen, auf seine Hilfe zu hoffen, wo ihn doch die Ausstellung überhaupt nicht berührte. Aber er sah keine andere Möglichkeit.

»Das habe ich tatsächlich«, sagte Thomas und schlug die Beine übereinander, »ich habe mit meiner Kollegin im Städel Museum telefoniert. Sie sagt, du könnest heute im Laufe des Tages vorbeikommen. Es gebe im Archiv etwas, das du dir ansehen solltest.«

»Das ist großartig«, Richard stand auf, trank seinen Kaffee aus, den halben Kuchen ließ er stehen.

»Du willst jetzt sofort hin?«

»Na ja, jetzt oder nie.« Er hatte sich schon die Tasche umgehängt, erfasst von einer inneren Unruhe. »Wohin muss ich genau?«

»Warte einen Augenblick.«

Thomas ging in den Saal zurück, während Richard aus dem Fenster in den Hof hinunterblickte und sich fragte, was mit ihm los war. Nicht nur Ella Burmeister, nicht nur das Foto von Franziska, auch Thomas bewegte ihn auf eine angenehme, fast belustigende Art; es war, als verspürte er in seiner Gegenwart einen leichten Schluckauf.

Als Thomas zurückkam, hatte er ebenfalls seinen Rucksack geschultert. »Bin bereit«, sagte er.

»Du willst mitkommen?«

»Wenn du mich lässt.«

Richard warf ihm einen erfreuten Blick zu, und gemeinsam machten sie sich auf den Weg.

Es nieselte leicht, trotzdem entschieden sie sich, das Stück hinüber zum Städel Museum zu Fuß zurückzulegen. Richard hatte Mühe, mit Thomas' forschem Schritt mitzuhalten, die Tasche schlug ihm gegen die Seite. In der Mitte der Alten Brücke blieb er stehen und sah auf den Fluss.

»Das fühlt sich gerade wie früher an, als ich die Schule geschwänzt habe«, sagte Thomas neben ihm.

»Was bedeutet schwänzen?«

»Nicht zum Unterricht gehen, weil man viel lieber ins Schwimmbad will oder rauchen oder so was. Wie sagt ihr dazu?«

»Ditch the school.«

»So we ditch the symposium!«

Richard wollte etwas erwidern, ließ es aber bleiben. Er lehnte sich nach vorn und blickte hinunter auf die dahinziehenden Sandhaufen eines voll beladenen Transportschiffs, und für Momente sah er sich springen und unbeschadet im weichen Sand landen.

Die Kollegin aus dem Museum holte sie am Haupteingang ab, nachdem die beiden sich am Einlass angemeldet hatten. Sie umarmte Thomas, reichte Richard die Hand und stellte sich als Annika vor. »Thomas hat erzählt, Sie kommen aus New York?«

»Ja, ich unterrichte an der Cooper Union.«

»Richard und sein Team planen eine Ausstellung zum Neuen Frankfurt«, ergänzte Thomas, »deshalb ist er hier.«

»Dann kommt doch gleich mal mit«, sagte Annika und deutete zum Treppenaufgang.

Richard folgte den beiden, die sich vertraut miteinander unterhielten, er verstand nicht alles. Annikas Büro lag im Verwaltungstrakt des Museums, es war groß und schlicht eingerichtet. Annika bat sie, Platz zu nehmen, und bot Kaffee an. Während Thomas mit ihr an der Maschine stand, sah Richard sich um, betrachtete die Kunstdrucke und Ausstellungsplakate an den Wänden. Als er noch für das Architekturbüro SOM gearbeitet hatte, war er auf einer Reise nach Wien in Frankfurt zwischengelandet und hatte sich damals zwei Stunden

Zeit für das Städel genommen. Er erinnerte sich kaum an diesen kurzen Besuch, nur an ein Bild von Goethe und an einzelne Stadtansichten. Es war über fünfzehn Jahre her, ein ganz anderes Leben.

Annika und Thomas kamen zurück an den Konferenztisch, sie reichte Richard eine Tasse, und er bedankte sich.

»Es geht also um die Fotografin Ella Burmeister«, sagte sie dann, ohne dass es nach einer Frage klang.

Richard nickte und nahm einen Schluck Kaffee. »Ich bin bei meiner Recherche auf sie gestoßen«, erklärte er. »Ich kannte ihren Namen nicht, es war purer Zufall. Aber es gibt auch eine persönliche Verbindung.« Er holte das Foto aus der Tasche und reichte es weiter. »Das ist meine Mutter, aufgenommen vermutlich um 1930. Fotografin ist ebenjene Ella Burmeister. Und ich glaube, dass sich die beiden Frauen kannten, aber ich weiß nicht, in welchem Verhältnis sie zueinander standen. Meine Mutter hat sie nie erwähnt. Ich habe in New York mit Ilse Bing gesprochen, auch sie kennt Ella Burmeister noch aus ihrer Zeit in Frankfurt, die beiden haben sich etwas später auch noch einmal in Paris getroffen, danach ist ihr Kontakt abgerissen.«

Annika schob Richard das Bild zurück. Sie stand auf und bat die beiden Männer, ihr zu folgen. Sie gingen in den Nebenraum, wo auf einem Tisch ein Pappkarton stand. Annika zog Handschuhe an und nahm den Deckel ab.

»Ich habe im Archiv geforscht und das hier gefunden. Es ist nicht viel.« Sie holte eine Mappe aus der Kiste, legte sie vor sich auf den Tisch und schlug sie auf. »Hier sind einige Bilder, die sie gemacht hat, vom Gartenbad in Fechenheim und der Großmarkthalle, kurz vor der Eröffnung.«

Richard betrachtete die Aufnahmen und merkte, wie aufgeregt er war. Die Fotografien zeigten Außenansichten des Gartenbads, zwei Bilder waren in der leeren Schwimmhalle aufgenommen worden; es gab auch verschiedene Ansichten der Großmarkthalle, die Fassade mit Treppenhauserker, ein Foyer mit Paternoster, die gewaltige Deckenkonstruktion der Halle selbst. Die Bilder waren präzise, kühl, menschenleer. Nur schwer konnte er seine Enttäuschung verbergen; das, was er hier vor sich hatte, waren Auftragsarbeiten einer Industriefotografin, die nach genauen Vorgaben gearbeitet hatte, sie zeigten nicht den suchenden, herumwandernden Blick Ella Burmeisters, den er von den Fotos in seiner Mappe kannte.

»Viel mehr haben wir nicht«, sagte Annika. »Es gibt noch eine Ausgabe des Magazins *Das Neue Frankfurt*, in dem sie in Verbindung mit dem Architekten Max Harder vertreten ist. Er hat einen Artikel über die Großmarkthalle verfasst und sie die Bilder beigesteuert. Ich habe von allem Kopien anfertigen lassen.«

Richard dankte ihr.

»Woher haben Sie denn die Aufnahme Ihrer Mutter?«, wollte Annika wissen.

»Von einem Sammler, dem Enkel eines damaligen Redakteurs der *Frankfurter Zeitung*.«

Sie nickte. »Genau das ist unser Problem: Es tauchen immer mal wieder solche Bilder auf, es gibt sie also, aber wir wissen nicht, auf welchen Dachböden sie herumliegen. Oft ist es reines Glück, wenn wir auf diese Fotografien stoßen.« Sie schlug die Mappe zu. »Ella Burmeister ist, soweit wir wissen, nach dem Krieg nicht wieder künstlerisch in Erscheinung getreten, jedenfalls gibt es keine Arbeiten von ihr, keinen Nachlass nach 1945. Sie war mit dem Maler Walter Hagedorn liiert. Er hatte in den Fünfzigerjahren die Leitung der Abendschule der Städelschule inne, aber von ihr war nie wieder etwas zu hören beziehungsweise zu sehen.«

»Ilse Bing hat erzählt, dass sie Ende der Zwanzigerjahre mit Ella eine Ausstellung in Frankfurt hatte.«

»Ja, es gab immer wieder Fotoausstellungen«, sagte Annika.

»Gruppenausstellungen, die verschiedene Künstlerinnen und Künstler präsentierten, meist die, die gerade in Mode waren. Ich kann mir gut vorstellen, dass Ella Burmeister darunter war. Aber wir haben heute leider keinerlei Nachweise davon.« Anika zog die Handschuhe aus, und die beiden Männer folgten ihr zurück ins Büro. »Bedauerlicherweise ist es das Schicksal so vieler Künstlerinnen, die in den Zwischenkriegsjahren zum Teil große Erfolge gefeiert haben, dass sie danach in Vergessenheit geraten sind«, fuhr sie fort. »Und es werden leider auch kaum Anstrengungen unternommen, daran etwas zu ändern. Lieber zeigt man das Vorhandene. Über das, was in den Archiven noch schlummert, weiß niemand so genau Bescheid. Wie überall fehlt es an Geld und Personal, um das zu ändern.«

Richard wusste nur zu gut, wovon Annika sprach. Er hatte noch die Kämpfe um Fördergelder und Sponsoren in Erinnerung, die er für die Ausstellung von Ilses Werken auszufechten gehabt hatte. Man habe doch mit Robert Capa, Robert Frank oder Henri Cartier-Bresson bereits hochkarätige Ausstellungen durchgeführt, welchen Aspekt habe dem eine Ilse Bing hinzuzufügen?

»Es gibt wohl noch eine Tochter aus der Ehe mit Walter Hagedorn«, sagte Annika. »Über sie ist uns allerdings nichts bekannt. Und es soll auch einen Enkel geben, der irgendwo in den USA lebt, ein Musiker.«

Sie schwiegen. Richard sah aus dem Fenster in die parkähnliche Gartenanlage und fragte sich, ob er sich hier nicht gerade völlig verrannte. Ella Burmeister war eine Vergessene, untergegangen in den Wirren der Kriegsjahre. »Danke für Ihre Hilfe und die Kopien«, sagte er und reichte Annika die Hand.

»Gern geschehen. Und wenn ich Sie noch irgendwie weiter unterstützen kann, melden Sie sich bitte.«

Richard nickte, lächelte schmal und steckte die Kopien ein.

Annika brachte die Männer zurück zum Eingang, wo sie sich noch einmal voneinander verabschiedeten. Dann verließen Richard und Thomas das Museum.

Auf ihrem Rückweg überquerten sie den Holbeinsteg und gingen entlang der Parkanlage Nizza am Main. Das Wetter hatte sich gebessert, es hatte aufgehört zu nieseln, der Weg glänzte feucht, aber nur wenige Menschen waren hier unterwegs. Die Anlage war mit den Jahren ziemlich heruntergekommen, selbst die alte Rollschuhbahn hatte, so viel war mit einem Blick zu sehen, ihre besten Tage lange hinter sich, als hier in den Fünfziger- und Sechzigerjahren das Zentrum des Rollkunstlaufs gelegen hatte und man im Sommer die Paare beim Training hatte bestaunen können, wie Thomas erzählte. Im Städel Museum hatte er die meiste Zeit geschwiegen, sich nicht in die Unterhaltung von Richard und Annika eingemischt.

Richard blickte auf den Fluss, der hier und da Sonnenstrahlen reflektierte.

»Ist nicht das, was du dir erhoffst hast, oder?«, sagte Thomas jetzt.

Richard schüttelte den Kopf. Nein, das war es wirklich nicht. Er stand nach wie vor mit leeren Händen da.

»Du willst Ellas Geschichte also nicht weiterverfolgen?« Thomas blieb stehen, sah aufs Wasser.

»Ich glaube nicht, dass es zu etwas führt.«

»Ja, es bleibt unsicher. Aber es ist doch auch aufregend, meinst du nicht? Und ist es nicht genau das, was unsere Arbeit spannend macht? Wir brechen mit einer vagen Idee auf, zum Beispiel mit ein paar Fotos, machen uns auf die Suche, um eine Geschichte zu erzählen, die so noch nie erzählt wurde und von der wir nicht wissen, wie sie ausgehen wird.«

Thomas' Gesicht hatte einen eigenartigen Ausdruck angenommen, etwas leicht Verklärtes lag darin, aber das war es nicht: Was er hier aussprach, reichte tiefer als ein paar romantische Gedanken, es traf den Grund, weshalb Richard einst selbst mit dem Studium der Kunstgeschichte und Architektur begonnen hatte, diese Lust am Entdecken, das Faszinierende daran, im Vergangenen Erklärungen für das Heute zu finden. Er spürte auf einmal eine Wut in sich aufsteigen, nicht auf Thomas, mehr auf die Situation, in die er sich selbst gebracht hatte.

»Ich habe leider nicht die Zeit und auch nicht die Mittel zur Verfügung, mich auf eine solche Suche zu begeben«, sagte er und merkte, dass seine Stimme zitterte. »Manchmal reicht eine gute Idee einfach nicht aus, man muss der Realität ins Auge blicken. Und die ist nun einmal so, dass Sponsoren und Förderer von mir ein Konzept erwarten. Ohne deren Zustimmung gibt es keine Ausstellung.«

»Dann entwickle ein Konzept über die vergessene Fotografin Ella Burmeister. Ich bin sicher, sie werden begeistert sein. Du hast es doch in der Hand, Richard.«

»Aber warum gibt es denn nach 1945 keine Bilder mehr von ihr? Warum gibt es überhaupt so wenig, warum taucht sie nirgends auf? Dein Engagement in allen Ehren, Thomas, doch was ist, wenn Ella Burmeister nur eine der vielen Hobbyfotografinnen war? Davon gab es damals wahrscheinlich Tausende, jeder und jede, die es sich leisten konnten, hatte eine dieser Kleinbildkameras. Weißt du, Ilse Bing hat mir einmal erzählt, wie sie von einem Tag auf den anderen ihr Studium der Kunstgeschichte aufgegeben und sich der Fotografie zugewandt hat. Sie sagte, sie sei nicht Fotografin geworden, sie sei es schon immer gewesen, wie ein Magnet habe es sie zu den Orten gezogen, an denen ihre Aufnahmen entstanden. Sie war überwältigt davon und ist ihr ganzes Leben diesem Ziehen gefolgt. Wie eine Nachtwandlerin, so hat sie es beschrieben. Das hat sie zur Künstlerin gemacht, und deshalb sind ihre Bilder auch im MoMA und der National Gallery of Art zu sehen.«

»Ich kann deinen Frust verstehen«, sagte Thomas, »aber zeichnest du hier nicht gerade das Bild einer Künstlerin, so wie du es dir als Professor vorstellst? Überwältigt von der Kunst, wie eine Nachtwandlerin unterwegs. Ist das nicht etwas viel? Wir beide wissen so gut wie nichts von Ella Burmeister, überhaupt nichts. Vielleicht hatte sie nicht die Kraft, nicht das Geld und auch nicht das Glück, das einer Ilse Bing zuteilwurde. Aber gerade dann wäre es doch unsere Aufgabe, dafür zu sorgen, dass sie bekannter wird, meinst du nicht?«

Richard war nicht überrascht von Thomas' Rede, eher überraschte ihn die eigene Ratlosigkeit, sein Widerwille, für diese Sache zu kämpfen. War er denn einfach schon zu alt, wollte er es nur noch bequem haben? Die Kopfschmerzen vom Morgen kehrten zurück, er kniff die Augen zusammen. »Es ist leider nicht so einfach«, sagte er.

»Doch, ich verstehe schon«, sagte Thomas. »Ella Burmeister ist ein unbekannter Name, und sie ist dazu noch eine Frau. Da will niemand Geld für eine Ausstellung geben, wenn sich herausstellen sollte, dass es nur ein Hobby war und die Bilder ein paar zufällige Schnappschüsse. Die Kunst fehlt.«

Thomas' Worte sprachen im Grunde das aus, was Richard befürchtete: dass man Ella als zu klein, ihre Arbeiten als zu unbedeutend ansehen könnte und ihn fragen würde, wie er denn allen Ernstes auf die Idee gekommen sei, mit ihr eine ganze Ausstellung bestreiten zu wollen?

»Es ist leider auch immer Politik im Spiel«, sagte Richard und ging langsam weiter, und es klang wie eine Ausrede. »Letztlich entscheiden andere.«

Thomas folgte ihm, sie erreichten den Eisernen Steg und blieben vor den Treppen stehen.

»Trotzdem bin ich dir sehr dankbar für deine Hilfe.« Er wollte Thomas seine Hand auf die Schulter legen, hielt sich im letzten Moment aber zurück. »Ich glaube, ich muss jetzt erst mal ins Hotel und mich hinlegen.«

»Dann sehen wir uns heute Abend?« Thomas wirkte enttäuscht.

»Ja, ich denke schon.«

Sie gingen auseinander, Thomas folgte weiter dem Ufer, während Richard den Weg in die Innenstadt nahm. Kurz bevor sie sich aus den Augen verloren, blieben sie beide stehen und sahen sich um. Thomas hob die Hand, Richard neigte nur leicht den Kopf zur Seite und lächelte, er war sich sicher, dass der andere diese Regung nicht gesehen haben konnte.

# GEWELLTE LINIEN

Frankfurt am Main, 1928

*Das Gartenbad Fechenheim steht auf einem trapezförmigen Grundriss und hat nach Süden hin ein vollständig verglastes Stahlgerüst mit der Möglichkeit, lange Sonnensegel aufzuspannen, die in unsichtbaren Schienen auf und ab fahren können. Im Osten und Westen weist die Schwimmhalle leicht vorspringende, das Gebäude überragende Ziegelwände auf. Die weißen Fassaden werden durch Fenster aufgebrochen, die in schwarzen Fliesen zu Bändern zusammengefasst sind. Diese brechen an den Gebäudeecken die Außenkante auf und betonen dadurch das Horizontale des gesamten Bauwerks. Das Schwimmbecken ist seegrün gefliest und wird von einem Betonvorsatz aus Muschelkalk eingefasst. Der Boden ist aus Zechitbelag, für die Wände wird der Edelputz Terranova verwendet.*

*

Ella bleibt vor dem Hochbauamt in der Adalbertstraße stehen und holt Luft. Ihr ist etwas flau, aber sie hat sich fest vorgenommen, nicht zu kneifen. Wenn ich Max oder Franz hieße, würde ich mich nicht so anstellen, denkt sie und macht sich gerade, dann würde ich da reinmarschieren und dem Pförtner sogar die Hand reichen. Also geht sie weiter, zögert noch einmal kurz vor dem Eingang, jemand rempelt sie von hinten an, zieht den Hut und bittet um Entschuldigung, und im Sog von Rasierwasser und Kaffeeatem betritt sie das Gebäude, ein Behördenbau ohne jegliche Annehmlichkeit. Sie tritt an die

Pforte, versucht, ernst zu schauen, reicht dem Pförtner die Karte von Max Harder. Es ist derselbe Mann wie in ihrem Albtraum, stellt sie verblüfft fest, ein Männlein mit buschigen Brauen.

»Ich habe einen Termin«, sagt sie und beobachtet die Regungen des Pförtners, wie er mit dem Kopf hin- und herwackelt, sich kratzt, dann zum Telefon greift und »Bitte warten Sie einen Moment« sagt.

Es ist ein kalter Januartag. Immer noch kommt es in der Stadt zu Stromausfällen, einmal brennt es in einer Schaltanlage, ein anderes Mal ist es ein Kurzschluss. Aber die Leute zucken nur die Schultern, fluchen leise in sich hinein, die Zeitungen schreiben bissige Kommentare: *Bei Bürgermeister Landmann gehen schon wieder die Lichter aus, waren sie denn jemals an?* Und Ella ist fest entschlossen, es doch noch einmal zu versuchen, zu etwas gut sein muss ihre Leica schließlich, das Ding ist viel zu schade, um in der Kommode zu verschwinden. Warum soll es nicht beides geben können, Studium *und* Fotografie, warum nicht sogar das eine mit dem anderen in Verbindung bringen? Es ist doch gar nicht nötig, sich entzweizureißen, das ist ihr klar geworden; es ist nicht nötig, sich zu opfern für nur eine Sache, sich durch die Straßen zu quälen, sich ins Malepartus zu setzen und Bier zu trinken, bis einem alles egal wird. Warum soll sie nicht auch ein wenig Glück haben, jeder hat das irgendwann verdient, einen Funken Glück, ein wenig Glanz, sonst wäre das Leben doch unerträglich. Also hat sie sich ihren alten Wintermantel übergeworfen, für den sie sich ein bisschen schämt, weil er unter den Armen und am Kragen genäht werden musste, weil es um die Knöpfe speckig glänzt, aber etwas anderes hat sie nicht, hat sich eine ordentliche Frisur zugelegt (der Vater hat ihr einen kleinen Vorschuss gegeben) und sich aufgemacht zum Hochbauamt.

Der Pförtner reicht ihr die Karte zurück. »Zweiter Stock, Zimmer dreiundsechzig«, sagt er und schaut sie dabei nicht an.

Ella fühlt sich gut, wie sie die Treppen hinaufsteigt; die Hinabkommenden wünschen ihr einen Guten Morgen, und sie grüßt freundlich zurück, so als sei sie bekannt in diesem Haus, als habe sie hier ein Büro mit Schreibtisch, Zimmerpflanze und Bildern an der Wand; sie geht den Gang im zweiten Stock entlang, das Herz schlägt ihr wie wild, vor Zimmer 63 bleibt sie stehen. *Max Harder*, steht darunter auf dem Schild. Sie klopft.

Augenblicklich wird ihr geöffnet, so, als habe er sie erwartet. Er lächelt, fast etwas verlegen, und bittet sie herein. Er knöpft sein zerknittertes Sakko zu, nimmt die Brille ab, bittet sie, Platz zu nehmen, und setzt sich hinter den Schreibtisch. Der Raum ist nicht besonders groß, vollgestellt mit Schreibtisch, Stehpult, zwei Schränken.

»Wie schön, dass Sie gekommen sind«, sagt er. »Hier ist es nicht so schick wie im Astoria, aber was sind schon Äußerlichkeiten. Möchten Sie Kaffee?« Ella nickt, und Max schenkt aus einer Kanne ein, reicht ihr eine Tasse. »Kaffee Hag, was andres vertrag ich nicht am Morgen.« Er lehnt sich zurück, schiebt sich die Brille wieder auf die Nase und wirkt gleich viel älter und gescheiter. »Also nehmen Sie mein Angebot an?«

»Zuerst muss ich wissen, was ich fotografieren soll.«

»Sicher, das müssen Sie«, Max geht zum Stehpult, holt ein Papier und breitet es vor Ella auf dem Schreibtisch aus. Es sind Bauzeichnungen. »Das ist das Gartenbad in Fechenheim, das nun in Kürze fertiggestellt sein wird. Ein großartiges Bauwerk. Sie müssen sich vorstellen, dass die ersten Pläne mittlerweile zwanzig Jahre alt sind, nun aber haben wir die Mittel und Tatkraft, es in nicht weniger als einem Jahr fertigzustellen. Und Sie könnten ein Teil davon sein.«

»Und die Bezahlung?«, Ella hat sich vorgenommen, sich nicht um den Finger wickeln zu lassen.

Max öffnet den Schrank. »Keine Sorge, da machen wir einen ordentlichen Vertrag.« Er stellt zwei Gläser auf den Tisch, schenkt Likör ein, drückt ihr das eine in die Hand. »Es ist zwar noch nicht Mittag, aber wir sollten anstoßen. Auf gute Zusammenarbeit!«

Der Likör brennt im Hals, Ella schließt kurz die Augen. Ein Schauer läuft ihr den Rücken hinab.

»Ich hoffe, das Kino hat Ihnen gefallen?«, sagt Max und stellt sein leeres Glas auf den Tisch.

»Ja, es war nett.« Ella dreht das Glas in der Hand. Sie stehen sich gegenüber.

Max greift nach der Flasche. »Wollen Sie noch einen kleinen Schluck?«

»Nein, nein, sonst werde ich nur betrunken.«

»Also dann«, sagt er und wendet sich zum Schreibtisch hin um, »ich kann Ihnen Kopien der Pläne machen lassen, falls Sie das wünschen.«

»Nicht nötig.« Ella stellt das Glas ab, sie fühlt sich ernüchtert von der steifen Atmosphäre, von der Förmlichkeit des Vorgangs, aber so geht es wohl zu in einer Behörde, da wird nicht geflirtet oder gelacht, da herrscht geschäftiger Ernst.

»Ich bringe Sie gern hinaus. Sie dürfen sich, wenn Sie möchten, bei mir unterhaken.«

Max richtet sich die Brille und schaut sie freundlich an. Ist das ein Anbandeln, wie man es in Büroräumen macht? Fräuleins aus dem Haus begleiten?

»Nein, nicht nötig«, Ella reicht ihm die Hand. »Danke für den Likör.«

»Ich melde mich sehr bald bei Ihnen«, sagt er und hält ihre Hand etwas länger, als sie erwartet hat.

*

Über das Gartenbad ziehen mächtige Wolken, und es geht ein Wind. Max steht neben ihr, hat die Hände in die Taschen seines Mantels geschoben und erklärt, während Ella an der Fassade hinaufblickt, die weiß ist und von drei umlaufenden Bändern aus Fenstern und schwarzen Fliesen unterbrochen wird. Sie befinden sich vor dem Haupteingang, Arbeiter gehen hinein und hinaus, grüßen kurz.

»Das ist es also«, sagt er, als präsentiere er Ella ein Geburtstagsgeschenk. »Eines der modernsten Bäder, die Sie finden können, nicht nur was die Bauweise betrifft, auch in der Ausstattung. Wir haben Schwimmbecken, Duschen, Massageliegen, medizinische Bäder, alles nach dem Motto: Lebe nicht, um Leibesübungen zu treiben, sondern treibe Leibesübungen, um zu leben!«

Max lächelt und steckt sich die Pfeife an. Auf der Fahrt hinaus nach Fechenheim hat er sich nach ihrem Befinden erkundigt. Und Ella hat ihm brav geantwortet, dann haben sie die meiste Zeit geschwiegen. Er fährt einen Hanomag 2/10, Landaulet-Modell in weißer Lackierung. Er lehnt am Kotflügel, spricht von der verglasten Südseite, die das Sonnenlicht in die Halle fallen lässt. Jetzt tritt ein Mann im Mantel zu ihnen, eine Tasche unterm Arm, auf dem Kopf einen Homburg. Sogleich richtet Max sich auf, nimmt die Pfeife aus dem Mund.

»Guten Morgen, Herr Elsaesser«, sagt er, und der andere grüßt knapp zurück. »Darf ich Ihnen Fräulein Burmeister vorstellen, sie wird die Fotos machen.«

»Ah ja«, sagt der berühmte Architekt, und sein Blick wandert an Ella hinauf und wieder hinab.

»Guten Tag«, grüßt auch sie ihn.

»Wo haben Sie denn Ihre Ausrüstung?«

Ella deutet auf die Leica an ihrer Seite.

»Und was ist mit Wolff?«, wendet sich Elsaesser wieder an Max.

»Ausgebucht bis auf Weiteres.«

»Und Collischonn?«

»Zu teuer.«

»Also dann«, der Architekt nickt Ella zu und strebt hinein ins Gebäude.

»Herr Elsaesser ist der Bauleiter«, Max steckt sich die Pfeife wieder an. »Sie dürfen es ihm nicht übel nehmen, er trägt die Verantwortung und will über alles im Bilde sein. Ich bin sicher, Sie werden auch ihn überzeugen.«

Ella spürt ein Stechen in der Seite.

»Ich stelle mir Folgendes vor«, Max macht einen Schritt auf sie zu und nimmt die Pfeife aus dem Mund. »Bilder im Weitwinkel, das gesamte Gebäude fassend, vor allem die Südseite mit der Fensterfront ist zu beachten. Dann Einzelaufnahmen der Fenster, vom Eingang und später von der Innenausstattung. Ich will Ihnen keine Vorgaben machen, nur Anregungen geben. Sie sind völlig frei, schauen Sie sich um.«

Ella hat zwei Rollfilme gekauft, ihr Erspartes ist endgültig aufgebraucht. Ihre Hände zittern, und sie beruhigt sich erst, als Max sich mit den Worten verabschiedet, er wolle sie nun ihre Arbeit machen lassen, sie finde ihn im Gebäude, und endlich davongeht. Da holt sie einmal tief Luft und blickt in die Wolken. Ein schönes Licht liegt über Fechenheim, frühlingshaft klar und kalt. Sie geht einmal um das Gebäude herum, damit sie seine Dimensionen erfassen kann, geht die Straße ein Stück hinauf, um alles in den Blick zu bekommen. Sie schaut durch den Sucher, und ihr Blick wird sofort eingefangen, konzentriert sich. Das Zittern ist verschwunden. Helles Mauerwerk. Fenster in Sprossenteilung. Betonung des Horizontalen. Symmetrie und Schlichtheit. Arbeiter stehen rauchend zusammen. Ein Teppich wird ausgeklopft. Ein Kind weint. Das Auge wird gezwungen zu schauen und sieht doch nur das, was es sehen will; sie umkreist das Gartenbad, stellt sich an die Ecken und lässt den Sucher die Seitenfassaden entlanggleiten; sie sieht dunklen Klinker, Terrakottafliesen, sieht das Spiel von Licht und Schatten in den Scheiben.

Dann geht sie hinein. Handwerker sind mit dem Verputzen beschäftigt, man schaut zu ihr hin: »Guten Tag, Fräulein.« Die Schwimmhalle scheint zu leuchten, die Struktur der Wände tritt unter dem einfallenden Licht hervor. Eine Treppe führt hinauf zur Empore, von dort geht der Blick hinaus auf das parkähnlich angelegte Gartenstück; das Kameraauge wandert mit, die Blicke der Arbeiter auch.

Später teilt sie mit Max ein Käsebrot, dazu gibt es Kaffee. Sie sitzen auf den Stufen, die hinab ins Becken führen, und er erklärt ihr die Besonderheit der Südfront: Zwischen der doppelten Verglasung zirkuliere Luft in einer Art Polster, um das Schwitzwasser abzuhalten, und die feuerverzinkte Sprossenwand enthalte verborgene Führungsschienen, in denen sich elektrisch die Vorhänge bewegen ließen, um einer zu massiven Sonneneinstrahlung entgegenzuwirken. Während er spricht, deutet er hierhin und dorthin, seine Ohren leuchten, eine Kleinigkeit, die sie sehr an ihm mag. Er fragt, ob sie gut vorangekommen sei. Ella nickt, auch wenn sie keine Ahnung hat, was sich da in der Dunkelheit ihrer kleinen Apparatur verbirgt, weißes Rauschen, schwarze Schatten.

Max lächelt, richtet sich die Brille und steht auf. »Ich bringe Sie natürlich wieder zum Bahnhof.«

*

Ella steigt die Stufen zu Franziskas Wohnung hinauf, öffnet die Tür und hält inne. Sie hört Liebesgeräusche, das Rascheln von Bettwäsche.

»Ella, bist du das?«, hört sie Franziska rufen. Einen Moment, ich muss mich nur anziehen.«

Unschlüssig und etwas verschämt bleibt sie stehen und wartet, aber es ist nicht Peter, der noch vor Franziska im Türrahmen erscheint, sie schaut in das schöne Gesicht eines geschminkten Menschen, die Haare sind kurz, aber die Lippen rot, darüber riesige schwarze Augen.

»Bis bald«, sagt Franziska in der Tür stehend, und der Mensch streicht ihr mit einer zärtlichen Bewegung über die Wange, deutet vor Ella einen Knicks an und verschwindet.

Franziska öffnet die Tür zum Belvederchen, sie treten hinaus, zünden sich eine Zigarette an.

»Wer war denn das?«

»Eine Freundin«, sagt Franziska und lächelt. »Aber jetzt musst du erzählen. Wie lief die Sache mit dem Architekten? Ist er in dich verliebt? Oder hat er dich gelangweilt mit seinen Erklärungen?« Sie streckt die Beine aus und lässt die Märzsonne auf ihre Knie scheinen, sie bläst den Zigarettenrauch in den Wind, kneift die Augen zu. Der Frühling ist zu erahnen, doch in den Schattenwinkeln hockt noch der Winter.

Ella zuckt mit den Schultern. »Es war alles ganz interessant«, sagt sie. »Und nein, in mich verliebt ist er bestimmt nicht!«

»Und ich sage dir, dass er es ist. Hat er dich wenigstens anständig bezahlt? Wann drucken sie deine Bilder?«

»Ich weiß es nicht.«

»Mensch, Ella, du musst aufpassen, dass die dich nicht übers Ohr hauen. Vielleicht ist das auch der Grund, weshalb sie dich engagiert haben. Was kannst du schon unternehmen, wenn sie dich nicht bezahlen?«

»Dann engagiere ich deinen Vater.«

Franziska prustet los. »Ja, Papa würde denen einheizen. Ach, ich freu mich für dich«, sie nimmt ihre Hand.

»Bist du sicher?«

Franziska zieht die Brauen zusammen, ein kurzer Grollblick, der sagt: So etwas Unverschämtes denkst du von mir. »Ich hab dir schließlich die Leica geschenkt.« Sie saugt an ihrer Zigarette.

»Aber du denkst doch, die Fotografie ist nur eine Spielerei. Dass sie nicht ernst zu nehmen ist. Nur für die, die faul sind oder nichts können.«

»Ich nehme es sehr ernst, was du machst, schließlich bekommst du Geld dafür. Du bist eine außergewöhnliche Fotografin, deine Bilder sind etwas Besonderes. Aber es ist eben keine Kunst«, Franziska sieht sie an, und in ihrem Blick liegt eine zarte Wut, ein Schatten von Entrüstung. »Die Fotografie ist eine Imitation der Wirklichkeit. Wenn ich ein Bild betrachte, will ich darin spazieren gehen, will etwas entdecken und angeregt werden. Beim Fotografieren ist alles schon fertig.«

Ella weiß nicht, was sie antworten soll. Sie ist nicht so geschult im Sprechen über die Kunst, sie fotografiert aus einem Impuls heraus, dann, wenn ihr Auge etwas erfasst, wenn es plötzlich in sie fährt, dieses Gefühl, jetzt den Auslöser betätigen zu müssen, die Zeit für eine Hundertstelsekunde zu stoppen und in den kleinen Kasten einzusperren. Sie ist eine Sammlerin, sie denkt nicht darüber nach, weshalb sie es tut, sie tut es einfach. Manchmal sucht sie nach Worten, die sie entgegnen könnte, warum eine Fotografie nichts Banales ist, mehr ist als nur ein Abbild, nichts aus dem unersättlichen Alltag des Konsumierens und Verbrauchens. Sie versucht es, indem sie den Entwicklungsvorgang der Bilder als ebensolchen Prozess beschreibt wie den der Malerin, die Schicht um Schicht aufträgt, die die Farben zusammenrührt, aber das lässt Franziska nicht gelten: Schon die Zusammenstellung der Farben sei Teil der künstlerischen Arbeit, wohingegen die

Entwicklung von Bildern rein technisch ablaufe, chemischen Prozessen unterliege und damit der künstlerischen Gestaltung entzogen sei. Ella fehlen die passenden Worte, Gedanken, die wegführen vom reinen physikalischen Prozess, um das zu erklären, was sie zuweilen in sich aufleuchten spürt, aber nicht benennen kann.

*

Am Sonntag holt Max sie mit dem Automobil zu einem Ausflug in den Taunus ab. Auf Ellas entwickelte Bilder, die sie ihm wie abgemacht in einem Umschlag zugeschickt hat, kam seine Antwort per Karte mit der Einladung zur Ausfahrt. Das Wetter ist wechselhaft, aber er ist bester Laune. Er lenkt den Wagen über die Bockenheimer Landstraße hinaus aus der Stadt in die nordwestlichen Ausläufer des Taunus, das Gefährt springt über den Schotter, wirft Ella im Sitz hin und her, es ist ein großer Spaß, so durch die Landschaft zu flitzen, durch den Ort Eschborn, wo die Leute sie neugierig begaffen. Ella winkt ihnen zu, Max winkt auch, der Wagen schlingert um eine Kurve, und er ruft ihr gerade zu, dass es zum Glück nicht regne, als die ersten Tropfen auf der Windschutzscheibe zerplatzen. Sie tuckern entlang der Wiesen hinauf in den Weiler Cronberg, wo Max den Hanomag vor dem Gasthaus Zur Krone zum Stehen bringt. Es ist nicht das einzige Automobil, und fachkundig begutachtet er die beiden anderen Fahrzeuge aus dem Hause Opel, dann klappt er den Schirm auf.

Sie gehen ein paar Schritte. Cronberg ist eng und verwinkelt, die Straßen verdreckt von den Fuhrwerken, die meisten Bäume sind noch kahl, der Anblick ist etwas trostlos, sonntägliche Langeweile. Ella fotografiert, eine Hausfront mit geöffnetem Fenster, zwei Kinder, die, in ihr Spiel vertieft, sie nicht bemerken. Aus den Hinterhöfen kommen eiskalte

Winde. Man nickt ihnen freundlich zu, murmelt etwas, das ein Gruß sein könnte.

Dann wandern sie hinaus ins Feld. Der Blick schweift über ansteigende Wiesen, in der Ferne ist die Silhouette von Frankfurt zu erkennen. Der Himmel ist bewölkt, immer wieder fallen einzelne Tropfen. Ella hat sich bei ihrem Begleiter eingehakt. Max schwärmt von ihren Aufnahmen des Gartenbads, sie habe ihn nicht enttäuscht, seine Erwartungen sogar weit übertroffen, er sehe sich bestätigt in seiner Entscheidung, sie für die Fotoarbeiten gewählt zu haben.

Ella bleibt stehen. Ein Windstoß zaust ihr Haar. An einigen Bäumen sind Knospen zu erahnen. »Sagen Sie das nur, um mir zu gefallen?«

Max klappt den Schirm ein und steckt sich die Pfeife an. »Diese Frage habe ich erwartet«, sagt er und pafft. »Und ich kann sie Ihnen nicht übel nehmen, denn an Ihrer Stelle würde ich auch danach fragen. Sie machen eine sehr gute Figur, Ella, ich mag Ihr Lachen genauso wie Ihre Zweifel, und jeder muss jetzt denken, dass da die Hormone im Spiel sein müssen. Und vielleicht sind sie es auch«, er lächelt, geht ein paar Schritte. Als Ella ihm nicht folgt, dreht er sich um und nimmt die Pfeife aus dem Mund. »Um ehrlich zu sein: Ich halte Sie für sehr talentiert, ich glaube, Sie können es weit bringen, und es mag auch etwas Eitelkeit dabei sein, wenn ich später behaupten möchte, Sie gewissermaßen *entdeckt* zu haben. Und selbst wenn es dazu nie kommen sollte, Ella, sehe ich eine große Sehnsucht in Ihnen und auch eine Kraft. Wissen Sie, ich bin nicht geübt im Umgang mit Frauen, und ich hatte gehofft, Sie als Freundin zu gewinnen, in einem künstlerischen Sinn. Wenn Sie sich aber unwohl mit mir fühlen, dann fahren wir zurück.« Max steht da, die Schultern sind ihm während seiner Rede hinabgesunken, die Pfeife ist ausgegangen, und er sieht sie an, aufrichtig und in Erwartung einer Abfuhr.

Ella geht auf ihn zu, hakt sich wieder bei ihm ein. »Ich bin gerne Ihre Freundin«, sagte sie. »Und jetzt spannen Sie den Schirm wieder auf, sonst wird das nichts mehr mit der Pfeife.«

Sie essen im Gasthaus Zur Krone. Es ist ordentlich Betrieb, die Bauern sind beim Schnaps und groß im Reden: Da wird die gesamte Regierung zum Teufel geschickt, da werden Rathäuser besetzt, man brauche jetzt einen wie Hitler, einen, der die Sache in die Hand nehme – der Hitler sei aber doch nur 'ne Witzfigur, ein aufgeblasenes Bürschchen aus Österreich, nicht mal richtiger Deutscher sei der – nein, man werde schon noch sehen, zu was der fähig sei – aber die Nazis könne man vergessen – als wenn der Stalin besser wär – ach, Maul halten; und dann wird weitergespielt.

Ella ist aufgekratzt, hat gar keinen Appetit. Ein bisschen enttäuscht ist sie auch, dass Max sich nicht Hals über Kopf in sie verliebt hat. Auf der anderen Seite aber ist sie erleichtert, dass er sie aufgrund ihrer Arbeit schätzt; damit widerlegt sie Franziska, die nur an die Hormone glaubt, daran, dass alle Aufmerksamkeit der Männer nur vorgeschoben sei, um die Frauen ins Bett zu bekommen. Bei vielen mag das so sein, nicht aber bei Max Harder. Er schaut sie an.

»Wir bauen nicht um der Architekturkunst willen, sondern für das wahre Leben, verstehen Sie, Ella. Nehmen Sie nur einmal das Flachdach, das May konsequent in Niederrad einsetzt. Von allen Seiten wurde es aufs Heftigste angegriffen und geschmäht, weil man ja nur diese spitzwinkligen Steildächer kennt, diese zum Himmel gerichteten Nasen!« Er spießt ein Stück Rippchen auf die Gabel. »Nein, das Flachdach ist nicht *l'art pour l'art*, wie die Franzosen sagen, es ist kein Selbstzweck. Es verwirklicht den Kern unseres Anliegens, dem Menschen zu seinem Glück zu verhelfen, ihn aus den muffigen Häusern herauszuholen und hinüberzuführen in eine neue

Zeit, die sie doch an jeder Straßenecke schon sehen und riechen können. Trotzdem wird in der Presse gegen das Flachdach angeschrieben, werden Unwahrheiten und Lügen verbreitet, als ginge es um die Rettung des Vaterlands! Ja, und für manche ist es wohl auch so. Sie können sich nicht vom Alten lossagen, sie stecken da gewissermaßen fest wie im Schlamm, und anstatt dass sie die Hand ergreifen, die wir ihnen entgegenstrecken, bleiben sie aus kindlichem Trotz im Schlammloch sitzen und sinken immer tiefer.« Er kaut, trinkt einen Schluck und schüttelt den Kopf. »Ich langweile Sie schrecklich, aber da sehen Sie, wo meine Leidenschaft liegt!«

»Ich bewundere Ihr Engagement für die Sache, Max«, sagt Ella.

»Wir gehen in ein neues Zeitalter, weg vom ornamentalen Muff«, fährt er kauend fort, »weg von den vollgestopften Wohnungen, der bräsigen Genügsamkeit. Wie doch alle ganz dumpf geworden sind! Aber jetzt reißen wir die alten Tapeten herunter. Der Mensch befreit sich mithilfe der Wissenschaft, mithilfe von Philosophie, Architektur, Fotografie. Und denken Sie auch an so wichtige Dinge wie die Hausarbeit, Erholung, die Gesundheitsvorsorge, für alles können Sie das Flachdach nutzen: Oben auf den Dachterrassen ist es hell und luftig, dort wird Gymnastik gemacht, die Wäsche trocknet, man sitzt unter Schirmen und liest. Es ist alles da!«

Seine Stirn und Wangen sind gerötet, er bestellt ihnen Kaffee, zündet sich einmal mehr die Pfeife an. Ella raucht noch eine halbe Zigarette, dann machen sie sich wieder auf den Weg. Die Sonne wirft Strahlen zwischen die Wolken, der Blick geht weit in die Ferne, einige Dörfer und dort hinten die Stadt.

»Wenn ich Elsaesser überzeugt bekomme, dann habe ich bald einen neuen Auftrag für Sie«, sagt Max und bleibt stehen. »Die Großmarkthalle steht kurz vor der Eröffnung, und ich will, dass Sie mit der Kamera dabei sind. Außerdem plane ich eine Veröffentlichung zur Großmarkthalle in unserer Zeitschrift *Das Neue Frankfurt*, dafür hätte ich gern Ihre Bilder. Hätten Sie denn Zeit?«

»Ich denke, ich kann es einrichten«, sagt Ella und zieht Max weiter den Weg hinunter, zurück zum Automobil.

*

Haus Elsaesser liegt am Rand der Siedlung Höhenblick, am Hang zur Nidda, mit Blick zu den gewellten Linien des Taunus; ein imposanter, frei stehender Flachdachbau aus rotem Klinker mit weißen, quer liegenden Sprossenfenstern, umgeben von einem großen Garten. Wie eine kleine Burg, denkt Ella, als sie Max den Fußweg zum Haus hinauf folgt.

Sie ist nervös, hat noch Max' Worte von den wichtigen Leuten im Ohr und zögerte zuerst, seine Einladung anzunehmen. Aber dann ist sie doch in die Elektrische eingestiegen und hat sich während der Fahrt Mut zugesprochen, sich gesagt, dass das nun zu ihrem Leben dazugehören wird, solche Empfänge und Feste, dass sie immer rege sein muss, immer in Bewegung bleiben, sonst schläft alles wieder ein.

Im Garten hat man Tische aufgestellt, Schirme gegen die Maisonne. Ella trinkt hastig das erste Glas, weil sie hier keinen Menschen kennt und nicht auffallen will mit unsicherem Reden.

Martin Elsaesser tritt auf die Terrasse und begrüßt die Anwesenden, er fühle sich geehrt, sei aber auch etwas verlegen, eigentlich feiere er seinen Geburtstag nie, aber seine Frau habe es ihm diesmal nicht durchgehen lassen, und wer könne einer Frau schon widersprechen. Man lächelt beflissen, hebt die Gläser.

»Alles neu macht der May, alles besser Elsaesser!«, greift man einen Spruch auf, der seit Jahren durch die Zeitungen geistert, und prostet sich zu. Elsaesser winkt ab. Ernst May tritt neben ihn und schüttelt ihm die Hand. »Ein Fünkchen Wahrheit ist ja immer dabei«, sagt er.

Da stehen sie also zusammen, die beiden großen Architekten des modernen Frankfurt; der eine, Elsaesser, mit einer Hand in der Hosentasche, die schmale Krawatte sitzt fest, Schweiß glänzt auf seiner Stirn, es scheint ihm alles zu viel zu sein, aber er spielt mit. Ernst May, im Sakko und mit dunkler Fliege, überragt den Kompagnon um fast einen Kopf, lächelt einnehmend, seine Stirn ist glatt, die Augen munter, er fühlt sich sichtlich wohl, genießt die Aufmerksamkeit.

»Kommen Sie ran zu uns, Harder, wir wollen ein Foto machen.«

Auf der Terrasse drängen sich die wichtigen Leute, Männer in Anzügen, eine Frau im Rock; eine andere Frau in Hosen tritt hinzu und gibt ihnen Anweisungen, wie sie sich zu stellen haben, alle um Elsaesser, sie fasst May am Arm und schiebt ihn zur Seite, holt Max nach vorn. Sie ist groß gewachsen, stämmig, das Haar modern geschnitten, um den Hals hängt ihr eine Kamera. Sie macht ein paar Schritte zurück: »Meine Herren, stillhalten bitte, und lächeln Sie, Himmel noch mal, wir sind hier doch nicht zur Beerdigung.«

Ohne darüber nachzudenken, macht auch Ella die Leica bereit, ist aber weniger an den wichtigen Männern interessiert als an der Fotografin. Die steht leicht vorgebeugt da, löst aus, im selben Moment klickt auch Ellas Leica, jemand lacht, sagt: »So, meine Herrschaften, und jetzt an die Tische«, das mechanische Auge stanzt einen Augenblick aus der Zeit.

Ella isst ein paar von den Häppchen mit Lachs und irgendeiner Paste darauf. Aus der Ferne beobachtet sie Max und die anderen Architekten, wie sie rauchen, sich irgendwelche wichtigen Dinge erzählen, er schaut zu ihr herüber, winkt. Ella fühlt sich jetzt wohl, geradeso als sei sie schon öfter hier gewesen, als zähle sie zu den Freunden der Gastgeber. Ihre Zigaretten sind alle, also fragt sie den neben ihr stehenden Mann, ob er wohl eine Zigarette für sie habe, und der schaut sie hilflos an und rückt sich die Brille zurecht.

»Aber sicher doch, Fräulein«, er beginnt, umständlich in seinem Jackett zu suchen.

»Schönes Haus«, sagt Ella.

»Ja, ja, sehr schön«, nun hat er gefunden, was er sucht, und hält ihr eine zerknitterte Packung hin. Ella zieht eine Zigarette heraus, er reicht ihr Streichhölzer. »Die Gartenkonzeption stammt übrigens von mir«, sagt er dann. »Leberecht Migge, Gartenarchitekt.«

»Ella Burmeister, Fotografin.«

Sie reichen sich die Hand, alles wie selbstverständlich, alles so, als bewegte sie sich seit Jahren in diesen Kreisen.

Leberecht Migge streicht sich eine Strähne aus dem Gesicht. Er rauche nicht, habe Zigaretten aber immer dabei, um behilflich zu sein. »Wenn Sie möchten, zeige ich Ihnen einmal den Garten«, sagt er. Doch dann wird er von May gerufen: »Herr Migge, wir bräuchten Sie hier einmal«, und entschuldigt sich, geht mit gespannten Schritten hinüber.

Ella setzt sich in den Schatten und raucht die Zigarette zu Ende, sie will gerade nach einem Getränk fragen, als der Hausherr und Jubilar neben sie tritt, Martin Elsaesser höchstpersönlich, das Hemd etwas zerknittert, die Krawatte leicht verrutscht. »Sie amüsieren sich?«

»Ich denke schon, ja.«

»Ich …«, Elsaesser stockt, sieht hinauf in den Himmel, als könne es jeden Augenblick zu regnen beginnen. »Ich muss mich bei Ihnen entschuldigen wegen meiner etwas ruppigen Art letztens am Gartenbad. Ich wollte Sie nicht in Verlegenheit bringen. Herr Harder hat mir Ihre Fotos gezeigt, und die sind wirklich ausgezeichnet.« Er schaut sie an. »Es ist ja nicht leicht, eine gute Fotografin zu finden, jetzt, wo nahezu alle so einen Apparat haben und wild damit um sich schießen. Herr Harder hat Sie schon wegen der Großmarkthalle gefragt?«

»Ja, das hat er.«

»Ich würde mich wirklich freuen …«

»Aaah, Elsaesser, hier verstecken Sie sich also!«, der Mann, der dem Gastgeber etwas unsanft in die Seite rempelt und einen Arm um dessen Schultern legt, trägt die Krawatte gelockert, ein nervöses Vogelgesicht und eine hohe Stirn, so gut wie alle Männer hier haben eine hohe Stirn. »Ich habe Sie gerade von der Großmarkthalle reden hören, und da wollte ich Sie, also …«, er schaut Ella an wie ein störendes Kind, senkt die Stimme, »also, wegen der Fotografien …«

»Mein lieber Paul Wolff, wir haben schon eine Fotografin«, unterbricht ihn Elsaesser und rückt einen Schritt von ihm ab. »Darf ich vorstellen, Fräulein Burmeister.«

»Ach«, sagt der andere, und sein Mund ploppt auf wie bei einem Karpfen. »Sehr erfreut. Ich kenne Sie gar nicht. Womit fotografieren Sie?«

»Mit der Leica.«

»Soso, eine Leica. Und auch die Großmarkthalle? Wollen Sie da nicht lieber im Weitwinkel arbeiten? Sie benötigen sicher eine Brennweite von 1:6,3, um die Längsseiten zu bekommen.«

Nervöses Schweigen. Elsaesser streicht sich über die Krawatte, Ella brennt es in der Kehle.

»Wir reden später weiter«, sagt Elsaesser dann zu ihr, fasst den Mann am Arm und führt ihn weg, ein Stück weit in den Garten hinein. »Hören Sie, Wolff, wir werden auch Sie ganz sicher brauchen …«, dann gehen ihre Stimmen im allgemeinen Reden unter.

Ella blickt den Männern nach, dann nimmt sie die entgegengesetzte Richtung, beobachtet eine Weile Kinder auf dem Spielplatz, geht entlang der Beete mit hoch aufschießenden Pflanzen, die sie nicht kennt, es summt und flattert wild; die Leica schaut sich Blüten an, eine Libelle. Ein großer Vorteil, wenn man Architekt ist und Geld hat, denkt sie, dieses Haus ist geradezu unverschämt schön, der Garten dazu. Hätten wir alle so ein Anwesen, gäbe es nichts anderes mehr, nur noch Häuser und Gärten, keinen Wald mehr, keine Wiesen. Sie hört Gelächter und das Klirren von Gläsern. Sie hat Lust, sich ins Gras zu legen und in den Himmel zu schauen. Im Schatten unter den Bäumen ist es kühl und etwas feucht, sie betrachtet zwei Terrakottavasen.

»Warum haben Sie das getan?«

Ella schreckt hoch. Da vor ihr steht die Frau, die vorhin die Architekten fotografiert hat. Sie trägt einen Topfhut, darunter schauen ihre Haare wie angeklebt hervor.

»Was?«

»Sie haben mich fotografiert.« Ihr Blick ist ernst, vorwurfsvoll, die Brauen zusammengezogen.

»Ich weiß nicht.«

»So, Sie wissen es nicht. Aber ich weiß es!« Und als Ella ein Gewitter erwartet, bricht plötzlich ein helles Lachen aus der Frau hervor, ihr Gesicht entspannt sich, und der Hut verrutscht. »Jetzt sollte ich Sie eigentlich fotografieren, herrlich, ihre Miene!«, sie macht einen Schritt auf Ella zu und reicht ihr die Hand. »Carry Hess, ebenfalls Fotografin. Eine schöne Leica haben Sie da. Sie arbeiten für May?«

»Für den Architekten Harder.«

»Wunderbar! Ich hab es gleich geahnt. Ich beobachte Sie schon eine Weile. Hat der Wolff Sie geärgert? Anstrengender Typ, vor allem wenn er getrunken hat. Hält sich für einen König. Wie heißen Sie?«

»Ella Burmeister.«

»Ich nehme an, Sie haben noch nie von mir gehört, Ella?«

»Nein, leider nicht.«

»Umso besser. Hier, nehmen Sie«, Carry Hess reicht ihr eine Visitenkarte. »Kommen Sie Donnerstag um fünf zu dieser Adresse. Dann sollen Sie auch Nini und die anderen kennenlernen. Es ist wichtig, dass wir zusammenhalten, gerade wir Frauen! Also bis Donnerstag, ich muss los. Und bringen Sie das Foto mit, das Sie von mir gemacht haben, und auch ein paar andere, damit wir etwas von Ihnen zu sehen kriegen.« Sie reicht Ella die Hand und geht rasch davon, vor an die Straße, wo sie in ein Taxi steigt.

»Sie haben sich hoffentlich nicht zu sehr gelangweilt. Was wollen Sie noch trinken, einen Cognac?«

Ella steht im großen Wohnzimmer von Max' Wohnung und blickt voller Erstaunen durch das Fenster hinunter ins Niddatal. Er tritt neben sie und reicht ihr ein Glas. Alles hier ist erschreckend aufgeräumt, leer und klar, ein schmaler Tisch, zwei Freischwinger, an der Wand ein elegantes Regal mit Vasen und einigen Büchern, ein Klavier; kein düster gepolstertes Geschichtszimmer mit Ölbildern an der Wand und schweren Teppichen.

»Kommen Sie, gehen wir hoch auf die Terrasse. Dort ist der Blick noch schöner.«

Sie folgt Max durch den ersten und zweiten Stock, dann hinaus auf die Terrasse, von der aus der Sonnenuntergang zu sehen ist. Sie stoßen an. In Ellas Ohren summt es. Sie weiß gar nicht, was sie hier macht, in diesem Haus, sie sollte längst zu Hause sein. Mit dem Satz im Ohr, er werde ihr später ein Taxi rufen, ist sie Max in seine Wohnung gefolgt.

»Frieren Sie?«

»Können wir uns nicht endlich duzen? Ich mag dich nicht immer anreden wie in einer Behörde.«

»Ja, natürlich.«

»Und du wohnst hier ganz allein?«

»Es ist groß, ich weiß. Aber ich bleibe hoffentlich nicht allein.«

»Sicher nicht.«

Max lebt nur ein paar Schritte von Elsaesser entfernt im Höhenblick 14, die dreistöckigen Häuser bilden eine lange Reihe und sind weiß verputzt, die Fenster und Eingangstüren dunkelblau eingefasst.

»Möchtest du mir nicht alles zeigen?«, fragt Ella.

Und im Schlafzimmer im zweiten Stock küsst sie ihn dann. Beide halten sie noch die Gläser in den Händen. Ella entschuldigt sich sofort. Und küsst ihn doch noch einmal.

Viel später erst telefoniert er nach einem Taxi. Zum Abschied sagt er, es gäbe hier doch eigentlich auch Platz für sie, und als Ella nickt, drückt er ihr noch einen letzten Kuss auf die Nasenspitze.

# DILETTANTEN

Frankfurt am Main, 1928

*Die Großmarkthalle wird getragen von einem Stahlbetonskelett, der obere Teil der Hallenlängsfassade ist ein kleinteiliges, verglastes Betonraster, das sich bis hinein in die Dachfläche zieht. Innen wie außen gibt es einen reizvollen Wechsel aus hellen und dunklen, geschlossenen und verglasten Fassaden, die Farbgebung wird konsequent angewandt: rote Stoßfugen des Mauerwerks, rote Fensterumrandungen, schwarze Metallrahmen. Die Fenster in den Bürotürmen werden über Eck gezogen, so wird das Vertikale gebrochen. Die eigentliche Sensation aber ist das Dach, das aus 15 Halbzylinderschalen besteht, jede 37 Meter lang und 14 Meter breit, am Scheitel messen sie gerade noch 7,5 Zentimeter; diese überspannen nun den Innenraum, auf schräg gestellten Stützen lastend, und bilden so eine riesige, freitragende Halle, nur unterbrochen von zwei Kaffeebrücken, die auf Höhe der umlaufenden Galerie die ungeheure Weite des Raums etwas mildern. Jedem wird es den Atem verschlagen, ein Gebäude wie seine Zeit: unaufhaltsam, kühn, wagemutig!*

*

Ella steht vor dem Bürohaus Börsenstraße 2 und zögert, hineinzugehen. Sie sieht an der Fassade empor, am liebsten würde sie einfach wieder verschwinden. Sie schaut auf die Karte in ihrer Hand: *Nini & Carry Hess. Photographisches Atelier.* So steht es auch auf einem blank geputzten Schild da an der Wand. Sie will lieber noch mal eine Runde gehen und läuft zurück zum Roßmarkt, wo die Uhr ganz oben in der Säule kurz vor fünf anzeigt und die Persilfrau sie anlächelt – warum bist du so nervös, liebe Ella, hol dir noch etwas Mut im Café Gutenberg! Sie hat die Manteltaschen voll klimpernder Münzen, so steht sie an der Theke und trinkt einen Vermouth und noch einen und weiß, dass sie nur ein paar Minuten warten muss, da spürt sie schon die warme Beruhigung, fragt sich, warum sie sich so anstellt, und lässt ein paar Münzen liegen, marschiert aus dem Café direkt zurück zur Börsenstraße 2 und drückt die mächtige Tür auf, steht in einem gefliesten Treppenhaus und steigt die Stufen hinauf bis ganz nach oben. Dort betätigt sie die Klingel, und augenblicklich öffnet ihr Carry Hess, die Frau auf dem Foto.

»Wie schön«, sagt die, nimmt Ellas Hand und zieht sie sogleich ins Wohnzimmer. Ein hoher Raum mit schweren Vorhängen, Sesseln und Sofas und einem mächtigen Tisch und Stühlen drum herum, da sitzen schon Leute. Ella kennt niemanden, aber Carry sorgt sofort für Klarheit. »Das ist Ella, Ella Burmeister«, sagt sie, »eine junge und sehr talentierte Fotografin«, auch wenn sie noch nicht ein Bild von ihr gesehen hat. Dann deutet Carry nacheinander auf die Menschen und zählt auf: »Der Radiomann Hans Flesch, der Schriftsteller Kasimir Edschmid, die Künstlerin Erna Pinner, der Redakteur Max Geisenheyner, der dort ist der Komponist Paul Hindemith, und hier meine Schwester Nini.« Jeder aus dem Kreis trägt etwas Seltsames auf dem Kopf, ein Kissen, einen umgedrehten Topf, einen Turban, einen Zylinder, und Carry nimmt einen Lampenschirm und setzt ihn Ella auf. »Wir haben heute das Motto Kopfbedeckung«, sagt sie. »Du darfst dir keine Gedanken um dein Aussehen machen. Außerdem sind hier alle per Du, also keine Scheu vor irgendwelchen Namen. Die sind nur Schall und Rauch. Ansonsten gibt es nur noch diese eine Regel: keine Politik.«

»Aber alle Regeln haben ihre Ausnahmen«, wirft der Zeitungsmann Max Geisenheyner ein, der beim *Illustrierten Blatt* die Leitung innehat.

»Es darf politisiert werden, wenn es der Unterhaltung dient«, sagt Paul Hindemith.

»Oder der Kunst«, ruft Erna Pinner.

»Selbstverständlich, der Kunst.«

Der Komponist hilft Ella aus dem Mantel, sie setzt sich und weiß gar nicht, was sie sagen soll, da gerade Erna fortfährt, dort weiterzuerzählen, wo sie anscheinend zuvor unterbrochen wurde. Von einer Reise nach Griechenland berichtet sie, von der sie erst kürzlich zurückgekehrt sei, dabei habe sie viel gemalt, viel gegessen, viel geschlafen, und sie zeigt einige Tuschezeichnungen herum, ein Viehhüter, Ölbäume, die große Begeisterung hervorrufen. Abrupt wechselt dann das Gespräch zu den drei Fratellinis, Paolo, François und Alberto, die weltberühmten Clowns, die gerade im Schumanns gastieren. Eine Lachnummer sondergleichen, und das meine er als großes Lob, sagt der Zeitungsmann Max; ein Clown sei ja heutzutage der einzig wahrhaftige Charakter, philosophiert Hans, sein Kollege vom Radio, nur der Clown benenne die wahren Dinge und stehe nie im Verdacht, korrumpiert zu sein, womit man schon wieder bei der Politik sei. Paul trinkt sein Glas roten Moselwein leer und lacht. Nini berichtet, sie sei am Wochenende im Zoo gewesen und habe dort die neue Orang-Utan-Familie fotografiert, man äußert allgemeine Zustimmung zu Fritz Langs neuestem Spielfilm *Spione*.

»Hast du deine Bilder dabei?«, wendet sich Carry an Ella.

Sie hat einen trockenen Hals, aber sie will mutig sein, sich nicht unterkriegen lassen und holt aus ihrer Tasche die Fotos hervor, reicht sie an Carry weiter. Alle schweigen, während die Aufnahmen herumgehen. Es sind vier Bilder, eins davon zeigt Carry im Garten der Elsaessers, zwei sind vom Gartenbad, ein letztes zeigt den Arm und die Hand von Franziska im Sonnenlicht. Der Schriftsteller Kasimir runzelt die Stirn. Nini flüstert ihrer Schwester etwas ins Ohr.

»Ich habe ein furchtbares Kinn«, sagt Carry. »Aber sonst mache ich doch eine gute Figur, nicht wahr?«

»Ein gutes Auge, gute Linienführung«, sagt die Malerin.

»Wo hast du gelernt?«, will der Schriftsteller wissen.

»Ich …«, Ella stockt, die Worte stecken ihr im Hals fest. »Bei niemandem.«

»Ein Hoch auf die Dilettanten!«, ruft der Komponist. »Wie großartig, darauf müssen wir trinken!«

»Gibt es noch weitere Bilder?«, will Carry wissen.

»Ich habe sonst alles verbrannt«, Ella schaut in ihr Glas.

»Wieso?«

»Es war eine Krise.«

»Na, dann ein Prosit darauf, dass du jetzt wieder fotografierst, und auch ein Prosit auf Carry, die dich zu uns gebracht hat!«, sagt der Schriftsteller.

Sie heben die Gläser und stoßen an, und Ella erzählt von ihrem Mathematikstudium, und noch einmal wird angestoßen, auf die Primzahlen, dann setzt sich Paul ans Klavier und spielt eine Melodie, man singt mit und ist fröhlich.

Carry tanzt mit Hans, Erna gibt ein Ständchen und erhält tosenden Applaus, dann tanzt sie mit Kasimir, die Kopfbedeckungen fliegen. Paul lässt es sich auch nicht nehmen, Ella aufzufordern, er hoppelt um sie herum, dreht sie, er ist ein ganz feiner und höflicher Mensch und weiß zu führen. Irgendwann treibt Nini alle auf dem Sofa für ein Foto zusammen, Ella sitzt mit roten Wangen an der Seite von Paul, der im Moment des Auslösens den Mund weit aufreißt, als wollte er eine riesige Wurst verschlingen.

Man bespricht das Überangebot von Veranstaltungen in der Stadt, zeigt sich beschämt ob des halb leeren Saals bei

*Minna von Barnhelm,* lobt die Schauspielarbeit der Käthe Dorsch in *Rose Bernd,* freut sich auf die kommende Ausstellung von Erna in der Galerie Kahnweiler. Ella sitzt dabei, hört zu, ihre Wangen glühen, um ihre Ohren lodern Flämmchen, nein, sehr oft gehe sie nicht ins Theater, und sie verschweigt, dass es weniger am fehlenden Interesse liegt als am knappen Geld. Ja, Kino schon, gelegentlich, das sei ihr irgendwie näher, Kasimir und Paul nicken nachdenklich, ja, ja, man habe es wirklich mit außergewöhnlichen Menschen zu tun, murmelt Kasimir, dann schaut er Erna an, und beide lächeln wissend.

Nini trägt heiße Frankfurter und Brot auf einem Silbertablett herein; sie lassen die Würste aus den Mündern hängen und watscheln damit um den Tisch. Max erzählt die tragische Zeitungsgeschichte eines kleinen Gauners, der aus einer Steuerzahlstelle sechstausend Mark erbeutete und sich auf der Flucht aus Verzweiflung in den Kopf schoss, es aber nicht richtig anstellte und schwer verwundet ins Spital kam, wo er zwei Tage später verstarb, so etwas könne sich kein Schriftsteller jemals ausdenken, sagt er und verschluckt sich an seiner Wurst, bekommt einen Hustenanfall. Hans trommelt ihm auf dem Rücken herum. Carry reißt die Vorhänge zur Seite, das Fenster auf, man verteilt Zigaretten, lässt das Grammofon singen.

Und schon ist es mitten in der Nacht, man umarmt einander und verabschiedet sich, ein letztes Foto am Tisch mit allen, Ellas Leica klickt munter.

»Ich hoffe, wir haben dich nicht zu sehr erschreckt«, sagt Carry zum Abschied und umarmt sie.

Max reicht ihr im Treppenhaus seine Karte und raunt ihr zu, sie solle bald mal zu ihm in die Redaktion kommen; sie solle einfach am Empfang vorbeigehen, unter keinen Umständen dürfe sie mit dem Fräulein Leitner dort sprechen, sie solle einfach weitergehen direkt zu ihm in den zweiten Stock. Dann stolpert er an der Seite von Hans die Treppe hinab. Paul sagt zu ihr – da stehen sie unten auf der Straße und rauchen –, dass es nun mal die Bürde des Künstlers sei, sich entscheiden zu müssen, und sie müsse sich jetzt entscheiden, ja, das müsse sie, und seine Stimme ist weinschwer dabei, als wäre er ein verdammtes Orakel. Erna rettet sie, indem sie ein Taxi herbeipfeift und die Tür für Ella öffnet. »Lass dir bloß nicht reinreden, hörst du. Alles ist wunderbar, du wirst deinen Weg machen!« Dann wünscht sie eine Gute Nacht, schlägt die Tür zu, und das Automobil saust durch die Nacht, hinüber nach Sachsenhausen.

*

Ella lehnt im neuen Kleid, das sie sich tags zuvor im Kaufhaus Wronker gekauft hat, am Treppengeländer im Haus der Eltern und spürt noch den Kuss von Max auf den Lippen, seinen Geschmack im Mund, seinen Duft an ihrem Hals. Ob er sie denn hinaufbegleiten dürfe, hat er gefragt, und Ella hat ihn von sich gestoßen und ihm gesagt, das gehe auf gar keinen Fall. Ob sie dann nicht bei ihm schlafen wolle, hat er es weiter versucht, aber sie sagte, sie könne heute nicht, sie könne heute wirklich nicht, und fing fast an zu weinen. Er bleibe hier vor der Tür sitzen, bis sie oben am Fenster erscheine, hat er gesagt und sich an die Wand gehockt und eine Zigarette angezündet. Ella hat ihn schon lieb, diesen Max Harder, vor allem wenn er wie sie betrunken ist.

Wieder einmal waren sie im Astoria gewesen, der Schlagerkomponist Franz Strassmann spielte dort seine Hits, und der ganze Laden sang mit, als die Tante im Hühnerstall Motorrad fuhr, es gab Champagner und Wein, auf der Tanzfläche herrschte dichtes Gedränge, einmal bekam sie sogar einen Ellenbogen in die Seite gerammt.

Jetzt fühlt sich Ella hundeelend, kotzen müsste sie, doch es kommt nichts. Sie schleppt sich die Treppe hoch, bald schon geht die Sonne wieder auf. Sie will schnell ins Bett, sich die Decke über den Kopf ziehen, aber da sitzt der Vater am Tisch, in seinem Kittel, vor sich hat er eine Tasse Kaffee stehen.

»Setz dich zu mir«, sagt er. Ella wehrt ab, sie sei müde, doch er beharrt darauf: »Setz dich!« Er schaut sie an, trinkt von seinem Kaffee, und Ella will ihn in den Arm nehmen, lieber Papa, was weißt du denn schon von der Welt, von dieser Welt da draußen, aber sie sagt nichts. Es summt in ihren Ohren. »Wo bist du gewesen?«, will er wissen.

»Tanzen«, sagt sie.

»Tanzen, so, so. Die ganze Nacht tanzen. Und du riechst nach Alkohol, du kannst ja gar nicht mehr aufrecht stehen. Es ist eine Schande, Ella, dich so zu sehen, betrunken und ganz derangiert, sei froh, dass dich Mutter nicht sehen muss. Ich werde das nicht mehr hinnehmen«, mit jedem Wort wird er leiser, bis er am Ende fast nur noch flüstert.

»Und was willst du tun?«, Ella schaut den Vater an, er weicht ihrem Blick jetzt aus. Der Raum dreht sich langsam wie ein kleines Karussell, die Wände neigen sich ihr zu, aber sie will nicht nachgeben, sie will hier aufrecht sitzen und dem Vater in die Augen schauen.

»Du wirst nicht mehr tanzen gehen«, sagt er. »Du wirst deine Seminare besuchen und unten im Laden helfen. Du wirst dich bemühen, denn wir alle müssen das. Wir sind keine Bürgersleute, wir können unser Geld nicht einfach in die Lokale tragen, und du schon gar nicht.«

»Aber ich verdiene jetzt mein eigenes Geld«, sagt Ella und zieht den Rotz hoch.

»Kind, du hast keine Ahnung.«

»Und ich werde bald für die Zeitungen fotografieren.«

»Das ist doch alles Quatsch, dieser ganze Unsinn mit dem

Fotografieren. Ich stehe jeden Tag zehn Stunden im Laden, der Franz fährt in der Früh raus zum Rebstock. Wir haben alle eine Pflicht, Ella.«

»Ich bin nicht euer Äffchen«, sagt sie trotzig und wird dabei laut. »Die brave, freundliche Ella, die wie eine Idiotin zur Universität dackelt und sich auslachen lässt, ich habe das alles so satt, der blöde Laden und der strebsame Franz, der hinter deinem Rücken mit den Nazis auf Ausfahrt geht, aber du siehst nur immer die Fehler bei mir, weil ich keine Lust darauf habe, ein Äffchen zu sein, aber das könnt ihr vergessen!«

»Kind, wie du redest!«, und bei diesem Satz schlägt der Vater mit der flachen Hand auf den Tisch. »Ich sage dir, du lässt ab sofort das Tanzen sein und gehst in die Universität, dieser Unsinn hat jetzt ein Ende! Und wenn ich dich noch mal so erwische, so stinkend nach Alkohol, nehme ich dich aus der Universität heraus, du machst dann eine Lehre an der Schreibmaschine oder bei der Post, es ist genug, Ella, hörst du, es reicht!«

Sie starrt auf den Tisch, eine stumpfe Wut gräbt ihr den Magen um, und sie steht mit einem solchen Schwung auf, dass der Stuhl mit einem Rumms nach hinten kippt; sie ist plötzlich klar und nüchtern, und stark ist sie auch, sie wird den Vater einfach am Tisch sitzen lassen, gerade kommt die Mutter im Morgenmantel herein, bleich und mit zerzaustem Haar, »was um alles in der Welt ...«, aber da ist Ella schon in ihrem Zimmer verschwunden. Sie packt das Nötigste in einen Koffer, hängt sich die Leica um, stürmt an den Eltern vorbei ins Stiegenhaus.

»Was ist denn los mit dir, Kind?«, ruft ihr die Mutter hinterher.

Ella beißt sich auf die Lippe und stürmt die Stufen hinab, läuft raus auf die Straße, wo Max noch immer sitzt und eingenickt ist, sie stupst ihn mit dem Fuß an, er schreckt hoch.

»Komm, wir fahren!«

Er stemmt sich auf die Beine hoch, will wissen, was los ist.

»Ich bin müde und will schlafen. Du hast gesagt, ich kann mit zu dir kommen.«

Er nickt, noch reichlich verwirrt, und nimmt sie dann endlich in den Arm. Sie steigen in das Automobil, und während die Stadt an ihr vorbeisaust, ist Ella sich sicher, dass sie nie wieder zurückkehren wird in die Cranachstraße, nie wieder.

*

Sie steht vor der Nordfassade und blickt am Treppenhauserker hinauf, dorthin, wo das Gebäude auf den Himmel trifft, der rote Klinker sich vom wolkenlosen Blau scharf abtrennt. Sie kneift ein Auge zu und peilt mit der Leica an der Fassade entlang, nimmt sie wieder runter, geht ein paar Schritte. Die Großmarkthalle ist eine einzige Monstrosität, zieht sich über zweihundert Meter schnurgerade parallel zum Fluss, an den Seiten eingefangen durch die Kopfbauten, sechsgeschossige Hochhäuser. Ella steht an der Nordseite, der Stadt zugewandt, wo schon am Morgen ein ziemlicher Trubel herrscht, obwohl die Halle offiziell noch gar nicht eröffnet ist. Vor ein paar Tagen aber wurde sie bereits an den Handel übergeben. Handkarren um Handkarren wird herangeschoben, stotternd warten rußende Lkws auf Entladung, man steht zusammen, schwatzt, immer wieder blickt man hinauf zu den Fenstern, ein kleinteilig verglastes Betonraster, symmetrisch streng, oben am Nordturm rückt der Zeiger der ziffernlosen Uhr Stück um Stück vor.

Ella weiß gar nicht, wie sie es anfangen soll, und eine kalte Angst packt sie. Was, wenn sie scheitert, wenn ihr kein einziges Bild gelingt? Wie soll sie die Riesenhaftigkeit in diesen Kasten kriegen? Sie bleibt unbeachtet, alles geht seinen Geschäften nach; sie betritt das Treppenhaus des Nordturms.

Die Wände sind gekachelt, Licht fällt die Treppe herab, leer summen die Paternoster. Sie nimmt lieber die Treppe in den ersten Stock hinauf und weiter in den zweiten. Alles ist sehr sauber, folgt einer inneren Ordnung wie bei einer Pflanze; da sind die weiß verputzten Wände, da sind, eingefasst und hervorspringend, Kacheln mit blauen Mustern, Stelen, da sind Licht und ein leichter Wind, das mechanische Summen von Aggregaten.

Sie betritt die Großmarkthalle durch einen der Eingänge am Nordturm, steht einige Minuten da und macht sich bewusst, dass das alles von Menschen gebaut wurde, diese riesige Halle, eine kleine Stadt in der großen, brachialer Lärm steigt an den Wänden empor, hoch zur verglasten Front, das Licht fällt schräg wie in eine Kathedrale, und Ella versucht, ihm zu folgen, es liegt über Kisten und Körben, über den Köpfen der Männer und Frauen, fällt auf Münzfernsprecher, auf Schilder und Transparente, *Ludwig Reuter Südfrüchte, Nordsee, Oppenheimer Hauptlager*, hält alles in einem feierlichen Glanz, macht den profanen Handel zu einem Ereignis, eine Sonntagshalle, ein Festtagsort, und über allem steht sie, die Zeit, in Form einer riesigen Uhr, und führt unbeirrbar durch das Gewusel. Ella sucht sich menschenleere Ecken und Augenblicke, in denen es nur Licht und Beton gibt, nur Streben und Glas.

Um halb eins trifft sie Max zum Mittagessen; er erzählt ihr mit vollem Mund von den chaotischen Stunden. Vielerorts fehlten noch Beschriftungen, die Leute verliefen sich und schimpften dann, in den Büros mangle es an Tischen und Stühlen, auch die Telefone würden noch nicht gehen. Zumindest der Verkehr an den Gleisanlagen und Entladerampen funktioniere aber schon reibungslos, der Zoll habe seine Räume bezogen, ebenso die Schulkinderspeisung. Ob sie sich denn schon ausreichend umgesehen habe?

Er nimmt ihre Hand, schaut sie an, und sie lehnt sich zurück.

»Hast du denn wirklich Platz für mich?«, fragt sie, ohne auf das vorher Gesagte einzugehen. »Ich will dir nicht zur Last fallen.«

»Aber sicher«, antwortet er sofort und schaut sie mit einem fast scheuen Lächeln an. »Du kannst das ganze obere Stockwerk haben.«

Sie lächelt. »Mein Koffer ist ja schon bei dir.«

»Ich freue mich sehr, dass du dich so entschieden hast, Ella.«

»Vielleicht auch nur für ein paar Tage, ich weiß noch nicht«, sie steckt sich eine Zigarette an.

Er zieht an der Pfeife, beugt sich vor zu ihr. »Sind wir beide denn jetzt ein Paar, Ella, was meinst du? Sollen wir es versuchen?«

»Versuchen wir's!«

Max lehnt sich zurück. »Abgemacht!«

*

An ihrem dreiundzwanzigsten Geburtstag gibt es ein Fest im Höhenblick, unten im Garten und oben auf der Terrasse. Sie hat Einladungen verschickt, und so erscheinen neben Max' Kollegen aus dem Hochbauamt auch Carry (sie entschuldigt Nini, die mit Migräne im Bett liege), Paul Hindemith, der ihr einen Strauß Sommerblumen überreicht, und Erna Pinner mit einer selbst gemalten Karte, die mehrere Vogelköpfe zeigt, Kronenkraniche, erklärt sie. Man lässt Ella dreimal hochleben, und sie pustet die Kerzen auf dem Schokoladenkuchen mit einem kräftigen Atemzug aus, Paul spielt eine Komposition auf dem Klavier, ein flottes Lied, seine Finger fliegen über die Tasten, man beginnt schon zu schwofen. Das Wohnzimmer ist freigeräumt, und es kommt Stimmung in den Abend; man tanzt Shimmy und Charleston zu neuen Jazz-Platten; man trifft sich zum Rauchen oben auf der Terrasse und blickt ins Niddatal; man sitzt im Garten auf Decken oder auf einem der wackligen Stühle, hat die Schuhe ausgezogen, knabbert an einer Pastete.

Franziska kommt spät, hat Walter Hagedorn und ihren Kommunisten Peter im Schlepptau. Sie fällt Ella um den Hals, küsst sie und verlangt nach Sekt und einer Zigarette. »Du musst mir alles zeigen, Donnerwetter, da hast du dir ja einen geholt!«

Ihre beiden Begleiter gratulieren artig zum Geburtstag, wobei Walter nah an Ella herantritt und sie schon glaubt, er wolle sie küssen. Sie macht einen Schritt zur Seite und schickt die Männer ins Wohnzimmer, dort fänden sie die Getränke.

Zusammen mit Franziska geht sie nach oben auf die Terrasse, Franziska trägt ein neues schwarzes Kleid und ein Stirnband, sie zündet sich eine Zigarette an. »Schöne Frisur«, sagt sie. »Macht dich ganz frisch. Und du bist wirklich von zu Hause weg? Hätt' ich dir gar nicht zugetraut.«

»Ja, bin ich.«

»Und die Universität?«

Ella zuckt mit den Schultern. »Ich bin jetzt Fotografin«, sagt sie, und die Worte kommen ihr gerade ganz leicht über die Lippen, so als wäre es nie anders gewesen.

»Du bist betrunken«, sagt Franziska. »Du trinkst wirklich zu viel für dein süßes Alter.«

Ella überhört das. Sie trinkt, um mutig zu sein und um kein dummes Gesicht zu machen. »Wieso schleppst du Walter und Peter hier an?«, fragt sie.

»Sind die jetzt etwa zu gut für dich?«

»Quatsch. Aber ich bin mit Max zusammen, und Walter schaut mich immer so traurig an.«

»Weil er in dich verliebt ist.«

»Und dann bringst du ihn her und quälst ihn?«

»Er hat nach dir gefragt, Ella. Freu dich doch, dass du so begehrt bist, die Leute mögen dich. Hier, deine ganzen neuen Freunde, sie alle mögen dich sehr.«

»Bist du eifersüchtig?«

»Warum sollte ich? Ich freue mich für dich, aber ich erkenne dich kaum wieder, mit deiner neuen Frisur und diesem hübschen Kleid. Ich will einfach nicht, dass du unglücklich wirst.«

»Und wieso sollte ich das werden?«

»Weiß nicht, vielleicht weil wir langsam alle wie Maschinen sind? Aber ich rede dummes Zeug, lass uns reingehen und tanzen. Heute ist dein Geburtstag, wir müssen tanzen!«

Während Ella zuerst mit Paul und dann auch mit Walter tanzt, während sie durchs Wohnzimmer wirbelt, an den Tisch stößt, aber von Walter aufgefangen wird, entspinnt sich draußen im Garten eine Diskussion um das Neue in der Kunst. Max, Franziska und Peter stehen beisammen. Ella hört nur immer wieder Wortfetzen hereinfliegen, hört die aufgebrachte Stimme von Franziska, die wie immer mit Baudelaire argumentiert, einer Fotografie fehle jede Unschärfe und somit auch jede Anregung zur Assoziation.

Ella steht schwer atmend im Türrahmen und weiß nicht, auf wen sie sich zuerst stürzen soll. Walter springt Franziska bei, die Fotografie zerstöre die Wahrnehmungsfähigkeit des Menschen, weil er gar nichts mehr wahrnehmen müsse, Max erhält Unterstützung von Erna und Carry, die Kunst öffne sich endlich, entledige sich ihres statischen, elitären Charakters, es gehe gerade um Details, um die Präsenz des fotografierten Objekts – was wiederum Peter auf den Plan ruft, eine Bierflasche in der Hand, sich hastig eine Zigarette anzündend: Kunst müsse immer im Dienst einer größeren Sache stehen, nicht für sich, sondern um den Menschen voranzubringen.

Aber Carry fährt ihm über den Mund: Die Fotografie sei doch keine Propaganda, sie sei wie ein Riss in der Zeit, der Blitz fahre hinein ins Dickicht der Welt und mache den Zufall sichtbar, das sei bis vor Kurzem noch unausdenkbar gewesen!

Rauchwolken schweben über den Köpfen. Max nimmt Ella bei der Hand, zieht sie zu sich in den Garten. Dann räuspert er sich laut, wie um etwas zu verkünden.

»Also, Ella und ich, wir werden uns verloben!«, sagt er tatsächlich, sieht sie an und küsst sie auf den Mund. Und es gibt Beifall und Hurra-Rufe. Ella ist perplex, also hat Max es ernst gemeint, als er sie gestern Abend fragte, ob sie sich denn nicht verloben sollten, da hatte sie nur mit den Schultern gezuckt, warum nicht. Jetzt steht sie vor ihren Freunden mit hochrotem Kopf. Sekt wird nachgeschenkt, es muss angestoßen werden!

»Meinen Glückwunsch, liebe Ella«, sagt Carry, und ihre Gläser klingen aneinander, »aber mit Kindern lass dir noch Zeit, das eilt gar nicht. Erst mal muss aus dir was werden.«

Ella nickt und denkt, wer redet denn von Kindern, aber natürlich reden alle davon, wenn sie das Wort *Verlobung* hören. Sie muss auf der Hut sein.

Draußen wird es kühl, und man begibt sich ins Wohnzimmer, wo weiter geraucht und getrunken wird. Franziska tanzt, stolpert Ella entgegen, direkt in ihre Arme. Ella hilft der Freundin auf die Beine, schaut ihr ins Gesicht, und dann schlingt Franziska ihre Arme um sie und zieht sie an sich. Sie riecht nach einem süßen Parfüm und nach Alkohol, legt Ella den Kopf auf die Schulter und flüstert, dass sie sie ja liebe, dass sie sie schon immer geliebt habe, dass sei nun mal die Wahrheit, und dann beginnt sie zu kichern, schaut ihr ins Gesicht. Oder vielleicht doch nicht? »Wer kann schon sagen, was wahr ist und was nicht? Jetzt, wo einem jedes Foto Wirklichkeit vorgaukelt!«

»Du musst nach Hause ins Bett«, sagt Ella. »Ich telefoniere nach einem Taxi.«

»Ich telefoniere nach einem Taxi«, äfft Franziska sie nach und macht sich von ihr los. »Ich komm schon allein zurecht, mach dir um mich keine Sorgen!«, sie stolpert ein paar Schritte zurück, hinter ihr steht Peter, fängt sie auf.

»Es ist wohl besser, wenn du jetzt gehst«, kommt Max dazwischen, legt Ella eine Hand auf die Schulter.

Franziska starrt sie beide an, in ihrem Blick liegt funkelnde Verachtung. Ella will ihre Hand nehmen, sie will die Freundin umarmen und ihr sagen, dass alles gut werden wird, dass es doch albern ist, was sie hier für einen Zirkus machen, aber die Hand auf ihrer Schulter hält sie zurück.

»Hier ist alles in bester Ordnung, Herr Architekt«, blafft Franziska und hakt sich bei Peter ein. »Macht ihr mal schön Verlobung und Hochzeit und den ganzen Mist, aber komm dann nicht heulend bei mir an, Ella, dann musst du dir wen anderes suchen!«

Gestützt von Peter und Walter verlässt sie das Haus im Höhenblick, stößt in der Tür noch Martin Elsaesser zur Seite, der ihnen etwas hinterherrufen will, dann aber doch schweigt, das Blumenbouquet betrachtet, das seine Frau am Nachmittag besorgt hat, und eintritt in die aufgeladene Atmosphäre aus Rauch, Musik und fiebriger Erwartung.

*

Max liegt neben ihr und stützt den Kopf auf der Hand ab, blickt auf sie. Ella hat die Hände im Nacken verschränkt und verfolgt das Morgenlicht, wie es langsam die Wand entlangzieht, von den Nidda-Auen kommt es herauf zu ihnen ins Schlafzimmer. Sie hat Kopfschmerzen, die Nacht steckt ihr in den Gliedern.

»Mit wie vielen Männern hast du schon geschlafen?«, fragt er.

Ella kaut auf einer Haarsträhne herum. »Ist das wichtig?«

»Es würde mich nur interessieren.«

»Und wenn ich zwanzig sage, was dann? Bin ich dann ein Flittchen, und du wirfst mich raus? Und wenn ich sage, noch nie, bin ich frigide?«

»Ich würde dich niemals rauswerfen!«

Ella dreht sich auf den Bauch, streicht ihm durchs Gesicht.

»Mit wie vielen Frauen warst du denn schon im Bett?«

»Zwei oder drei.«

»Du weißt es nicht mehr?«

»Ich bin ein Gentleman.«

Ella prustet los.

»Dann sind's bei mir auch so viele. Und ich bin eine Gentlewoman. Jetzt sind wir quitt, was meinst du?«

»Ja, wir sind quitt«, mit einem Lächeln schwingt er die Beine aus dem Bett. »Deine Freundin Franziska ist ja recht speziell«, sagt er, während er nach seiner Hose sucht.

»Sie lässt sich von niemandem etwas sagen.«

»Das merkt man.«

»Du kannst sie nicht leiden, oder?«

»Sie ist interessant, eine echte Künstlerin eben. Aber gestern schien sie es auf dich abgesehen zu haben.«

»Sie glaubt, dass sie immer noch auf mich aufpassen muss, wie früher. Dabei ist sie nur ein Jahr älter! Ich glaube, sie gönnt mir den Erfolg nicht, mit der Fotografie, mit dir.«

»Dann hat Franziska jetzt wohl ausgedient, denn ich pass ab heute auf dich auf.«

Ellas Kopf ruht schwer auf dem Kissen. Beim Gedanken an Franziska spürt sie ein Stechen in der Brust, sie hat das alles nicht gewollt, den Streit, ihre wüsten Blicke, ihr plötzliches Verschwinden. Ein paar Tränen sammeln sich, aber Ella schluckt sie runter. Nein, sie braucht ganz sicher niemanden, der auf sie aufpasst, nicht Franziska und auch nicht Max.

Sie richtet sich auf. Max hat seine Hose angezogen. Er werde jetzt Kaffee kochen. Ella sagt, dass sie einiges zu tun habe, sie wolle zu Max Geisenheyner in die Redaktion, und zu ihren Eltern müsse sie auch, endlich reinen Tisch machen. Sie schlüpft in ihr Hemd, steht auf.

»Über die Bilder für die Großmarkthalle müssen wir noch einmal sprechen«, hört sie ihn aus dem Erdgeschoss rufen und seufzt leise.

Sie geht in die Küche. Max reicht ihr eine Tasse.

»Was willst du denn noch besprechen?«

»Deine Auswahl«, sagt er, »ich finde sie noch nicht stimmig. Ich will auf den Bildern keine Menschen haben, sondern das reine Bauwerk, verstehst du. Die Leute stören da nur.«

»Aber für wen baut ihr denn? Für die Kameras? Das ist doch Unsinn, Max, die Menschen gehören dazu.«

»Natürlich bauen wir für die Menschen. Aber die Fotos sollen die Bauwerke in den Mittelpunkt stellen, sie sind die Protagonisten, sie wollen wir zeigen und vorstellen. Ich weiß gar nicht, warum du dich so dagegen wehrst.«

»Ich wehre mich ja gar nicht, ich finde es nur seltsam.«

»Lass uns nicht streiten«, sagt er und drückt ihr einen Kuss auf die Wange. »Du weißt, wie stolz ich auf dich bin. Komm, zieh dich an, wir müssen los!«

*

Max bringt sie mit dem Automobil in die Stadt. Ella ist noch etwas verärgert, denn sie weiß ja, dass es nicht die Gebäude an sich sind, die ins Rampenlicht sollen, sondern ihre Architekten. Aber jetzt muss sie sich auf Geisenheyner konzentrieren.

Sie schenkt Max ein leicht bitteres Lächeln, als sie aussteigt, dann eilt sie ein Stück weit die Große Eschenheimer Straße entlang, schwingt durch die Türen der *Frankfurter Zeitung* und meldet am Empfang an, dass sie Redakteur Geisenheyner sprechen müsse. »Ella Burmeister, Fotografin«, sagt sie mit fester Stimme, »er erwartet mich!«

Das Fräulein mustert sie, die kleine Brille sitzt vorn auf ihrer Nase, als wolle sie gleich abspringen, und Ella erinnert sich an Geisenheyners Worte, sie dürfe um Himmels willen nicht mit dem Fräulein Leitner sprechen, sie solle einfach zu ihm hinauf ins Büro kommen.

»Der Redakteur Geisenheyner ist nicht zu sprechen, für niemanden«, sagt das Fräulein mit der schneidenden Stimme eines Feldwebels.

Aber Ella zuckt nur die Schultern und eilt die Treppe hinauf, das Fräulein ruft ihr hinterher, so gehe das aber nicht, sie solle stehen bleiben, er habe keine Zeit für sie.

Max Geisenheyner telefoniert tatsächlich, hängt jedoch sofort ein, als Ella sein Büro betritt, steht auf, begrüßt sie, schüttelt ihr die Hand. »Wie schön, dass Sie gekommen sind«, sagt er, »darf ich Ihnen einen Kognak anbieten? Hier, nehmen Sie, wir stoßen erst einmal an!«

Letztens bei Carry und Nini hat er sie noch geduzt, aber da hatte er auch schon ordentlich getrunken, und jetzt erinnert er sich wohl nicht mehr daran. Außerdem ist sie ja fürs Geschäftliche hier. Sie legt ihm ihre Mappe auf den Schreibtisch. »Ich habe Ihnen ein paar Arbeiten von mir mitgebracht.«

»Na, dann zeigen Sie mal her!«

Als Ella eine halbe Stunde später die Treppe hinunterkommt, grüßt das Fräulein Leitner sie freundlich. Ella spürt ein Kribbeln in den Fingern und hinter der Stirn von dem berauschenden Gefühl, nun immer weiter in das Innere vorzudringen, wobei sie nicht genau sagen kann, was dieses Innere ist, es ist mehr ein Gefühl als ein Ding, mehr eine Emotion als ein Ort; es ist auch Geld, die Tatsache, dass sie sich jetzt ins Café Corso setzt, Mokka und ein Pfirsich Melba bestellt, ohne mit der Wimper zu zucken, sich die Illustrierte bringen lässt, eine Packung Zigaretten dazu, ihr Notizbuch aus der Tasche holt und ein paar Zeilen schreibt.

Zwei Bilder hat sie an Geisenheyner verkauft, beide sind im Malepartus entstanden, und er will Ella für noch mehr haben. Sie blickt auf die Leica, das kleine Ding folgt ihr auf Schritt und Tritt, ist gar nicht mehr wegzudenken, es mischt sich mit ihr ins Leben, es überrumpelt das Leben in den unmöglichsten Situationen, etwas, das ein Maler so wohl nie erleben wird. Aber sie will diesen Kampf mit Franziska gar nicht führen, sie will sich aussöhnen mit ihr. Jede von ihnen soll doch ihren eigenen Weg weitergehen, sie können sich trotzdem nah sein, so wie früher.

*

Ella wartet einen Augenblick vor der Tür, und als sie dann hineingeht, hält sie kurz die Luft an. Wie erwartet sitzen ihre Eltern am Mittagstisch, die Mutter springt sofort auf, rückt ihr einen Stuhl zurecht, deckt für sie ein, aber Ella sagt, sie werde nicht lange bleiben, sie habe zu tun, und setzt sich. Der Vater schlürft weiter den Eintopf, schaut zwischen den Löffeln zu ihr hin.

Ob es ihr denn gut gehe, will die Mutter wissen, und Ella nickt. »Ich habe mich mit Max Harder verlobt«, sagt sie. »Und ich werde bei ihm einziehen und nicht mehr zur Universität gehen.« Mehr hat sie nicht zu sagen.

Der Vater zieht einen Löffel Suppe ein und hustet leise, wischt sich mit der Serviette über den Mund. Die Mutter will wissen, wer denn dieser Herr sei.

»Ein Architekt im Hochbauamt unter Ernst May«, gibt Ella zur Antwort, sie wohne schon bei ihm, drüben im Höhenblick.

»Soso«, kommt es nun vom Vater. »Dann ist es also entschieden.«

»Ja, so will ich es«, Ella hält seinem Blick stand.

Er knüllt die Serviette in der Hand. »Du musst wissen, was du tust. Ich kann nur hoffen, du vergisst nie, woher du kommst, liebes Kind. Ich muss wieder runter, die Kundschaft wartet.«

Er steht auf, schlüpft in seinen Kittel und richtet sich die Brille.

»Ich hätte gern noch eine Tasse Kaffee«, sagt er zur Mutter gewandt, und dann steht er einen Augenblick wie verloren hinter seinem Stuhl, eine Hand in der Tasche des Kittels, die andere auf der Stuhllehne, der Vater, der es immer gut mit ihr meinte, dieser stille Mann, der seit Jahren in der SPD ist, aber mit Politik nichts zu tun haben will, der ein guter Arbeiter, ein aufrichtiger Bürger sein will, bemüht um sein heimisches Glück, immer ein klein wenig ängstlich und unentschlossen. Und so humpelt er schließlich hinaus und die Treppe hinab in sein Geschäft.

Die Mutter drückt die Tür hinter ihm zu, legt Ella eine Hand auf die Schulter. »Vater hat dich gern, das weißt du«, sagt sie leise. »Aber es ist alles nicht leicht für ihn. Weißt du, Franz macht neuerdings bei dieser Schutztruppe von den Nazis mit, da hat ihn der Wilhelm mit hingenommen, ich weiß auch nicht, was dein Bruder daran findet, und mit dem Vater hat er dauernd Streit, obwohl der noch ruhig bleibt und im Stillen sagt, dass das vorbeigehen wird, also, dass das mit den Nazis vorbeigeht, die streiten sich so schlimm untereinander, dass sie doch nicht lange überleben werden, sagt er. Franz wolle dem Vaterland auch etwas zurückgeben, sagt dein Vater, weil er ja nicht im Krieg war, und da fühlen die jungen Männer dann alle so eine Schande, dass sie nicht im Krieg waren, nun ja. Willst du denn gar nichts essen, Ella, vielleicht doch ein bisschen Eintopf? Und bring doch deinen Max einmal her zum Kaffee, es wird sich schon alles finden, Kind, ich bin so stolz auf dich, dass du dich bewährst.« Sie drückt Ellas Hand.

»Ja, vielleicht doch etwas Eintopf.«

Da schmeckt es nach der Kindheit, nach zerkochten Kartoffeln und erdigen Möhren. Die Mutter sitzt bei ihr am Tisch, sie sprechen nicht. Sie hat die Hände gefaltet, als würde sie leise beten.

*

Ella ruht auf der Terrasse in der Sonnenliege, sie hat die Augen geschlossen und hört nur immer wieder die hellen Schläge unten aus dem Garten, wo Max vor dem Punchingball steht und das Boxen trainiert, rechts und rechts und links und wieder links, ein helles Klatschen jedes Mal. Neben dem Sonnenstuhl liegt die neueste Ausgabe des *Illustrierten Blatts*, auf Seite drei ist halbseitig die Aufnahme einer feiernden Menschengruppe abgebildet, man sieht nur den Ansatz ihrer Köpfe und die nach oben gereckten, verdrehten Arme, Hände stechen aus dem Zigarettenqualm hervor wie Äste aus einem Nebelmoor. *Wir tanzen uns ins Nirgendwo*, heißt die dazugehörige Überschrift, und klein, unter dem Bild, ist zu lesen: *Fotografie: Ella Burmeister.*

# EYSSENECKSTRASSE

Frankfurt am Main, 1997

Richard hatte die Vorhänge zugezogen, lag in Unterhose und Hemd auf dem Bett und lauschte dem Rauschen des Verkehrs, kam aber nicht zur Ruhe. Er schrieb eine Nachricht an Sarah, schickte sie aber nicht ab. Der Nachmittag war trüb, das Licht diffus. Er trank Cola aus der Minibar, sah eine Weile einen Nachmittagskrimi mit dem Titel *Der Alte* und versuchte, den Ermittlungen des Kommissars zu folgen, verlor aber schnell das Interesse.

Vom Nacken zog ihm ein sanfter Schmerz in den Hinterkopf. Er wusste nicht genau, ob er wütend sein sollte oder enttäuscht, in Gedanken arbeitete er inzwischen an einer Art Notfallplan, einem vorläufigen Konzept: Er würde die Bilder der bekannten Fotografen Paul Wolff, Grete Leistikow und Hermann Collischonn in den Mittelpunkt stellen, die ausführlich die Ensembles des *Neuen Frankfurt* fotografisch dokumentiert hatten und deren Arbeiten in den einschlägigen Archiven vorhanden waren. Und vielleicht ließ sich Ilse ja doch noch dazu überreden, ihm einige ihrer Bilder zur Verfügung zu stellen. So hatte er zwar keinen neuen Blick auf die Bauten, konnte aber endlich mit den Vorbereitungen beginnen.

Es waren allerdings nicht nur Gedanken an die Ausstellung, die ihn so unruhig machten, auch Thomas trug dazu bei. Richard fragte sich, warum er ihn gleichzeitig verunsicherte und anzog. Lag es an ihrem Altersunterschied? Thomas war sicher fünfzehn Jahre jünger, befand sich auf dem Höhepunkt seiner Schaffenskraft, während er, Richard, langsam auf den Ruhestand zusteuerte. War es Thomas' Elan, seine Begeisterungsfähigkeit, die Richard mittlerweile fehlte? Was für ein albernes Klischee, dachte er, hier der frustrierte Professor und dort sein vitaler jüngerer Kollege. Nein, das war es nicht. Thomas erinnerte ihn vielmehr an etwas, das er über die Jahre anscheinend aus den Augen verloren hatte, und ließ in ihm eine Ahnung seines früheren Ichs wieder lebendig werden, als er noch voller Enthusiasmus und Neugier auf die Welt zugegangen war, sich von nichts hatte abschrecken lassen und, ähnlich wie Thomas, die Dinge immer als Herausforderung und nie als Last begriffen hatte. Es betraf nicht nur die Arbeit, sondern auch die generelle Einstellung zu seinen Mitmenschen, zu seiner Familie, zu Sarah, der Wunsch, sich zu engagieren, etwas zu verändern. Und jetzt saß er hier in einem Frankfurter Mittelklassehotel, sah sich deutsche Krimiserien an und fürchtete sich dabei ein klein wenig vor sich selbst. Ja, er fühlte sich wie ein Feigling, wie einer, der sich plötzlich nichts mehr zutraute. Und er verspürte den Impuls, das zu tun, was er in solchen Situationen schon so oft getan hatte: in ein Flugzeug steigen, das Land verlassen, sich einem neuen Projekt widmen, um alles andere zu vergessen.

Aber diesmal war es nicht so einfach. Da gab es dieses Foto seiner Mutter, aufgenommen vor fast siebzig Jahren, das er nicht mehr aus dem Kopf bekam und auch nicht einfach zur Seite legen konnte, um so zu tun, als existierte es nicht.

Er setzte sich an den kleinen Schreibtisch, griff zum Telefon und wählte Eleonores Nummer. Er wusste, dass sie eine Frühaufsteherin und schon wach war. Es tutete trotzdem eine gefühlte Ewigkeit, bis sie abnahm. Ihre Stimme klang blechern, und kurz stellte er sich vor, wie die elektrischen Impulse durch das Unterseekabel im Atlantik jagten und bei ihm als die Stimme seiner Schwester wieder herauskamen.

Eleonore sagte, sie freue sich, ihn zu hören. »Du bist doch noch in Frankfurt, oder? Wie ist es da?«

»Ach, ganz okay«, sagte er knapp.

»Aber du rufst mich nicht an, um mir zu sagen, dass es in Frankfurt *ganz okay* ist, nicht wahr?« Wie immer war Eleonore hellwach.

»Nein«, er machte eine Pause, hörte das Knacken in der Leitung. Vielleicht knabberte gerade ein Tiefseefisch am Kabel.

»Mom hat doch in ihrer Jugend in Frankfurt gelebt, mit Henry und Elsa. Hast du eine Ahnung, wo genau das war? Ich glaube, sie hat es nie erwähnt.«

»Mensch, Rick, du stellst Fragen.« Nur Eleonore nannte ihn manchmal Rick, immer dann, wenn sie sich über ihn ärgerte oder ihn nicht verstand. »Kann sein, dass es in einem der Briefe steht, die Grandma aus Deutschland bekommen hat, ich müsste nachschauen. Kannst du mich in einer Stunde noch mal anrufen? Ist denn sonst alles in Ordnung bei dir? Du klingst, als würdest du krank werden.«

»Ja, ich meine, nein. Mir geht es gut, danke dir.«

»Also schön. Ich muss jetzt rauf auf den Dachboden. In einer Stunde dann. Pass auf dich auf!«

Die Eyssenneckstraße lag im Stadtteil Nordend und war eine jener Alleen, deren Fahrspuren von einem parkähnlichen Streifen mit alten Bäumen getrennt wurden. Richard stand vor dem Zaun und sah an der Fassade des Hauses hinauf. Hier also sollte seine Mutter gewohnt haben, zusammen mit Henry und Elsa. Eleonore hatte tatsächlich in einem der Briefe die alte Adresse gefunden, Post, die sie in einem Karton auf dem Dachboden ihres Hauses in New York aufbewahrte. Elsa hatte einige Male nach Frankfurt geschrieben, sich nach dem Zustand der Wohnung erkundigt und mindestens zwei Mal auch eine Antwort erhalten.

Die Fassade war weiß gestrichen, die Fenster wurden von ziegelfarbenen Einfassungen umrahmt, die an den Sockeln ornamentale Verzierungen aufwiesen. Im dritten Geschoss gab es spitze Erker, die das Gebäude nach einem Schlösschen aussehen ließen. Der Garten vor dem Haus war gepflegt, Rasen bedeckte einen Großteil der Fläche. Hierher hatten Grandpa Henry und Grandma Elsa die kleine Franziska geholt nach dem schrecklichen Unfall in Berlin. Sie hatte ihm einmal davon erzählt, aber so, als hätte sie davon in der Zeitung gelesen, nüchtern, ohne eine spürbare Gefühlsbeteiligung. Der Brand war wohl in der Küche ausgebrochen, ihr Vater hatte noch versucht, sie zu retten, hatte es noch auf den Gang hinausgeschafft, war kurz darauf aber zusammengebrochen. Und dann war auch schon Onkel Henry aufgetaucht. Er habe sie auf den Arm gehoben und mitgenommen.

In einem Raum im ersten Stock brannte Licht. Richard überlegte, ob er klingeln sollte, tat es aber nicht. Er überquerte die Straße und setzte sich in dem kleinen Park auf eine Bank. Es war kühl, und er fragte sich, weshalb er hergekommen war. Die heutigen Bewohner hatten sicher keine Ahnung, wer hier vor rund siebzig Jahren gelebt hatte. Und selbst wenn sie sich erinnern sollten – Richard verspürte plötzlich eine große Abneigung dagegen, diese Menschen kennenzulernen. Alle, die seither in diesem Haus gelebt hatten, waren Nutznießer der Tatsache gewesen, dass Henry, Elsa und Franziska überstürzt die Stadt hatten verlassen müssen. Nein, Richard wollte nichts von diesen Leuten wissen, die die leere Wohnung nach der Flucht seiner Mutter bezogen hatten, und er wollte sich nicht vorstellen, was Franziska gefühlt haben mochte, als sie plötzlich alles zurücklassen musste, was sie einmal geliebt hatte. Und plötzlich war sie einfach da, eine überwältigende Traurigkeit, ein Gefühl, so allumfassend und groß, dass er sich für einen Augenblick nicht mehr rühren konnte, wie gelähmt auf der Bank saß und glaubte, ohnmächtig zu werden. In seinen Ohren rauschte ein Ozean. Auf einmal konnte er seine Mutter lachen hören, er konnte sie sogar riechen, ihren feinen Duft nach Lavendel und Zigarettenrauch. Er zwang sich, aufzustehen und ein paar Schritte zu gehen, er stampfte auf, schüttelte die Arme. Alles drehte sich. Für einen Außenstehenden musste er wie ein Betrunkener wirken, aber das kümmerte ihn nicht. Er atmete einige Male tief ein und aus und fand wieder zu sich, langsam legte sich auch das beklemmende Gefühl. Er setzte sich wieder und sah zu den Fenstern hinauf.

Die Sprachlosigkeit seiner Mutter, das wurde ihm jetzt klar, war weder einer Vorsicht aufgrund ihrer kommunistischen Vergangenheit noch dem Hass auf das Land ihrer Geburt entsprungen, sie kam vielmehr aus der tiefen Trauer darüber, mit einem Leben brechen zu müssen, das ein so großes Versprechen für sie bereitgehalten hatte, ein Leben für die Kunst, ein Dasein in der Kunst. Franziska hatte nie über ihre Flucht aus Deutschland gesprochen, nicht mit ihren Kindern, nicht mit ihrem Mann. Sie hatte ihren Schmerz vor allen verborgen gehalten, auch wenn Richard schon als Kind gespürt hatte, dass da etwas war, wofür er keine Worte fand. Wie viel Kraft es sie gekostet haben mochte, in der neuen Umgebung anzukommen, eine Familie zu gründen, den Kindern ein Leben ohne größere Not zu ermöglichen. Genau wie bei Ella Burmeister waren auch von seiner Mutter keinerlei Zeugnisse ihrer künstlerischen Arbeit mehr vorhanden, und sie hatte seines Wissens in New York auch nie wieder gemalt. Der Schrecken, die Fassungslosigkeit über das abrupte Ende ihres Lebens in Frankfurt, hatte sie zeitlebens begleitet.

Richard saß auf der Bank und zitterte. Er zog das Nokia aus der Tasche und wählte Thomas' Nummer. Schon nach dem zweiten Tuten nahm er ab.

»Hallo, Thomas, Richard hier«, er wartete kurz, doch als der andere nichts sagte, fuhr er fort: »Ich hoffe, ich störe nicht. Ich wollte fragen, ob du … ich hab noch nichts gegessen, und ich frage mich, ob du … ich würde dich gern einladen.«

»Ja, warum nicht. Wo bist du denn?«

Richard war überrascht von der sofortigen Zusage und zugleich erleichtert – erleichtert darüber, die nächsten Stunden nicht allein sein zu müssen.

»In der Eysseneckstraße.«

»Gut. Dann geh einfach runter bis zur Holzhausenstraße, dort am Kiosk hole ich dich ab. Ich bin in zehn Minuten bei dir.«

Zur Begrüßung legte ihm Thomas eine Hand auf die Schulter und lächelte auf eine Weise, als habe er längst gewusst, dass es zu diesem Wiedersehen kommen würde. Einen Augenblick standen sie sich schweigend gegenüber.

»Was tust du hier?«

»Meine Mutter hat früher hier gelebt, in einem der Häuser in der Eysseneckstraße.«

»Dann bist du mindestens zur Hälfte auch ein Frankfurter«, sagte Thomas und lächelte wieder so vertraut.

Sie gingen nebeneinander her wie alte Freunde, wie zwei, die sich seit einer Ewigkeit kannten und einmal mehr einen Abend zusammen verbringen würden. Obwohl ein kühler Wind ging, kam Richard schon nach wenigen Schritten ins Schwitzen. Vielleicht kündigte sich tatsächlich eine Erkältung an.

Thomas öffnete die Tür zu einem italienischen Restaurant. Ein Kellner schüttelte ihm die Hand, begrüßte sie beide und führte sie zu einem Zweiertisch.

»Dein Stammlokal?«, fragte Richard, als sie ihre Plätze eingenommen hatten.

»Ja, kann man so sagen.«

Sie bestellten Pizza und Rotwein.

»Und was wolltest du beim Haus deiner Mutter?«, fragte Thomas.

»Einfach sehen, wo sie früher gelebt hat.«

»Du warst vorher nie hier?«

»Nein, noch nie. Meine Mutter war Studentin an der Städelschule, ich nehme an, sie kannte Max Beckmann und einige andere Künstler. Anfang 1933 hat sie zusammen mit ihren Zieheltern, ihrem Onkel und ihrer Tante, das Land verlassen und ist nie wieder zurückgekehrt. Sie war Jüdin und eine Zeit lang für die KPD aktiv, sie waren wohl in Lebensgefahr und mussten fliehen. Ihr Onkel hatte Verbindungen nach New York, so konnten sie Europa rechtzeitig verlassen.« Wieder stieg diese Trauer in ihm auf, Richard schluckte, aber Thomas fragte nicht weiter nach.

Sie bekamen Wein.

Thomas hob das Glas, »Schön, dass du jetzt hier bist«, sagte er, und sie stießen an. »Ich hätte sie gern kennengelernt, deine Mutter. Wie hieß sie?«

»Franziska. Franziska Goldblum.«

»Gibt es denn noch Bilder von ihr?«

»Nein, aus der Frankfurter Zeit kenne ich keine, sie wird alles zurückgelassen haben. Und in New York hat sie nie wieder gemalt. Ich glaube, sie hat jede Verbindung hierher abgebrochen, mit mir und meinen Geschwistern hat sie kaum über Frankfurt gesprochen. Und ich habe auch nie danach gefragt. Ich dachte immer, sie wäre glücklich, glücklich auf ihre Art.«

Sie bekamen ihre Pizzen. Auf Thomas' Nachfrage hin erzählte Richard von sich, von seiner Arbeit für SOM und den Projekten in Asien und auf der Arabischen Halbinsel, dann von seiner Berufung an die Cooper Union. Und mit jedem Wort wurde er wieder sicherer, bestätigte er sich das eigene

Dasein, dass es ein gutes, ein erfülltes Leben war, das er führte. »In meiner ganzen Zeit bei SOM war ich ständig unterwegs, hatte wenig Kontakt zu meiner Familie. Ich hatte, ehrlich gesagt, auch kein Interesse an unserer Geschichte. Ich kam aus New York, ich hatte mit meinen Geschwistern eine glückliche Kindheit erlebt, hatte Erfolg im Beruf, das genügte. Erst als ich vor einigen Jahren in die frühere Wohnung meiner Eltern zurückgezogen bin, habe ich eine Art Versöhnung gespürt, da war mir meine Mutter wieder so nah wie in meiner Kindheit. Ich würde ihr das jetzt gern sagen, sie alles fragen, was ich sie nie gefragt habe.«

Sie aßen eine Zeit lang schweigend. Richard fragte sich, ob er Thomas mit seiner Geschichte langweilte, aber der machte nicht den Eindruck, im Gegenteil, Thomas hörte aufmerksam zu, und immer wieder trafen sich ihre Blicke. Er war über sich selbst erstaunt, seit Jahren hatte er mit keinem Menschen so offen geredet, selbst mit Sarah nicht.

»Danke, dass du gekommen bist«, sagte er. »Es ist ja immer etwas trostlos, allein ins Restaurant zu gehen.«

»Sitzt man denn in New York nicht ständig allein beim Essen?«

»Das ist New York! Du bist ständig allein, auch wenn dich tausend Menschen umgeben!«

Sie lachten beide, weil sie wussten, dass es ein ziemlich abgegriffenes Klischee war, New York, die Stadt der Neurotiker und Einzelgänger.

»Jetzt musst du mir aber auch noch etwas von dir erzählen«, sagte Richard. »Sonst bleibt unser Treffen zu einseitig.« Sie waren mit dem Essen fertig, auch vom Rotwein war nicht mehr viel übrig.

»Willst du vielleicht auf ein Bier mit zu mir kommen? Oder ist dir das zu privat?«, fragte Thomas, trank den letzten Schluck Wein, und auch Richard leerte sein Glas.

Thomas' Einladung überraschte ihn, aber ihm war sofort klar, dass er zusagen würde. »Nein, nein, das ist es nicht.« Richard wurde von einer ihn überraschenden Vorfreude ergriffen; er wusste nicht, warum, und genau das machte es aus. »Dann bezahle ich mal«, sagte er.

Thomas bewohnte eine geschmackvoll eingerichtete Dreizimmerwohnung mit hohen Stuckdecken im ersten Stock. Kunstdrucke hingen gerahmt an den Wänden, eine Stehlampe tauchte den Raum in warmes Licht. Er holte zwei Bier aus dem Kühlschrank, sie setzten sich aufs Sofa, stießen an. Richard fühlte sich sofort heimisch, vielleicht war es Thomas' einladende Art: Dass er jetzt hier war, obwohl sie sich erst seit wenigen Tagen kannten, schien für ihn völlig selbstverständlich zu sein. Er zog Schuhe und Socken aus, und auch Richard streifte die Schuhe ab, streckte die Beine auf dem Sofa aus.

»Was willst du von mir wissen?«, fragte Thomas.

»Das entscheidest du. Viel mehr als deinen Namen und dein Forschungsgebiet kenne ich noch nicht.«

Thomas nahm einen großen Schluck Bier, und während er trank, sah Richard sein Gesicht im Profil, die hohen Wangen, die feinen Bartstoppeln.

»Mein Lebenslauf klingt längst nicht so spannend wie deiner«, sagte Thomas. »Ich bin in Frankfurt geboren, zur Schule gegangen und habe hier auch die meiste Zeit studiert. Wenig aufregend. Ich habe mal in München gearbeitet, und eine Zeit lang war ich in Bern. Ich hatte zwei längere Beziehungen, und ich bin gegen Katzenhaare allergisch.«

»Das ist doch was«, sagte Richard und konnte den Blick nicht von Thomas' Pianistenfingern lösen, die die Flasche umfasst hielten.

»Anfang der Achtziger war ich eine Zeit lang bei den Protesten gegen die Startbahn West aktiv, sagt dir das was?«

»Der Flughafen?«

»Genau, es kam zu jahrelangen Auseinandersetzungen um die Erweiterung, zu Anschlägen, zwei Polizisten wurden erschossen.« Thomas lehnte sich zurück. »Meine damalige Freundin wohnte zeitweise im Hüttendorf, das man im angrenzenden Wald errichtet hatte, und auch ich war fast täglich dort. Es war aufregend, wir waren viele, und es fühlte sich tatsächlich so an, als könnten wir etwas verändern. Mein Leben war bis dahin ohne größere Widerstände verlaufen, aber dort im Wald, als wir den Hundertschaften der Polizei gegenüberstanden, hab ich kapiert, dass ich selbst etwas tun kann, ja, etwas tun muss, dass jeder Einzelne zählt. Ich dachte damals wirklich, wir könnten die Bagger aufhalten. Als die Polizei dann das Dorf räumte und man mit der Rodung begann, war ich wie gelähmt. Ich habe mich nie mehr so ohnmächtig und hilflos gefühlt. Ich dachte, es würde einfach nicht weitergehen.« Thomas lächelte schmal und trank von seinem Bier. »Aber natürlich ging es weiter. Ich war noch eine Zeit lang in der Anti-Atomkraft-Bewegung aktiv, habe mich aber immer mehr auf die wissenschaftliche Arbeit konzentriert, du weißt ja, wie das ist, Forschungsaufträge an Land ziehen, veröffentlichen. Jetzt arbeite ich seit fast fünf Jahren am Institut für Stadtgeschichte. Im Sommer werde ich für ein neues Buch einige Wochen in Chicago sein, ich recherchiere zu den dortigen Bauwerken.«

»Mies van der Rohe«, sagte Richard, der natürlich mit der Architekturgeschichte Chicagos vertraut war.

»Ja, unter anderem. Aber auch Helmut Jahn.«

Richard nickte.

»Ich will versuchen, eine Linie zu ziehen, vom Neuen Frankfurt über das Bauhaus zu den Bauten in Chicago. So zumindest die Idee.«

»Klingt gut.«

»Hätten wir uns früher kennengelernt, dann hätten wir vielleicht gemeinsam etwas auf die Beine gestellt«, sagte Thomas. »Ich glaube, es würde gut hinhauen mit uns.«

Richard nickte, und während er von seinem Bier trank, formte sich eine Idee in ihm. »Warum kommst du nicht nach New York und besuchst mich?«, fragte er.

Jetzt war es Thomas, der ihn erstaunt ansah. Dann entspannte sich sein Gesicht. »Warum nicht, ja, du könntest mir deine Stadt zeigen, ich war noch nie dort.«

Kurz stiegen in Richard vage Bilder auf, er sah sich mit Thomas am Hudson River spazieren gehen, sah sie gemeinsam durch die Gänge des MoMA schlendern, im Restaurant sitzen. »Vielleicht ergibt es sich ja mal«, wich er nun doch aus, sein Mut hatte ihn wieder verlassen, und der Gedanke, Thomas in New York zu wissen, machte ihn nervös.

Thomas richtete sich auf und stellte die leer getrunkene Flasche neben sich auf den Boden. »Alles in allem also ein recht normales Leben«, griff er ihr Gespräch von vorher wieder auf.

»Das ist doch gut so«, erwiderte Richard schnell, dankbar für den Themenwechsel. »Manchmal denke ich, ich habe zu viel Zeit in Flugzeugen und Hotels vergeudet, anstatt mich mit dem zu befassen, was wirklich wichtig ist: Freunde, Familie, das ganz normale Leben. Aber ich dachte immer, dass ich mich gegen das Normale wehren müsste. *Normal* bedeutete für mich Langweile und Langeweile Tod.«

»Klingt ja ziemlich dramatisch«, sagte Thomas. »Ich glaube, gerade in der Langeweile können die schönsten Dinge entstehen.« Und als Richard darauf nichts erwiderte, fuhr er fort: »Du solltest unbedingt eine Ausstellung über Ella Burmeister machen, auch wenn es schwierig ist. Es ist doch ein Glücksfall, dass du auf diese Bilder gestoßen bist, so etwas passiert einem nicht oft. Du könntest ihre Geschichte erzählen, und vielleicht findest du dabei auch noch mehr über deine Mutter heraus. Ich könnte dir helfen, könnte hier in den Archiven weitersuchen, und wenn ich nach New York komme, sprechen wir über alles.«

Richard sah ihn verwirrt an, für einen Moment sagte keiner etwas. Bot Thomas ihm gerade eine Zusammenarbeit an und knüpfte gleich auch eine Bedingung daran, nämlich Ella Burmeisters Geschichte? Ihm war schwummrig. Ich sollte aufstehen und gehen, dachte er, blieb aber sitzen. Ja, Thomas interessierte ihn, er fühlte sich in seiner Gegenwart auf eine Weise gehört und verstanden, die er selbst mit Sarah so nicht kannte. Natürlich sprach er mit ihr über die Arbeit, ihre Pläne, aber diese Gespräche endeten oft an jenem Punkt, wenn Richard zögerte, wenn er unsicher wurde oder nicht mehr weiterwusste. Dann schien auch Sarah ihr Interesse oder die Geduld zu verlieren, dann wollte sie plötzlich essen gehen oder ins Kino oder drängte manchmal auch auf Sex, anstatt ihm mit einem Satz oder einer Geste aus seiner Unbeholfenheit herauszuhelfen.

»Ich werde darüber nachdenken«, sagte Richard und stellte die Flasche auf dem Couchtisch ab. Dann stand er auf. »Danke für das Bier, aber ich muss ins Bett.«

»Wenn du willst, kannst du auch hier übernachten. Es gibt ein Gästebett in meinem Arbeitszimmer.«

»Danke, aber ein kurzer Spaziergang wird mir guttun«, sagte Richard schnell, und doch spürte er, wie seine Worte leicht verzögert kamen, so, als ob er für den Bruchteil einer Sekunde tatsächlich daran dachte, sich in Thomas' Bad die Zähne zu putzen, sich in sein Gästebett zu legen und dem jüngeren Kollegen am nächsten Morgen beim Frühstück gegenüberzusitzen.

»Dann sehen wir uns morgen zur Abschlussveranstaltung.«

Thomas brachte ihn zur Tür. »Sicher, dass du kein Taxi willst?«

»Beim Gehen kann ich besser über dein Angebot nachdenken«, sagte Richard, und für einen Moment schien es so, als würde Thomas ihn umarmen wollen. Richard machte einen Schritt in den Flur hinaus.

Thomas wünschte ihm eine Gute Nacht.

Unten vor dem Haus stand Richard für einen Moment wie gelähmt in der Dunkelheit, bevor er sich orientierte und den Weg in Richtung seines Hotels einschlug.

# RAUSCH

Frankfurt am Main, 1929

*Die Siedlung Praunheim erstreckt sich über eine Länge von 1,5 Kilometern längs der zur Nidda geneigten Hänge am Rand des alten Praunheims. Die Gebäude wurden entweder in der Ziegelhohlbauweiße errichtet oder aber nach dem Frankfurter Montageverfahren aus Bimsbetonplatten, was bedeutet, dass alle Bauteile eines Hauses vorproduziert und vor Ort nur noch zusammengesetzt werden, was eine erhebliche Beschleunigung des Baus zur Folge hat. So wurden schon bis zum Jahreswechsel nahezu 1200 Wohnungen allein in Praunheim fertiggestellt. Alles unterliegt hier einer strengen Norm, Fensterrahmen, Türgriffe, Öfen. Um die schlichten Bauten zu beleben, wurden diese mit Mineralfarbanstrichen oder durchgefärbtem Edelputz versehen. Die zur Stadt hin weisenden Fassaden sind weiß, die nach innen zu den Straßen und Höfen zeigenden rot oder blau.*

*

Es gibt zu viel zu tun, zu viel geschieht gleichzeitig, die Zeit springt rasant zwischen Tag und Nacht, und niemand will schlafen, niemand will etwas versäumen. Immer muss sie es auch gesehen haben, immer müssen die Augen und Ohren, der Mund, Hände, die Füße, immer muss alles sich finden und zueinanderpassen, und sie vergisst den Tag und gleitet in die Nacht hinein, und von der Nacht taumelt sie zurück in den Tag, und diese Zustände haben Namen und Orte, zum Beispiel die Geburtstagsfeier von Nini Hess, wo man sich verkleidet nach Art der alten Griechen, sich in weißes Leinen schlägt und deklamiert, und dazu gibt es aus dem Feinkostladen eingelegte Oliven und griechisches Brot und Hühnerbeine. Zum Beispiel die Eröffnung der Großmarkthalle, eine Kathedrale für Rüben, Kartoffeln und schön Besticktes, und das Erscheinen der Zeitschrift *Das Neue Frankfurt* mit einem Text von Max und ihren Bildern, auch wenn sie nicht gänzlich zufrieden ist, weil im Streit mit Max er letztlich die Oberhand behielt und nur solche Aufnahmen wählte, die ausschließlich das Gebäude zeigen; Bürgermeister Landmann spricht, Elsaesser und May sprechen auch, man applaudiert, der Fotograf hantiert geschäftig, Paul Wolff mit seiner Plattenkamera, er hat keine Zeit, Ella die Hand zu schütteln, er gratuliert Max zum Erfolg des Baus, es seien doch immer Männer wie sie, sagt er, Männer mit Mut und umfassender Expertise, die solch ein Projekt zu verwirklichen wüssten, dabei schaut er mit einem schmalen Lächeln zu Ella hin und dreht sich um, und sie denkt: Was für ein Lackaffe. Zum Beispiel das Sechstagerennen in der Festhalle, wohin Ella von Geisenheyner geschickt wird, ausgestattet mit einem Presseausweis, mitten hinein in die Massen dieses ohrenbetäubenden Sportfestivals, bei dem die Rennradfahrer im Oval der verqualmten Festhalle herumrasen, nur kurze Pausen einlegen, um zu essen, zu schlafen oder sich verarzten zu lassen, während zeitgleich eine Musikband schrammelt; entlang der Ränge drücken sich die Arbeiter herum, während die Reichen und Schönen unten in der Arena sitzen, und alle saufen und rauchen, es gibt Tänzerinnen und galante Schnösel. Nach zwei Tagen ist Ella mit den Nerven am Ende, sie hat mehrere Filme verschossen und will nur noch schlafen. Doch am dritten ist sie auch wieder an der Bahn, stößt mit Geisenheyner und dem Schauspieler Theo Lingen an, der angetrunkene Schriftsteller Toni Impekoven versucht sich an einem Gedicht über das Spektakel und vergleicht die Fahrer mit Planeten, die um einen hellen Stern kreisen, dann wird Herr Albert Plötzen ausgerufen, er solle sofort nach Hause kommen, sein Sohn sei geboren, und die ganze Halle applaudiert.

Es gibt so unendlich viel zu sehen, zu riechen, anzufassen. Ella macht jeden Morgen Gymnastikübungen, *mensendiecken* nennen es die Zeitungen nach der Amerikanerin Bess Mensendieck; sie lässt sich auf Anraten von Carry Visitenkarten drucken: *Ella Burmeister. Photographin*; sie sieht sich im Neuen Theater die *Dreigroschenoper* an, summt den neuen Schlagerhit *Warum hat bloß das Zebra so viel Streifen*; sie schläft wenig, leidet aber nicht darunter, sie trägt einfache, aber modische Kleidung, den neuen Mantel von Max, der ihren alten endlich ersetzt. An Weihnachten fährt sie mit Max nach Koblenz zu dessen Eltern, zwei freundliche Menschen mit Manieren, man versteht sich prächtig. Ella schreibt auch eine Karte an Vater, Mutter und Franz mit lieben, aber belanglosen Worten, und doch muss sie immerzu trinken und Max um sich haben, um nicht an die Eltern erinnert zu werden. Manchmal hält sie in ihren Bewegungen inne, erstarrt geradezu, kneift die Augen zusammen und spürt einen irren Schwindel, sie kann alles gar nicht wahrhaben, was gerade geschieht, presst die Lippen aufeinander, und dann geht es weiter.

An Silvester platzt die Bude bei den Hess-Schwestern aus allen Nähten, man drängt sich im Flur, im Wohnzimmer, die Fenster sind sperrangelweit geöffnet, trotz Minusgraden, man singt und jazzt, verbrüdert sich, schwört sich Liebe und Treue, alle wollen mit der jungen Fotografin Ella Burmeister plaudern, deren Bilder prominent im *Illustrierten Blatt* erscheinen, zuletzt eine Strecke über drei Seiten vom Sechstagerennen, angenehm ruhig ist sie, bodenständig, hält aber beim Trinken mit den Besten mit. Im Morgengrauen drängt sie sich zu Max in die Taxe, zum Höhenblick bitte schön, sie knutschen ein bisschen, und Max will von ihr wissen, wer dieser Hindemith sei. »Ein Komponist, aha, der sieht mir aber so aus, als wolle er gern auch bei dir mal ein paar Tasten drücken.« – »Jetzt halt aber die Luft an«, sagt Ella und bricht in ein helles Lachen aus, wie schön, wenn einer eifersüchtig ist, nur nicht sie selbst. Kurz hinterm Grüneburgpark lässt Max den Wagen stoppen, reißt die Tür auf und kotzt an den Rinnstein, woraufhin der Fahrer sie beide aus dem Auto schmeißt und davonrast. Ella klopft Max lachend den Rücken, und der lacht ebenfalls und wischt sich über den Mund. Also gehen sie zu Fuß, und als sie am Höhenblick ankommen, sind sie beide wieder nüchtern, es ist ihnen eiskalt, trotzdem wollen sie gleich miteinander schlafen. Aber dann liegen sie bloß nackt beieinander, rauchen eine Zigarette und murmeln Worte im Halbschlaf. Ob sie denn nicht heiraten sollten, hört sie Max sagen, ob es denn nicht langsam an der Zeit sei, Nägel mit Köpfen zu machen, aber für Ella ist es gut, wie es ist, und sie schläft ein, ohne Antwort zu geben.

*

In der zweiten Etage, neben ihrem Arbeitszimmer, richtet sie sich eine Dunkelkammer ein. Sie klebt das Fenster mit schwarzem Papier vollständig ab und zieht noch einen Vorhang davor, damit nicht der kleinste Lichtschein einfällt. Sie studiert die gängige Literatur über die Heimanwendung der Rollfilmentwicklung, vertieft sich ganze trübe Januarnachmittage in Tabellen mit Gramm- und ccm-Angaben der allerschönsten Chemie (Natriumsulfite, Metol, Hydrochinon, Borax, Natron), beschafft sich Wannen für die Filmbäder, Rodinal Flüssigentwickler, eine Rotlichtlampe, stellt erste Versuche an: In der Rotlichtdunkelheit entnimmt sie die Filme vorsichtig aus dem Gehäuse und zieht sie, an beiden Enden festhaltend, durch den Entwickler. Sie sieht, wie sich auf dem Filmband die ersten Konturen abzeichnen und mit jeder weiteren Bewegung verstärken; dann ins Fixierbad und schließlich ins Wasser. Die Konturen färben sich und werden so hell, dass es nichts mehr zu sehen gibt außer weißen Schatten. Ella flucht leise vor sich hin, der Film ist ruiniert. Sie lässt sich einen Katalog für Fotobedarf kommen und blättert einen Tag lang durch die Seiten, schließlich entscheidet sie sich für eine Entwicklerdose zu zehn Mark und investiert ihr letztes verbliebenes Honorar. Damit wird die Arbeit ungleich leichter, wenn auch das Aufspulen des Films in der Nickeldose bei absoluter Dunkelheit einiges Geschick erfordert, aber Ella ist ehrgeizig und nicht bereit aufzugeben, und schließlich gelingen ihr die ersten acht Negative, Aufnahmen der Siedlung Höhenblick, Schnappschüsse an einem sonnigen Februarvormittag. Die noch zu tätigende Anschaffung eines Vergrößerungsapparats, um nun auch Abzüge von den Negativen zu bewerkstelligen, muss sie aufgrund der fehlenden sechzig Mark aufschieben, will aber mit dem nächsten Honorar eine Anzahlung auf ein solches Gerät leisten. Sie spannt Leinen in der Kammer, an denen die Negative hängen, sie raschelt darunter hindurch wie in einem Wald, sitzt dann wieder auf ihrem Hocker zwischen den Bändern und atmet den Duft der Chemikalien ein, der sich für sie fortan und für immer mit den Schwarz-Weiß-Flächen der Negative, mit der Sichtbarwerdung des Zufalls verbinden wird.

*

Ein Schreiben erreicht sie von Frau von Schnitzler, der großen Mäzenin, die sie in ihren Salon einlädt.

»Weißt du denn, wer sie ist?«, fragt Max.

»Sollte ich das?«

»Sie ist die Frau von Georg von Schnitzler, dem Vorstandsvorsitzenden der IG Farben, ein bedeutender Mann. Und sie ist nicht weniger bedeutend, zumindest für die Kunstwelt. Sie ist die Mäzenin von Beckmann, und in ihren Salons geht es sehr ausgewählt zu, das kannst du mir glauben.«

Ella kauft sich ein neues Kleid im Kaufhaus Wronker, sie möchte eins von Chanel haben, doch dafür reicht das Geld nun wirklich nicht. Max und sie gehen, wie Tausende andere, auf dem zugefrorenen Main spazieren, obwohl erst wenige Tage zuvor ein Zehnjähriger in eins der Löcher am Eisernen Steg gerutscht ist und von der Strömung unters Eis gezogen wurde.

Ein Taxi bringt Ella tags drauf zum Westendplatz, und sie zögert keine Sekunde, geht den breiten Weg zur Villa Schnitzler hinauf in ihrem neuen Kleid und klingelt. Lilly von Schnitzler persönlich öffnet die Tür, reicht ihr die Hand, eine große, ernste Frau mit blonden Locken und Zigarettenspitze, an deren Ende schwach die Glut glimmt. Sie führt Ella in den Salon, wo man in Sesseln und Sofas sitzt, raucht und redet. Ella erkennt Beckmann wieder, der jedoch keine Notiz von ihr nimmt, andere Gesichter ebenfalls, Geisenheyner tanzt sowieso auf allen Hochzeiten und schüttelt ihr überschwänglich die Hand, ihr wird Margarethe Klimt vorgestellt, Leiterin der Modeklasse an der Kunstgewerbeschule, der Typograf Paul Renner, der die berühmte Futura-Schrift entwickelte, am Ende der Runde begrüßt sie eine zierliche Frau, deren Händedruck allerdings kräftig ist, der Blick klar und wach. »Das ist Ilse Bing«, sagt Lilly von Schnitzler, »Fotografin wie Sie. Mit Ihnen beiden will ich später noch sprechen, aber jetzt kommen Sie erst einmal an und machen es sich bequem.«

Es geht hier ruhiger zu als im Hause Hess, man sitzt gepflegt da, spricht leise miteinander, und Ella ist froh, mit Ilse Bing eine Frau im gleichen Alter und mit ähnlichen Interessen neben sich zu haben. Sofort finden sie ins Gespräch über das Arbeiten mit der Leica. Ilse gratuliert Ella zu den Fotos in

*Das Neue Frankfurt,* sie freue sich, sie endlich kennenzulernen, man sei doch ziemlich oft allein mit der Kamera, streife umher, beobachte aufmerksam, aber wirklich sprechen könne man mit kaum jemandem über das, was man da tue, aber erst, wenn man auch darüber spreche, werde es doch zur Gewissheit, und jede Kunst, gerade die Fotografie, brauche Gewissheit. »Ich habe gerade meine Dissertation über den Haufen geworfen«, sagt Ilse und nippt an ihrem Drink. »Keine Ahnung, was ich als Nächstes tun werde, wahrscheinlich nur noch fotografieren. Zu etwas anderem habe ich überhaupt keine Lust.«

Lilly von Schnitzler begrüßt den Schriftsteller Alfred Döblin im Salon. Die Haare seitlich über den Kopf gekämmt, eine kleine Brille auf der Nase, bedankt er sich für die Einladung, nimmt Platz in einem Sessel, der in die Mitte des Raums gestellt wurde, und beginnt, aus *Berlin Alexanderplatz* zu lesen, den Anfang, wo der Zuchthäusler Franz Biberkopf in die Großstadt hineingeschleudert wird und zwischen schwankenden Dächern taumelt, er liest es mit ruhiger, fast monotoner Stimme. Man applaudiert, Döblin spricht über Berlin und seine Arbeit am Roman. Ella sitzt zwischen Honoratioren und Exzentrikern, eine kleine Krämerstochter mit geschenkter Leica, und sie fühlt eine Art Abstoßung, ohne dass es dafür Worte bräuchte. Sie weiß, dass sie nicht dazugehört zu den Schnitzlers und Beckmanns und Döblins, aber wenn sie nun schon hier ist, kann sie auch Kognak trinken und ein bisschen gesprächig sein, selbst wenn es das Wetter ist, das herhalten muss, um irgendwas zu sagen.

Wie jeder Künstler genießt Döblin die Aufmerksamkeit, sitzt da und nimmt Fragen entgegen, und wie jeder Künstler ist Beckmann über die fehlende Aufmerksamkeit ihm gegenüber verstimmt und geht entlang der Wände spazieren, sieht aus dem Fenster hinaus in den Garten.

Die Hausherrin bittet Ella um ein Foto, und alles gruppiert sich um Döblin, am Rande Beckmann mit mürrischer Miene und auf dem Rücken verschränkten Armen, Ilse dafür mit einem warmen, versöhnlichen Lächeln.

Danach setzt sich die Gastgeberin zu Ella und bittet Ilse dazu. Für den Juli sei eine Ausstellung zur Gegenwartsfotografie im Kunstverein geplant, sagt sie und zündet sich eine ihrer schmalen Zigaretten an. »Ich möchte Sie beide gern dabeihaben. Wären Sie bereit, mir ein paar Abzüge zukommen zu lassen? Welche, das entscheiden Sie selbst. Ich würde dem Gremium Ihre Auswahl vorlegen.«

*

Ella steigt vom Rad und lehnt es an einen Baum; einen Moment steht sie im Schatten, kneift die Augen zu und blickt hinüber zu den weiß leuchtenden Mauern der Praunheim-Siedlung, die sich sanft an die Hügel schmiegen. Die ersten warmen Tage. Vor zwei Stunden hat es noch geregnet, aber jetzt ist der Himmel wolkig gefleckt, und die Sonne schießt einem die Strahlen mitten ins Gesicht. Ella ist ganz außer Atem. Um sie herum summt und flirrt es, sie überquert die Nidda und stapft durch die Wiesen den Hang hinauf, der Siedlung entgegen.

Erstaunlich schnell ist der Frühling gekommen, und vor zwei Wochen erreichte sie ein Schreiben von Ernst May persönlich, lobende Worte für die Bilder der Großmarkthalle, verbunden mit dem Auftrag, die Siedlung Praunheim zu fotografieren. Sie steht nicht mehr am Rand, ist mittendrin, unweigerlich zieht es sie hinauf, sie muss gar nichts dafür tun, nur die Leica bei sich haben.

Ella bleibt stehen und macht ein erstes Bild, die weiße Häuserreihe auf der Kuppe des Hügels, dunkle Fenster. Sie geht weiter, immer deutlicher werden Details sichtbar, schmale

Leitungsrohre, die schwarzen Einfassungen der Dächer, die Verstrebungen der Dachterrassen. Davor auf den Wiesen gespannte Leinen mit Wäsche, Hemden und Schürzen und Bettzeug. Eine Frau und ein paar Kinder sind zu sehen, ein Hund.

»Ich mache Fotos von der Siedlung«, ruft Ella ihnen zu. »Darf ich Sie aufnehmen?«

Die Frau holt den Hund zu sich und auch die Kinder. Sie setzen sich an den Hang ins feuchte Gras, ein Bub bleibt stehen und starrt sie an. Die Frau schaut freundlich, als Ella den Auslöser drückt. Am Birnbaum sind kleine Blätter zu erkennen, der Hund beschnüffelt Ella, und die Frau sagt, sie fühle sich hier wie neugeboren, und wieder lächelt sie, und die Kinder kreischen, weil sie sich über einen Zitronenfalter freuen.

Ella steht im Damaschkeanger, versucht verschiedene Perspektiven, nur die Häuser, die Häuser mit etwas Straße und einer Laterne im Vordergrund, peilt die Straßenflucht hinab, entlang der Reihenhäuser. Alles leuchtet um sie in frischer Farbe, die Beete vor den Bauten sind noch mager. Ella kommt es vor, als stünde sie in einem Raum und nicht unter freiem Himmel. Dahinten ist noch ein Bauwagen, der mit seinen Holzwänden und der rostigen Deichsel wie ein Stück aus dem Museum wirkt, kleine Sandhaufen daneben, einige Arbeiter sind am Werk und kehren den Sand über den Fußweg. Hier wird er bald wohnen, der neue Mensch, denkt Ella, der Mensch, der keinen Kaiser mehr braucht und keine Puppenstube, der Mensch, der im Automobil die Welt erobert und sein Glück darin findet, immer in Bewegung zu sein.

Nun hat sie aber Hunger und sucht die Terrasse der Gaststätte Neuer Adler auf. Dort gibt es Deftiges, Bier, Blutwurst und Brot, Karottengemüse, Kartoffeln. Sie sitzt unter einem der Schirme, isst und blickt in die Landschaft. Als sie leise angesprochen wird, will sie erst gar nichts gehört haben, sie will ihre Ruhe haben, und trotzdem sieht sie auf. Sie kennt diesen Menschen da vor sich im Schatten des Schirms.

»Entschuldigen Sie die Störung«, sagt er leise und mit freundlichem Gesicht. »Wir kennen uns doch. Leberecht Migge, Sie waren auf der Feier bei Elsaesser und haben die Fotos der Markthalle gemacht, nicht wahr?«

Ella nickt.

»Ich will Sie aber gar nicht aufhalten, einen guten Appetit weiterhin.«

»Sie wohnen hier?«

»Nein, nein, ich gehe spazieren«, sagt er, setzt sich dann doch und bekommt gleich ein Bier hingestellt. »Ich bin hier für die Gartenanlagen zuständig, deshalb mache ich öfter die Runde. Dabei kann ich beides zugleich: denken und Hand anlegen. Wir haben ja alle eine große Aufgabe hier, alle, die wir mitarbeiten. Und der Garten, wissen Sie, der Garten will ebenso befreit sein wie das Wohnen. Als hätten wir in Deutschland nichts anderes als Ziergärten und Parks. Dabei soll jeder seine eigene Scholle haben, sein Stück Land, auf dem er das Notwendige anbauen kann, wo er aber auch Ruhe und Erholung findet, gerade vor der Stadt.« Er verschüttet etwas Bier und wischt mit dem Ärmel drüber. »Sehen Sie, die Kinder brauchen Platz, die Alten brauchen Platz, und deshalb braucht es Spielanlagen und Ruheorte, und wo es keinen Raum für den Garten gibt, da müssen wir auf die Dächer. Bis an den Fluss ran wollen wir hier Parzellen errichten.«

Ella hört schweigend zu, sie sieht Migge die Begeisterung an, aber auch eine Art Verzweiflung, wenn er lächelt und gleichzeitig die Schultern hochzieht, die Verzweiflung darüber, dass er zwar schnell reden, aber nicht im selben Tempo seine Hände gebrauchen kann, dass trotz aller Beschleunigung immer noch alles viel zu lange dauert.

Er trinkt sein Bier aus und legt ein paar Münzen auf den Tisch. »Entschuldigen Sie, aber ich muss weiter. Haben Sie vielen Dank für die freundliche Gesellschaft, wir werden uns sicher nicht zum letzten Mal gesehen haben. Auf bald also!«

»Ja, adieu«, sagt Ella, und in dem Moment bleibt der Mann am Stuhl hängen und reißt ihn fast zu Boden, bekommt seine Hose dann aber los und geht zwischen den Tischen rasch davon. Ella grinst in sich hinein. Wir sind doch alle Träumer, denkt sie, jeder auf seine Weise, aber immer voller großer Pläne, und vielleicht wird man ja eines Tages tatsächlich sagen, dass diese Träumer die Welt verändert haben.

*

Ilse sitzt ihr im Café Gutenberg gegenüber, draußen stürmt und regnet es, alle stürzen herein, und einen Moment später treibt die Sonne sie wieder hinaus, jetzt glänzt der Platz wie frisch poliert. Ein von dunklen Haaren gerahmtes, feines Gesicht schaut Ella an. Vor einigen Tagen hat sie ein Telegramm von Lilly von Schnitzler bekommen, in dem sie sich für die Bilder bedankte und sie dazu beglückwünschte, dass einige ihrer Arbeiten für die Ausstellung ausgewählt worden seien, zusammen mit Fotografien von Ilse. Ella schrie auf vor Glück, schrieb der Freundin sofort.

Jetzt sitzt sie ihr freudig erregt gegenüber, aber Ilse ist mit ihren Gedanken ganz woanders. Sie werde bald die Stadt verlassen, sie halte es hier nicht mehr aus. »Ich werde nach Paris gehen«, sagt sie. »Mein Vater liegt mir ständig wegen der Dissertation in den Ohren, aber das ist mir alles zuwider, weißt du, die steifen alten Männer mit ihren Grundsätzen aus der Kaiserzeit und ihrem Gejammer vom verlorenen Vaterland und was weiß ich nicht alles, ich kann es nicht mehr hören.«

Sie bekommen Mokka und jede ein Stück Apfelkuchen.

»Komm doch mit nach Paris«, sagt Ilse mit vollem Mund.

Ella lächelt. Sie kennen sich doch kaum. »Es geht mir hier ganz gut«, sagt sie.

»Ja, das sehe ich, und es freut mich sehr«, Ilse sagt es ohne Ironie. »Es gibt wenige Menschen, denen man ihr Glück ansieht, und einer dieser Menschen bist du.«

»Aber manchmal wird mir auch richtig übel«, sagt Ella. »Dann dreht sich alles, und ich muss mich festhalten. Ich fotografiere doch nur und habe im Grunde keine Ahnung von der ganzen Technik, ich glaube, dass sie mir bald auf die Schliche kommen werden. Leute wie Paul Wolff. Der schaut mich immer so seltsam an.«

»Wir machen ihnen Angst«, sagt Ilse und lehnt sich zurück. »Und dafür bewundern sie uns. Aber sieh mal, wirkliche Freiheit, das ist nicht der Bubikopf und auch nicht das Automobil, das sind nicht die modernen Gebäude, die sie uns fotografieren lassen, darüber steht nichts in den Magazinen. Freiheit muss doch etwas völlig anderes sein, nicht das Geduldetwerden, nicht der Extrastuhl an ihrem Tisch. Besser kann ich es nicht sagen, aber genau deshalb will ich nach Paris.«

»Und Berlin?«

»Himmel, nein, Berlin ist voller Drogensüchtiger und Idioten. Außerdem kann ich die Sprache dort nicht leiden, als würden sie dir ständig einen Knüppel auf den Kopf hauen.«

»Döblin mochte ich aber gern.«

»Ja, der ist in Ordnung.«

»Er hat mich angeschaut, als wollte er mich etwas fragen, hat es aber nicht getan«, sagt Ella. »Und dann wurde mir klar, dass er wahrscheinlich schüchtern ist, weißt du, dem großen Schriftsteller fehlten plötzlich die Worte.«

Ilse bestellt zweimal Vermouth, und sie stoßen an. »Bei dem musst du aufpassen«, sagt sie, »der ist ja auch Psychiater.«

*

Zur Eröffnung der Ausstellung *Photographie der Gegenwart* trägt Ella ein schlichtes Kleid und keinen Hut; sie ist nervös, hält sich abwechselnd an Max' Arm und Ilses Seite. Die zeigt keine Spur von Aufregung, steht ganz aufrecht da, als wüsste sie, dass ihr all das zusteht und noch viel mehr. Lilly von Schnitzler hält vor den versammelten Gästen eine Rede, begrüßt und würdigt die ausgestellten Künstler: Paul Wolff, Yva, Albert Renger-Patzsch, Ilse Bing, Ella Burmeister, Lucia Moholy, Umbo, weist auf den revolutionären Charakter der Fotografie hin und zitiert Lessing, der empfahl, den gewählten Augenblick nicht als Höhepunkt zu erachten, sondern mehr als Phase, eine Phase, die durchdrungen ist von dem, was war und was folgen wird. Applaus.

Die Bilder hängen in schlichten Rahmen, kleine Tafeln daneben mit den Namen der Fotografen und den Titeln. *Kathedrale* hat Ella ihr Bild aus dem Innern der Markthalle genannt. Carry und Nini stoßen mit ihr an, Geisenheyner prophezeit ihr eine große Zukunft, er habe es schon immer geahnt, und Erna Pinner stimmt ihm zu. Für die *Frankfurter Zeitung* bittet der Fotograf die anwesenden Künstler um ein Gruppenfoto, sie umringen die grazil aufschießende Lilly von Schnitzler. Paul Wolff hat man fast zwei ganze Wände gegeben, Albert Renger-Patzsch ebenfalls, und Carry schimpft über die ewige Männerdominanz, Yva und Lucia Moholy müssten sich zwei Wände teilen, und dann diese blödsinnige Tafel: *Frauen in der Photographie*, während man es den Männern einfach so zubillige, ohne jede Erklärung. Nini legt ihr eine Hand auf den Arm, Carry verstummt. Von Franziska keine Spur. Einmal glaubt Ella, Ottilie Roederstein unter den Gästen zu erkennen, eine leicht nach vorn gebeugte Frau im dunklen Herrenmantel und mit Hut.

Später zieht man weiter in den Künstlerkeller im Karmeliterkloster, man feiert Leica und Leben, tanzt und schwoft, Ilse ist eine ausgezeichnete Tänzerin, während Paul Wolff mit seinem Mitarbeiter Alfred Tritschler überm Wein sitzt. Der Abend bleibt in Erinnerung, man verabschiedet sich in Freundschaft voneinander, Ella und Max rauschen mit dem Taxi zum Höhenblick, am nächsten Morgen schon ist ihre Abreise geplant, mit dem Zug soll es an die Ostsee gehen, nach Binz auf Rügen.

*

Und dann das Meer. Ella sitzt am Strand und schaut hinaus aufs Wasser, schon eine Stunde, länger als das, sie kann den Blick einfach nicht abwenden. Sie muss immerzu da hinausschauen, auf diese riesenhafte Fläche, sie stellt sich vor, dass dort hinten, wo Wasser und Himmel aufeinandertreffen, diese Welt zu Ende ist oder eine ganz andere Welt beginnt, und das Gefühl ist so neu und überwältigend, ein fiebriges Gefühl der Verlassenheit, dass ihr die Tränen kommen. Hastig wischt Ella sie weg. Sie will nicht weinen, will nicht an den Vater denken, an die Mutter und Franz, nicht an Franziska. Sie will stark sein, denn wer heute etwas werden will, der darf auf Gefühle keine allzu große Rücksicht nehmen, der muss einen klaren, sachlichen Blick aufs Leben und die Dinge haben. Sie ist übermüdet und hungrig. Sie gräbt ihre Hände in den Sand, lässt ihn zwischen den Fingern rieseln. Max kommt und hockt sich neben sie, legt einen Arm um ihre Schulter und fragt, ob es ihr gut gehe. Ella nickt.

Sie ist das erste Mal am Meer, und diese Überwältigung lässt sie zwei Tage kaum schlafen. Sie haben sich in eins der Hotels an der Promenade eingemietet, mit dem Blick hinunter in den Garten, auf Schatten spendende Bäume. Selbst um Mitternacht bleibt über dem Horizont ein diffuses Licht, Ella erwacht in den frühen Morgenstunden, zieht sich an und geht allein zur Seebrücke, die weit hinaus ins Meer reicht. Dort draußen steht sie an die Brüstung gelehnt, es ist nicht mal fünf, und der Wind zaust ihr das Haar, nimmt ihre Gedanken mit. Sie sammelt etwas Speichel und lässt ihn hinunterfallen, nun bin ich auch ein Teil von dir, denkt sie, sieht, wie die Wellen gegen die mächtigen Pfosten schlagen. Sie geht am Strand spazieren, sucht nach Angeschwemmtem, hinterlässt Abdrücke im feuchten Sand, die Augenblicke später wieder ausgelöscht werden. Die Leica ist immer bei ihr, die Leica erblickt: Fischernetze, eine Schaluppe, Wellenschaum, einen frühen Badenden, Möwengestöber.

Ella hat immer mächtig Appetit, sie lesen sich Artikel aus der Zeitung vor, gehen spazieren. Das Bier hier im Norden ist dünn und verursacht ein schönes Flirren im Kopf; es gibt frischen Fisch, gebraten, gedünstet, geräuchert. Es gibt Nachmittagstee und Geplauder in den Promenadencafés und kleine, kläffende Hunde. Mit einem Segelboot geht es bei ruhigem Wetter in nördlicher Richtung an der Küste entlang, bis plötzlich vor ihnen die weißen Zacken der Wissower Klinken auftauchen. Der Kapitän dreht bei, das Boot schrammt ans steinige Ufer. Man steigt aus und spaziert unterhalb der Klippen am Wasser, das Bild Caspar David Friedrichs ständig vor Augen. Nach der Rückkehr ist Ella den Abend über übel, und sie liegt leise wimmernd im Bett, während Max ihr Fencheltee kommen lässt, den sie nicht anrührt. Am nächsten Morgen ist sie wieder genesen, schreibt eine Ansichtskarte an die Eltern. Max und sie gehen jeden Tag baden, und fast jede Nacht schlafen sie miteinander.

Am letzten Abend fragt er sie, ob sie nicht doch einmal heiraten sollten, eine Frage, die Ella befürchtet hat. Sie ist froh, dass er keine großen Umstände macht, nicht vor ihr auf die Knie geht, sondern nur an seiner Pfeife zieht und sie durch den Rauch hindurch ansieht. »Wo wir doch jetzt schon eine Weile verlobt sind und uns gut eingestellt haben aufeinander, meinst du nicht?«

»Doch, doch, aber ist es nicht zu früh dafür?«, Ella lehnt sich zurück und denkt an die Worte von Carry, sich ja nicht zu früh zu binden. »Ich habe doch gerade erst angefangen mit dem Fotografieren.«

»Das sollst du doch gar nicht aufgeben, es würde sich überhaupt nichts verändern.«

»Wenn wir heiraten, erwarten alle, dass ich schwanger werde. Dann muss ich für das Kind da sein. Und wenn dann noch eins kommt?«

»Willst du denn keine Kinder?«

Ella zündet sich eine Zigarette an und leert ihr Weinglas. Max' Fragen strengen sie an, sie will dazu gar nicht reden, will sich den Kopf nicht darüber zerbrechen.

»Irgendwann einmal«, weicht sie aus. »Aber nicht heute und auch nicht morgen.«

Er hüllt sich in den Rauch der Pfeife.

»Bist du beleidigt?«, fragt sie, wo doch eigentlich sie es sein müsste. So unverschämte Fragen beim Abendessen, wenn sie müde ist und weicher wird, wenn sie sich vielleicht hinreißen lässt zu nicken, ein Ja zu murmeln.

»Nein, dann warten wir eben noch«, sagt Max und lächelt.

Die Rückfahrt über Berlin nach Frankfurt empfindet Ella so, als würde ihr jemand die Luft zum Atmen nehmen, die Kraft zu gehen. Mit Rückenschmerzen hockt sie neben Max im Abteil, döst, liest ein paar Zeilen in Vicky Baums Roman *Menschen im Hotel*, döst wieder, sieht die Landschaft vorbeiziehen, kleine Ortschaften, der freie Blick wird von Wäldern gestoppt, von Hügelketten.

Als sie um Mitternacht in Frankfurt ankommen, muss Ella noch ins Restaurant, um eine Kleinigkeit zu essen, an Schlaf ist nicht zu denken. Es ist kaum etwas los, die weiß betuchten Tische stehen leer, nur in einer Ecke unter einer riesigen

Palme sitzt Max Beckmann und schlürft Champagner. Er nickt ihr zu, aber sie weiß nicht, ob er sie wirklich erkennt oder es nur eine beiläufige Geste ist, ein Tick. Sie bekommen Sandwiches und ein neuartiges Getränk aus Amerika, eine dunkel prickelnde Limonade, *Coca-Cola*, die eine erstaunlich belebende Wirkung auf Ella hat. Sie schaut immer wieder hinüber zum Maler und fragt sich, ob Franziska nun in seiner Meisterklasse ist. Sie will die Gedanken an die Freundin nicht zulassen, aber jeder Winkel dieser Stadt ist verbunden mit ihr, mit Franziska.

Als sie mit Max auf der Terrasse im Höhenblick steht, weiß sie, dass der Sommer zu Ende ist, unweigerlich, obwohl noch immer ein warmer Wind weht. Sie gibt ihm ihre halb heruntergebrannte Zigarette und geht ins Bett.

# MÜDE BOXER

Frankfurt am Main, 1930

*Eine einzige Berührung genügte, und ihr Körper verlor alle Spannung. Nur diese Hand reichte aus, um alles in ihr zum Schweigen zu bringen. Diese Finger, denen man die Arbeit ansah, die sich fast beiläufig auf die fremde Haut legten, den Nacken sanft umfassten. Da kam alles zur Ruhe. Da war eine kleine Gänsehaut, da war ein goldener Flaum, der sich unter den Fingern kräuselte, und die Atemzüge verlangsamten sich. Und wie ein Trichter sog diese Berührung den ganzen vollen Platz auf, machte die Menschenmenge und das, was sie brüllte, ungeschehen. Ein Augenblick, der dem Davor und dem Danach widersprach, ich weiß nicht, ob ich jemals etwas Schöneres erlebt habe.*

*

Ella bleibt noch einmal stehen, schaut Max an und richtet seine Fliege, sieht auf den Blumenstrauß in seiner Hand, dann geht sie entschieden die letzten Meter zur Haustür. Max lächelt und schüttelt den Kopf. »Wir gehen doch nicht auf einen Staatsempfang«, sagt er und klappt den Regenschirm ein. Für einen Moment stehen sie nebeneinander vor der Tür in der Cranachstraße, und Ella fühlt eine Nervosität in den Fingerspitzen, geradeso als würde sie doch zu einem Staatsempfang gehen, dabei sind es nur die Eltern, die sie zum Mittagessen eingeladen haben. Und während sie die Stiegen hinaufsteigen und oben bereits die Tür geöffnet wird, macht sich

Ella gerade, unter keinen Umständen will sie sich die Aufregung anmerken lassen, sie will ruhig wirken, erwachsen und selbständig.

Ihre Mutter begrüßt sie, Max überreicht ihr den Strauß, im Wohnzimmer ist der Vater im Sonntagsanzug, frisch rasiert. Er empfängt Ella mit einem Kuss und schüttelt Max kräftig die Hand.

Schon geht es zu Tisch. Die Bratensoße ist der Mutter wieder besonders gut gelungen, und Ella genießt das Essen, auch wenn sie versucht, ein ernstes Gesicht zu machen. Sie hasst Kochen, hasst den ganzen Haushaltskram, Einkaufen, an so etwas wertvolle Kraft zu verschwenden, erscheint ihr völlig sinnlos; unter der Woche isst sie nur Sandwiches, mal eine Suppe, am Wochenende fahren sie mit dem Hanomag durch die Gegend, besuchen Gasthäuser und Lokale, verbringen den Nachmittag rauchend in Cafés, manchmal auch auf einer Picknickdecke am Main. Für Hausarbeit ist sie nicht gemacht, hat Ella so entschieden, und deshalb ist ihr auch der Gedanke an Hochzeit und Kinder fremd, deshalb macht sie das ernste Gesicht, um gewappnet zu sein, wenn die Sprache darauf kommen sollte.

Aber ihr Vater und Max sprechen über Architektur und das neue Bauen unter May; der Vater lobt die großen Anstrengungen, die unternommen würden, um den Leuten Wohnraum zu verschaffen, viele Arbeiterfamilien hausten ja heute noch in unhaltbaren Zuständen, in Dreck und Enge, es sei eine wichtige Aufgabe der Sozialdemokratie, diesen Menschen ein würdiges Wohnen zu ermöglichen.

»Wir haben da eine gewaltige Aufgabe«, sagt Max, »und ich hoffe, wir werden ihr gerecht. Die Entwicklungen in Amerika bereiten uns allerdings Sorgen, man merkt doch einen Rückgang an Investitionen, viele unserer geplanten Projekte stehen mittlerweile auf der Kippe.«

»Man muss abwarten«, sagt der Vater. »Ich denke, es wird rasch Erholung geben.«

»Darauf stoßen wir an, auf eine rasche Erholung!«, und sie heben die Weingläser und lassen sie klingen, der Mutter schwappt etwas vom Wein aufs Tischtuch, weshalb sie einen Augenblick wie erstarrt vor sich schaut, dann hinaus in die Küche eilt. Dem Vater rutscht das Messer aus der Hand, Porzellan klirrt. Und Ella ist erleichtert, als endlich der Tisch abgeräumt ist, als Max sich die Pfeife ansteckt und ihr Vater ebenfalls zur Feier des Tages eine Zigarette raucht.

Da stehen sie am Fenster beisammen, und der Vater pustet den Rauch hinaus, er sagt mit einem Lächeln: »Nun rauchen wir die Friedenspfeife, nicht wahr, ich wusste doch, dass alles gut werden wird mit dir«, und Ella nickt nur, schaut zu Max, der satt und müde am Tisch sitzt und von der Mutter einen Kaffee vorgesetzt bekommt.

*

Max ist beim Training. Seit einigen Wochen schon geht er in ein Boxstudio am Hauptbahnhof und kommt jedes Mal ganz euphorisch zurück; an den Wänden des Studios hängen Fotos der Schwergewichtler Schmeling und Samson-Körner. Ella hat Max einmal mit der Leica begleitet und die Körper der Trainierenden festgehalten, wobei sie ganz bewusst die Bewegungsunschärfe in Kauf nahm, um den Bildern noch mehr Dynamik zu verleihen. Auf einer Fotografie ist ein vorschießender Arm mit Boxhandschuh zu erkennen, sonst nur verwischte Schatten; eine andere zeigt einen der Kämpfer in den Seilen, der Blick zur Decke gewandt wie in einer Art religiöser Entrückung, und wahrscheinlich ist er das auch, die Anstrengung, die Schläge, die Verausgabung – als würde man aus seinem Körper getragen.

Zu Hause trainieren sie oft gemeinsam, Max bearbeitet seinen Punchingball, Ella macht Gymnastik. Sie streckt sich, dreht die Hüften ein, lässt die Schultern kreisen; manchmal zieht sie sich auch die Handschuhe über und schlägt damit gegen den Boxball. Max steht begeistert dabei, sie sei ein Naturtalent, so würde sie selbst Schmeling aus den Socken hauen, und Ella genießt seine Schmeichelei. Trotz des Trainings halten sie Diät, schneiden sich Äpfel auf, trinken Kräutertee.

Ella spaziert vom Höhenblick in die Stadt, in den Cafés aber herrscht nicht mehr die ausgelassene Stimmung aus dem letzten Jahr. Die Leute sitzen vor einem einzigen Bier oder einer Tasse Kaffee, lesen abgelegte Zeitungen, zählen ihre Münzen; viele stehen auch einfach nur herum, am Roßmarkt oder an der Hauptwache, in kleinen Gruppen stehen sie da, meist Männer, dann nähern sich zwei Schupos und fordern sie auf, sich zu zerstreuen, und die Männer schieben die Hände in die Taschen, die Kiefermuskeln spannen sich, sie gehen ein paar Meter weiter, das Spiel beginnt von vorn.

Ella steht vor dem Haus von Richter Hemberger. Sie drückt die schwere Tür auf und tritt ein. Im Stiegenhaus riecht es nach feuchtem Stein. Sie lauscht. Was, wenn sie jetzt die Treppe runterkommt oder hinter ihr durch die Tür? Dumm würde sie dastehen und Franziska anglotzen, ohne wirklich etwas sagen zu können. Ella weiß eigentlich gar nicht, was sie hier will. Schnell verlässt sie das Stiegenhaus wieder und geht Richtung Hauptbahnhof. Vielleicht wohnt Franziska auch gar nicht mehr hier, vielleicht ist sie zu einem ihrer Liebhaber gezogen, tanzt die Nächte durch, schläft im Atelier und malt, bis es dunkel wird.

Im Bürohaus der *Frankfurter Zeitung* herrscht Trubel wie eh und je, sämtliche Bänke sind besetzt. Ella aber geht direkt hinauf zu Geisenheyner, der am Telefon hängt und nur ein schiefes Grinsen zustande bringt. Also wartet sie vor der Tür, bis er sie einlässt.

»Nun, liebe Ella, was führt Sie zu mir?«, sagt er dann und gießt Kognak ein. Die Art, wie er es sagt, macht Ella stutzig: Er weiß doch, warum sie kommt. Ella trinkt den Kognak rasch aus und sagt, sie sei wegen der Bilder hier, wegen eines Geschäfts.

»Hören Sie«, sagt Geisenheyner und setzt sich, »die Story mit dem Boxer werden wir aufschieben müssen, die Leute verlangen nach anderem, verstehen Sie?«

»Wonach denn?«

»Es sind politische Zeiten, Schlägereien, Demonstrationen, die Amerikaner ziehen alles mit runter. Bilder von Unfällen nehme ich immer oder Politisches. Hier, ich mache ihnen eine Anzahlung auf die Boxbilder«, er kramt aus seiner Börse einen Fünfzigmarkschein. »Ich schätze Sie, Ella, doch auch mir sind die Hände gebunden, das werden Sie verstehen.« Plötzlich fährt Geisenheyner aus dem Stuhl auf: »Ich muss in eine Besprechung, Sie entschuldigen mich. Kommen Sie in ein paar Tagen wieder, dann sehen wir weiter«, und er schiebt Ella aus dem Büro hinaus in den Flur. »Den Weg nach draußen finden Sie selbst, also auf bald!«

Unten auf der Straße steht sie im gleißenden Frühlingslicht, und ein Schwindel erfasst sie, ein Gefühl der Haltlosigkeit, als ob sie auseinanderfallen könnte. Sie macht sich gerade, sie ist doch eine Persönlichkeit, hat im Kunstverein ausgestellt, in Zeitungen publiziert, man kennt ihren Namen in den Salons. Und dennoch will das lähmende Gefühl nicht verschwinden.

Selbst dann nicht, als sie vor der Börsenstraße 2 steht, als sie kurz darauf im Wohnzimmer der Hess-Schwestern sitzt, Limonade trinkt und Paul zuhört, der auf dem Klavier spielt. Nini liegt schon wieder mit Migräne im Bett, und Carry hat schlechte Laune, weil ihr ein Auftrag verloren gegangen ist.

»Die Leute werden geiziger«, sagt sie, »und sie werden wieder altmodisch, wollen Walzer tanzen und vor ihren Brokatvorhängen abgelichtet werden. Ich hatte gehofft, diese Zeiten wären endgültig vorbei.«

Die Klaviertöne springen ringsum an die Wände.

»Ich war gerade bei Geisenheyner«, sagt Ella, »und er hat mir nicht viel mehr als einen Kognak geben wollen.«

Paul spielt einen Tusch.

»Und wir warten auf Antwort aus Berlin«, sagt Carry und gähnt. »Bei Ullstein heißt es, das Anzeigengeschäft laufe nicht mehr rund, die Leute sind vorsichtig.«

»Amerika, Amerika!«, trällert Paul zu seiner Melodie.

»Die Leute sind müde, irgendwie. Alles geht langsamer.«

»Aber nicht bei allen.« Paul steht vom Klavierhocker auf, setzt sich zu ihnen und zündet sich eine Zigarette an. »Die Klassenfrage tritt wieder hervor, jetzt, da es zu den Verwerfungen kommt. Wer hat und wer nicht. Darum ging es schon immer, nur hatten in den letzten Jahren alle etwas vom Aufschwung, selbst wenn es nur wenige Pfennige waren. Jetzt aber dreht alles in die andere Richtung. Die Zeitungen geben sich noch optimistisch, dass es nur eine kleine Delle bleibt, bald gehe es wieder bergauf, immer bergauf. Nun, wir werden sehen«, und er zuckt mit den Schultern.

*

In der Festhalle ist Großkampftag, man drängt sich auf den Rängen und um den Ring; jeder will einen Blick auf den schwarzen Ulan vom Rhein werfen, wie er trotz seiner Größe elegant den Gegner umkreist, leicht nach vorn gebeugt, die Arme gehoben, immer zum Schlag bereit. Fotografen drängen sich, ein Blitzlichtgewitter zuckt durch die Rauchschwaden, und nach den ersten beiden Trainingskämpfen posiert Schmeling für die Leute, hebt die Arme wie ein Champion, geht im

Ring auf und ab und schaut immer wieder in die eine Ringecke, in der ein gedrungener Mann im Anzug steht und ihm zunickt.

Max ist ganz aus dem Häuschen: »Schau dir seine Beinarbeit an, wie schnell er ist, wie er den Gegner nie aus den Augen lässt, es scheint so, als ahne er dessen Bewegungen voraus.«

Ella interessiert sich mehr für die Rauchschwaden, das Licht und die erregten Gesichter der Menschen um den Ring, für die Gestalten auf den Rängen, die im Halbdunkel hocken, einige schlafen, andere lesen Zeitung, diskutieren, drehen irgendwelche Sachen. Sie sucht nach den beiläufigen Details des Alltags, Augenblicke der Gewöhnlichkeit, die im Innern der Leica zu einer eigenen Welt werden. Sie will das Leben sehen, die Männer und Frauen, den Boxer Max Schmeling, nicht seine heroische Gestalt, sondern sein menschliches Lächeln, sie will die Gesichter hinter dem Rausch sehen, mehr Geister als Menschen und ihnen doch so nah; Schönheit ist im Gewöhnlichen zu finden, in Gesichtern, in Bewegungen.

Max' Kuss holt Ella aus ihren Gedanken. Alles schön und gut, denkt sie weiter, aber seit zwei Monaten habe ich nichts mehr verkauft und fast kein Geld mehr.

Nach zwei weiteren Kämpfen verlässt Schmeling den Ring, und die Menge zerstreut sich. Sie schlendern hinüber zum Hauptbahnhof, finden einen Platz im Restaurant. Er habe ihr etwas mitzuteilen, sagt Max und bestellt Champagner. Ella zieht die Schultern hoch – wenn er schon wieder mit Heirat und Kindern ankommt, gerade jetzt, denkt sie, stehe ich auf und laufe davon.

Max stopft die Pfeife und sieht sich um. »Wie es aussieht, wird May die Stadt verlassen«, sagt er und pafft einige Züge. »Es ist noch nicht offiziell, aber alles deutet darauf hin. Er war bis letzte Woche zu einer Vortragsreise in Russland und hat von dort wohl ein Stellenangebot als Chefingenieur erhalten.«

Sie bekommen Kartoffelsuppe serviert.

»Man hat es uns ja auch nicht gerade leicht gemacht«, nimmt er den Faden wieder auf und pustet über den Löffel, »die ganzen Jahre schon. Immer wieder wurde unsere Arbeit zum Gespött der Zeitungen, und man muss nun mal festhalten, dass die meisten Menschen in ihrer Verbohrtheit nicht bereit sind für das Neue, sie haben keinen Blick dafür, nicht das leiseste Gespür. Und jetzt kürzt man auch noch die Gelder, immer hängen uns die Rechenschieber im Nacken. Westhausen und Goldstein werden reine Lagersiedlungen, und ob die Kunstschule, die Elsaesser in Sachsenhausen geplant hat, jemals gebaut wird, steht in den Sternen. Ich weiß nicht, wie es weitergeht, aber nur stumpfe Betonbauten zu planen, will ich mir nicht länger zumuten.«

»Du willst aufhören?«

»Nein, nein, das nicht. Aber ich will mich umsehen, nach anderen Möglichkeiten, anderen Orten.«

Ella nimmt einen großen Schluck. Das ist es also! Max will Frankfurt verlassen.

»Und ich möchte, dass du mit mir kommst. Dass wir heiraten und ein gemeinsames Leben führen. Ich bin mir sicher, du bist es, Ella. Mit dir will ich mein Leben verbringen.«

Sie trinkt ihr Glas leer. »Ich muss drüber nachdenken«, sagt sie.

Max mustert sie mit einem Blick zwischen leiser Enttäuschung und Entrüstung, aber er schweigt.

Sie essen weiter, leeren den Champagner, aber zu sagen haben sie sich an diesem Tag nicht mehr viel.

Später liegt Ella lange wach, hört Max ruhig und gleichmäßig neben sich atmen. Sie fragt sich, wie sehr sie ihn eigentlich liebt, aber sie weiß es nicht. Es gibt viel, was sie an ihm schätzt, seine ruhige und doch humorvolle Art, seine Großzügigkeit, seine Freude an ihr. Und dennoch ist sie sich nicht sicher, ob sie mit ihm gehen soll. Sie weiß, dann wird es vorbei sein mit der Wohnung im Höhenblick, mit ihrer Dunkelkammer. Sie beißt auf ihre Unterlippe. Zurück zu den Eltern? Damit würde sie all jenen recht geben, die es immer schon gewusst haben wollen, dass es eine Frau allein nicht schaffen kann, dass sie schwach ist. Sie spürt eine Wut darüber, dass sie hier schlaflos im Bett liegt, dass sich ihr diese blödsinnigen Gedanken aufdrängen. Was nützt das Wort *Freiheit*, wenn sie es zwar leicht dahersagen kann, aber, noch während sie es ausspricht, ins Stolpern gerät?

*

Der Erste Mai ist ein warmer Tag, und jeder, der etwas auf sich hält, findet sich zum Gartenfest in der Villa Schnitzler ein. Es ist ein Auflauf von bekannten und minder bekannten Gesichtern, Schauspielern, Künstlern, Professoren, man treibt sich im Garten herum, im Teehaus, trinkt und kichert und schwatzt, aber trotz der scheinbaren Ausgelassenheit liegt eine Mattheit über allem, etwas Abgekämpftes. Noch spielt man das Spiel mit, gibt vor, es sei alles in Ordnung, das Bankkonto gut gefüllt, der nächste Urlaub geplant, aber es ist nur wie ein müder Akt auf einer zweitklassigen Theaterbühne.

Man begrüßt Ella freundlich, selbst Ernst May schüttelt ihr die Hand, zieht dann Max zu sich in ein vertrauliches Gespräch. Sie tritt hinaus in den Garten, wo sie Lilly von Schnitzler in die Arme läuft. Schön ist sie und elegant wie immer, mit Perlenohrringen und Kette geschmückt, die Wangen leicht gerötet, das Haar frisch gemacht. Sie stoßen an.

»Man sieht Sie wohl nie ohne die Kamera«, sagt die Gastgeberin vergnügt und deutet auf Ellas Seite.

»Die Leica ist wie ein Körperteil von mir«, sagt Ella und hofft darauf, dass Lilly von Schnitzler ihr ein Angebot machen wird, für einen Auftrag sorgt, aber die Mäzenin nickt nur, sie würden später reden, sagt sie und geht auf eine Gruppe Frauen zu, die sie in ihre Mitte nehmen.

Ella schlendert umher, grüßt den einen oder anderen kurz, aber sie fühlt sehr deutlich, dass sie eine ganze Welt von diesen Menschen trennt; es sind nicht nur Kleidung und der Schmuck, es ist das Auftreten, sorgenlos, die Angespanntheit wird einfach weggetrunken, denn noch hat man ja alles. Sie ist froh, kurz darauf im Salon auf Ilse zu stoßen, und erfährt von ihr, dass sie im Sommer nach Paris gehen wird. Sie kenne dort einen Journalisten, der ihre Reportagen vermitteln wolle, ob sie, Ella, es sich nicht doch noch einmal überlegen wolle, mitzukommen. Ella ist freundlich, lacht. »Nein, nein, meine Liebe, aber du schreibst mir, abgemacht?«

Martin Elsaesser macht einen sauertöpfischen Eindruck, wie er da am Tisch unter einem Baum sitzt und sich am Bierglas festhält. Am Nebentisch tönt die Stimme Ernst Mays über alle Köpfe hinweg, umringt von seinen Getreuen sitzt er da und plaudert von der UdSSR, von Moskau, Leningrad und Charkiw. Ella setzt sich zu Elsaesser. Russland sei nichts für ihn, sagt der, er traue Stalin nicht, da bahne sich Übles an, da wolle er unter keinen Umständen hin. Ella fragt ihn direkt, ob es in Frankfurt nichts mehr zu tun gebe, ob er nicht Arbeit für sie habe, da zuckt Elsaesser nur mit den Schultern.

Sie fühlt sich unwohl, will nicht mit Max tanzen, man spielt wieder Walzer und Foxtrott und wiegt sich in diesen langweiligen Rhythmen. Max lässt nicht locker und zieht Ella zwischen die Tanzenden, und wie sie sich so miteinander im Takt wiegen, erzählt er ihr leise, aber voller Begeisterung von der Sowjetunion und den formidablen Möglichkeiten, die sich ihm dort böten. »Und dir auch, liebe Ella, glaub mir, dir auch«, fügt er rasch hinzu. »Die Russen schätzen unsere Ideen und überziehen sie nicht mit Spott. Und schau mal, das Land steht noch ganz am Anfang, es gibt Platz ohne Ende, finanzielle Mittel, da ist wirklich Großes zu erwarten, da reden wir von Wohnungen für Hunderttausende, ganze Städte sollen entstehen.«

»Aber dort ist doch Krieg«, sagt Ella, die eigentlich nichts weiß über dieses riesige Land im Osten, sie kennt nur die Schlagzeilen aus den Zeitungen, die je nach Ausrichtung mal von Stalins Säuberungen, dann wieder von dessen Neuanfang sprechen, von der Herrschaft der Arbeiter oder von der Befreiung der Arbeiter.

»Politik muss uns nicht kümmern«, Max führt eine sanfte Drehung aus. »Wir sind keine Politiker, sondern Architekten, wir debattieren nicht, wir bauen.«

»Und was soll ich dann da?«

»May will natürlich auch Fotografen dabeihaben, die alles dokumentieren. Es wird Publikationen in Zeitungen geben, Bücher. Ich habe dich ihm wärmstens empfohlen.«

Ella schweigt, weiß nicht, was sie von alldem halten soll. Aber sie will jetzt auch keinen Streit. Sie bringen den Tanz zu Ende, setzen sich wieder.

Max bringt zwei frische Gläser Champagner. »Du willst gar nicht weg, nicht wahr?«, sagt er und sieht ihr dabei direkt in die Augen.

»Ich …«, Ella hält inne. »Ich weiß es nicht.«

»Aber was willst du? Glaubst du wirklich, hier in Frankfurt noch voranzukommen? Ella, du musst deine Möglichkeiten erkennen, sonst bleibt alles Träumerei. Du bist weit gekommen, doch die Zeiten ändern sich gerade. Und ich liebe dich und will, dass es vorangeht für uns, auch für dich.«

»Dann wirst du also mit May gehen?«

Er leert sein Glas. »Es … es ist noch nicht endgültig entschieden«, sagt er leise. »Aber mit dir zusammen, was soll uns passieren? Wir werden so viel Neues sehen und lernen!«

»Wenn du etwas für mich tun willst, verschaff mir einen Auftrag«, sagt sie bestimmt. »Ich brauche Arbeit, jetzt!«

»Aber es geht doch auch ohne, Ella. Du bist eine Künstlerin, und ich bin so was wie dein Förderer, dein Mäzen, verstehst du? Ich erwarte nicht, dass du Geld verdienst. Ich bin so froh, dass du bei mir bist, dass du oben deine Dunkelkammer hast und wir unsere Leben teilen.«

»Ich will mein eigenes Geld verdienen.«

»In Russland würden wir alle gut bezahlt werden.«

»Und wenn ich nicht mitkomme, lässt du mich hier zurück, oder wie hast du dir das vorgestellt? Soll ich wieder zu meinen Eltern ziehen?«

»Das liegt bei dir, Ella«, er stopft sich die Pfeife. »Ich werde May folgen, wenn er diesen Schritt wagt und mich mitnimmt. Ich werde mir diese Möglichkeit nicht entgehen lassen. Die Entscheidung liegt wirklich ganz bei dir.«

Sie hat Tränen in den Augen und spürt eine solche Übelkeit im Magen, dass sie kaum noch aufrecht stehen kann, aber sie geht trotzdem weiter. Einfach gehen, in Bewegung sein, um nicht mehr an Max und Russland denken zu müssen. Sie hat ihn einfach sitzen lassen im Garten von Lilly von Schnitzler, wortlos ist sie aufgestanden und gegangen, sie weiß, sie ist ungerecht, weiß, dass Max ein Guter ist. Aber auch er will sie hineindrängen in die Puppenstube, und es ist egal, welchen anderen Namen er dieser Stube gibt. Er will ihr Förderer sein, dabei spielt er sich auf wie ein Vater, er sagt, er liebe sie, aber was ist denn das für eine Liebe? Was will er von ihr mehr, als dass sie ihm eine aparte Begleiterin ist, eine, die er vor seinen Freunden herumzeigen kann, schaut mal, was für einen Fang ich gemacht habe, Ella Burmeister, eine Künstlerin, die man nur hin und wieder etwas unterhaken muss, damit sie vorwärtskommt. Sie ist voller Wut und sucht nach bösen Wörtern, die sie Max und der gesamten Gesellschaft im Garten der Villa an die Köpfe schleudern könnte, und während sie es in Gedanken tut, läuft sie mitten hinein in den voll besetzten Opernplatz, bleibt stehen, schaut sich um. Banner und Fahnen, Männer und Jungen mit Mützen und Kappen, in alten Uniformjacken, Frauen in einfachen Kleidern, alles Leute der KPD, die hier den Ersten Mai feiern mit Reden und Beifallsstürmen. Ella schiebt sich weiter durch die Menge, sie fühlt sich zerzaust, wischt sich Tränen aus den Augen. Sie denkt an ihre Kammer in der Cranachstraße, an das vollgestellte Wohnzimmer, an den ganzen alten Plunder, den ihre Mutter für Reichtum hält. Sie denkt an den Vater, der nur stumm nicken und ihr auftragen wird, unten im Laden die Regale zu säubern, einmal müsse alles gründlich gereinigt werden. Sie denkt an Franz und sein breites Grinsen, an langweilige Sonntagnachmittage und daran, dass sie dann doch irgendeinen Albert oder Georg aus der Nachbarschaft heiraten müsste, einen netten, aber etwas stumpfen Kaufmannssohn oder Spross irgendeines kleinen Beamten. Inmitten der KPD-Menge fächert sich eine Zukunft vor ihr auf, nicht schrecklich, nicht furchterregend, aber leidenschaftslos und öde.

Ihr wird es eng in der Brust, es sind ihr zu viele Leute, die alle zugleich etwas brüllen. Langsam arbeitet sie sich wieder heraus aus der Menge, doch dann hält sie plötzlich inne: Ein paar Meter entfernt steht Franziska. Sie hat ihr den Rücken zugedreht, aber sie ist es, ganz sicher. Und neben ihr, untergehakt, steht Peter Westphal. Ella zieht die Schultern hoch, will sich klein machen, seitlich davonstehlen, aber sie bleibt stehen. Franziska ist umringt von jungen Burschen, Ella kann sie lachen hören. Und sie sieht, wie Peter seine Hand in Franziskas Nacken legt, wie seine Finger dort den feinen Flaum berühren; inmitten des Trubels ist es eine Szene von beschämender Intimität, sie geht einen Schritt näher, und noch einen, jeden Moment kann Franziska sie entdecken, kann Peter sich umwenden, aber es geschieht nicht. Mit der Kamera vor dem

Gesicht ist Ella wie eine Unsichtbare, kann sich unbehelligt in der Menge bewegen. Zwei Mal drückt sie auf den Auslöser, dann macht sie sich davon, springt auf die Plattform der nächsten Elektrischen.

*

An ihrem fünfundzwanzigsten Geburtstag wird Ella von Max mit einem Strauß Blumen geweckt, sie frühstücken oben auf der Terrasse, dann muss er los ins Hochbauamt. Später will er sie abholen, sie wollen ins Kino gehen und in ein Restaurant. Er lässt ihr etwas Geld da, aber sie rührt die Scheine nicht an.

Sie zieht sich an, kämmt sich die Haare, legt Puder auf, dann steigt sie aufs Rad und fährt in die Stadt. Zuerst versucht sie es noch einmal bei Geisenheyner, aber man lässt sie nicht hinauf, wie alle anderen muss sie auf der Bank warten. Nach einer halben Stunde verlässt sie ernüchtert und unter den missbilligenden Blicken des Fräuleins Leitner das Gebäude, fährt direkt ins Malepartus.

Sie weiß nicht genau, was sie hergeführt hat, vielleicht nur Sentimentalitäten. Es ist mitten am Tag, an den Tischen hocken ein paar der üblichen Gestalten. Alles klebt noch vom Vorabend, und trotz des anbrechenden Sommers herrscht eine große Niedergeschlagenheit. Schnell stürzt sie das erste Bier hinunter, sie sitzt unbequem, trinkt ein zweites Glas und gleich noch einen Schnaps dazu, und weil sie nichts essen mag, bekommt sie rote Wangen.

Jetzt klimpert einer am Klavier, und als ein Mann sie fragt, ob er sie einladen dürfe, zum Likör, hat sie nichts dagegen. Der Mann stellt sich vor, aber sie kann sich den Namen nicht merken, Heinrich, Heinz, sein Gesicht ist schmal, sein Bart stumpf. Sie will ihm auf keinen Fall nahe kommen, auch wenn es jetzt zur Tanzfläche geht. Der Klavierspieler klimpert behände, und der Mann erzählt ihr von seinen Plänen. Gerade befinde er sich in einem kleinen Tief, aber schon im nächsten Monat erwarte er die Antwort eines möglichen Geldgebers, da wolle er sein Labor wieder in Betrieb nehmen und an seinem Damenstrumpf weiterarbeiten, ein Strumpf, der nie reiße, egal wie weit man ihn dehne. Der Mann schaut sie an und sagt, er suche nach reizenden Fräuleins, die seine Strümpfe tragen und ihn bekannt machen würden, ob er sie dafür gewinnen könne? Und während er das sagt, wandert seine Hand Ellas Rücken hinab bis zum Po. Sie windet sich aus seinen Armen und will zurück zum Tisch. Der SeidenstrumpfFerfinder folgt ihr, setzt sich dazu, rückt immer näher. So ein schönes Fräulein sei sie, so selbstbestimmt und wach, das gefalle ihm.

»Ich bin verlobt«, sagt Ella barsch.

»Und wo ist Ihr Verlobter jetzt?«

Der bereitet seine Abreise vor, denkt sie und sagt: »Bei der Arbeit, wo denn sonst.« Sie trinkt das Glas leer und knallt es auf den Tisch, »Bei der Arbeit ist er«, giftet sie den Strumpfmann an, »und ich habe heute Geburtstag und bin auch bei der Arbeit, ich studiere Menschen und deren Gesichter«.

Doch davon versteht ihr Gegenüber gar nichts. »Darf ich Ihnen denn ein Paar aus meinem Sortiment überlassen?«, sagt er stattdessen, »und Sie ziehen es gleich einmal an?« Vergeblich durchsucht er die Jacketttaschen und grinst verschlagen. »Sie sind eine bezaubernde Person, wissen Sie das?«, sagt er und legt Ella eine Hand auf die Schulter, und mit der anderen streift er kurz ihre Brust.

Sie fährt auf: »Du blödes Schwein!«, doch ehe es weiter eskalieren kann, ist schon ein Kellner da, packt den Strumpfmann am Kragen, zerrt ihn vom Stuhl und verpasst ihm eine Ohrfeige. Er solle sich sofort bei der Dame entschuldigen und dann verschwinden, sonst gebe es eine Anzeige wegen Belästigung! Der Strumpfmann schreit, er habe es nur gut gemeint mit dem Fräulein, und dass man heutzutage gar nicht mehr wisse, wie man so ein hysterisches Frauenzimmer anzusprechen habe. Da schleift ihn der Kellner davon und wirft ihn zur Tür hinaus.

Ella bekommt einen Schnaps aufs Haus, den sie hinunterstürzt. Sie starrt auf die Tischfläche, auf ihre Hände. Sie gibt ein jämmerliches Bild ab, an ihrem Geburtstag sitzt sie da wie eine Trinkerin und hofft, dass der Tag bald enden möge. Nein, so darf es nicht weitergehen! Das ist kein Leben mehr! Sie drückt die Tränen weg, erhebt sich und verlässt das Lokal.

*

Ella hat gewartet, bis sie zurück im Höhenblick sind. Sie hat mit Max getanzt und ihm dabei zugeraunt, dass sie ihm etwas Wichtiges zu sagen habe, doch nicht hier, sondern zu Hause. Jetzt stehen sie sich auf der Terrasse gegenüber, Max sieht sie erwartungsvoll an, Ella umfasst das Geländer, schaut rüber zur Nidda.

»Ich hab's mir überlegt«, sagt sie und macht eine Pause, um die Spannung wachsen zu lassen, um Max näher an sich heranzuziehen. Sie wendet sich ihm zu, er schaut verunsichert drein, als befürchte er ihre Zurückweisung. »Ich werde mit dir gehen, nach Russland!«

»Mensch, Ella, ich freue mich sehr!« Plötzlich wirkt es, als hätte man ihm ein Gewicht von den Schultern genommen. Er zieht sie in seine Arme, hebt sie hoch, bedeckt ihr Gesicht mit Küssen.

Ganz rote Ohren hat er, so glücklich ist er, aufgeregt wie ein Junge am Weihnachtsabend. »Es wird ein großes Abenteuer werden, Ella. Endlich können wir tun, wovon wir immer geträumt haben. Uns kann gar nichts Besseres passieren.«

»Ja, hoffentlich hast du recht«, sagt sie und greift wieder ums Geländer, lehnt sich vor. »Nur schade um den schönen Ausblick.«

»Wir werden bald ganz andere Dinge sehen«, sagt Max und strahlt sie an. Und Ella ist gewillt, ihm das zu glauben.

# TERMINAL 2

Frankfurt am Main, 1997

Der Fernseher tauchte das Zimmer in ein diffuses Licht, an den Wänden wanderten Schatten auf und ab, die Dunkelheit schimmerte. Richard saß aufrecht im Bett und versuchte, irgendetwas zu fokussieren, die Möblierung des Raums, die Fernsehbilder, den schmalen Spalt, den die Vorhänge offen ließen. Er hatte es mittlerweile aufgegeben, an Schlaf auch nur zu denken, und warf einen Blick auf seine Armbanduhr. Halb drei. In New York waren jetzt die Restaurants und Bars gefüllt, Eleonore räumte wahrscheinlich die Spülmaschine ein, Carl kam nach einem langen Arbeitstag aus der Praxis nach Hause. Schon während des Duschens hatte Richard geahnt, dass er nicht zur Ruhe kommen würde. Immer wieder war er ans Fenster getreten, hatte sich von den Bewegungen auf der Straße kurzzeitig ablenken lassen, hatte den Lauf einer Straßenbahn verfolgt, vereinzelte Fußgänger strebten hastig ihren Zielen zu, auch die Autos fuhren schneller. Ein Rettungswagen kam vorbei und tauchte das Zimmer in flackerndes Blau. Dann lag auch die Straße ruhig und verlassen da.

Er merkte, wie ihn immer wieder ein Gefühl der Panik überkam, wie er fahrig wurde, wie er in Gedanken die Mails von John Rosen las, wie er sich Adrian und sein Team vorstellte, erwartungsvoll, gespannt auf das, was er aus Frankfurt mitbringen würde, und wie sich die Mienen nach und nach sorgenvoll eintrübten, während er nur dastand und schwieg. Nüchtern versuchte er, seine Situation zu analysieren: dass ihn das Symposium kein Stück weitergebracht, dass ihn die Idee mit Ella Burmeister zu lange abgelenkt hatte, dass Thomas' Engagement und sein Angebot zur Mitarbeit zwar redlich waren, aber letztlich auch nur ins Nirgendwo führten, hochfliegende Pläne an einem gemütlichen Abend mit gutem Essen und Alkohol.

Er musste sich eingestehen, dass er gescheitert war.

Schon formulierte er sein Schreiben an John Rosen, eine kurze Ansprache an sein Team, er könne diese Ausstellung nicht machen, er habe diesmal nicht das Glück des Forschenden gehabt, das ja immer auch nötig sei, um etwas Außergewöhnliches zu schaffen. Man würde Verständnis äußern, hinter seinem Rücken aber würde das Geraune nicht aufhören: Er sei wohl zu alt, zu träge geworden, habe die Fähigkeit verloren, in der Zeit zu lesen, begreife nicht, was gefordert war, sei nicht der Richtige für diese Aufgabe.

Im Fernsehen war die Erde zu sehen, aufgenommen aus dem All, gerade wurde der Schriftzug *Australien* eingeblendet, eine Küstenlinie gezeigt. *Space Night* hieß die Sendung und war mit chilliger Musik unterlegt. Richard ging ins Bad, ließ Wasser in den Zahnputzbecher laufen und trank es in einem Zug. Er sah nicht gut aus, bleich, unrasiert, die Haare standen ihm vom Kopf. Was würde Eleonore sagen, wenn sie ihn sähe? Mensch, Rick, hatte er sofort ihre Stimme im Ohr, jetzt nimm die Sache nicht so ernst, davon hängt kein Menschenleben ab. Aber wenn doch? Wenn nun sein eigenes Leben davon abhing?

Er zog die Vorhänge auf, schob den Stuhl ans Fenster und setze sich. Das Nokia lag auf dem Schreibtisch, er war mehrmals kurz davor gewesen, sich bei Sarah zu melden. Doch auch bei ihr in Barcelona war es mitten in der Nacht, sie würde seine Anrufversuche und Nachrichten wahrscheinlich nicht mal mitbekommen. Und außerdem würde ein Telefonat hier in Europa wahrscheinlich ein Vermögen kosten. Aber es war nicht nur das, was ihn abhielt, er ahnte, dass Sarah mit seiner Situation überfordert sein würde, sie würde wahrscheinlich ein paar gut gemeinte Ratschläge formulieren, Allgemeinplätze, dass er sich selbst vertrauen, an sich glauben solle: Nimm eine Schlaftablette und leg dich hin, und morgen wirst du wieder wissen, was zu tun ist, dann triffst du eine Entscheidung, Panik hat noch nie geholfen. Und damit würden sie beide irgendwann auflegen. Nein, er würde nicht Sarah zuerst um Hilfe bitten, sondern Thomas. Richard spürte, dass er es war, der ihn verstehen, der ihn beruhigen könnte, und er stellte sich vor, wie Thomas ihn in den Arm nahm und festhielt. Thomas würde sagen, dass er sich keine Sorgen machen solle, es werde sich alles fügen. Und ihm würde er es glauben.

Es ging auf vier zu. Die Kamera der Raumstation überflog gerade die Arabische Halbinsel. Richard stand auf und begann, seinen Koffer zu packen. Er würde nach Abschluss des Symposiums sofort zum Flughafen fahren, diese Stadt schnellstmöglich verlassen. Sollten andere, fähigere Wissenschaftler das Unbekannte ans Licht bringen, ihm gelang es nicht mehr.

Das Eingeständnis der eigenen Schwäche beruhigte ihn erstaunlicherweise. Er setzte sich wieder aufs Bett und sah gebannt auf die Landmassen, Wolkenformationen und Küstenlinien, die auf dem Bildschirm vorbeizogen.

Gegen halb acht schreckte Richard hoch. Er saß mehr, als dass er lag, und hatte so doch noch etwa drei Stunden Schlaf gefunden. Auf seiner rechten Gesichtshälfte waren Abdrücke des Kissens zu sehen, sein Nacken schmerzte. Er stand auf, duschte, zog sich an und packte die restlichen Dinge zusammen.

Die Nacht kam ihm vor wie ein blasser Traum, als er im Frühstücksraum saß – es roch nach Kaffee und frischen Brötchen, es gab Marmelade und Butter in Plastikverpackungen, Kaffeesahne, Müsli. Die Welt erschien ihm wieder vernünftig und aufgeräumt, die Menschen an den Tischen verhielten sich so, wie er es erwartete, sie starrten wie er in die Zeitung, schmierten sich Brötchen und schenkten sich Kaffee nach. Nichts war aus den Fugen, alles folgte einem Plan.

Nach dem Frühstück bezahlte er an der Rezeption und checkte aus. Man wünschte ihm einen schönen Tag. Ein Taxi brachte ihn zurück zum Tagungsort, wo gleich die Abschlussveranstaltung beginnen würde. Richard nahm sich noch einen Kaffee und spielte mit: Er ließ sich in belanglose Unterhaltungen hineinziehen, er begrüßte Thomas, dessen Haare noch feucht waren und der fein nach Aftershave roch, und während sie in einer kleinen Gruppe zusammenstanden und die Tage resümierten, berührte seine Schulter die von Richard, streifte ihn sanft, und er ließ es geschehen.

Dann nahmen sie ihre Plätze ein, Professor Rühr hielt einen abschließenden Vortrag über Martin Elsaesser und den Bau der Großmarkthalle, und Richard dachte dabei an die Bilder in seiner Mappe. Ja, er wusste, dass er mit Ella Burmeister nicht weiterkommen würde, und trotzdem konnte er nicht loslassen, denn es gab da dieses Foto seiner Mutter. Während Rühr vorn am Pult von der gewaltigen Deckenkonstruktion der Großmarkthalle sprach, sie einmal liebevoll *Gemieskerch* nannte, tauchte Richard ein in die Zeit, als man dort noch staunend unter dem Dach gestanden und die Zeiger der riesigen Uhr betrachtet hatte. Er stellte sich vor, wie Ella mit der Kamera vor dem mächtigen Bauwerk stand, wie sie vielleicht zweifelte, den besten Winkel suchte, wie ihr immer wieder Menschen ins Blickfeld gerieten und sie schließlich den Auslöser betätigte. Und er stellte sich seine Mutter vor inmitten der aufgebrachten Menge, die eine breite Straße entlangkam, Ella war ihr ganz nah, Franziska hatte sich bei ihr eingehakt, zog sie mit, lachte, sagte, sie brauche keine Angst zu haben. Richard sah die beiden Frauen vor sich, seine Mutter klar umrissen, Ella unscharf, überlagert von mehreren Gesichtern, einmal glich sie Eleonore, einmal Sarah. Ella und Franziska waren Vertraute, Freundinnen, Gefährtinnen, sie gingen gemeinsam ins Theater und in Cafés, sie rauchten Zigaretten, tanzten, schmiedeten Pläne. Richard lächelte bei der Vorstellung daran, wie die beiden miteinander tanzten, einen Charleston oder einen Shimmy, die wilden Tänze einer untergegangenen Zeit; auch er würde sich sofort mit ins Getümmel stürzen und wie alle anderen rufen: *Carpe noctem, carpe noctem!* Applaus brandete auf, Richard hob den Kopf, er sah den Professor am Pult, um ihn klatschten alle, also klatschte auch er, das Symposium war zu Ende.

Nach dem Schlussapplaus gab es die üblichen Verabschiedungsrituale mit Händeschütteln, dem Austausch von Visitenkarten. Richard stand eine Zeit lang bei Rühr, sie sprachen über seine Rückkehr nach New York und darüber, dass der Professor ihm gerne mit seiner Expertise zur Seite stehen wolle. Richard nickte freundlich, vermied es aber, näher darauf einzugehen. Er wusste ja nicht mal, ob es diese Ausstellung je geben würde, jetzt, da seine Welt erodierte.

Man verabschiedete sich voneinander, wollte in Kontakt bleiben. Richard versuchte, Thomas zu meiden, obwohl es ihn zu ihm hindrängte. Er wusste nicht, was er sagen, wie er sich von ihm verabschieden sollte. Am liebsten wäre er einfach in ein Taxi gestiegen und losgefahren, ohne noch einmal mit ihm zu sprechen. Er sah, dass auch Thomas ihn im Auge behielt. Also holte er sich ein Glas Wasser und wartete.

Die letzten Teilnehmer zerstreuten sich, noch eine Verabschiedung, noch ein Händedruck, dann war der Tisch mit den Resten von Kaffee, Obst und Brezeln verwaist, der Gang fast leer.

Thomas kam auf ihn zu, blieb direkt vor ihm stehen. »Bist du aufgeregt?«

»Aufgeregt, wieso?« Einmal mehr war Richard angenehm irritiert von dieser Frage.

»Also, ich bin jedes Mal aufgeregt vor einem Flug«, sagte Thomas. »Ich fliege einfach nicht gern, obwohl ich es mag, die Welt von oben als einen Teppich zu sehen.«

»Ich schlafe dann meist ein«, sagte Richard.

Thomas lehnte sich an den Tisch und griff nach ein paar Trauben. »War deine Einladung nach New York eigentlich ernst gemeint?«

»Ja, sicher«, sagte Richard.

»Schön, dann müssen wir uns jetzt also gar nicht theatralisch verabschieden und uns alles Gute wünschen für das weitere Leben.«

Richard zog wie ferngesteuert sein Kärtchen aus der Tasche. »Hier erreichst du mich in der Uni, und das ist die Nummer meines Mobiltelefons«, er schrieb sie auf die Rückseite und reichte die Karte weiter.

Thomas nickte nur und betrachtete die Nummer. Es gab ja auch nicht mehr viel zu sagen. Richard stellte sein leeres Glas auf ein Tablett und griff nach dem Koffer.

»War schön, dich kennenzulernen«, sagte Thomas und sah ihm direkt in die Augen.

»Ja, das fand ich auch.« Und weil Richard nicht wusste, was er anderes tun sollte, hielt er ihm die Hand ihn. Thomas ergriff sie mit Schwung. Sie waren nur zwei Teilnehmer eines Symposiums, die sich gut verstanden hatten und einige wesentliche Ansichten teilten.

»Guten Flug!«

Schweigend begleitete Thomas ihn hinaus zu den Taxen und wartete, bis Richard eingestiegen war. Das Fahrzeug fuhr an, er hob die Hand, und auch Thomas winkte.

Kurz darauf war er aus seinem Blickfeld verschwunden.

Bis zum Boarding blieben noch über vier Stunden. Im verglasten Terminal 2 stand Richard zuerst vor der großen Abflugtafel und suchte nach seinem Flug, der aber noch nicht angezeigt wurde. Schließlich setzte er sich in ein Café mit Blick aufs Rollfeld, bestellte einen Cappuccino und ließ seine Gedanken zwischen den schimmernden Maschinenkörpern pendeln.

Bald musste er auf die Toilette, blieb dort etwas länger sitzen und schloss die Augen. Er spürte die Nacht nachwirken wie etwas, das hinter oder über ihm lauerte. Er wusch sich die Hände und drückte sich die feuchten Finger ins Gesicht, atmete dazwischen hindurch, wartete ab. Dann kam jemand, und Richard verließ den Raum.

Er bestellte eine Cola und trank sie in kleinen Schlucken, während er Kinder beobachtete, die vor der Glasfront zum Rollfeld herumturnten. Sie wurden von ihren Eltern auf eine landende Maschine aufmerksam gemacht, interessierten sich allerdings überhaupt nicht dafür, sondern blieben versunken in ihr Spiel. Sie versuchten, einander zu fangen, bevor sie die Glasscheibe berührten, es gab Verwandlungszauber, Abwehrgesten, ihr Spiel war von außen nicht vollständig zu entschlüsseln.

Er schrieb Sarah, dass er jetzt am Flughafen sei, dass er sich freue, sie bald zu sehen, und sie schrieb zurück, sie freue sich auch, werde aber wohl erst am Montag wieder in New York sein können. Hatte sie nicht gesagt, ihre Tagung würde auch nur bis Freitag gehen? Richard war zu müde und zerstreut, um nachzufragen. Mit der Müdigkeit ging auch eine gewisse

Gleichgültigkeit einher, er würde ihre Fragen nur mit einem Schulterzucken beantworten: Wie war es in Frankfurt? Hast du etwas rausgefunden? Was planst du? Warum fehlt dir der Mut? Er wollte das alles vergessen, wollte einfach nur lange im Bett liegen, durch die Heights spazieren, Sarah küssen, mit ihr schlafen. Er wollte, dass alles wieder so sein würde, wie es gewesen war, wollte nicht weiter herausgefordert werden.

Er nahm den Koffer und machte sich auf zum Check-in-Schalter in der Hoffnung, das Gepäck schon aufgeben und dann durch die Duty-free-Läden schlendern zu können, um nach einem Mitbringsel für Sarah zu schauen. Vielleicht würde er auch etwas für Carl zum Geburtstag finden.

Vor dem Schalter von United Airlines hatten sich einige Reisende eingefunden und warteten, der Desk war noch geschlossen. Richard wollte sich gerade einreihen, als das Nokia klingelte. Da das so gut wie nie geschah, fuhr er zusammen und zog es hastig aus der Tasche, fast fiel es ihm aus der Hand.

»Ja … hallo?«

»Richard, Thomas hier. Du bist noch nicht gestartet, oder?«

»Nein, ich bin noch da.« Er merkte, wie seine Stimme zitterte.

»Es geht um Ella«, fuhr Thomas fort, »genauer gesagt um ihren Enkel, Matthias Wächter. Der sollte doch in den USA leben. Aber er ist hier, in Frankfurt. Ich habe ihn gerade gesprochen, und er würde sich mit dir treffen.«

Richard wusste nichts zu sagen. Er musste zurück nach New York, Adrian würde ihn am Airport erwarten, ab übermorgen hatte er auch wieder Vorlesungen zu halten.

»Richard, bist du noch da?«

»Ja … ja. Aber ich … Ich weiß ehrlich gesagt nicht so richtig, was mir so ein Treffen bringen soll. Ich könnte ihn von New York aus anrufen.«

»Das könntest du, sicher. Aber warum nutzt du nicht die

Gelegenheit, ihn hier zu sehen? Er wird dir mehr über Ella erzählen können, und vielleicht hat er sogar weitere Fotos.«

»Ich …«, Richard hielt inne. Hatte er nicht entschieden, das Thema aufzugeben? Er wollte nicht noch mehr Zeit damit vergeuden. »Ich glaube nicht, dass es was bringt.«

»Mensch, Richard«, hörte er Thomas sagen und glaubte, Ärger aus dessen Stimme herauszuhören, »wenn du jetzt ins Flugzeug steigst, war alles umsonst. Aber hier gibt es jemanden, mit dem du reden solltest. Wo ist dein Interesse, dein Feuer? Du bist Wissenschaftler. Diese Chance darfst du nicht sausen lassen.«

Lautsprecherdurchsagen schallten über Richard hinweg, der Boden vibrierte leicht. Er stellte fest, dass er vollkommen ratlos war, und spürte die Panik zurückkehren.

»Ich … ich hab ja nicht mal ein Hotel.«

»Du kannst bei mir unterkommen«, sagte Thomas. »Ich habe ein Gästezimmer, da bist du ganz für dich.«

Richard ging ein paar Schritte in die Abflughalle hinein, in diese gewaltige Konstruktion aus Glas und Stahl, und blieb in einem Lichtfeld stehen, das durch ein Oberlicht hereinfiel. Ja, wo ist dein Feuer?, fragte er sich selbst und musste unfreiwillig lächeln. Wo ist die Lust am Entdecken, die du schon als Kind empfunden hast, als du Nachmittage in der Bibliothek verbrachtest, um mit Kolumbus den Atlantik zu bezwingen?

Und plötzlich wusste er wieder, was zu tun war: Er würde Ellas Enkel treffen, möglicherweise würde er an weitere Bilder kommen, vielleicht gab es sogar Notizen, Tagebücher, er würde diese unbekannte Fotografin aus der Dunkelheit zurück ins Licht holen, Ella Burmeisters Bildern einen würdigen Platz geben. Niemand verschwand spurlos, und er hatte die Mittel und Möglichkeiten, mehr über diese Frau herauszufinden, zusammen mit seinem Team. Tränen stiegen ihm in die

Augen, verlegen wischte er sich mit dem Ärmel über das Gesicht. Die Panik ebbte so rasch ab, wie sie gekommen war. Aber jetzt begannen seine Knie zu zittern, er schaffte es gerade noch bis zu einer Bank.

»Alles in Ordnung?«, Thomas' Stimme knackte.

»Ja, bin okay.« Richard hätte am liebste laut losgelacht. »Muss nur noch ein paar Dinge klären, dann komme ich.«

»Wunderbar! Also, bis später!« Thomas nannte ihm noch seine Adresse und legte auf.

Richard starrte das Nokia an. Es war verrückt! Aber war es dieses ganze Abenteuer mittlerweile nicht sowieso, so verrückt und wendungsreich, dass er sich fragen musste, was mit ihm in den letzten Tagen geschehen war und was es für sein Leben bedeutete? Die Geschichte seiner Mutter, die ihm erst hier in Frankfurt so nah gekommen war, und seine Faszination für diesen Mann, diese verstörende Anziehung – das alles hing auf eine Art zusammen, die ihn ahnen ließ, dass es sein bisheriges Leben infrage stellen könnte. Es war keine große Erschütterung, kein Erdbeben, vielmehr ein stetiges Bröckeln, mehr und mehr Gestein fiel ab, rieselte den Hang hinunter und legte etwas frei, das verwirrend und schön zugleich war.

Von einem Münztelefon aus rief er im Büro an. Adrian war gerade erst eingetroffen und erstaunt, jetzt schon von ihm zu hören. Richard bat darum, ihn unter seiner Mobilnummer zurückzurufen. Kurz darauf klingelte das Nokia wieder. Ob alles okay sei, wollte sein Assistent wissen.

»Ja, ich muss allerdings noch zwei Tage länger bleiben. Kannst du meinen Rückflug auf Sonntag Abend umbuchen? Und die Vorlesung am Montag halten, Einführungsveranstaltung, alle Unterlagen dazu liegen auf meinem Tisch, das bekommst du ohne Vorbereitung hin.«

»Hast du denn etwas Interessantes gefunden?«

»Eventuell. Ich treffe mich mit dem Enkel der Fotografin.«

»Klingt gut«, sagte Adrian. »Also Sonntag Abend. Ich ruf dich an, sobald ich die Flugdaten habe. Und das mit der Einführung geht klar.«

»Danke dir, Adrian!«

Richard verließ das Terminal in Richtung der Taxistände. Und wie durch einen Zauber kam ihm alles verändert vor, die Luft war klarer, die Menschen wirkten vergnügter, er selbst schien leichter, mit Schwung zog er den Koffer hinter sich her zum Taxi, schwungvoll zog er die Autotür auf und sagte dem Fahrer auf Deutsch, wohin er wollte.

Thomas hatte Suppe gekocht. Richard zog Jacke und Schuhe aus und setzte sich gleich mit an den Tisch. Er bewegte sich wie selbstverständlich in dieser Wohnung.

»Wie bist du denn an Ellas Enkel gekommen?«, fragte er, als Thomas ihnen auftat.

»Annika hat mich angerufen. Auch sie hat sich weiter mit Ella Burmeister beschäftigt und seinen Namen herausgefunden. Matthias Wächter. Er war Ende der Siebziger Mitglied in einer Krautrockband, Effet de Réel, die waren sogar mal ganz erfolgreich. Er war länger in den USA, lebt aber seit Jahren wieder in Frankfurt. Ich habe einfach im Telefonbuch gesucht und hatte Glück. Er war nicht besonders überrascht von meinem Anruf, sagte sofort, er würde uns helfen.«

»Es ist doch absurd«, sagte Richard, »dass ich gleich mit Ellas Enkel sprechen werde, anstatt im Flieger zu sitzen.« Er fühlte sich wie früher, wie ein Schatzsucher, der drauf und dran war, den entscheidenden Fund zu machen, spürte eine nervöse Aufregung. »Ich habe Montag Vorlesungen, man erwartet ein Konzept von mir. Und trotzdem bin ich erleichtert, hier zu sein.«

Thomas sah ihn an und lächelte vielsagend. Mit großem Appetit begannen sie, die Pilzcremesuppe zu essen, und stießen an: Auf ungebetene Gäste und ungewöhnliche Situationen!

Dann brachte Thomas eins dieser schnurlosen Telefone an den Tisch, zusammen mit einem Zettel, auf dem die Nummer von Matthias Wächter notiert war.

»Also komme ich aus der Sache wohl nicht mehr raus«, sagte Richard und begann zu wählen.

Nach dem zweiten Klingeln hörte er jemanden Rauch ausblasen, dann eine Stimme, ein weiches »Hallo?«.

»Hier ist Richard Kugelman. Sie haben vorhin mit Herrn Theben gesprochen, und ich wollte …«

»Ah, der Amerikaner«, sagte der Mann am anderen Ende in einem etwas verwaschenen Englisch.

»Exakt«, auch Richard wechselte ins Englische. »Ich würde gerne mit Ihnen über Ihre Großmutter Ella Burmeister sprechen.«

»Sie meinen Ella Hagedorn?«

Richard stutzte. Hagedorn? Hatten sie etwas durcheinandergebracht?

»Burmeister war ihr Mädchenname«, fuhr der Mann fort. »Hagedorn hieß mein Großvater, Walter Hagedorn.«

Natürlich, jetzt erinnerte sich Richard wieder, Ella hatte geheiratet und den Namen ihres Mannes angenommen. »Ja, genau, über Ihre Großmutter Ella.«

»Womit kann ich weiterhelfen?«

»Können wir uns treffen? Ich bin nur noch kurz in der Stadt, Sonntag muss ich zurück nach New York. Hätten Sie morgen Zeit?«

»Ah, New York, Big Apple, nicht wahr? War ich auch mal für fast ein halbes Jahr, war in den Achtzigern, eine ziemlich laute Stadt, oder? Aber ich hab mich da wohlgefühlt, so ist es. Also, wir können uns gern treffen, von mir aus. Kennen Sie das *Mampf*? Nein, sicher nicht, woher auch. Ist ’ne Jazz-Kneipe, da spiel ich morgen. Kommen Sie einfach am Nachmittag vorbei, dann können wir reden.«

Richard bedankte sich und beendete das Gespräch.

Thomas hatte mittlerweile den Tisch abgeräumt und eine Jazzplatte aufgelegt.

»Kennst du das Mampf?«, fragte Richard.

»Klar, legendäre Kneipe.«

»Dort bin ich morgen mit ihm verabredet.«

»Dann tauchst du jetzt also doch richtig ein in meine Stadt. Ich mach mal das Gästebett fertig«, sagte Thomas und verließ das Wohnzimmer.

Das Nokia piepte ein Mal, es war Sarah. Sie schrieb, dass sie doch schon Sonntag in New York sei und sich auf ihn freue. *Bist du noch in Frankfurt? Ich vermisse dich*, schloss ihre Nachricht. Er fühlte sich ertappt, auch wenn er wusste, dass er Sarah keine Rechenschaft schuldig war, dass ihre Beziehung auch darin bestand, dem anderen Freiraum zu geben. Aber sollte er ihr antworten, dass er länger in Frankfurt bleiben würde? Er entschied sich dagegen und schrieb nur: *Ich dich auch. Kuss.*

# DER MAGNETBERG

Moskau – Magnitogorsk, 1930

*Der Morgen war neblig, aber schon klarte es auf, und mitten in der Steppe erhob sich plötzlich eine Anzahl flacher Hügel, von denen einer der Magnetberg sein musste. Die sonst verlassene Gegend war übersät von Lichtern aus den Barackenlagern, eine Stadt für zweihunderttausend Menschen sollte ich mir vorstellen, eine Stadt für die mächtige Stahlfabrik. Ihr Zentrum ist ein Hügel mit großer Festhalle und Theater. Die Häuserblocks sind zu Quartalen für zehntausend Bewohner zusammengefasst, getrennt durch Grünflächen. Der Mittelpunkt jener Stadtviertel liegt aber nicht in ihrem jeweiligen Zentrum, sondern außerhalb an den Straßenbahnhaltestellen. Hier findet der Arbeiter alle Kollektivbauten vor: Speisehaus, Schule, Warenhaus, Kindergarten, Krippe, Klub, Läden, Ambulatorium.*

*

Es ist weit nach Mitternacht, halb zwei, zwei, halb drei, aber Ella findet keinen Schlaf. Unter ihr rattern beständig die Räder des Waggons, sie wirft sich auf dem schmalen Bett herum, schiebt den Vorhang ein Stück zur Seite und schaut hinaus. Es ist kaum etwas zu erkennen, die schwarzen Schemen von Bäumen, hin und wieder ein schwaches Licht in der Ferne. Sie hat keine Ahnung, wo sie sich gerade befinden, irgendwo in Polen, nachdem der Zug am frühen Abend Berlin verlassen hat.

Alle haben im Speisewagen auf das große Abenteuer angestoßen. Ernst May hielt eine kurze Rede, und Max drückte

Ella fest an sich. Die *Brigade May*, wie die Zeitungen sie nennen, ist auf dem Weg nach Moskau!

Der Nordexpress rollt durch eine fast menschenleere Weite, und Ella versucht zu begreifen, was gerade geschieht. Das hier ist kein Urlaub, sie werden nicht in Hotelbetten schlafen, sie werden keinen Sekt trinken, keine Zeitungen lesen und nach ein, zwei Wochen wieder heimreisen; sie wird auch keine Postkarten mit Ferieneindrücken nach Hause schicken. Und *Moskau* ist bloß ein Wort, ein kleiner Punkt auf der Landkarte. Es ist ein Wagnis, eine ungewisse Herausforderung, vor der sie steht. Sie ist nur selten über Frankfurts Grenzen hinausgekommen, und jetzt liegt sie hier im Schlafwagen neben dem schnarchenden Max und kann vor Aufregung keine Ruhe finden.

In den Tagen vor der Abreise hat sie mit ihm jeden Abend Standardphrasen wie *Ich freue mich, Sie kennenzulernen* oder *Wo bitte finde ich* … aus einem Russischbuch geübt. Einiges hat sie sich notiert, wiederholte es während des Packens. Als sie die Eltern besuchte, um ihren Umzug nach Moskau anzukündigen, hatte es ein langes Schweigen gegeben, dann begann ihre Mutter zu schluchzen, und der Vater sah auf den Tisch und nickte. Es sei wohl endgültig an der Zeit, dass sie erwachsen werde. Auch bei Carry und Nini war sie ein letztes Mal gewesen, sie hatten auf ihr Unternehmen angestoßen, und Ella musste versprechen, zu schreiben.

Sie dreht sich auf den Rücken, starrt an die Decke, doch es ändert nichts. Also wirft sie sich den Morgenmantel über und geht durch den schmalen Gang zum Speisewagen, in der Hoffnung, dort irgendeine Ablenkung zu finden. Die Lichter sind gedimmt, an einem Tisch sitzt Margarete Schütte-Lihotzky, die Erfinderin der *Frankfurter Küche*, und liest in einem Buch, Ella kennt ihr Bild aus der Zeitung und denkt an das Fest im Garten der Elsaessers, wo sich Margarete so unbeeindruckt und selbstverständlich zwischen den Architekten bewegte, als sei es das Normalste der Welt. Ella rührt sich nicht, Margarete aber sieht auf, lächelt sie an und gibt mit einer Kopfbewegung zu verstehen, dass sie sich zu ihr setzen soll.

»Können Sie auch nicht schlafen?«, fragt sie und sieht Ella aufmerksam an. »Mir geht es genauso. Ich frage mich, ob ich hier richtig bin, also, in diesem Speisewagen, oder ob ich nicht doch besser zu Hause in Frankfurt geblieben wäre. Fragen Sie sich das auch?«

Ella nickt erleichtert. Sie setzt sich, ein Kellner bringt heiße Milch, und die beiden Frauen schauen hinaus in die Nacht.

»Wir sind uns beim Elsaesser schon einmal begegnet, nicht wahr? Ich bin Grete.«

»Ja, im Garten. Ella, freut mich sehr.«

Eine beinah zärtliche Berührung ihrer Hände.

»Alles rast an einem vorüber, manchmal ist es beängstigend«, sagt Grete. »Wusstest du, dass May ursprünglich mit dem Zeppelin nach Moskau reisen wollte, so euphorisiert ist er von der neuen Technik.«

Ella schüttelt den Kopf.

»Aber es hätte etwas überheblich gewirkt, wenn die deutsche Truppe in Moskau direkt aus dem Luftschiff gestiegen wäre. Schön blamiert hätten wir uns!« Sie zündet sich eine Zigarette an und reicht das Etui weiter.

Aber Ella will nicht rauchen, sie nippt an ihrer Milch, und eine Zeit lang sitzen die beiden schweigend da, in den Dunst der Zigarette gehüllt, sehen ihre müden Gesichter in der Scheibe gespiegelt.

»Ich habe Angst und bin doch voller Zuversicht«, sagt Grete nach einer Weile. »Kannst du dir das vorstellen, Russland, Moskau?«

»Ich versuche, mir am besten gar nichts vorzustellen.«

Grete nickt. »Ja, ist sicher besser. Aber weißt du, wir Frauen müssen immer einen Schritt weiter sein, wir sollten schon den neuen Bahnhof erkunden, während die Männer noch im Speisewagen sitzen«, sie steht auf, gähnt. »Aber Himmel, ich werde philosophisch. Mal sehen, ob wir nicht doch noch etwas Schlaf finden.«

*

Moskau! Ella kann nicht glauben, dass sie tatsächlich angekommen sind, aber nun steht sie ja selbst mittendrin, in ihrer ganzen Riesenhaftigkeit umgibt sie die Stadt, Schriftzeichen, die sie nur mit Mühe entziffern kann, Worte, die sie noch nie gehört hat, Männer und Frauen, Kinder, Alte, die sich durch den Bahnhof schieben, die über den Vorplatz eilen, nur kurz innehalten und die Fremden betrachten, die fröstelnd herumstehende Gruppe mit ihren zahllosen Koffern.

Die Leica hilft. Durch den Sucher wird die Welt für Ella wieder fassbar und verliert an Wucht. Sie macht Fotos vom Bahnhof, von May und seinen Getreuen, von den Frauen der Architekten.

Dann sind die Gepäckstücke in vorgefahrene Wagen verladen, man ist eingestiegen, schaukelt durch prachtvolle Alleen, der Blick wandert an den Fassaden hinauf, geht über weite, leere Plätze.

Man hat Wohnungen für die Reisenden bereitgestellt, schöne, große Wohnungen mit Heizung und warmem Wasser. Max und Ella beziehen die Räume neben denen der Schüttes, hohe Decken, Sofa und Sessel, schwere Vorhänge. Die Koffer werden ihnen hinaufgetragen, doch es bleibt kaum Zeit, sich einzurichten, denn es soll gleich weitergehen mit einem Empfang für die Delegation aus Deutschland. Ella ist vor Müdigkeit kaum noch bei Sinnen, alles gleitet an ihr vorüber, sie fühlt sich nicht fähig, eins mit dem anderen in Verbindung zu bringen, alles ist wie ein Mosaik, sie steht so nah, dass sie nur einzelne Steinchen, nicht aber das ganze Bild erkennen kann. Sie schlüpft schnell in neue Kleider, bestückt die Leica mit einem frischen Film und lässt sich von Max in den Abend hineinführen, irgendein unmäßig großer Saal mit gedeckten Tischen, an denen man die Brigade May willkommen heißt. Emmanuil Luganowski, der untersetzte, elegant gekleidete Vorsitzende der Cekombank und Mays Vertrauter in Russland, spricht voller Bewunderung über den großen Architekten. Und auch May erhebt sich und bekennt sich einmal mehr zu dieser gewaltigen Aufgabe, die er, selbst auf die Gefahr des Scheiterns hin, für unendlich viel wichtiger halte als alles andere. Man steht auf, applaudiert, Hurra-Rufe, dann wird rundum angestoßen auf das große gemeinsame Vorhaben. Der Jubel hallt im Saal wider, ein Grollen, das aus den Wänden selbst zu kommen scheint.

Es ist für reichlich Essen gesorgt, es gibt Koteletts, irgendeine Art von Kohl, gefüllte Teigtaschen, die Pelmeni heißen, und Kwas, ein nach Brot duftendes Malzbier. Extra für die Gäste aus Deutschland hat man auch dünneres Bier bereitgestellt, der Tee ist zuckersüß, Wodka ist im Übermaß vorhanden.

Später wird getanzt. Es ist nicht das wilde Durcheinander aus den Lokalen der Frankfurter Altstadt, mehr ein gemächliches Nebeneinander. Die Frauen sind elegant gekleidet, wenig aufreizend, eher verschlossen, lassen sich führen, und die Kapelle müht sich redlich, die Tanzfläche des großen Saals gefüllt zu halten, letztendlich aber kreisen die Paare doch in viel zu großem Abstand umeinander, als wäre jedes für sich allein. Max hat kalte Hände und reibt seine Wange an Ellas Kinn, aber sie kann mit dieser Annäherung nichts anfangen und hält sich gerade, erwidert nur seinen flüchtigen Kuss. Die Gruppe sammelt sich um Ernst May, man ruft nach der Brigadefotografin. Dann gibt es noch mehr Wodka und Bier. Und als man kurz nach Mitternacht auseinandergeht, geschieht dies mit den besten Wünschen für die Nacht.

Max ist betrunken, er wälzt sich im riesigen Bett halb auf sie, zieht sie an sich. Sie weiß, dass er mit ihr schlafen will, aber sie friert ganz entsetzlich trotz des dicken Plumeaus. Er aber scheint ihr Zittern einfach zu ignorieren, er streichelt sie, fährt durch ihre Haare.

»Mir ist zu kalt«, wehrt sie ihn ab.

Max grummelt, sie will sich zur Seite drehen, da packt seine Hand nach ihrer Schulter und hält sie fest. »Aber ich liebe dich doch«, flüstert er.

Ella hört nur, wie es in ihrer Schulter leise knackt, mit einem Ruck richtet sie sich auf, und seine Hand gleitet von ihr.

Er schaut sie verwundert an. »Was hast du?«, sagt er, die Worte rollen ihm schwer über die Zunge.

»Es ist eiskalt hier!«

Sie steht auf, streift sich den Morgenmantel über und geht zur Heizung. Das Metall ist kühl. Sie inspiziert den Ofen in der Zimmerecke, aber es ist kein Holz da. Sie geht zur Toilette, setzt sich auf den Rand der Badewanne und muss an Carry denken, an Nini, an die schönen Feste oben in der Wohnung, und für einen Augenblick klingt ihr sogar eine von Pauls Melodien im Ohr, aber schnell ist sie wieder verflogen. Sie denkt an Franziska, und plötzlich laufen ihr die Tränen, sie hält sie nicht zurück, sitzt schluchzend da.

Max schnarcht leise. Sie betrachtet sein Gesicht, wischt die Tränen weg und geht ins Wohnzimmer, fährt mit der Hand über die Möbel, sieht aus einem der großen Fenster hinaus auf die verlassene Straße, das Gebäude gegenüber liegt dunkel da, alles ist totenstill.

Sie holt das Schreibzeug aus dem Koffer, Stifte, Papier, und beginnt, in eine Decke gehüllt am Tisch sitzend, einen Brief:

*Liebe Franziska,*
*seit einem Tag bin ich in Moskau und könnte heulen vor Erschöpfung und Angst. Mir ist so furchtbar kalt, du glaubst nicht, wie groß und gewaltig hier alles ist. Ich frage mich, für wen und wozu. Du wirst denken, dass es mir recht geschieht, dass ich ruhig ein bisschen Angst aushalten soll, um dadurch zu verstehen, wie es ist, allein zu sein. Du wirst lachen, du wirst weiter tanzen gehen mit Peter und den anderen und mich wahrscheinlich schnell vergessen. Wir haben jetzt zwei Leben: Du dort in Frankfurt und ich hier in Russland.*

Ella starrt auf die hastig hingeworfenen Zeilen. Sie lässt die Decke zu Boden gleiten, geht ins Bad und nimmt eine Veronal. Noch einmal überfliegt sie das Geschriebene. Sie wird diesen Brief nicht abschicken, faltet das Papier sorgfältig zusammen und schiebt es zwischen die Seiten ihres Notizbuchs. Dann schlüpft sie ins Bett, rollt sich unter der Federdecke zusammen und fällt in einen tiefen, traumlosen Schlaf.

*

Sie hat wenig zu tun. Max verlässt bereits in den frühen Morgenstunden die Wohnung, um ins Planungsbüro zu gehen; einmal begleitet sie ihn in die schlichten, mit Tischen und Tafeln vollgestellten Räume, es hängen Pläne an den Wänden, alle sind müde, überarbeitet und bleich vor Heimweh. Ernst May will, dass sie ein paar Fotos schießt, er ruft seine Leute zusammen, die sich um einen Tisch setzen sollen. Einer soll etwas erklären, obwohl es gar nichts zu erklären gibt, »Wir machen es jetzt ein bisschen wie im Film«, sagt May und schaut selbstbewusst in die Kamera.

An den Vormittagen führt Ella die täglichen Gymnastikübungen gewissenhaft weiter, aber sie tut es ohne besondere Freude, mehr so, als erfüllte sie eine lästige Pflicht; und endlich funktionieren auch die Heizungen, es wird nun leidlich warm in den großen Räumen. Im fensterlosen Bad hat sie eine Dunkelkammer eingerichtet, über der Badewanne trocknen die ersten Negative an einer Leine.

Sie wagt kleine Spaziergänge, streift durch die nähere Umgebung. Die Menschen sind schlicht gekleidet, eine große Ernsthaftigkeit liegt in ihren Mienen, der allgegenwärtige Mangel ist nicht zu übersehen. Die öffentlichen Plätze sind voller Fahnen und Plakate, aus Lautsprechern scheppern Stimmen, und dass sie von alldem nicht das kleinste bisschen versteht, macht Ella wütend, lässt sie innerlich zusammenschrumpfen zu einer Witzfigur, hilflos und verloren zwischen all der pompösen Pracht: hier das Polytechnische Museum, dort das Bolschoi-Theater, der Gorki-Park, Kirchenbauten und breite Straßen, an den Elektrischen hängen Menschentrauben, Automobile gibt es kaum. Egal, in welche Richtung sie sich bewegt, immer sind da weitere Straßen, so breit, dass sie ganze Dörfer fassen könnten, Alleen, gesäumt von hohen Fassaden fürstlich anmutender Gebäude. Am Eingang zum Roten Platz steht in großen Lettern: *Religija je opijum za narod.* Ella setzt sich die Bedeutung mithilfe des Wörterbuchs zusammen: Religion ist Opium für das Volk.

Sie schreibt an Vater und Mutter, auch an Carry und Nini. Sie berichtet von Moskau, von der neuen, schönen Wohnung mit Heizung und warmem Wasser, sie schildert die vielen Fahnen und Plakate am Roten Platz, beeindruckende Bauwerke. Sie schreibt, dass es ihr gut gehe, sie habe sich schnell eingelebt, in den Büros der Architekten herrsche große Betriebsamkeit, sie bekomme Max kaum zu Gesicht. Alles sei neu und aufregend,

Moskau eine herrliche Stadt voller Kunst und gescheiter Leute, es gebe allerdings immer auch einen Mangel an bestimmten Lebensmitteln. Sie schreibt so, dass sich die Lesenden keine Sorgen machen müssen, sie will sich selbst davon überzeugen, dass alles in Ordnung ist und ihren Vorstellungen entspricht, sie ist ja nicht dumm, sie ist weder überfordert noch hilflos.

Stundenlang sitzt Ella auf dem Sofa im Wohnzimmer und liest in Dostojewskis *Der Idiot* über den an Epilepsie leidenden Fürsten Myschkin. Immer wieder schaut sie auf und stellt sich vor, er würde gleich zur Tür eintreten, würde die Treppe im Hausflur hinunterstürzen und bewusstlos liegen bleiben, dann wäre sie es, die ihn fände und der sein erster Blick nach der Ohnmacht gälte.

Abends schmiert Ella für Max und sich nur ein paar Brote, sie kocht nichts, da sie nie weiß, wann er auftauchen wird. Dazu gibt es Tee. Max sieht gehetzt aus, gähnt schon beim Essen und schaut abwesend an ihr vorbei in den Raum. Hat er sich das Neue, das Spektakuläre so vorgestellt? In einem verrauchten Büro über Plänen zu brüten, wenig zu schlafen, in einer fremden Stadt, die er bis hierhin vor allem aus der Zeitung und von Erzählungen kannte?

»Ehrlich gesagt weiß ich gar nicht, was ich hier soll«, sagt Ella und trinkt einen Schluck Tee, sie will es beiläufig klingen lassen, wie etwas Belangloses, doch sie merkt, wie mit den Worten leiser Zorn aufsteigt, auf Max, auf May und seine luftigen Reden über das große Vorhaben.

Er sieht sie ratlos an. »Was meinst du?«

»Ich gehe spazieren und warte, dass du abends nach Hause kommst. Ich weiß nicht, was ich hier soll. Ich fühle mich einsam und langweile mich.«

»Dann unternimm noch mehr mit den anderen Frauen«, sagt er, »geht ins Theater, in die Oper oder sonst wohin.«

»Aber dafür bin ich doch nicht mit dir mitgekommen.«

»Das Bolschoi ist weltberühmt!«

»Und wenn schon«, beharrt Ella. Sie hat ihr Brot noch nicht angerührt, verspürt keinen Hunger.

Max schüttelt den Kopf. »Himmel, Ella, du bist doch kein Kind mehr! Ich kann mich nicht auch noch um dich kümmern, mir platzt der Kopf vor Arbeit. Was ist so schwer daran, sich zu beschäftigen? Ich wäre froh um die Zeit, die du hast!«

Sie starrt auf den Teller, auf das Brot. Sie will nicht heulen, will stark und mutig sein, so hat sie es sich vorgenommen. Unter dem Tisch ballt sie die Hände zu Fäusten, sie will alles kaputt schlagen in der Wohnung, die schweren Möbel, will die Vorhänge runterreißen und aus dem Fenster auf die Straße brüllen: Verfluchte Stadt! Verdammte Langeweile! Dazu bin ich nicht geboren! »Nein, ich brauche keine Amme«, sagt sie leise. »Ich brauche niemanden! Ich werde weiter herumhocken und warten, bis es endlich losgeht, bis es endlich ganz großartig wird und wir in Büchern und Magazinen stehen und uns vor Erfolg kaum retten können!« Sie steht auf, beginnt mit dem Abräumen.

»Du bist sarkastisch!«

»Und wenn schon! Es sind deine Worte.«

Sie geht in die Küche, knallt die Teller auf die Anrichte, überall steht ungespültes Geschirr, sie hat keine Lust, den Haushalt zu machen, sich um das blödsinnige Zeug zu kümmern. Sie atmet heftig, starrt auf ihre Hände.

Als sie sich umdreht, steht Max vor ihr, sie hat ihn nicht kommen hören. Sie zuckt zusammen, er fasst sie sanft am Arm, sagt ihren Namen, schaut sie an mit seinem bubenhaften Gesicht, ohne Brille wirkt er weicher, zugänglicher.

»Entschuldige«, sagt er. »Ich versteh dich ja. Wir alle warten darauf, dass es endlich losgeht. Und das wird es, bald, ich verspreche es dir. Wir planen schon die erste Exkursion in den Ural. Es wird nicht mehr lange dauern, ein paar Tage vielleicht. Bitte hab noch etwas Geduld.«

Sie lässt sich von ihm in den Arm nehmen. So stehen sie eine Weile da, er wiegt sie hin und her, und Ella wird ganz schläfrig.

»Ich muss noch mal ins Büro«, sagt er dann und seufzt leise. »Warte nicht auf mich, es wird sicher spät werden. Vielleicht schlafe ich auch dort.«

*

Endlich, Ende Oktober gerät plötzlich alles in Bewegung. Von einem Tag auf den anderen muss die Gruppe aufbrechen, mit einem Sonderzug der russischen Eisenbahn nach Magnitogorsk. Ella hat von diesem Ort noch nie gehört. Irgendwo in der kirgisischen Steppe soll das liegen, unweit der Osthänge des Urals. In der Gruppe herrscht hektische Euphorie, endlich gehe es los, von der Theorie in die Praxis, und Ella ist erleichtert, dass es wieder auf die Reise geht, dass sie wegkommt von den Straßen und Plätzen dieser traurigen Stadt.

Während sie zusammenpacken, versucht Max, ihr die Sache mit Magnitogorsk zu erklären, was dort in der weiten Einöde Besonderes passieren soll. »Die Russen sind da auf ein Erzvorkommen gestoßen«, erzählt er, die erloschene Pfeife im Mund. »Der Gehalt an Erz ist mit bis zu achtzig Prozent spektakulär hoch. Nun strebt alles dorthin, hinaus in die Steppe, ganz vorn natürlich die Amerikaner, unter deren Führung ein Metallurgisches Kombinat entstehen soll. Wie ich gehört habe, braucht man einfach nur die Schaufel in den Boden zu stoßen, schon kommt das Erz hervor. Und die Arbeiter und ihre Familien müssen ja irgendwo wohnen. Eine Stadt für mehr als zweihunderttausend Menschen, einfach so aus dem Nichts gestampft. Ich glaube, noch kein Architekt in der Geschichte hat vor so einer gewaltigen Aufgabe gestanden. Ich habe es dir versprochen, Ella! Jetzt geht es wirklich los!«

Noch am selben Abend verlässt der Sonderzug mit der Brigade May die russische Hauptstadt in Richtung Westen. Max und Ella haben das letzte Abteil vor den Toiletten, daneben brummt der Samowar. Vorn im Großraumwagen sitzen sie alle beisammen, May bittet zum Gruppenfoto. »Was für ein großartiger Aufbruch ins Ungewisse, liebe Freunde!«, ruft er. Man beugt sich über alte Karten und versucht, sich ein Bild von der Lage zu machen. Bis Ende November, so ist es ausgemacht, soll die Gruppe einen Arbeitsplan für den Aufbau der Stadt vorlegen, und so sieht Ella in gerötete Gesichter, die Blicke sind müde, die Münder schmal. Immerhin wird man gut versorgt, Kisten mit Presskaviar, Schokolade und Zigaretten wurden aufgeladen, dazu gibt es durchgängig Tee und Wodka. Ella mag den russischen Schnaps, der gar nicht in der Kehle brennt, der fröhlich macht und das Zugabteil gemütlich. Dort liegt sie eingeschlagen in eine Decke und liest weiter Dostojewski, ihre Ausgabe aus dem Piper Verlag ist schon mächtig ramponiert. Sie trägt dicke Socken und manchmal auch eine dieser warmen Pelzmützen, aber das mehr zum Spaß. Sie versteht sich gut mit Jelena, ihrer Dolmetscherin, die zugleich kocht und die Wäsche macht. Jelena erzählt von ihrer Familie in Leningrad, von ihrem Geliebten dort, der ein tapferer Bolschewik sei und Karriere mache, bald wolle er sie zu sich holen in eine schöne Wohnung. Mit Grete spielt Ella Schach und wird von Spiel zu Spiel aufmerksamer, raffinierter. Auch die Freundin scheint erleichtert über Ellas Fortschritt – und dass es endlich weitergeht. Sie sind fröhlich und gelöst, Grete erzählt von Wien, dem Studium als einzige Frau an der k.k. Kunstgewerbeschule, in der Architekturklasse.

»Weißt du, es gab Tage, da wollte ich gar nicht mehr«, sagt sie. »Da wollte ich nur noch meine Ruhe, nicht mehr kämpfen, nicht mehr stark und klug sein müssen, einfach nur im Bett liegen und lesen. Aber das wurde mir dann auch schnell zu langweilig, da wusste ich, dass ich das machen muss, allein dastehen und den Wind aushalten, weißt du, und dann habe ich alles darangesetzt, immer zuerst am Bahnhof zu sein, vor allen anderen!«

Sie lachen, Ella rückt ihre Dame ein Feld vor. »Schachmatt«, sagt sie.

Grete schaut sie erstaunt an, dann steht sie auf. »Gut gemacht. Ich hole uns noch Tee. Und dann erwarte ich umgehend eine Revanche!«

*

Magnitogorsk ist ein Ort der Ideen, ein Ort der Fantasie. Die Stadt entsteht aus den Zeichenstiften, baumelt am ausgestreckten Zeigefinger von May, ein zukünftiger Lebensraum für Hunderttausende zwischen flachen Hügeln, am Fluss Ural gelegen. Die Stadt am Magnetberg. Bisher aber ist davon nichts zu sehen, nur Hütten und Zelte liegen über die Steppe verstreut. Die Architekten sind wie kleine Jungen, die einen Abenteuerplatz vor sich sehen, schon stürmen sie ein paar Schritte ins Land, deuten herum, sind aufgeregt, weil das auf den alten Karten nicht zu dem passen will, was sie hier vor sich sehen. May versucht, Enttäuschung und Ärger zu verbergen, alles werde sich finden, nun könne man endlich genauere Karten fertigen, Messungen anstellen. Es ist später Nachmittag, man will sofort beginnen.

Ella zieht den schweren Mantel an, die Pelzmütze, beides Geschenke der Cekombank für den Winter, dann steigt sie zu Max und den Schüttes in einen der Ford-Wagen, die am Gleis warten. Man bringt die Gruppe in die sogenannte *Amerika-*

*nerstadt*, eine geordnete Barackensiedlung am Fuß des Magnetbergs. Dort sollen sie schlafen und essen.

Am ersten Abend werden Pulled Pork und amerikanisches Bier serviert, es gibt auch ein Grammofon und Jazzmusik. Die Amerikaner sind lustige, großmäulige Ingenieure, die jeden unter den Tisch trinken wollen mit ihrem Bourbon. Max versucht sich im Armdrücken und verliert beim Poker. Dann tanzt er mit Ella, auch ein Amerikaner, dessen Namen sie sich im Trubel nicht merken kann, bewegt sich mit ihr zum Jazz, und beinahe unbemerkt rutscht seine vom Bier ermutigte Hand bis ganz hinunter zu ihrem Po, wo sie ruht, bis die Musik eine Pause macht und der Mann sich mit einer Verbeugung von ihr verabschiedet. Ella ist perplex, fühlt sich aber auch geschmeichelt und lässt sich von dem jungen Ingenieur eine amerikanische Zigarette geben. Später geht sie mit Grete ein paar Schritte durch die kleine Siedlung, ans Ufer des Sees, den man aus dem Ural aufgestaut hat. Überall in der Steppe glimmen Lichter.

»Ich hab mich noch nie so einsam gefühlt«, sagt Ella leise, »und gleichzeitig ist diese Landschaft das Schönste, was ich bis jetzt gesehen habe.«

»Hast du Angst?«

»Du denn nicht?«

Grete lächelt. »Klar habe ich das. Manchmal zittern mir sogar die Finger, und das kommt nicht von der Kälte. Aber eins weiß ich: Es wird aufhören, die Angst lässt nach, und wahrscheinlich schon in ein paar Tagen kommt dir alles wieder so vertraut vor, als wärst du hier geboren. Das ist doch faszinierend an uns Menschen, dass wir uns überall eingewöhnen können und selbst in dieser Steppe noch große Ideen sehen, Bauwerke und Schönheit.« Sie lässt ihre Zigarette ins nasse Ufergras fallen und wendet sich um. »Komm, lass uns zurückgehen.«

Schon am nächsten Morgen geht es hinaus. May dirigiert, die anderen folgen. Man stellt Messungen an, wirft mit Kohlestiften Skizzen aufs Papier. Ella bekommt einen jungen Assistenten an die Seite gestellt, Viktor, der die schwere Plattenkamera trägt und sie dort aufstellt, wo May glaubt, dass es sinnvoll wäre. Also peilt Ella über die Steppe mit den flachen Holzhütten und lässt es blitzen. Der Ausblick ist atemberaubend, das Wetter könnte nicht besser sein, wolkenlos und sonnig. Am Horizont falten sich die Höhenzüge des Urals auf, und manchmal steht die kleine Gruppe für Momente andächtig beisammen, ist wie gelähmt von der gewaltigen Aussicht.

Mit der Leica an der Seite geht Ella zwischen den Hütten umher, die zur Hälfte in den Boden gegraben sind, ein rostiges Rohr dient als Kamin. Alles ist verrußt und schmutzig, Bretter liegen herum, Reste von Fässern und Kisten, vor einem kleinen Feuer hocken zwei Männer, einer spaltet Holz mit der Axt, der andere dreht eine Zigarette. Gerade will Ella die Leica ansetzen, als sie hinter sich eine Bewegung bemerkt, ein Räuspern. Sie lässt die Leica sinken, blickt sich um. Ein russischer Mitarbeiter tritt neben sie, sie hat seinen Namen vergessen, vielleicht hat er sich auch nie bei ihr vorgestellt. Er sieht sie mit einem scheuen Lächeln an und schüttelt leicht den Kopf.

»Keine Fotos bitte«, sagt er in nahezu akzentfreiem Deutsch.

Ella versteht nicht. Sie ist doch genau dafür hier, für die Bilder.

»Warum?«, fragt sie. »Ich soll diese Aufnahmen machen, für die Architekten.«

Der Mann lächelt weiter. »Es gibt solche Fotos und solche«, sagt er und wiegt dabei leicht den Kopf. »Wir alle sind beteiligt am Aufbau einer großartigen Nation, und wir wollen die Menschen überzeugen durch unsere Taten, durch die Arbeit unserer Ingenieure und Arbeiter. Diese Aufgabe ist gewaltig, wir werden alle Kräfte dafür aufwenden und müssen alles vermeiden, was dieser Aufgabe zuwiderläuft oder unsere Kräfte schmälert. Bilder sind ein mächtiges Werkzeug, denn sie zeigen den Menschen in Moskau, in Leningrad, in Omsk und Irkutsk, wo überall der Fortschritt wirkt und Gutes tut. Sie haben also eine Verantwortung.« Er deutet auf die Leica. »Das, was Sie zeigen, werden die Menschen glauben. Und wenn Sie unsere Arbeiter betrunken und im Schmutz zeigen, werden die Menschen diesen Bildern Glauben schenken, und sie werden nachlassen in ihrer Kraft, weil sie keinen Fortschritt sehen. Sehen Sie, ein Bild ist nur ein Augenblick. Die Menschen können die Zeiträume nicht ermessen, die es braucht, damit auch der Fortschritt bei ihnen ankommt. Sie werden nicht verstehen, weshalb die Arbeiter hier noch in Erdhütten leben und nicht in stabilen Häusern, warum es noch keine Straßen gibt, keine Parks. Verstehen Sie?«

»Aber man kann doch die Wirklichkeit nicht so einfach beiseiteschieben«, sagt Ella, die nicht gewillt ist, dem Mann einfach nachzugeben. »Es wird doch im Gegenteil wunderbar sein, zu sehen, wie aus diesen Zelten und Hütten langsam eine Stadt wird. Schaut her, was wir da in der Steppe geschaffen haben! Ich kann doch nicht so tun, als gäbe es das alles nicht, die Wahrheit lässt sich nicht vortäuschen.«

»Das nicht, da haben Sie recht«, der Mann spricht weiterhin mit großer Freundlichkeit zu ihr. »Aber Sie können die Wahrheit formen mit Ihrer Kamera, indem sie zum Beispiel einen bestimmten Ausschnitt wählen. In der Tat, die weißen Zelte in der Landschaft, die Bauarbeiter, die Maschinen, das sind großartige Wahrheiten, und die wollen wir zeigen, das ist unsere Verantwortung.«

»Aber auch in diesen beiden Männern da liegt doch die Wahrheit. Ja, sie sind schmutzig, aber so ist es nun mal auf einer Baustelle, da gibt es Dreck und Unrat. Warum sollte ich nicht auch das festhalten?«

»Weil es hier nicht um Kunst und dergleichen geht«, sagt der Mann, und nun ist plötzlich jede Freundlichkeit aus seinem Gesicht verschwunden. »Ich kenne die Bilder aus Deutschland, in den Zeitungen und Magazinen. Aber das ist hier nicht Ihre Aufgabe«, er wendet sich um, macht ein paar Schritte. »Kommen Sie, es geht weiter.«

Als Ella wieder im Automobil sitzt, ist sie durcheinander. Sie will zeigen, was ist, die Wahrheit – so wie die Terrakottafliesen am Gartenbad, die Leute in der Großmarkthalle, die Menge in der Festhalle, Boxer, Hände, die Höhenzüge des Urals im Morgendunst. Es ist die Wahrheit, denkt sie, es kann doch keine zweite geben neben der, die die Leica sieht. Die beiden Männer am Feuer sind wahrhaftig, denn sie bauen mit an dieser Stadt. In der Wahrheit liegt immer auch ein Schmerz, eine Sehnsucht, sie lässt sich nicht verdrehen und auf den Kopf stellen.

Beim nächsten Halt sind Jurten am Wegrand, Ella geht darauf zu. Sie gehören kirgisischen Nomaden, die hier Arbeit suchen, erklärt ihr Viktor, während sie die Plattenkamera präparieren. May will ein Bild mit einer Perspektive über den Fluss. Kinder umringen sie, auch ein Hund. Man lädt sie ein, und nachdem das Foto gemacht ist, lässt sich die Gruppe in der Jurte nieder; sie bekommen heißen Tee, Jelena übersetzt die Worte von May, der eine großartige Stadt an die Jurtenwände zeichnet, mit breiten Alleen und Parks. Die Menschen hören mit großen Augen zu. Ella schaut sich um, und dann macht sie einige rasche Bilder, zwei Kinder, eine Alte mit wächsernem Gesicht.

Einmal geht sie frühmorgens allein ein Stück in die Steppe hinaus, Raureif liegt über der Weite, der Himmel ist aufgerissen, in einiger Entfernung grasen Pferde. Als Ella sich ihnen nähert, heben sie die Köpfe, flüchten aber nicht. Sie steht still und hebt die Leica, das Gras um sie wispert und knackt, und eine Weile betrachtet sie die Tiere durch den Sucher der Kamera. Sie erscheinen ihr wie Fabelwesen, dampfend und mit dem Schweif um sich schlagend betrachten sie Ella aus pechschwarzen Augen, scheinen jede ihrer Bewegungen zu erahnen. Von der Seite nähern sich ein Junge und ein Mädchen, sie bleiben stehen und schauen abwechselnd zu Ella und den Pferden.

»Gehören die euch?«, versucht sie einen Satz auf Russisch, aber die Kinder schauen sie nur an, der Junge grinst, und Ella ist sich sicher, dass sie etwas völlig Blödsinniges gesagt haben muss. Das Mädchen ruft dem Jungen etwas zu, beide gehen zu den Tieren, das Mädchen greift in die Mähne einer Stute, der Junge streicht dem Pferd über die Nüstern, dann stehen sie da und schauen erwartungsvoll zu Ella. Die hebt wieder die Leica, die Kinder nicken und deuten auf die Pferde, sie sagen etwas, was Ella nicht versteht, der Apparat löst aus.

In den Baracken ist es eng und kalt. Deshalb sitzt man abends zusammen und trinkt und vertreibt sich die Stunden bis Mitternacht. Max ist oft betrunken, und wenn er dann neben ihr liegt – beide haben sie ganz verfrorene Füße –, will er sie küssen. Ella gefällt seine Aufdringlichkeit nicht. Er aber will unbedingt einen Kuss und beginnt, an ihr herumzufingern. Sie schiebt ihn weg. Er riecht nach Zigarettenrauch.

»Was ist nur los mit dir?«, sagt er und richtet sich auf. »Langweilst du dich schon wieder?«

»Nein, das ist es nicht.«

»Was ist es dann? Liebst du mich nicht mehr, warum stößt du mich immer weg?«

»Ich weiß es nicht«, sagt sie leise.

»Das weißt du nicht? Was soll das heißen?« Max steht auf, geht ein paar Schritte in den niedrigen Raum hinein. »Du weißt nicht, ob du mich noch liebst? Du behandelst mich fast wie einen Fremden. Hast du einen anderen?«

»Quatsch, woher soll der denn kommen?«

Sie hört ihn in der Dunkelheit atmen, er kommt ans Bett, setzt sich an ihre Seite. »Was ist es dann?«

»Ich …«, Ella stockt, legt ihm die Hand an die Wange. »Du bist ein lieber Mensch, Max, und ich habe dir viel zu verdanken. Aber bin ich denn nur hier aus Dankbarkeit dir gegenüber? Will ich bloß etwas bei dir gutmachen?«

»Das hab ich nie von dir verlangt. Es war deine eigene Entscheidung, mitzukommen.«

»Ich weiß. Ich bin froh, dass ich es versucht habe, und es ist gut, dass ich Grete habe. Es ist alles so überwältigend, dass mir manchmal die Luft wegbleibt.«

»Also, heißt das … du … es sind nur Grete und die Landschaft … aber nicht ich?«

Sie schweigt, glaubt zu sehen, dass ihm Tränen in die Augen treten.

»Ich kann kaum noch Ruhe finden, Ella«, sagt er dann. »Ich weiß nicht, ob ich der Aufgabe gewachsen bin, ich weiß es einfach nicht. Es ist so groß, eine ganze Stadt, und da draußen stehen gerade ein paar Zelte. Da brauche ich eine Frau und Freundin, ich brauche dich, Ella, als meine Gefährtin!«

»Warum verlangst du das? Ich bin doch selbst ganz außer mir.«

Max weint tatsächlich, es ist das erste Mal, dass sie ihn weinen sieht, und sie blickt ihm direkt ins Gesicht.

»Du verstehst das nicht, oder?«, sagte er leise. Er geht wieder zum Tisch und schenkt sich Wodka ein.

»Du trinkst zu viel«, sagt sie.

Er fährt herum, starrt sie an. »Ich trinke nicht zu viel, Ella, ich trinke nicht zu viel«, seine Stimme wird laut: »Du bist hier die Trinkerin, nicht ich!« Draußen ist der Wind zu hören, macht ein schabendes Geräusch. »Und nein, du musst keine Pläne machen, denn alles fliegt dir doch in den Schoß. Du bist naiv, Ella, hast einen so naiven Glauben, dass einem davon übel wird. Der neue Mensch, die neue Frau, was zum Teufel soll das sein? Ein Haarschnitt und Hosen? Du hast keine Ahnung, Ella, keine Ahnung von den Kräften in der Tiefe. Bei dir ist alles schön, du musst nur lächeln mit ein wenig Lippenstift.« Sie kann ihn atmen hören, laut, beinah schnaubend. »Warum willst du mich nicht heiraten, Ella? Wovor hast du Angst? Ich hab es so satt, dir hinterherzurennen. Wie einen Idioten lässt du mich dastehen. Die Kollegen fragen ja schon ständig und machen Witze, weil sie glauben, ich könne dich nicht festhalten.«

»Musst du das denn, Max, mich festhalten?«

Er geht ein paar Schritte in den Raum hinein, bleibt am Bettende stehen. »Ich will doch bloß ein normales Leben haben«, flüstert er.

»Und was ist mit mir?«

»Was soll mit dir sein? Du sollst meine Frau sein, ich werde für dich sorgen. Du kannst Fotos machen, so viel du willst. Wir suchen uns ein schönes Haus. Ich … ich weiß nicht, was ich noch sagen soll, Ella. Ich will mit dir mein Leben verbringen, verstehst du das? Also, warum heiraten wir nicht?«

Sie sitzt aufrecht im Bett, ihr Herz schlägt wie verrückt, aber sie bekommt kein Wort mehr über die Lippen, gar nichts geschieht in ihr, nichts regt sich. Sie sitzt da in der Dunkelheit, hört ihre Atemzüge und den Wind. Sie denkt an die Hütten da draußen, an die Jurten und Zelte. Sie spürt ein Ziehen in der Brust. Es ist der Magnetberg, der hier alle kirre werden lässt, der die Kompassnadeln irreführt und die Wahrheit verdreht.

Max zuckt mit den Schultern. »Dein Schweigen ist auch eine Antwort.«

Sie sieht, wie er sich den Mantel überzieht und das Zimmer verlässt. Sie bleibt allein zurück, und plötzlich ist eine große Ruhe um sie. Sie muss sich nichts erklären lassen und sich auch vor nichts fürchten. Sie weiß, sie braucht weder Max noch jemand anderen, sie braucht niemanden, der ihr die Welt erklärt, der ihr ein Leben vorschreiben will.

*

Als die Gruppe zurück nach Moskau kommt, erscheint Ella die Stadt verändert; sie ist immer noch groß, riesenhaft die Plätze, Gebäude und Alleen, dazwischen aber gibt es kleine Parks und Bäume, lange, schmale Gassen, da sind plötzlich Kleinigkeiten, die sie zuvor nicht gesehen hat, zwei herumstreunende Katzen, eine Gruppe Rabenvögel in den kahlen Bäumen, eine Horde Kinder, die jubelnd über eine zugefrorene Straße schlittern, da gibt es eine Frau in einem weißen Mantel, der Ella ein Stück folgt, dann dreht sich die andere um und lächelt, und Ella lächelt auch. Sie versucht, sich die Boulevards und Straßen im Sommer vorzustellen, die Cafés im Gorki-Park, wenn die Bäume im Grün stehen und man um die kleinen Seen herumspaziert, wenn die Traurigkeit aus der Stadt gewichen ist und es fröhlich zugeht, man unbeschwert rumschwatzt und nicht mehr an den Winter denkt.

Wenn sie hinausgeht, um die Besorgungen des Tages zu machen, das wenige, was sie zum Leben braucht, etwas Brot, etwas Milch, ist die Leica immer dabei. Durch den Blick der Linse verliert die Stadt an Wucht, wird wieder Mosaik. Ella weiß, sie muss ihre eigene Wahrheit finden, und die Kamera wird ihr helfen, das Auge lenken.

Max kommt kaum noch in die Wohnung, als würde er absichtlich wegbleiben, ihr seit der Nacht in Magnitogorsk aus dem Weg gehen. Oft schläft er im Büro oder kehrt so spät zurück, dass sie ihn gar nicht mehr mitbekommt, und am Morgen ist er schon wieder verschwunden. Die Gruppe um May arbeitet wie besessen an den Plänen für die neue Stadt in der Steppe, auch Grete sieht sie nur noch selten. Hin und wieder treffen sie sich abends zum Schach, aber da ist die Freundin todmüde. Sie erzählt Ella von den Kindergärten, die sie plant, von der Begeisterung der Gruppe trotz der herausfordernden Arbeit, und verliert schon nach wenigen Zügen.

Ella feuert den Ofen an, sie mag das Knacken und Krachen des trockenen Holzes. Sie hat mittlerweile den bettelarmen Studenten Raskolnikow kennengelernt, folgt ihm auf seinen Wegen durch die Stadt, hinauf zur Pfandleiherin. Sie schreibt erneut an Franziska, und auch diesmal wird sie den Brief nicht abschicken.

*Meine Liebe,*
*lange werde ich hier nicht mehr bleiben, man hat keine Verwendung mehr für mich, ja, es kommt mir so vor, als hätte man mich als reine Zierde mitgenommen, ein freundliches Fräulein mit Kamera, dem die Männer sagen können, was sie zu sehen hat! Ich langweile mich noch zu Tode hier, und das kalte und taube Wetter macht es nicht besser. Wie gern wär ich jetzt bei dir! Ich denke oft an unsere gemeinsamen Abende, ans Theater, du weißt noch, »Der Hexer« damals mit Lingen, alle wollten dahin, und dann hast du mich dermaßen gezwickt, als die Schüsse fielen, da musste ich auch schreien wie die Schauspieler auf der Bühne. Aber so etwas gibt es hier gar nicht, und dann denke ich daran, wie wir im Malepartus glücklich und beisammen waren und wie die Welt um uns dahinflog, wir beide zusammen im Wind, weißt du noch, wir beide zusammen auf dem Fahrrad, du hast die Beine ausgestreckt, und wir sind fast gestürzt.*
*Ich vermisse dein Lachen und meines dazu, ein Chor aus Gelächter, dass einem die Ohren dröhnen! Ich hatte gehofft,*

*weiterzukommen, hier etwas zu erreichen, aber es ist nur kalt, und alles so endlos, dass man sich ganz verloren und winzig vorkommt. Vergiss mich nicht!*

Aus Frankfurt kommt Post von Carry. Sie schreibt von ihrer zunehmenden Sorge wegen der Zustände in Deutschland, vom überwältigenden Erfolg der NSDAP bei den Reichstagswahlen und über eine Angst, die Nini und sie ergriffen habe wie noch nie, eine Angst vor der Zukunft. Darüber hinaus erscheine ihr alles kraftlos, müde und ohne jede Ambition, selbst der verehrte Paul Hindemith sitze nur noch lustlos klimpernd am Klavier. Und auch aus der Geschäftswelt höre man nichts Gutes, Überschuldung und Depression, und wenn man doch einmal feiere, fühle es sich mehr so an wie ein Totentanz.

Vor dem Fenster beginnt es wieder zu schneien. Ella hält sich den Brief an die Nase, aber das Papier riecht nach nichts.

Es ist Anfang Dezember, Raskolnikow hat die Pfandleiherin längst umgebracht, als Grete am Tisch in der Küche ihr gegenübersitzt und vor Erschöpfung leise weint. Sie erzählt, dass sich das Gremium, das die Stadtentwürfe für Magnitogorsk begutachtet, gegen die Pläne von May und für eine Bebauung durch den Architekten Tschernitschow entschieden habe, was all ihre Arbeit wertlos mache. May kämpfe zwar noch für ihre Sache, aber sie habe wenig Hoffnung.

Ella nimmt Grete in den Arm, und so stehen die beiden eine Weile in der Küche. Ella wiegt Grete sanft hin und her, da wird sie ruhiger. Sie setzen sich wieder, und Ella füllt Tee in zwei Tassen.

»Es wird ja nicht die einzige Stadt sein, die geplant werden will«, versucht sie, ihr Mut zu machen. »Es wird sicher etwas Neues kommen.«

»Aber gleich zu Beginn eine solche Enttäuschung«, sagt Grete, »weißt du noch, unsere Unterhaltung im Zug bei der Anreise, als wir beide nicht schlafen konnten? Ich bin jetzt überzeugt davon, die falsche Entscheidung getroffen zu haben. Vielleicht ist die Aufgabe einfach nur größenwahnsinnig.«

»Ja, das ist sie. Aber größenwahnsinnig ist doch alles hier. Weißt du, ich konzentriere mich mittlerweile nur noch auf die Details. Dann wird alles leichter.«

Grete pustet in ihren Tee, sie ist blass, will auch keine Schachpartie mehr spielen.

»Ich bin todmüde«, sagt sie und gähnt. »Wenigstens werde ich jetzt mal wieder richtig schlafen können.«

Spätabends kommt Max betrunken zurück. Er lässt sich ein Bad ein und singt dabei. Er will nicht reden, will nur mehr Bourbon haben, dann schläft er in der Wanne ein. Ella weckt ihn, er friert und klappert mit den Zähnen, vergräbt sich im Bett und verlässt die Wohnung im Morgengrauen.

*

Zwei Tage später stürzt Grete ohne anzuklopfen herein, bleibt vor Ellas Sofa stehen. Ihre Wangen sind gerötet, sie strahlt. »Zieh dich an, los, mach schnell«, sagt sie. »Wir werden feiern!«

Ella schaut auf, Raskolnikow ist auf dem Weg zu Sonja, bei ihr hofft er auf Vergebung, darauf, seine ungeheuerliche Schuld endlich loszuwerden, und sie versteht Grete nicht.

»Was ist denn?«

»May hat das Gremium doch noch überzeugen können«, sagt sie, »gerade kam er ins Büro. Unser Entwurf ist angenommen, wir werden Magnitogorsk bauen!«

Und während sich Ella umzieht, während sie eigentlich mehr über den Studenten Raskolnikow als über May und die

Stadt und den Magnetberg nachdenkt, redet Grete davon, wie erleichtert sie sei, alle seien das, es seien schon Freudentränen geflossen, komm, beeil dich, wir wollen feiern, man räume schon die Büros um und schaffe Platz. Ella schlüpft in ihren Mantel, Grete fasst sie am Arm, und sie eilen aus der Wohnung, hinüber ins Planungsbüro.

Aus einem Grammofon plärrt Musik, es gibt zähe Lebkuchen, Bier, Kaviar aus Dosen, Speck und Wein, Mays großer Fürsprecher Luganowski von der Cekombank hat herangeschafft, was sich auftreiben ließ, um auf den gemeinsamen Erfolg anzustoßen. Heute müsse gefeiert werden, das hätten sie sich alle verdient. Als hätten sie die letzte Zeit unter der Erde verbracht und kämen nun einer nach dem anderen wieder herauf, verdreckt, müde, erschöpft, aber nicht mit leeren Händen. Man sammelt sich um May zum Gruppenbild, dann werden Büroszenen nachgestellt: May, Max und andere über den Plänen, Grete an der Tafel. Der Architekt plant eine Polemik gegen seine Kritiker in der *Frankfurter Zeitung*, die sein Scheitern schon weit im Voraus beschworen hatten, die ihn verhungern und ins Arbeitslager verfrachtet sahen. Denen werde er es jetzt heimzahlen, denen würde er jetzt einmal deutlich vor Augen führen, was für spießige und armselige Jammerlappen sie seien.

Ella sitzt an einem der Schreibtische und raucht, und sie fühlt sich gänzlich falsch an diesem Ort, denn mit alldem hat sie nichts zu tun, nicht mit der Freude, nicht mit der Euphorie, und auch als sie Gustav Hassenpflug, einer der Stadtplaner, zum Tanz auffordert, bleibt alles um sie stumpf und nichtssagend. Sie weiß, dass sie schon längst nicht mehr zur Gruppe gehört, sie ist bloß noch ein Anhängsel, das man ab und zu heranholt, wenn es die Großartigkeit anderer bezeugen soll. Aber sie ist nicht da, um Leute berühmt zu machen.

Sie ist kein Spiegel, in dem sich die anderen lustvoll betrachten können.

Ella gießt sich etwas Wodka in den Kaffee, lässt Grete auf sich einplaudern, von den großartigen Dingen erzählen, die nun in der neuen Stadt entstehen würden, ein Ort *für* die Menschen und nicht *gegen* sie, es gehe um das Gemeinschaftliche, um große Küchen, Klubräume, Sport- und Lesehallen. Ella aber ist mit ihren Gedanken ganz woanders. Am Römer wird sicher schon Weihnachtsmarkt sein, im Wronker werden die Schaufenster mit Tannenzweigen und elektrischen Kerzen dekoriert, es wird wieder mittelmäßige Aufführungen im Schauspielhaus geben, Konzerte mit Posaunen und einem Chor, und die Mutter wird backen, obwohl ihre Kekse seit Jahren nur zur Dekoration dienen.

Ella wird bei diesen Gedanken eng in der Brust, sie steht auf, lässt Grete sitzen und sucht nach Zerstreuung, trinkt nun ein Glas Wodka ohne Kaffee, wird davon lustig und reizbar, sie hält Ausschau nach Max, kann ihn aber nirgends entdecken. Mit Gustav Hassenpflug beginnt sie daraufhin ein Gespräch über Dostojewski und den Studenten Raskolnikow, den sie zuerst bewundert habe, nach dem Doppelmord jedoch als einen zynischen, menschenverachtenden Idioten betrachte, woraufhin Hassenpflug laut zu lachen beginnt, da sei sie dem Autor ja voll auf den Leim gegangen, denn das sei seine Absicht, den Leser in ein moralisches Dilemma zu stürzen, und er lacht und bekommt davon Schluckauf, sodass Ella auch ihn für einen Idioten hält, ihm ins Gesicht sagt, dass er vielleicht etwas von Gebäuden, aber kein bisschen was von Kunst verstehe, und den verdutzten Architekten sitzen lässt.

Jemand erzählt alte Witze aus Frankfurt, und man lacht dröhnend. Ein paar tanzen wieder zur Musik aus dem Grammofon, Grete und Wilhelm, May mit einer der Sekretärinnen, Hassenpflug bittet Ella um einen Tanz, aber sie will nicht, sie spürt den Wodka bis in die Knie und will sich keine Blöße geben.

Irgendwann nach Mitternacht macht sie sich schließlich doch auf die Suche nach Max. Sie will ihn jetzt einmal in die Arme schließen, sie ist ihm nicht mehr böse, sie will ihm ins Ohr flüstern, dass sie ihn doch auch lieb habe. Sie fragt herum, doch niemand hat ihn gesehen. Draußen im Gang glaubt sie seinen Duft wahrzunehmen, diese feine Note Pfeifentabak, und sie überlegt, ob er sich hingelegt haben könnte; sie wird sich zu ihm legen, an seinen warmen Körper schmiegen, will ihre Arme um ihn schlingen, ihn an sich ziehen. Sie taumelt den Gang entlang, hört leise Geräusche, da wird er in seinem Büro auf dem Feldbett liegen und schnarchen, sie lehnt an der Wand und holt kurz Luft, sie hat wirklich zu viel getrunken, vielleicht sollte sie ihn besser schlafen lassen, aber sie geht weiter. Vor der Tür hält sie inne, da sind Geräusche. Leise zieht sie die Tür einen Spalt auf und weiß sofort, dass der mit heruntergelassener Hose dort am Fenster ihr Verlobter ist, und sie weiß auch, wer da bei ihm ist, die kleine Frau ist Jelena, die Dolmetscherin. Dann denkt sie nichts mehr, sieht nur noch die beiden Körper in der Dunkelheit. Sie schiebt die Tür zu, taumelt ein paar Schritte, hört Gelächter, laute Stimmen, Musik, alles ist furchtbar nah und eng, und schon als sie durch die verlassenen Straßen zu ihrer Wohnung eilt, kann sie das Fieber spüren.

Dort angekommen, zerrt sie ihren Koffer hervor, wirft ein paar Hemden und Hosen hinein, etwas Unterwäsche und die BHs, dann fällt sie kraftlos aufs Bett und denkt, was für ein großer Fehler es doch ist, ihr Leben hier in Moskau, eine einzige Demütigung. Sie kriecht unter die Decke, zittert heftig, und ein umfassender, pochender Schmerz fährt durch ihren Körper.

*

Trotz des Fiebers sieht sie die Dinge klar vor sich, jede Bewegung erscheint ihr riesenhaft und bedeutend: wie sie ihre restliche Wäsche in den Koffer zwängt, wie sie die Fotoausrüstung zusammenpackt, nichts vergisst, alles bedenkt, auch die Notiz für Max, die sie am Wohnzimmertisch stehend verfasst: *Du wirst mich nicht wiedersehen, in einhundert Jahren nicht, ich wünsche dir Glück mit Jelena*, der Stift rutscht ihr aus der Hand, verdammt noch mal, dieses blöde Ding, aber mehr zu sagen gibt es auch nicht. Sie schreibt noch ein paar kurze Zeilen an Grete: *Ich muss weg, hier geht es nicht mehr, vielleicht findest du bei Max eine Erklärung*, schiebt das Papier unter der Tür der Schüttes durch, schlüpft dann in den Pelz, schaut sich noch einmal in der Wohnung um, nichts soll von ihr hierbleiben, nichts an diesem Ort fortbestehen. Einmal glaubt sie, sich übergehen zu müssen, sie würgt ein paarmal, aber es kommt nichts, nur der Schädel dröhnt ihr über alle Maßen, doch darauf kann sie keine Rücksicht nehmen. Sie packt die Koffer, schlägt die Tür hinter sich zu und taumelt die Stufen hinunter auf die Straße, wo es schneit, wo die wenigen Automobile Spuren in die Schneedecke ziehen, sie hat das russische Wort für *Bahnhof* vergessen, aber sie wird schon irgendwie hinfinden. Sie steigt in eine Elektrische, es schaukelt zum Erbrechen, aber sie kann an sich halten, lehnt an der Stange, schließt die Augen und lässt das Fieber in heißkalten Schüben durch ihren Körper toben. Jemand stößt sie an, sie sieht sich um, ja, da ist der Bahnhof, eine riesige Steinhalle, eingehüllt in Lärm und Dampf, sie taumelt hinein in den Zug, nichts wie weg, bloß nicht zurückschauen, bloß nicht umdrehen, weiter, sie will niemanden mehr sehen. Tränen vernebeln ihr den Blick, sie weiß nicht, ob sie sich bewegt oder die Welt um sie, der Boden schwankt, und draußen läuft der Bahnhof davon, die prächtigen Häuser, die Plätze und Parks, aber sie ist schneller, muss einfach schneller sein. Keinen Augenblick länger hält sie es hier mehr aus, die Luft ist schwer, sie bekommt das Fenster nicht auf, alles läuft davon, die kleinen, aneinanderkauernden Baracken, der Fluss, die Kirchtürme, alles stürzt übereinander. Sie kauert in ihrem Sitz und hält sich fest, raus hier, weg hier, Gesichter tanzen um sie und grinsen sie an, Max und May, all die Herren aus den Büros, Jelena, selbst Grete grinst, für eine solche Aufgabe muss man gemacht sein, sagen sie und lachen, Geratter, Geschaukel, Dampf. Immerfort stürzt die Landschaft einen Abhang hinab, und mit ihr kleine Wälder, Gehöfte, es erscheint ihr so, als würde hinter ihr nichts als ein rauschendes Weiß zurückbleiben, hinein, hinaus, ein kalter Wind am Bahnsteig, Fußtritte, Gefluche, Gejammer, hinein, hinaus, und weiter, immer weiter, ich kann das alles nicht mehr sehen, ich mag daran nicht denken müssen, es muss Ruhe herrschen, sanfter Schneefall, der alles zudeckt und verstummen lässt. Dahinaus in den Schnee will sie, da wird sie sich hineinlegen, eins werden, versinken, schlafen, träumen. Da wird es Nacht und schon wieder Tag, als fiele alles in eins, eine immerwährende Dämmerung, und dann taucht aus dieser Dämmerung heraus eine Stadt auf, die sie kennt, da ist ein Fluss, da sind Kirchtürme, plötzlich stürzt nichts mehr, plötzlich kommt alles zur Ruhe, kommt langsam zum Stehen und klart auf. Sie beginnt, hemmungslos zu weinen, schluchzt, jemand beugt sich über sie, nein, nein, lassen Sie mich in Ruhe, lassen Sie mich in Ruhe, ich bin doch glücklich, sehen Sie das denn nicht, ich bin glücklich!

Als die Türen aufschlagen, als sie hinaustritt aufs Gleis – man reicht ihr die beiden Koffer herunter –, als sie das Schild liest, *Frankfurt am Main*, da steht sie ungläubig zwischen den Menschen im Trubel der Bahnhofshalle und weiß, dass sie wieder zu Hause ist. Sie ist tatsächlich zurück.

Sie kann sich kaum noch an die Fahrt erinnern, daran, wie sie in Warschau und Berlin die Züge wechselte, sie muss geschlafen haben, muss auch gegessen und getrunken haben, doch all das liegt hinter einem dunklen Vorhang. Sie kann sich kaum noch auf den Beinen halten, tritt mit den beiden Koffern auf den Vorplatz hinaus, ja, da drüben ist gleich das Schumanntheater, da schießt schon eine Elektrische heran, geschneit hat es auch, die Luft ist klar und kalt.

Ella zwängt sich in die Bahn, Linie 16 hinüber nach Sachsenhausen, die Menschen nehmen keine Notiz von ihr. Wenn die wüssten, woher ich komme, denkt sie müde.

In der Cranachstraße stürzt die Mutter ihr entgegen, sie ruft den Vater, und Ella fällt in ihre Arme. Jetzt bin ich wieder da, jetzt muss es ganz von vorn beginnen.

# MAMPF

Frankfurt am Main, 1997

Von außen war der Jazz-Club unscheinbar und viel kleiner, als Richard ihn sich vorgestellt hatte. Von der Wohnung war er zu Fuß gut zu erreichen, Thomas begleitete ihn, blieb aber vor der Fassade mit dem Buntglasfenster und dem darüber angebrachten Schild *IN THE MOOD FOR JAZZ* stehen. Das Wetter war unbeständig, kurz zuvor noch hatte es leicht geregnet, jetzt klarte es auf, aber es ging ein kühler Wind. Thomas schlug vor, Richard später wieder hier abzuholen, er solle sich einfach kurz melden. Richard nickte. Er war nervös, nestelte an seiner Tasche herum, ließ aber keine Zweifel mehr zu: Er war am richtigen Ort, zur richtigen Zeit. In the mood for Jazz, dachte er und konnte sich ein Schmunzeln nicht verkneifen. Dann trat er vor die mit Aufklebern übersäte Tür und drückte dagegen.

Im ersten Moment glaubte er, es würde sich hier um ein Missverständnis handeln. Der Laden bestand aus einem länglichen Raum, links von ihm die Theke samt Barhocker, rechts ein schmaler Tisch mit einer Sitzbank, mehr Plätze gab es nicht. An den Wänden hingen alte Konzertplakate, vergilbte Zeitungsausschnitte, über der Theke schwebte ein Kontrabass, weiter hinter entdeckte er ein altes Steuerrad, das ebenfalls von der Decke hing. An der Theke saßen einige Leute, Männer, Frauen, über ihren Köpfen hingen die feinen Rauchschwaden ihrer Zigaretten. Man blickte kurz zu ihm hin, und Richard wollte schon wieder kehrtmachen, als er ganz hinten ein Klavier entdeckte, an dem ein schmaler Mann mit Basecap saß. Und jetzt setzte auch Musik ein, Klavier und Gitarre. Auf der länglichen Bank saß nur ein Pärchen, Richard bestellte ein Bier und setzte sich dazu. Die Frau hinter der Theke hatte wohl seinen Akzent bemerkt, fragte, woher er komme. Als er es ihr leise sagte, rief sie es wie eine sensationelle Neuigkeit in den Raum. »Hey, Leute, wir haben Besuch aus New York!«, und an die Musiker gewandt: »Jetzt zeigt mal, was ihr draufhabt!«

Schnell hatte er ein Bier vor sich stehen und fragte sich, welcher von den beiden Musikern dieser Matthias sein mochte. Als der am Klavier zu ihm hinsah und einmal nickte, war Richard klar, dass er Ellas Enkel war.

Richard lehnte sich zurück, nippte an seinem Bier und lauschte der Musik. Sie mischte sich mit den Stimmen der Gäste, mit den Geräuschen aus der kleinen Küche hinter dem Tresen. Die Frau von der Theke fragte, ob er etwas essen wolle, sie habe leckeren Hackbraten, *meatloaf*, sagte sie mit Betonung. Richard dankte, vielleicht später. Die Musik, die leisen Stimmen, das Bier – all das machte ihn auf angenehme Art benommen, und noch vor einer Woche hätte er im Traum nicht daran gedacht, in so einer Jazzkneipe zu landen.

Er bekam ein zweites Bier hingestellt, die Musik endete, und es gab Applaus. Der Pianist trank nun auch einen Schluck von seinem Bier, das oben auf dem Instrument gestanden hatte. Er erhob sich vom Hocker, streckte sich, sprach kurz mit dem Bandkollegen und kam dann zu Richard an den Tisch.

»Du musst der Mann sein, der wegen meiner Großmutter extra aus New York gekommen ist«, sagte er.

»Der bin ich, ja, Richard Kugelman«, er hielt dem anderen die Hand hin, und der griff mit festem Druck zu.

»Matthias Wächter, ambitionsloser Musiker und Vagabund!«

Er grinste. Matthias war groß gewachsen, schmal, trug eine alte Jeansjacke und eine Basecap. Seine Augen waren von einem irritierend leuchtenden Blau, und unter der Mütze quollen helle Locken hervor. Er musste einige Jahre jünger als Richard sein, schwer zu schätzen. Er schob sich jetzt neben ihn in die Bank, hielt ihm sein Glas zum Anstoßen hin.

Richard zog die Fotos und Kopien aus der Tasche und legte sie auf den Tisch; er wollte keine Zeit verlieren.

»Danke, dass Sie sich die Zeit nehmen …«, sagte er.

»Wie duzen uns hier eigentlich alle«, unterbrach ihn der andere.

»Ja, natürlich«, Richard geriet kurzzeitig aus dem Konzept. »Also … wie schon am Telefon gesagt, es geht um Ihre … um deine Großmutter, Ella Hagedorn. Ich arbeite für einen New Yorker Auftraggeber an einer Ausstellung über das Frankfurter Stadtplanungsprogramm aus den Zwanzigerjahren, Ernst May, Martin Elsaesser, die Großmarkthalle, die Siedlungen Praunheim und Römerstadt, das *Neue Frankfurt* ist der Oberbegriff. Sagt dir das was?«

Matthias nickte nur und trank von seinem Bier.

»Bei der Recherche bin ich auf Ella gestoßen, damals hieß sie noch Burmeister. Ich möchte sie und ihre Fotografien ins Zentrum meiner Ausstellung nehmen und hoffe, du kannst mir mehr über sie erzählen. Und es werden hoffentlich auch noch weitere Bilder von ihr existieren, denn das, was ich bisher habe, ist leider recht spärlich.«

Er zeigte Matthias die Fotografien. Der sah sie sich an und zog dabei die Stirn kraus, mit jedem weiteren Bild schien er verwirrter zu werden. »Ehrlich gesagt habe ich mich gefragt, warum du etwas über Ella wissen willst und nicht über meinen Großvater Walter«, sagte er und sah Richard an. »Er war der Künstler in der Familie, hat Malerei studiert, ich glaube sogar bei Max Beckmann. In meiner Wohnung hängen noch einige seiner Bilder, ich kann sie dir zeigen, wenn du willst.« Er zog die Basecap ab und fuhr sich einmal durch die Haare. »Aber jetzt sagst du, Ella sei eine Fotografin gewesen?«

»Ja, das war sie«, Richard schob die Bilder noch weiter zu Matthias, so, als wolle er ihn auffordern, genauer hinzusehen. »Sie muss für einige Jahre sogar recht bekannt gewesen sein, hat für die Architekten fotografiert, hier, die Großmarkthalle, die Siedlung Höhenblick. Ihre Bilder wurden in Magazinen veröffentlicht, sicher auch in den Zeitungen.«

»Das ist mir echt neu«, sagte Matthias und drehte die Basecap in der Hand. »Also, Ella, ja, sie hat manchmal Fotos gemacht, auf Geburtstagen oder wenn sie mit Walter auf Reisen war, auch hat sie erzählt, dass sie früher gern fotografiert hat, aber das hier«, er deutet auf die Bilder, »ich meine, dass sie das als Beruf gemacht haben soll, wusste ich nicht, davon hat sie nie erzählt.«

Die Tür ging auf, und ein Windstoß fegte herein, Richard rutschte auf der Bank ein Stück nach vorn, griff nach seinem Bierglas. Wie konnte es sein, dass Matthias so gar nichts vom künstlerischen Leben seiner Großmutter wusste? »Also gibt es überhaupt keine weiteren Bilder von Ella?«, hakte er nach.

»Ich weiß nicht, es gibt ein Hochzeitsfoto von Walter und ihr, ja, und ich glaube, da ist noch ein Album mit Geburtstagsaufnahmen, da war ich gerade drei oder vier, keine Ahnung, nein, also, da muss ich dich leider enttäuschen, mehr hab ich nicht.«

Richard lehnte sich zurück, atmete aus. Alle Bilder, die er von Ella Burmeister kannte, stammten aus der Zeit vor dem Zweiten Weltkrieg. Wenn sie danach wirklich nicht mehr weitergemacht hatte, dann konnte ihr Enkel natürlich nichts von alldem wissen. Die Erkenntnis traf ihn mit einer sanften Wucht, er hatte plötzlich einen metallenen Geschmack im Mund, fühlte wieder diese Übelkeit in sich aufsteigen. Dann war das Treffen hier also doch so sinnlos, wie er befürchtet hatte. Anstatt jetzt wieder in New York zu sein, hockte er in einer verrauchten Frankfurter Kneipe, und seine leise gewachsene Hoffnung entpuppte sich als ein weiterer Irrweg.

»Sie hat wirklich nie etwas von ihrer Zeit als Fotografin erzählt?« Richard wollte noch nicht aufgeben.

»Nein, hat sie nicht. Für sie gab es nur Walter und die Wohnung und mich.«

»Hat sie gar nicht mehr gearbeitet?«

»Doch, ich glaube, eine Zeit lang in einer Drogerie, ihr Vater war Drogist gewesen, drüben in Sachsenhausen. Den Laden gab es aber schon vor dem Krieg nicht mehr, wurde übernommen. Walter hat wohl als Künstler ganz gut verdient, da war es eigentlich nicht nötig, dass Ella arbeitete. Aber sie wollte es immer.«

Richard trank einen Schluck Bier gegen den bitteren Geschmack im Mund.

»Mein Großvater ist früh verstorben«, fuhr Matthias fort, »und dann hat Ella wieder mit dem Trinken angefangen, also, getrunken hat sie auch schon davor, aber nach Walters Tod noch mehr, zumindest ist es mir da erst richtig aufgefallen. Sie ist kaum noch raus, nur ab und zu mit mir in den Zoo, das mochte sie, die Tiere dort, vor allem die Zebras, da wollte sie immer hin. Als sie starb, das war 1985, hatte sie noch knapp hundert Mark in ihrer Schatulle, sonst war da nichts mehr. Sie hatte nicht mal ein eigenes Konto.« Matthias schaute ihn mit zusammengekniffenen Lippen an. »Nach ihrem Tod bin ich dann in ihre Wohnung gezogen.«

»Und Ellas Familie, hatte sie Geschwister?«

»Einen Bruder, ja, Franz, aber der ist während des Kriegs gestorben, muss ein ganz Überzeugter gewesen sein. Von ihren Eltern weiß ich nichts, ich glaube, ihr Vater hat den Krieg nicht mehr erlebt, und ihre Mutter ist kurz danach gestorben, Ella hat nie von den beiden gesprochen.«

Richard trank sein Glas leer, spürte aber eine Ernüchterung, die ihn ganz kraftlos machte. Er zeigte Matthias das Foto von der Demonstration. »Das da ist meine Mutter, Franziska Kugelman«, sagte er. »Ella hat dieses Foto gemacht, hier in der Stadt. Kannst du dich daran erinnern, dass sie irgendwann einmal eine Franziska erwähnt hat?«

Matthias nahm das Foto in die Hand und sah es genauer an. »Tut mir leid, kein Schimmer«, sagte er und schaute auf. »Das ist alles lange her.« Er zog die Basecap wieder auf, rutschte von der Bank und blieb neben dem Tisch stehen. »Ist sicher nicht das, was du hören wolltest, aber mich überrascht ja selbst, was du mir über Großmutter erzählst.«

Auch Richard machte sich gerade. Das Gespräch war vorbei, die Sache zu Ende. »Trotzdem danke für deine Zeit«, sagte er und reichte Matthias die Hand.

»Keine Ursache. Ich hoffe, du findest noch etwas. Hast ja meine Nummer. Ich mach jetzt mal los, muss mich eine Runde aufs Ohr hauen.«

Richard schrieb auf seine Visitenkarte die Nummer des Mobiltelefons und reichte sie Matthias. »Und hier ist meine. Falls du doch noch etwas finden solltest.«

Matthias drehte die Karte in der Hand, dann tippte er sich an den Mützenschirm. Er ging an die Theke, wo er kurz mit einem der Gäste sprach, dann verließ er die Kneipe, ohne sich noch einmal umzuschauen.

Auch Richard hielt es nicht länger, er bezahlte die Biere, wehrte noch einmal den Hackbraten ab, bedankte sich und verließ das Mampf mit der Versicherung, in New York davon zu erzählen.

Draußen hatte es wieder zu nieseln begonnen. Richard schlug den Mantelkragen auf. Er war frustriert, fühlte sich gleichzeitig aber auch erleichtert: Er hatte alle Möglichkeiten ausgeschöpft, hatte eine wirklich gute Idee gehabt, die sich aber nicht realisieren ließ, zumindest eine Zeitlang hatte er daran geglaubt, sich nicht der Resignation zu ergeben.

Er überlegte, Thomas anzurufen, entschied sich jedoch dagegen. Den Weg zurück zu seiner Wohnung würde er auch so finden. Außerdem würde es ihm guttun, sich noch etwas zu bewegen. Er erreichte den Merianplatz und lief die Berger Straße hinunter; hier waren die wenigen Lokale gut besucht, und er bemerkte erstaunt, dass er wieder hungrig war. Kurz darauf gelangte er in den Bethmannpark, ging unter den Bäumen entlang bis zum Chinesischen Garten, dort gab es einen Teich und Brücken. Obwohl die Bank vom Regen feucht war, setzte er sich, streckte die Beine aus und genoss die Stille, den Blick auf die Pavillons. Er musste sich eingestehen, dass er keine Ahnung hatte, wo genau Thomas wohnte, aber es störte ihn nicht.

Nach einer Weile ging er weiter. Er sah zwei Frauen zu, die um ein Schachbrett standen und wie die Figuren selbst erstarrt waren. Dann regte sich eine von ihnen, schob einen Bauern ein Feld vor, die andere blieb weiter bewegungslos, neigte nur etwas den Kopf zur Seite. Richard zog das Nokia aus der Tasche und wählte Thomas' Nummer.

»Ich hab mich verlaufen«, sagte er ohne Begrüßung.

»Wo bist du denn?«

»In einem Park mit chinesischem Garten.«

»Ah ja, und wo genau?«

»Beim Schachbrett.«

»Dann bleib einfach dort, ich komme zu dir.«

Richard kehrte zum Schachbrett zurück, setzte sich auf eine der Bänke und sah den Frauen weiter zu. Sie nahmen keine Notiz von ihm. Sein Vater hatte ein paarmal versucht, ihn zum Schachspielen zu animieren, aber im Gegensatz zu Carl war er zu ungeduldig gewesen und hatte das Brett auch nie richtig *lesen* können. Irgendwann hatte es sein Vater aufgegeben, und Richard hatte nie wieder gespielt.

»Ist hier noch Platz?« Richard schreckte auf. Vor ihm stand Thomas. Er trug Sportschuhe und wirkte gut gelaunt. »Wie ist das Gespräch gelaufen?«, fragte er übergangslos, setzte sich mit auf die Bank und schlug ein Bein über.

Kurz dachte Richard daran, ihm etwas vorzumachen und das Treffen als kleinen Erfolg zu bezeichnen, damit zumindest Thomas das Gefühl bekam, sein Einsatz hätte sich gelohnt, aber warum sollte er ihn anlügen?

»Es hat mir nichts gebracht außer ein paar Anekdoten«, sagte er. »Matthias wusste nicht mal, dass seine Großmutter fotografiert hat. Es gibt einfach keine weiteren Bilder, laut Matthias hat sie auch nie von der Zeit gesprochen.« Er machte sich gerade, spürte Thomas' Bein dicht neben seinem. »Ich nehme an, Ella hat nach dem Krieg einfach aufgegeben, sie ist kreativ verstummt, wie so viele andere auch. Wer weiß, was sie erlebt hat. Und im Gegensatz zu anderen Künstlern und Künstlerinnen ist sie hiergeblieben, hat irgendwann diesen Walter Hagedorn geheiratet, neu angefangen. Im Grunde eine ganz ähnliche Geschichte wie die meiner Mutter, die nach ihrer Emigration nie mehr gemalt hat.« Zum ersten Mal wurden Richard die Parallelen zwischen den beiden Frauen deutlich, auch wenn sie in völlig verschiedenen Welten gelebt hatten: Ella an der Seite eines mittelmäßig erfolgreichen Malers in Frankfurt, und Franziska, Frau eines Zahnarztes, Mutter von drei Kindern, in New York; beide hatten sich nach innen gekehrt, ins Private zurückgezogen, waren künstlerisch nicht mehr in Erscheinung getreten.

»Aber gerade dieses Verstummen könnte doch ein Anlass sein, sie heute wieder sprechen zu lassen, meinst du nicht?«

Thomas drehte sich ihm zu, sah ihn ernst, aber nicht vorwurfsvoll an.

»Oder es ist ein Zeichen, dass es so bleiben soll. Angesichts der spärlichen Informationen eines Enkels, der nichts vom Künstlerleben seiner Großmutter weiß.«

»Aber es muss ja noch die Tochter geben«, ließ Thomas nicht locker. »Hast du ihn nach seiner Mutter gefragt? Vielleicht hat sie noch Bilder von Ella.«

Richard atmete lange aus, dann stand er auf. Ihm war kalt, und er hatte Hunger. »Vielleicht solltest du diese Ausstellung kuratieren«, sagte er leicht gereizt. »Vielleicht bin ich einfach zu alt, zu ambitionslos, was weiß ich.«

Thomas ging nicht weiter auf den bitteren Unterton ein. Auch er stand auf, und sie machten ein paar Schritte.

»Das bist du sicher nicht. Vielleicht nur etwas verwirrt.«

»Kann sein.« Richard blieb wieder stehen. Ja, das war er, verwirrt. Seine Mutter, Thomas, Ella Burmeister, jetzt auch noch dieser Matthias – was zum Teufel wollten sie ihm alle sagen, das er nicht verstand? Dass er ein Feigling war? Dass ihm das Feuer fehlte? Oder wollten sie ihm einen anderen Weg aufzeigen, einen, den er allein nicht fand?

Thomas stieß ihn mit dem Ellenbogen an. »Ist doch nicht das Schlechtestes, so eine kleine Verwirrung.«

Richard sah ihn an, seinen schmalen Mund, und er dachte, dass die langen Wimpern seinem Gesicht etwas Erhabenes verliehen. Er trat einen Schritt zur Seite. »Ich habe Hunger«, sagte er.

Thomas wollte sie gerade zurück auf die Berger Straße führen, er kenne dort ein gutes Restaurant, vietnamesisch, als plötzlich Richards Nokia klingelte. Konnte das Sarah sein? Was sollte er ihr sagen, irgendeine Geschichte, weshalb er noch immer in Frankfurt war? Er nahm ab, hörte ein lautes Knacken.

»Hallo?«

»Ja, äh, Richard, hier ist Matthias.«

»Matthias!« Richard war ehrlich überrascht. »Was ist los?«

Wieder war nur ein Knacken zu hören, dann rauschte es.

»Ich … nach unserem … hab ich mich …«

»Ich versteh dich nicht.«

»Nach unserem Treffen …«, das Rauschen verschwand, Matthias' Stimme war jetzt klarer zu hören, »das hat mich irgendwie, also, ja, bewegt hat es mich, was du mir von Ella erzählt hast, also bin ich auf den Dachboden, weil ich wusste, da oben gibt es noch Sachen von Walter und ihr, und, also, ich habe etwas gefunden.«

»Was denn?« Richard spürte, wie sein Puls beschleunigte.

»Zwei Kisten mit Fotos und noch mehr, Notizbücher. Am besten kommst du und schaust dir alles an.« Er nannte Richard die Adresse, sagte, er sei den Abend über da, Richard solle sich aber nicht zu lange Zeit lassen, denn er sei müde, und legte auf.

»Das ist unglaublich«, Richard merkte, dass seine Stimme zitterte. »Matthias hat wohl doch noch was gefunden. Ich muss zu ihm. Weißt du, wo die Wielandstraße ist?«

»Na klar, ist nicht weit, da können wir zu Fuß hin.«

Der Hunger war vergessen, das Restaurant auch, und mit klopfendem Herzen folgte Richard Thomas durch die Straßen.

# NEUBEGINN

Frankfurt am Main, 1931

*Sie schaute mich an mit einem feinen Lächeln, die rechte Hand in die Tasche geschoben. Sie war ganz in Schwarz gekleidet, trug den langen Mantel und den Hut nach der Art, wie es Männer tun, ganz selbstverständlich, ohne eine Spur von Selbstzweifel, ein Schlüssel rasselte, einige ihrer weißen Locken traten unter dem Hut hervor. Sie wartete geduldig, bis ich mit der Leica fertig war. Dann stellte sie sich neben die Staffelei, auf der ein Stillleben mit Äpfeln stand, sie sah mich freundlich an und schloss nach jedem Klick der Linse kurz die Lider, als würde sie ihrerseits nun den einen Augenblick wie eine Kamera in sich aufnehmen, also ihr Gegenüber, mich.*

*

Manchmal erwacht sie mitten in der Nacht, fährt so plötzlich auf, dass sie vor sich selbst erschrickt. Im ersten Moment weiß sie nicht, wo sie ist, in Frankfurt oder noch in Russland, sie glaubt, die Heimreise könnte nur ein Fiebertraum gewesen sein. Aber dann ist da die Kommode mit den Lehrbüchern, da ist der Schrank mit den verzierten Türen, der Tisch, der Spiegel, und sie weiß, dass sie zu Hause sein muss. Sie fällt nicht mehr, nichts stürzt mehr ein, ist in Bewegung, die Stadt steht fest um sie, das Haus ihrer Kindheit, das alles hat Bestand. Sie richtet sich auf, manchmal dauert es länger als nur ein paar Atemzüge, bis sie wieder in Sicherheit ist, bis sich die Traumbilder aufzulösen beginnen, die rasende Angst verschwindet, im falschen Zug zu sitzen, der sie tiefer und immer tiefer hineinbringt ins eiskalte Herz eines fremden Landes. Sie verlässt das Bett und tappt ans Fenster, draußen dichter Schneefall, es ist totenstill. Sie geht in die Küche, schenkt sich ein Glas Milch ein und trinkt es im Stehen. Man muss erst wieder ankommen, denkt sie, den Boden unter den Füßen wiederfinden.

Das Fieber hielt lange an; immer wieder war die Mutter gekommen, hatte versucht, ihr Essen einzuflößen, sie müsse doch essen, zumindest etwas trinken. Manchmal stand auch der Vater am Bett und betrachtete Ella mit einer Gleichmut, als habe er immer gewusst, dass es so kommen würde. Sie murmelte Namen im Halbschlaf, lief in die Steppe hinaus zu den Pferden, trieb auf einem riesigen Strom dahin, erwachte und fragte die Mutter, wie spät es sei, sie habe ja noch zu arbeiten, müsse schnell rüber ins Büro, May erwarte sie, die ganze Brigade, man müsse sonst die Arbeit einstellen und alles sei vergebens, selbst Grete schüttelte den Kopf, sie sei unzuverlässig, launisch, eine furchtbare Person, und die Mutter drückte Ella wieder ins Bett und sagte: Du bleibst, wo du bist!

Als das Fieber endlich sank, brachte der Vater die Zeitung, aber sie las nur die Sportseiten und Teile eines Fortsetzungsromans. Sie nahm die Leica, sah durch den Sucher, und langsam fügte sie sich wieder zusammen, die Welt um sie, die Wohnung, die Stadt, in die sie heimgekehrt war, Frankfurt.

Ich bin allein, denkt sie, in der dunklen Küche stehend, wieder und immer wieder denkt sie das, ich habe alle verloren! Sie sieht Max im Halbdunkel und muss lachen vor Wut, ein stechender Schmerz fährt ihr in den Bauch, wie blöd ich war, denkt sie, so unfassbar dumm! Dass sie auf ihn reingefallen ist, auf den sanften Blick, die Wohnung im Höhenblick, das

Automobil, auf all die Versprechungen und die Verheißung vom großen gemeinsamen Glück. Der Architekt und die Fotografin, ein Paar wie aus den Illustrierten, schön, modern und auch ein wenig geheimnisvoll – alles Lüge, bloß ein bisschen Rauch, der mit dem Wind verweht ist. Sie geht zum Fenster und öffnet es. Die kalte Nachtluft nimmt ihr kurz den Atem und ist dann wie eine Befreiung. Sie saugt die Luft tief ein, sie weiß, ein neuer Frühling wird kommen, und mit dem Frühling wird es wieder Wärme geben und alles andere auch.

Ella ist froh über etwas Arbeit, dass ihre Hände zu tun haben, dass sie sich auf etwas konzentrieren kann, auf eine Zahl, eine Grammeinheit, die Buchstaben auf einem Etikett. Der Tag ist das leise Ticken der Wanduhr, unterbrochen nur von Mittagessen und Kaffee, alles hat einen Platz und seine Ordnung, alles kann bemessen und abgewogen werden. Während sie dem Vater zur Hand geht, die ihr zugeteilten Aufgaben schweigend verrichtet, während sich der Vater um die Kundschaft kümmert, denkt Ella darüber nach, sich im kleinen Raum hinter dem Laden eine Dunkelkammer einzurichten, kommt aber über den Gedanken nicht hinaus, gerät ins Grübeln, stockt, ist wieder drüben im Höhenblick, wo es Platz gab und Luft, aber das ist nun aus und vorbei.

Einmal, als sie dem Vater beim Einräumen einer Lieferung hilft, glaubt sie plötzlich, Franziska stünde draußen auf der Straße. Achtlos stellt sie die Kiste ab, geht nachsehen. Menschen rauschen vorbei, ein Fahrrad rasselt, doch von der Freundin keine Spur. Ella zieht die Schultern hoch, der Wind fährt ihr unter den Pullover. Nur eine Einbildung, warum auch sollte sie hier auftauchen, sie haben seit einer Ewigkeit nicht miteinander gesprochen. Ella presst die Lippen aufeinander, geht zurück in den Laden und ignoriert den Blick des Vaters.

Jeden Mittag sitzt sie mit ihm bei einer Tasse Kaffee, der mittlerweile genauso dünn ist wie in Moskau, etwas Kaffeebohne, Gerste, Karlsbader Kaffeegewürz, und der Vater sagt, es werde mit jedem Tag schlimmer, alles werde teurer, dazu das Geschrei, die Prügeleien, niemand kaufe mehr ein, sie sehe ja selbst, wie ruhig es im Laden ist. Eine Bank nach der anderen geht den Bach runter, man zählt fast fünf Millionen Arbeitslose. »Aber wir halten uns tapfer«, sagt er mit einer Miene, die Zuversicht ausstrahlen soll, ihm allerdings entgleitet, noch während er die Tasse an die Lippen führt.

Natürlich hat Ella längst bemerkt, dass die Mutter die Suppe streckt, dass das Fleisch zäh ist und immer weniger wird, dass kein Kuchen mehr auf dem Regal wartet zum Mittagskaffee, Vaters Kittel ist an den Ellenbogen blank, Tag für Tag trägt er dasselbe Hemd.

»Ich habe noch etwas Geld«, sagt sie, »für richtigen Kaffee.«

Er sieht zum Fenster. »Und was willst du jetzt tun?«, er sieht sie an, in seinem Blick liegt Ratlosigkeit.

»Ich weiß es noch nicht«, sagt sie, obwohl das eine Lüge ist. Sie weiß es sehr genau, hat es sich nach dem schlimmsten Fieber immer wieder ausgemalt, wie es weitergehen soll mit ihrem Leben. Sie wird nicht ewig mit den Eltern am Küchentisch sitzen, sie weiß, sie muss hinaus, zurück ins Leben. Etwas anderes bleibt ihr gar nicht übrig, sie muss arbeiten, muss Geld verdienen mit der Leica, mehr hat sie nicht und kann sie nicht. Sie will auf eigenen Beinen stehen, selbst wenn es noch so wackelt.

Der Vater steht auf, stellt sich neben sie und legt ihr eine Hand auf die Schulter. Ella sieht ihn an. Papa, du bist alt geworden, denkt sie. Dann löst sich seine Hand, und sie seufzt leise und erleichtert.

Sie hilft der Mutter mit den Kartoffeln. Die Weihnachtstage und Silvester sind glanzlos vorübergezogen, man hat sich einen Kaffee Hag und etwas Fleisch gegönnt, sich auch ein bisschen Tannengrün geleistet und einen dünnen Punsch, mit dem es doch noch etwas heiter wurde. Franz kam nicht, man sprach auch nicht von ihm.

Sie ist so dünn geworden, denkt Ella mit einem Blick auf die Mutter, als könnte sie jeden Moment auseinanderfallen. Ellas Hände sind dreckig von den lehmigen Kartoffelschalen, eigentlich will sie auch gar nichts mehr essen.

»Deine Freundin war bei uns im Laden«, sagt die Mutter unvermittelt, während sie den Topf mit Wasser auf den Herd wuchtet. »Franziska.«

Ellas Hände erstarren. »Ach ja? Wann?« Eine helle Freude durchfährt sie.

»Ich weiß nicht mehr genau, da warst du noch in Russland.«

»Und was wollte sie?«

»Sie hat eingekauft, Zigaretten oder Schuhcreme. Als ich sie sah, dachte ich nur, also, da fragte ich mich, ob ihr beiden wohl noch befreundet seid, ich habe an euch gedacht, als ihr noch Kinder wart, hinten im Hof gespielt habt, in den Beeten vom Riebsand, und er euch immer nachgehen wollte, aber nicht konnte, erinnerst du dich, ihr habt ein Indianerzelt gebaut aus einem Bettlaken, das am Ende ganz verdreckt war, aber ich konnte euch nie böse sein, dir nicht und Franziska schon gar nicht. Was ist mit ihr? Ich habe so lange nichts mehr gehört, und als sie da war, im Laden, hat sie auch nicht viel gesagt.«

Die Mutter spricht mit ihrer Plauderstimme, in der sie auch mit Kundschaft über Hühneraugen und Verdauungsprobleme spricht, die Worte purzeln leicht dahin. Für Ella aber fühlen sie sich an wie Nadelstiche.

»Hat sie nach mir gefragt?«

Die Mutter scheint in ihrer geschäftigen Konzentration auf das Hantieren mit Töpfen und Löffeln nichts von Ellas Verwirrung zu bemerken.

»Nein, hat sie nicht. Vielleicht sollest du mal zu ihr gehen, sie weiß doch gar nicht, dass du zurück bist.«

Ella spürt plötzlich eine Schwäche in Armen und Beinen. Sie verlässt die Küche und muss sich im Wohnzimmer aufs Sofa legen.

»Ist alles in Ordnung mit dir?«, fragt die Mutter. »Hast du wieder Fieber?« Sie kommt und legt ihre feuchte Hand auf Ellas Stirn. Ella schließt die Augen.

Von Grete erreicht sie ein Brief aus Moskau, ein paar nette Zeilen, dazu zwei Fotografien: sie und ihr Mann Wilhelm vor dem Roten Platz, ein weiteres Bild irgendwo in baumloser Ödnis, dick eingepackt. Ella lehnt an der Theke neben der Kasse, kein einziger Kunde an diesem Vormittag bis auf den Postmann, und sie liest, dass es Grete gut gehe, es gebe nach wie vor viel zu tun, jetzt seien sie schon bei der nächsten Stadt, in Sibirien.

*Bleib tapfer, liebe Ella, ich musste nicht mit Max sprechen, um zu wissen, was geschehen ist, und ich unterstütze dich ganz aufrecht und innig in deiner Entscheidung. Weißt du, ich habe es ja seit unserer ersten Begegnung gewusst: Du würdest die Erste am Bahnhof sein, und das warst du nun auch, meine Liebe, die Erste am Gleis! Ich umarme dich, deine Grete.*

*

Ella ist unterwegs zu Carry und Nini, den letzten Freundinnen, die ihr geblieben sind und von denen sie hofft, dass sie noch am Börsenplatz leben und ihr die Tür öffnen werden. Sie sitzt in der Elektrischen und lässt sich über den Main tragen; sie blickt auf das in der frühen Sonne schimmernde Wasser, auf den Turm des Doms, die hingewürfelten Häuser am Ufer, und auf einmal ist ihr diese Stadt so vertraut und nah, wie sie es früher nie empfunden hat.

Mit klopfendem Herzen steigt sie die Treppe hinauf, es riecht vertraut nach altem Holz. Oben drückt sie die Klingel, und als die Tür sich öffnet und Carry vor ihr steht, sagen sie beide für einen Moment erst mal nichts, als wäre die jeweils andere nur eine Erscheinung, ein Geist. Dann macht Carry einen beherzten Schritt auf sie zu, fasst nach ihrer Hand, schlingt die Arme um sie und zieht sie an sich.

»Ella, wie schön«, flüstert sie, und als sie einander wieder ansehen, stehen Carry Tränen in den Augen. Sie ruft nach ihrer Schwester. »Nini, komm schnell, du glaubst nicht, wer da ist!«

Die beiden ziehen Ella ins Wohnzimmer. Dort ist es warm, die schweren Vorhänge sind halb zugezogen. Ella wirft Mantel und Tasche ab und lässt sich in einen Sessel fallen, die Schwestern stehen vor ihr und betrachten sie wie ein Kunstwerk.

»Meine Güte, Ella«, sagt Carry. Und Nini ruft: »Das muss gefeiert werden!«

Man schafft Gläser heran, Ella sieht sich um. Alles ist noch so wie damals, denkt sie, das große Zimmer mit den Vorhängen und den Fotografien an der Wand, das Grammofon, der lange Tisch, und doch ist etwas entscheidend anders: Da deklamiert keiner einen Vers oder singt, niemand steckt sich ein Würstchen in den Mund. Es ist still, die Schwestern sind allein.

Carry reicht ihr ein Glas, und sie stoßen an. Nini setzt sich mit aufs Sofa. »Was machst du hier? Wir dachten, du würdest noch für Jahre in Russland bleiben.«

»Es ging alles schneller«, sagt Ella knapp.

»Was ist passiert?«

Ella schaut in ihr Glas, in dem Bläschen an die Oberfläche perlen und zerplatzen. Kein Wort wird sie von Max sagen, kein Wort von dieser Jelena, aber schweigen kann sie auch nicht. »Ich …«, sie dreht das Glas, nimmt noch einen Schluck, »man hat mich nicht mehr gebraucht. May, die Architekten, sie waren Tag und Nacht im Büro, ich habe sie kaum zu Gesicht bekommen, keinen von ihnen. Ich hatte nur Grete Lihotzky. Und irgendwann auch sie nicht mehr. Ich habe mich schrecklich einsam gefühlt und gelangweilt. Warum also länger bleiben?«

Carry runzelt die Stirn, schenkt Ella aber ein aufmunterndes Lächeln. Nini schaut weiter ernst, fast bitter, als ahne sie, dass hinter dem Erzählten noch etwas anderes lauert, als spüre sie, was Ella ihnen verheimlicht. Aber sie fragt nicht nach, streicht ihr nur über die Schulter und geht hinüber zum Tisch, füllt die Gläser.

»Willst du nicht noch ein bisschen mehr von dort erzählen? Wie ist es in Russland?«, fragt Carry.

»Ich habe Fotos dabei. Wir können sie uns ansehen.«

Also holt Nini den Projektor für die Filmstreifen, Carry zieht die Vorhänge ganz zu. Und kurze Zeit später haben die drei die Steppe vor Augen, die Höhenzüge des Urals, Jurten, Gesichter von Bäuerinnen und Mädchen, Kinder mit Pferden. Ella erläutert, was zu sehen ist, und die Schwestern folgen ihr gebannt. Moskau, der Fluss, der Rote Platz, eine lange Reihe Fahnen.

Als Bilder von May und seinen Leuten kommen, lacht Carry auf. »Da sind ja unsere Helden!«

Ella schaut zur Seite, sie will Max nicht mehr ansehen müssen, und zur Ablenkung lacht sie mit, es ist ja auch alles nur ein großer, bunter Zirkus mit ein paar aufgekratzten Clowns.

»Was ist denn aus deinem Architekten geworden, ist er dortgeblieben?«, will Carry wissen.

»Ich denke schon.« Ella ist froh um die Dunkelheit, so sieht niemand die Röte, die ihr ins Gesicht schießt. Es ist noch immer eine heiße Wut, die sie beim Gedanken an Max durchfährt.

»Ihr wart doch verlobt«, hakt Carry nach, und da Ella darauf nicht eingeht, entsteht ein längeres Schweigen, in das hinein nur der Bildprojektor leise brummt.

»Jetzt lass doch die Männer aus dem Spiel«, sagt Nini, »wir sind da, um Ellas Rückkehr zu feiern, und nicht, um irgendwelchen Kerlen nachzutrauern!«

Die Bildstrecke ist zu Ende, für Augenblicke sitzen die drei im Dunkel, die Projektorlampe knistert, dann zieht Carry die Vorhänge auf. »Die Bilder sind beeindruckend«, sagt sie, »soll ich ein paar davon an Ullstein schicken? Die können damit vielleicht etwas anfangen, und sie zahlen noch ordentlich. Was meinst du?«

Ella ist dankbar für das Angebot, ja, darüber würde sie sich freuen, das Geld sei doch recht knapp.

»Wir werden dich wieder auf die Beine bringen«, sagt Carry. »*Das Illustrierte Blatt* hat jetzt viel mehr Bilder, da hast du gute Chancen. Und dann eröffnest du bald dein eigenes Atelier.«

Darüber muss Ella lachen. »Du machst wohl Witze. Ich habe nicht mal genug Geld für eine eigene Wohnung.«

»Wir können dir etwas leihen.«

»Nein danke, das möchte ich nicht, ich will es selbst hinbekommen.«

Ella will von alldem jetzt nicht mehr reden, und die Erinnerung an Russland ist ihr ohnehin zuwider. »Geht es euch denn gut?«, fragt sie, um auf ein anders Thema zu kommen.

Die Schwestern tauschen kurze Blicke, Nini presst die Lippen aufeinander, Carry lächelt gequält.

»Es geht schon irgendwie«, sagt Nini ausweichend.

»Nur dass hier langsam alles den Bach runtergeht«, Carry steht vom Sofa auf, ist sichtlich erregt, »ein paar sind schon weg, andere werden ihnen folgen. Paul ist in Berlin, ebenso Flesch und Lingen, sie nehmen alle Reißaus. Nur ist es in Berlin doch auch nicht besser, da säufst du schneller ab, als du Schwimmring sagen kannst!«

»Und ihr denkt auch übers Fortgehen nach?« Ella wird von einer schlimmen Vorahnung erfasst: Was, wenn die beiden auch die Stadt verlassen, wer bleibt ihr dann?

Wieder wechseln die Schwestern Blicke.

»Wir denken tatsächlich an Paris«, sagt Carry.

»*Du* denkst das«, fährt Nini dazwischen. »Ich will dort nicht hin, ich spreche die Sprache nicht, und ich habe auch keine Lust, noch einmal neu anzufangen. Wir müssen Ruhe bewahren, eine gewisse Zeit wird es schwer, aber es wird wieder besser werden, weitergehen. Es geht doch immer weiter.«

Carry erwidert nichts, doch für Ella ist kaum zu übersehen, dass dieser Streit schon länger schwelt: bleiben oder gehen, gehen oder bleiben. Es folgt ein Schweigen, als hätte sie alle eine plötzliche Müdigkeit überfallen, und wie Ella jetzt die Schwestern vor sich sieht, fällt ihr auf, dass sie alt geworden sind. Eine klar sichtbare Erschöpfung hat sich auf ihre Gesichter gelegt, die Augen sind umschattet, die Münder schmal.

Nini geht in die Küche, will etwas zu essen vorbereiten.

»Und du willst wirklich nach Paris, Carry?«, fragt Ella sie noch einmal.

»Ach, es ist … kompliziert«, sagt die Freundin. »Nini weigert sich beharrlich, auch nur darüber nachzudenken.« Sie blickt zur Decke, als suche sie dort nach einer passenden Erklärung. »Komische Zeiten sind das.« Dann sieht sie Ella an. »Da waren wir alle gerade noch so ausgelassen beisammen, und nun ziehen diese bierernsten Gesichter durch die Straßen und schlagen sich gegenseitig die Schädel ein, es ist zum Verrücktwerden. Ich glaube, der Mensch ist einfach nicht in der Lage, das eigene Glück auszuhalten. Ich weiß nicht, was wir tun sollen.«

Als sie bei Sandwiches und Selleriestangen am Tisch zusammensitzen, tritt doch noch kurz der alte Schalk zutage. Carry hat es vorgemacht: Sie futtern den Sellerie wie Kaninchen, schnüffeln daran herum mit gerümpften Nasen und vergessen dabei fast, dass sie nur noch zu dritt sind. Für einen Moment lebt der Salon Hess wieder auf mit all dem schönen Unsinn und seinen Kapriolen. Bis Nini der Sellerie aus der Hand fällt und sie sich mit einem Seufzer unter den Tisch bückt, um das Gemüse aufzuheben.

*

Mit der Frühlingssonne kehrt allmählich auch Ellas Kraft zurück, sie fährt mit dem Rad durch die Straßen, hat sich was vorgenommen, will an einen Auftrag kommen, es muss ja wieder Geld in die Schatulle. Sie radelt über den Roßmarkt, und aus alter Gewohnheit stoppt sie vor dem Gutenberg, schaut durch die Fenster ins Innere, wo die Damen und Herren beim Kaffee sitzen, sich anblitzen, rauchen, Sprüche machen, und eine Sehnsucht steigt ihr die Kehle hinauf. Sie denkt an Franziska, hat Lust, sich auch einen Vermouth zu bestellen, albern zu sein, doch allein im Café sitzen, ist eine zu traurige Sache. Also steigt sie wieder aufs Rad, tritt in die Pedale, weicht einer Elektrischen aus. An der Hauptwache haben sich ein paar Männer zusammengerottet, die Polizei versucht, die Ordnung zu wahren, es gibt wütende Rufe, aber

Ella lässt sich nicht aufhalten, sie hat ein Ziel, Große Eschenheimer Straße.

Sie betritt die Eingangshalle der *Frankfurter Zeitung*, fragt höflich nach dem Redakteur Geisenheyner, sie sei eine Freundin, habe dringend mit ihm zu sprechen. Es gibt am Empfang keine Frau Leitner mehr, sondern ein Fräulein mit blonden Locken, das sie freundlich anblickt, weil es weiß, dass es selbst auf der anderen Seite stehen könnte. Ella wird gebeten, Platz zu nehmen. Es ist ein hektisches Kommen und Gehen. Wie eine Idiotin sitzt sie auf der Bank und wartet eine halbe Ewigkeit; sie schlägt die Beine übereinander, schaut den belebten Flur hinunter, man hat sie anscheinend vergessen; sie überlegt, zu gehen, aber dann wäre auch nichts gewonnen.

Endlich erscheint der Redakteur an der Treppe, Ella steht auf. Geisenheyner hat sich nicht wesentlich verändert, sein Gesicht ist schmaler geworden, aber so steht ihm der Anzug besser. Überschwänglich schüttelt er ihre Hand und nimmt sie gleich mit hinauf. »Ich habe Sie lange nicht gesehen«, sagt er.

Ella erzählt in alle Kürze von Russland, erzählt es wie einen Reisebericht aus der Zeitung, nur die Stationen, lässt das Persönliche weg.

»Ach, die Brigade May!«, ruft er laut. »Da hat sich der Herr Architekt ja was eingebrockt mit den Bolschewiken, aber er scheint sich durchzusetzen, wie man hört.«

Ella schweigt, sie hat dazu nichts zu sagen und ist nicht wegen May hier. »Ich kann Ihnen Bilder aus Russland anbieten«, sagt sie stattdessen und reicht ihm ein paar Abzüge.

Geisenheyner tritt damit ans Fenster, sieht sie sich an, runzelt die Stirn. »Sie wissen, dass ich Sie und Ihre Arbeit schätze«, beginnt er dann, »aber sehen Sie, solche Bilder kann ich unmöglich drucken. Ja, die Leute wollen immer Neues, aber es muss ein Spektakel sein, das wissen Sie besser als ich, es muss schön sein und neu und mondän. Wie das Fräulein Clärenore

Stinnes und ihre Weltumrundung im Adler, so etwas wollen die Menschen sehen und nicht Gesichter alter Russenweiber und Pferde in einer trostlosen Landschaft, verstehen Sie?«

Ella versteht überhaupt nichts. Sie starrt in sein rundes Gesicht, die Fliege darunter sitzt schief, und er hat eine Augenbraue nach oben gezogen, vielleicht ein nervöser Tick.

»Bringen Sie mir etwas Aufregendes«, sagt er und setzt sich. »Paraden, Demonstrationen. In Moskau ist doch der Teufel los, haben Sie davon nichts mitgekriegt?«

»Wir waren viel auf dem Land unterwegs«, sagt sie tonlos, »da gab es keine Paraden.«

Geisenheyner schrumpft ein bisschen zusammen in seinem Stuhl, als würde die Luft aus ihm entweichen. »Früher, liebe Ella, da hatten Sie ein Gespür für das, was die Leute wollten: Tanz, Ausschweifungen, Radrennen.«

»Dann hat sich das wohl geändert«, sagt sie etwas zu streng, nimmt die Fotos wieder an sich und packt sie zurück in die Tasche. »Hätten Sie vielleicht einen Stift und Papier für mich?«

Geisenheyner reicht ihr beides, und sie schreibt:

*Ella Burmeister. Photographien für Industrie und Kunst. Zeitgemäß und zuverlässig.*

Sie reicht ihm den Zettel. »Würden Sie das bitte als Anzeige für mich in die nächste Ausgabe setzen. Und sagen Sie mir gleich, was ich dafür bezahlen muss.«

Er wirft einen Blick auf das Geschriebene, sieht wieder auf. »Sie müssen dafür nichts bezahlen, fassen Sie es als Entgegenkommen meinerseits auf. Und seien Sie mir nicht böse. Wissen Sie, um mich herum rollen die Köpfe, an einem Tag ist man noch Redakteur, und am nächsten steht man schon bei der Fürsorge an«, er erhebt sich, kommt um den Tisch herum. »Mittlerweile haben wir bald jede Woche eine neue Regierung, schwer zu sagen, wohin uns das noch alles führt. Aber es hat ja nie geschadet, sich an die zu halten, die das Wort führen, nicht wahr?«

»Aus der Politik halte ich mich raus«, sagt Ella knapp.

»Ein schönes Privileg! Nur ist heutzutage doch alles politisch, liebe Ella, jedes Foto, das Sie mit Ihrer Leica machen. Ob Sie wollen oder nicht, Sie können sich nicht verstecken.« Er reicht ihr die Hand. »Bringen Sie mir etwas Aufregendes, dann sind wir wieder im Geschäft.«

Ella verlässt das Zeitungsgebäude verwirrt und wütend. Geisenheyner ist auch nur ein Schwätzer. Um sie rauscht das Leben, Automobile, Fahrräder, und sie ist mittendrin und weiß nicht, wohin. Dreht diese verdammte Welt sich jetzt schneller als früher? Und wirft all die einfach ab, die nicht mehr die Kraft haben, sich festzuhalten? Das Aufregende ist schal geworden, die Menge wogt jetzt unter Fahnen und Bannern. Vielleicht ist meine Aufgabe gar nicht das Große, das Spektakuläre, denkt sie, während sie langsam zwischen den Menschen geht, vielleicht ist meine Aufgabe das einzelne Gesicht, die Hand, ein Mund. Die Wahrheit liegt in den Gesichtern der Menschen, denkt sie, in den Momenten, in denen sie müde in der Elektrischen sitzen, ein Klecks Sonne im Gesicht, sie schließen die Augen, haben keine Wünsche und Hoffnungen mehr, keinen Zorn, keine Verbitterung, sie dösen und vergessen dabei, wer sie sind oder sein wollten.

*

Im Malepartus ist der Boden stumpf, und es dauert, bis Ella ein kleines Bier bekommt. Sie zählt ihre Zigaretten, schaut zu den anderen Tischen; da wird eine Runde Schnaps bestellt, Karten werden ausgeteilt und Bier und Suppe rangebracht, die Blicke gleiten unruhig durch die Zeitungen, denn was dort steht, bereitet niemandem Freude, außer man will den

Umsturz. Hier aber sitzen keine Nazis, schon gar nicht zu dieser Tageszeit, hier sitzen die Einsamen und Trinkerprobten, diejenigen die für den Alltag nicht gemacht sind.

Ella hat die Hoffnung nicht aufgegeben, Franziska könnte vielleicht doch auftauchen, aber wer weiß, ob sie überhaupt noch in der Stadt ist. Sie überlegt, zur Kunstgewerbeschule zu fahren, in ihr Atelier. Sie zieht ein letztes Mal an der Zigarette und führt den Gedanken weiter, dass Franziska sie möglicherweise gar nicht sehen will, sie hinauswerfen könnte. Nein, sie darf ihr nicht nachlaufen, es steht doch lange fest, sie haben nichts mehr miteinander zu tun.

Ella trinkt das Bier aus und will gerade aufbrechen, als sie am Eingang Walter erblickt. Schnell senkt sie den Blick. Sie hat kein Bedürfnis nach Gesellschaft, und noch weniger will sie von Russland erzählen müssen, die immer gleichen Phrasen, ja, ja, kalt ist es dort, die Städte sind riesig, die Menschen arm; sie hat ja kaum etwas gesehen, sie hat doch keine Ahnung, nur schrecklich einsam war sie. Sie hofft, dass er sie übersieht, tut, als habe sie etwas in ihrer Tasche zu suchen. Aber er hat sie schon entdeckt, hält zielstrebig auf ihren Tisch zu.

»Guten Tag, Ella«, sagt er.

Sie versucht ein gelangweiltes Gesicht, als hätte sie ihn längst erwartet. »Hallo, Walter.«

Er steht unschlüssig da.

»Setz dich doch«, sagt sie, ganz gegen ihren Willen. »Ich habe nicht viel Zeit, nur einen Moment noch.«

Er wirkt erleichtert, rückt sich einen Stuhl zurecht und fragt, ob sie noch etwas trinken wolle, winkt den Kellner ran und bestellt Wein.

»Ich hab dich lange nicht gesehen«, sagt er dann.

»Ich war krank«, Ella schaut ihn an, sie muss ja nicht mal lügen. Walter hat noch immer das Gesicht eines Jungen, blonde

Locken, verträumt schaut er aus, als wäre er gerade aus dem Mittagsschlaf erwacht. »Und ich war auch sehr beschäftigt.«

Er sieht sie an, da bekommen sie den Wein serviert.

»Und jetzt geht es dir besser? Du siehst gut aus.«

»Ja, jetzt geht es wieder.«

Und dann wissen sie beide nicht weiter und schweigen. Walter nippt an seinem Glas, Ella zündet sich noch eine Zigarette an.

»Und wie geht es dir?«, fragt sie schließlich.

Er lehnt sich zurück, schaut auf seine Hose und zupft den Stoff zurecht. »Nun, ich hatte etwas Glück und konnte ein paar Bilder verkaufen, Beckmann hat mir geholfen. Ich dachte immer, dass er meiner Kunst nichts abgewinnen kann, und ich glaube eigentlich, dass er sie noch immer nicht mag. Aber er sieht auch, dass meine Bilder eine Nachfrage haben, also gibt er sich als Förderer aus, er hat ja seine Kontakte. Jetzt habe ich eine Wohnung und halte mich ganz gut.«

Ella sieht ihn an, in Walters Zügen liegt ein fast kindlicher Stolz, es gegen alle Widerstände zu etwas gebracht zu haben. Sie fühlt sich ertappt von seinen Blicken und nebelt sich ein in Zigarettenrauch.

Ein Klavier beginnt zu klimpern, und er fragt, ob sie tanzen wolle, der alten Zeiten wegen.

Sie lacht auf. »Du klingst ja, als hätten wir uns Jahrzehnte nicht gesehen. Aber von mir aus, der alten Zeiten wegen!«

Also tanzen sie eine Runde zusammen. Dass sie die Einzigen sind, macht ihnen nichts aus. Walter führt sie gut, ein ruhiges Stück, bei dem nicht viel schiefgehen kann. Nach dem Tanz setzen sie sich wieder.

»Warst du nicht mit diesem Architekten zusammen?«, fragt er.

»Meinst du, ich würde dann hier sitzen und mit dir tanzen?«

»Also ist es aus?«

»Wir hatten unterschiedliche Interessen und Vorstellungen, das passte einfach nicht zusammen.«

Ella trinkt mit einem großen Schluck das Glas leer und beobachtet Walter, der auf den Tisch schaut und nach passenden Worten sucht. Vom Tanzen ist ihr warm geworden, sie rutscht mit dem Stuhl heran.

»Sag mal, hast du Franziska wiedergesehen?«, fragt sie und versucht, es beiläufig klingen zu lassen.

»Nein, ziemlich lange nicht«, er schaut auf, »ich glaube, sie treibt sich jetzt vor allem mit den Kommunisten rum.«

»Ach, wirklich, mit Peter?«

»Ja, nehme ich an. Ihr Atelier hat sie jedenfalls geräumt. Willst du was essen?«

Ella schüttelt den Kopf. Da hat Franziska also eine neue Heimat gefunden, denkt sie, bei den Genossen. Will sie dort jetzt die Wahrheit finden?

»Sollen wir mal zusammen ins Kino gehen?«, fragt Walter. Seine Wangen sind gerötet, endlich, so scheint es, hat er die entscheidende Frage herausgebracht.

»Was gibt es denn? Ich bin nicht auf dem Laufenden.«

»*Der Mann, der seinen Mörder sucht* mit Rühmann oder *Im Westen nichts Neues*.«

»Ich habe gerade nicht so viel Zeit«, sagt Ella und steht auf. Und als sie Walters enttäuschtes Gesicht sieht, sagt sie: »Aber komm doch mal vorbei und besuch mich, ich bin jeden Tag in der Drogerie.«

Walter lächelt jetzt zufrieden, da ist wieder ein Leuchten in seinen Augen. Für einen Augenblick stehen sie sich etwas unbeholfen gegenüber, warten auf eine Geste des anderen. Das Klavier klimpert, ein Glas geht zu Bruch.

»Na dann, bis bald«, sagt Ella schließlich und reicht ihm die Hand.

*

Ella geht die Anzeigen in der Zeitung durch, aber es ist nichts Vernünftiges dabei; man sucht Stenotypistinnen, Sekretärinnen, aber weder kann sie ordentlich Maschine schreiben, noch will sie Kaffee kochen oder Geschäftsbriefe aufsetzen. Es gibt eine Anzeige des Fotografen Paul Wolff, auch Hermann Collischonn wirbt für sich: *Spezial-Photograph für Erzeugnisse der Kunst und Industrie.* Zumindest hat Geisenheyner Wort gehalten und auch ihr Inserat ins Blatt gebracht.

Sie faltet die Zeitung zusammen und streckt sich. Es ist Samstag, der Vater ist beim Stammtisch, draußen scheint die Sonne, und sie hockt hier hinter Waage und Kasse und wartet, aber es geschieht einfach nichts. Sie nimmt die Zeitung und geht zur schmalen Treppe nach hinten, die in die Wohnung hinaufführt, hört oben die Mutter rumoren, will gerade zur Toilette, als das Glöckchen bimmelt.

»Bin sofort bei Ihnen«, ruft Ella hinaus.

»Das will ich auch hoffen!«

Sie hält inne. Sie kennt diese Stimme. Sie legt die Zeitung auf die Treppe und geht zurück in den Laden. Eine Frau steht mit dem Rücken zu ihr am Fenster und schaut auf die Straße. Sie trägt einen Arbeiterkittel, Hose, eine Jacke darüber. Ihre Haare sind kurz oder unter der Mütze versteckt.

Ella bleibt der Atem weg. »Franziska?«

Die Gestalt fährt herum, strahlt sie an. »Habt ihr Zigaretten?« Sie kommt an die Theke. Tatsächlich, sie ist es, Franziska!

»Ja … klar … haben wir …«, stammelt Ella. Sie will sich schon nach einer Packung strecken, da sieht sie dieses vertraute Grinsen in den Mundwinkeln ihrer so lange vermissten Freundin.

»Glaubst du etwa, ich bin wegen der Kippen hier?«

Ella verharrt in der Bewegung, Franziska kommt um den

Tresen herum, steht nun direkt vor ihr, greift entschlossen nach ihrer ausgestreckten Hand.

»Du bist also wieder da«, sagt sie.

Ella bringt kein Wort heraus.

»Du bist noch immer so hübsch wie früher«, sagt Franziska, und dann endlich schließt sie Ella in die Arme, drückt sie an sich. Eine halbe Ewigkeit stehen sie so da. Ella atmet in Franziskas weichen Nacken hinein, fühlt die feinen Härchen an ihrer Wange, spürt Tränen in ihre Augen steigen. Franziska hält sie ganz fest.

»Und du siehst anders aus«, ist das Einzige, was Ella über die Lippen kommt, als sie sich nach dieser schönen Ewigkeit wieder voneinander lösen. »Hast du dir die Haare geschnitten?«

»Ich trage jetzt Dutt«, sagt Franziska, nimmt die Mütze ab und dreht sich um. Ihre Haare sind geflochten und hochgesteckt. »Komm«, sagt sie und nimmt Ellas Hand, »ich muss dir was zeigen.«

»Aber ich kann doch nicht weg, ich muss hier noch ...«

»Nun mach schon, Ella! Es kommt sowieso keiner.«

Also ruft sie der Mutter nach oben, dass sie kurz wegmüsse, sie sei auch bald wieder da, ob die Mutter derweil im Laden ... »Franziska ist da, sie will mir etwas zeigen!«

Sie kann die Mutter etwas antworten hören, versteht es aber nicht, denn die Freundin zieht sie hinter sich her auf die Straße.

»Warte kurz«, ruft Ella, läuft in den Hof und holt ihr Rad.

Dann fahren sie im warmen Frühlingswind schon über den Main und am Schauspielhaus entlang, doch es geht nicht weiter in die Stadt, sondern sie fliegen am Hauptbahnhof vorbei hinein ins Gutleutviertel. Dort bremst Franziska plötzlich scharf, sie steigen ab, schieben die Räder in einen Innenhof.

Auf einem Schild steht *Druckerei Arendt.* Über eine schmale Treppe geht es hinauf in den ersten Stock, das Rattern und Stampfen der Druckmaschinen ist zu hören, die Stufen unter Ellas Füßen vibrieren.

»Hereinspaziert!«, Franziska stößt die Tür auf, ein enger, langer Flur, es riecht nach Gekochtem und nach Schweiß. Am Ende ist wieder eine Tür, sie zieht Ella in einen Raum hinein. »Mein neues Zuhause!«

Sie stehen in einer länglichen Kammer, Bett, Tisch, Kommode, eine Staffelei; die Wände sind behangen mit Zeichnungen und Bildern, keins davon vollendet, man erkennt hier eine Faust, da stehen zwei Frauen zusammen, dort eine Gruppe Arbeiter. Franziska hockt sich aufs Bett, das ein leises Knarren von sich gibt.

Ella sieht sich verwundert um, greift nach der Stuhllehne. »Du wohnst nicht mehr beim Richter? Was ist passiert?«

»Ich hatte die Kunstschule einfach satt, die blöden Gesichter und diese ständige Innerlichkeit, das Gefühlige. Um uns herum brennt die Welt, aber wir sitzen da in unseren weißen, schönen Räumen und klecksen die Leinwände voll. Wozu das alles? Ich habe mich gelangweilt, und dann habe ich mir gesagt, du musst was tun, du kannst dich nicht verstecken, und jetzt bin ich eben hier. Ich male Plakate und Flugblätter.«

»Bist du denn noch mit Peter zusammen?«

Franziska zuckt die Schultern. »Mal mehr, mal weniger«, sagt sie, »ist doch nicht so wichtig. An einem Tag braucht man Liebe, dann wieder nur Haut, und dann wieder was Zärtliches.«

Vor dem Fenster steht eine Kastanie. Ellas Blick verfängt sich für einen Augenblick in den frischen Knospen.

»Komm mit, ich zeig dir den Rest.«

Sie verlassen die Kammer, gehen in die Küche; hier ist alles wuchtig und schwer, der alte Herd, die Schränke, der Tisch, das

Wohnzimmer dagegen ein großer, heller Raum mit Sofa und Sesseln, einem Tisch mit zusammengewürfelten Stühlen, Zeitungen liegen herum, Flugblätter. In einem Käfig sitzen zwei Kanarienvögel und beginnen zu flattern, als Ella sich nähert.

»Rosa und Karl«, sagt Franziska.

»Hübsch, die zwei.«

Franziska erklärt, dies sei der *Salon*, hier kämen sie alle zusammen, um über neue Aktionen zu sprechen, meist seien das Peter, Theo und Gerda, die hier mit ihr wohnten, und dann noch andere aus dem Goldenen Jäger, der Kneipe unten ums Eck, da sei sie jetzt oft, nicht mehr im Malepartus, dort sei es ihr zu albern.

»Im Jäger gibt es günstiges Bier und gute Stullen, da wird es dir auch gefallen.«

»Also bist du jetzt eine Kommunistin?«

»Es sind gute Leute, weißt du, sie sind aufrichtig, das ist viel wert. Die nehmen ihr Schicksal selbst in die Hand und überlassen sich nicht dem Kapital und der Machtelite, die sie nur als nützliche Idioten sehen. Es gibt keine Freiheit ohne den Kampf! Ich habe lange geglaubt, dass wir Frauen doch alles erreicht hätten, Freiheit, Selbständigkeit, Autonomie, aber dann ist mir klar geworden, dass das alles nur Propaganda ist, schöne Fotos in Magazinen. Ja, wir dürfen auf die Tanzfläche, dürfen modische Frisuren tragen und uns küssen, wenn wir Lust dazu haben, aber das gilt doch nur für die mit Geld. Für alle anderen hat sich nichts geändert, gar nichts. Das haben wir immer übersehen, Ella, wir hatten Glück. Aber so viele andere haben dieses Glück nicht, und jetzt laufen die Uhren sogar wieder rückwärts. Wir brauchen eine Revolution, die Diktatur des Proletariats! Alles andere führt in den Abgrund!«

Franziska geht durch den Raum, während sie spricht, sie gestikuliert, will Ella einfangen. Dann bleibt sie erwartungsvoll vor ihr stehen, aber Ella weiß nichts zu erwidern.

Franziska setzt sich aufs Sofa. »Vielleicht führt es zu nichts«, sagt sie. »Aber ich habe wenigstens das Gefühl, noch immer auf der Tanzfläche zu sein und nicht nur danebenzustehen, verstehst du?«

»Ich stehe eigentlich gern daneben«, ist alles, was Ella einfällt, »dann sieht die Leica die Details.«

»Du fotografierst noch?«

»Jeden Tag, wenn ich kann.«

Ella schaut den Kanarienvögeln zu, wie sie ihr Gefieder putzen, fühlt sich etwas verloren in dem großen Zimmer.

»Und wie war es in Russland?«

Ella zuckt die Schultern.

»Jetzt setz dich und lass dir nicht alles aus der Nase ziehen«, sagt Franziska. »Von uns war noch niemand dort außer Gregori, glaube ich, du musst mir alles erzählen.«

Ella setzt sich mit einem Seufzen und berichtet von Moskau und dem Roten Platz, von Magnitogorsk, dem großen Vorhaben, den Plänen, und wieder kommt es ihr vor, als trage sie einen auswendig gelernten Text vor. Sie hält inne, schaut auf ihre Hände, sieht Franziska an.

»Was ist?«

»Ich … es war ein Albtraum«, sagt Ella leise. Sie will keine Reiseberichte mehr von sich geben, will die Sache nicht schönreden. »Ich habe mich noch nie in meinem Leben so einsam gefühlt, so allein. Und Max … Du wirst jetzt sagen, du hast es immer gewusst, wie dumm ich war, eine Idiotin, ja, so ein naives Mädel, das dem Erstbesten mit Automobil und schicker Wohnung nachrennt, dämlich verliebt.«

»Was ist mit ihm?«

»Er ist halt ein Kerl, weißt du, er hat sich eine andere gesucht, weil ich ihn nicht auf der Stelle heiraten wollte.«

»Du hattest nicht vor, ihn zu heiraten.«

»Nein, hatte ich nicht.«

»Und dann hast du ihn in den Wind geschossen und bist zurückgekommen. Na, dann Glückwunsch, meine Liebe«, Franziska schlingt beide Arme um Ella und zieht sie an sich. »Du hast es richtig gemacht!«, sie blickt ihr ins Gesicht, wischt Ella eine Träne von der Wange. »Und ich sag dir was: Wir reden nie mehr drüber, Schlussstrich, das war's! Du bist wieder da, nur das zählt!« Franziska klatscht in die Hände: »Komm, deine Rückkehr muss gefeiert werden!«

Die Gruppe hat sich im Salon versammelt, Peter, Theo, Gerda, Franziska, und Ella ist gleich aufgenommen. Peter schüttelt ihr überschwänglich die Hand, fragt dann scherzhaft Franziska, warum noch nichts gekocht sei, worauf die erwidert, dann müsse er wohl jemanden einstellen fürs Kochen. Theo, früher wie Franziska an der Kunstgewerbeschule in der Klasse für Bildhauerei, fängt sofort das Parolendreschen an, dass er jetzt in den Adlerwerken einer ehrlichen Arbeit nachgehe und dem Kapital Feuer unterm Hintern machen wolle, statt sich ihm anzubiedern. Die Kunst sei nur ein Zirkus der dressierten Äffchen. Gerda dagegen ist schweigsam und blass, doch als es später ans Singen geht, sticht ihre Stimme so klar und hell hervor, dass alle anderen ihr die Führung überlassen.

Rauch wölkt unter der Decke, nach und nach kommen weitere Genossen, ein schmaler Typ mit Schiebermütze und wieselflinken Augen, er lässt seinen Blick rasch hüpfen, Peter klopft ihm auf die Schulter, Theo senkt den Blick.

»Ein neues Gesicht«, sagt der Mann und fixiert Ella.

»Meine beste Freundin«, sagt Franziska. »Ella ist Fotografin.«

»Gregori«, stellt er sich vor. »Freut mich, dich kennenzulernen«, er zieht sich einen Stuhl heran, verlangt nach Schnaps. Peter reicht ihm ein Glas, Gregori stürzt den Gebrannten hinunter, dabei nimmt er den Blick nicht von Ella. »Du könnest für uns arbeiten«, kommt er ohne Umschweife zur Sache. »Wir brauchen Leute wie dich«, er dreht eine Zigarette und reicht sie ihr. »Bilder sind mächtiger als Worte, die Nazis haben das längst kapiert.«

Ella nimmt die Zigarette und schiebt sie sich hinters Ohr. »Ich hab mit Politik nicht viel am Hut.«

Gregori grinst. »Oh, eine Künstlerin! Aber jeder Künstler will doch, dass sein Tun auch etwas bewirkt, nicht wahr? Dass seine Kunst die Menschen zum Nachdenken bringt und im besten Fall dazu, sich zu ändern.«

»Ist das nicht ein bisschen viel verlangt?«

»Zu was sollte sie sonst gut sein? Um an der Wand zu hängen und einzustauben? Kunst muss Aktion und Aufforderung sein!«

»Und wenn nicht? Wenn sie die Abgeschiedenheit sucht, nur für sich stehen will?«

»Dann ist sie wertlos!«

Ella lehnt sich zurück, reibt sich die Augen, die vom Rauch der Zigaretten brennen. Sie hat keine Lust, mit diesem Kerl über Kunst zu sprechen, ihre Kunst, sie ist müde und fühlt sich überfordert von all den Menschen, von Franziskas unverhoffter Rückkehr in ihr Leben.

»Mein Angebot steht«, sagt Gregori leise. »Überleg es dir!«

Ella steckt sich jetzt seine Zigarette an, aber der Tabak ist viel zu stark. Sie beginnt zu husten, und mit einem Grinsen nimmt ihr Gregori die Zigarette aus den Fingern.

*

Das Leben nimmt wieder Fahrt auf, die Cafés und Lokale sind voll, auch die Badeanstalten am Main sind bei dem warmen Wetter rege besucht, schon so früh im Jahr. Es gibt jetzt wieder Franziska, aber nicht mehr so toll und übermütig wie früher, denn alles ist ernster und politischer geworden. Jetzt fliegen Handgranaten in Kinosäle, die Wut bleibt nicht länger in den Bierrunden der Kaschemmen, in den verrauchten Kellern, sondern breitet sich schreiend und prügelnd in den Straßen aus. Ella aber setzt alles dran, sich nicht davon fortreißen zu lassen, sie muss für sich selbst sorgen. So viele Dinge gleichzeitig hat sie im Kopf, und die zahlen sich nun endlich aus: zum Beispiel die Nachricht von Ullstein aus Berlin, die eine Strecke ihrer Russland-Bilder im *Uhu* drucken werden, zweihundert Mark bekommt sie dafür. Sie ist Carry unendlich dankbar, dass sie vermittelt hat, und am liebsten will sie gleich zu Geisenheyner gehen und ihm sein defätistisches Gerede um die Ohren hauen. Zum Beispiel ihre Anzeige in der *Frankfurter Zeitung*, die ihr einen Auftrag der Firma *Gustav Carsch & Co., Herren-, Knaben- und Sportbekleidung* einbringt, wo sie einen Nachmittag lang, beäugt vom peniblen Firmenpatriarchen und assistiert von einer jungen Sekretärin, die Kollektion neuer Sporthosen und Hemden für das Tennisspiel fotografiert. Dafür wandern noch einmal fünfzig Mark in die Schatulle. Und es gibt auch wieder kleine Freuden: eine Karte von Ilse aus Paris, sie lebe in einer Wohnung in der Avenue de Maine, arbeite für *Le Monde illustré* und *Le Document*, Ella müsse sie unbedingt besuchen kommen, Paris sei eine Offenbarung, wer etwas werden wolle, der müsse nach Paris. Mit Walter geht sie schließlich doch ins Kino und amüsiert sich passabel, danach in ein Tanzlokal in der Kaiserstraße, er sagt ihr unverblümt, dass sie einen ganz veränderten Eindruck auf ihn mache, sie erscheine ihm so gereift, und er schaut Ella mit einem Blick an, der vom Wein schon etwas schwammig ist. Sie bricht in Gelächter aus, ja, gereift, das sei sie, so wie ein Apfel, und dann werde sie sicher auch bald faulig werden. Walter beeilt sich, zu versichern, dass er es so nicht gemeint habe, und dann sagt Ella, Schwamm drüber, lass uns lieber noch tanzen.

Mit Franziska ist sie jetzt oft im Goldenen Jäger, das Bier ist billig, die Suppe dick, es gibt ein Grammofon, aber man tanzt nur selten, sitzt lieber da, debattiert und empört sich über die gestiegenen Brotpreise, die nur einem Ziel dienten: die Mühle am Laufen zu halten, indem die Unternehmer gewönnen und das Arbeitervolk in Unmündigkeit gehalten werde, aber man sehe ja, wie das ganze System an den Rändern zu bröckeln beginne, man dürfe jetzt nur nicht nachlassen. Man spricht über den feigen Anschlag aufs Roxy-Kino, über erneute Durchsuchungen durch die Kriminalpolizei, die längst nur noch Erfüllungsgehilfe der kaputten Regierung sei. Ella sitzt dabei, raucht Zigaretten, manchmal döst sie auch weg, sanft an Franziskas Schulter gelehnt. Franziska schlägt vor, sie solle doch beim Richter einziehen, die Wohnung stehe frei, aber Ella lächelt nur müde. Gregori wiederholt sein Angebot an sie, und Ella wiederholt ihr Schweigen dazu.

Allmählich wird es wärmer, sie steht mit einem Brief unten im Laden, liest den maschinengeschrieben Kopf: *Ottilie Roederstein. Malerin.* Sie erinnert sich an die Künstlerin damals im Kunstverein, eine Berühmtheit ist sie, und es beginnt in ihren Fingern zu kribbeln, sie liest weiter:

*Ich habe Ihre Anzeige gelesen und möchte mich von Ihnen photographieren lassen. Kommen Sie zu mir nach Hofheim, dort bin ich jeden Tag im Atelier, ab neun Uhr. Haben Sie ein Telefon? Dann rufen Sie mich an!*

*

Zwei Tage später sitzt Ella in der Eisenbahn hinaus nach Hofheim. Der Zug folgt dem Verlauf des Mains nach Zeilsheim und Kriftel durch eine hübsche Landschaft mit Weinbergen. Am Bahnhof wird sie bereits erwartet; eine ernste, streng gekleidete Frau mit nach hinten gestrichenem Dutt tritt auf sie zu, fragt, ob sie das Fräulein Burmeister aus Frankfurt sei, und als Ella nickt, reicht die Frau ihr die Hand.

»Doktor Winterhalter«, sagt sie. »Wir haben telefoniert. Folgen Sie mir bitte, es ist ein Stück zu gehen.«

Vom Bahnhof geht es durch schmale Gassen hinauf. Winterhalter geht mit forschem Schritt voran, geht so, als ob sie dies immer tun würde, forsch ausschreiten, und Ella hat Seitenstechen, die Leica schlägt ihr bei jedem Schritt gegen die Hüfte.

Das Haus der Malerin liegt direkt am Waldrand, eine wuchtige Villa mit spitz zulaufendem Dach und angrenzender, großer Terrasse, es gibt einen Garten mit allerlei Blühendem. Doktor Winterhalter deutet auf ein kleines Gebäude oberhalb des Wohnhauses.

»Sie werden erwartet. Gehen Sie nur einfach hinein. Und erschrecken Sie nicht vor dem Hund.« Sie dreht sich um und schreitet davon.

Ella folgt einem schmalen Pfad, bleibt vor dem Atelierhaus stehen, hört schon den Hund, ein helles, aufgeregtes Bellen, und Augenblicke später kommt das Tier aus dem Haus. Es ist ein schwarzer Pudel, der jetzt auf der Stelle tänzelt, sie stehen sich einen Augenblick ratlos gegenüber, Ella und der Pudel, keiner traut sich weiter an den anderen heran. Dann erscheint eine Frau in der Tür, es muss Ottilie Roederstein sein, sie trägt einen dunklen Mantel, hat einen Arm in die Seite gestemmt. Sie ruft dem Pudel etwas zu, vielleicht seinen Namen, Ella versteht es nicht, aber der Hund macht sofort kehrt und verschwindet im Atelier.

Roederstein hebt einen Arm und winkt Ella heran. »Kommen Sie, nur keine Angst. Er ist aufgeregt und will mich beschützen, aber er ist harmlos. Kommen Sie!«

Die Malerin hat einen festen Händedruck und einen klaren Blick. Trotz sommerlicher Temperaturen trägt sie einen dunklen Mantel und einen Hut, keinen der üblichen Frauenhüte, sondern einen von denen, wie sie Beamte oder Bankiers tragen, mit breiter Krempe und Hutband mit Schlaufe. Sie bittet Ella in einen hohen, lichtdurchfluteten Raum. An den Seiten stehen Bilder, fertig oder noch im Werden begriffen: Porträts, Landschaften, Stillleben. Die Malerin setzt sich in einen Sessel und bittet Ella, ihr gegenüber Platz zu nehmen. Der Pudel hat sich unter Roedersteins Sessel verkrochen.

»Wie schön, dass Sie hergekommen sind«, sagt sie und rückt den Hut zurecht. »Ich habe Sie schon länger im Blick, müssen Sie wissen«, sie kneift beide Augen zusammen. »Hat Hans Sie gebührend empfangen?«

Ella rutscht ein Stück weiter in den Sessel hinein, sie ist beeindruckt von Ottilie Roederstein, von ihrer klaren und herzlichen Ausstrahlung, von ihrem Aufzug, ihren weißen Haaren, die unter dem Hut hervorwirbeln – und sie ist verwirrt.

»Mich hat eine Frau Doktor Winterhalter abgeholt«, sagt sie.

»Ja, das ist Hans«, sagt die Malerin. »So ist das bei uns, müssen Sie wissen. Sie ist der Hans und hat alles Geld und das ganze sonstige Leben im Kopf, und ich bin die Tilly und habe meine Bilder und den alten Pudel da.«

Die Tür geht auf, und Doktor Winterhalter kommt mit einem Tablett herein, platziert es auf einem kleinen Tisch.

»Stell es doch da gleich hin, danke, meine Liebe«, Roederstein steht auf und legt der anderen zärtlich eine Hand auf die Schulter, während Winterhalter den Kaffee in die Tassen schenkt. Dann reicht sie Ella ein Gedeck.

»Ich mache noch ein paar Sandwiches, für später«, sagt Winterhalter und geht hinaus. Die Malerin sieht ihr versonnen nach.

»Sind Sie verheiratet?«, fragt Roederstein.

»Nein.«

»Wunderbar! Tun Sie das bloß nie, Ella, heiraten Sie nicht, zumindest jetzt noch nicht. Sie sind eine Künstlerin und niemandem verpflichtet, schon gar nicht einem trübsinnigen Ehemann. Halten Sie sich von denen fern, denn sobald der Ring am Finger steckt, ist es aus mit Ihrer Freiheit, da kann er Ihnen noch so viele Versprechungen gemacht haben.«

Sie trinken beide einen Schluck Kaffee, und Ella spürt wieder dieses warme Kribbeln in den Fingern.

»Ich bin alt und stur wie ein Esel, und ich muss Sie einfach warnen«, knüpft die Malerin an ihren Gedanken an, »nehmen Sie mir das bitte nicht übel. Natürlich sollen Sie sich verlieben, und wenn Sie den Wunsch nach Kindern haben, dann schaffen Sie sich eben welche an. Aber die liberalen Menschen werden ja immer weniger, wir haben fast nur noch Menschenfresser um uns, solche, die uns ins vorherige Jahrhundert zurückdrängen wollen, oder solche, die von einer Gesellschaft schwadronieren, in der wir alle gleich sein sollen, aber doch nur zusammengestutzt werden. Der ernste und aufrichtige Mensch verschwindet, der klare Blick verschwindet – ich hoffe, nicht auch bei Ihnen.« Roederstein stellt ihre Tasse ab, erhebt sich und streicht ihren Mantel glatt, der Pudel kommt unter dem Sessel hervor und schaut sie in Erwartung einer Zuwendung an, aber sie ignoriert ihn. »Nun sind Sie ja aber wegen des Fotografierens da und nicht wegen der Politik. Können wir gleich anfangen, hier im Atelier? Was denken Sie, ist das Licht ausreichend?«

Ella nickt. Durch das Fensterglas im Dach fällt das Licht geradlinig hinein in den Raum und sorgt für eine offene, warme Atmosphäre. Roederstein weist den Pudel an, sich unter den Sessel zu verkriechen und keinen Mucks zu machen, dann beginnen sie mit der Arbeit.

Ella blickt durch den Sucher, die Leica sieht alles: Die Malerin steht gegen ihre Staffelei gelehnt, den Hut behält sie auf, eine Hand hat sie in der Tasche; die Malerin raucht eine Zigarette und zieht jetzt doch den Hut ab, sie schaut ernst, beinah grimmig, als müsse sie auch auf den Bildern beweisen, dass sie es mit jedem aufnehmen kann, da soll nichts Weiches sein, nichts Verzärteltes; die Malerin steht vor ihrem Atelier, neben ihr der Pudel, den sie *Hermann* oder *Männchen* ruft und der treu zu ihr aufschaut. Sie ruft nach ihrer Partnerin Elisabeth, die aus dem Gewächshaus tritt und sich mit erdverdreckten Händen zu ihr auf die Bank setzt, jetzt stillhalten, meine Liebe, raunt ihr die Malerin zu, wir wollen uns für die nächsten einhundert Jahre immer hier treffen. Ella geht in die Knie, die Sonne senkt sich hinter die Baumkronen, es ist das letzte Bild des Rollfilms.

»Ich werde Ihnen jedes einzelne Bild bezahlen«, sagt Roederstein und tritt zu ihr, »zusätzlich zu Ihrem Honorar. Sie schreiben mir bitte die Kosten genau auf, lassen Sie nichts aus.«

Winterhalter bringt nun die angekündigten Sandwiches, und sie essen schweigend vor dem Atelier in der Sonne. Einmal, so scheint es, nickt die Malerin kurz ein, sie hat die Augen geschlossen, und das Kinn sinkt ihr auf die Brust, aber dann ist sie wieder hellwach, tätschelt den Hund. Winterhalter berichtet vom erfreulichen Wachstum der Tomatensetzlinge, vom Austreiben der Bohnen, Apfelknospen würden sich an den Bäumen zeigen, Birnen gebe es dieses Jahr sicher auch wieder im Überfluss, und während sie spricht, neigt sich die Malerin ihr sanft entgegen, legt eine Hand auf ihren Arm und nickt, hört zu, wendet sich dann wieder an Ella.

»Im Sommer müssen Sie unbedingt Kirschen und Johannisbeeren mitnehmen, wir ertrinken jedes Jahr darin.«

Später gehen sie hinauf zur Villa, Roederstein wirkt müde, reibt sich die Stirn. »Kommen Sie bald wieder zu mir«, sagt sie und reicht Ella die Hand. »Hans wird Ihnen das Geld geben.«

Auf dem Heimweg im Zug ist Ella ganz erfüllt von der Begegnung mit Roederstein und Winterhalter, ihrem so zugewandten Miteinander, von dem Haus am Waldrand, dem Atelier der Künstlerin. Das ist ein Leben, denkt sie, während vor dem Fenster die Weinberge an ihr vorüberziehen, so müsste es angelegt sein. Auf alles pfeifen, was dem eigenen Tun entgegensteht. Da hat sie ihn vor sich, den neuen Menschen im dunklen Mantel, mit Hut und Zigarette zwischen den Fingern, aber hellwach und unbeugsam.

*

Mit den zweihundert Mark von Ottilie Roederstein zusätzlich in der Schatulle ist es entschieden: Ella wird in die kleine Wohnung beim Richter ziehen, zwei Zimmer, Waschkammer. Peter, Theo, Franziska und zwei weitere Genossen helfen ihr, die wenigen Sachen aus der Cranachstraße hinauf in die Wohnung zu tragen, es ist nicht viel, ihre Fotoausrüstung, einige Bücher, etwas Geschirr. Im Zimmer selbst gibt es noch das Bett, Schrank und Tisch und Stuhl – die Möbel aus Franziskas Zeit. Es gibt auch das Belvederchen mit den Blumen und dem ausgeblichenen Liegestuhl. Der Richter ist froh über die neue Mieterin, wenn sie sich doch bitte oben auch weiterhin um die Blumen kümmern möge, wie das Fräulein Goldblum, und die Frau Richter nicht jeden zweiten Tag die Stiege hinaufkommen müsse. Ella verspricht es.

»Nette Bude«, sagt Peter.

Ella macht sich sofort daran, im winzigen Waschraum ihre Dunkelkammer einzurichten, Franziska hilft ihr dabei; sie kleben das Fenster ab, stellen die Wannen auf, und einer der Männer, Martin Haller, ein Zimmermann, verspricht Ella, einen kleinen, etwas erhöhten Tisch zu bauen für die Geräte.

Ella hat Bier und Sandwiches gekauft, also hockt man noch auf der Terrasse zusammen bis in den Abend, trinkt und raucht, eine kühle Ernsthaftigkeit liegt über allen, auch über Franziska, das Politische drängt ins Private hinein, das Geld rieselt einem wie Sand durch die Finger und verschwindet, man ist nervös, angespannt, ständig hat man Kopfschmerzen oder Muskelkater, man will endlich einmal wieder ruhig schlafen, aber wie soll das gehen bei all dem Lärm.

Und so verabschiedet sich die Truppe noch vor Mitternacht. »Schlaf gut in meinem Bett«, flüstert ihr Franziska zu und schließt leise die Tür.

Samstags hilft Ella noch immer im Laden aus, sonntags ist sie bei den Eltern zum Mittagessen, auch Franz ist da. Er erzählt von seinen Unternehmungen, plappert von irgendwelchen Versammlungen und Aufmärschen, die Ohren rot, das Gesicht jugendlich ernst, aber der Vater versucht, das Politische vom Tisch zu halten, und lenkt das Gespräch auf Fußball, spricht über die Eintracht, die in diesem Jahr im Viertelfinale der Endrunde am Hamburger SV gescheitert ist, genau wie im Vorjahr. Franz schüttelt nur den Kopf, er halte nichts von diesem Judenklub, er verstehe nicht, was den Vater daran so begeistere; der FSV sei doch Frankfurts Erfolgsverein, an den müsse man sich halten, und das täten ja auch alle, die von Fußball etwas verstünden. Der Vater will es nicht zu einem Streit kommen lassen, brummt etwas und steht schwerfällig auf. Ella hilft derweil der Mutter in der Küche. Die trocknet ihre Hände an der Schürze, kramt nach etwas.

»Das ist für dich gekommen«, sagt sie und reicht Ella einen Brief.

Sie erkennt sofort die Handschrift. Max' Handschrift. Seit ihrer Rückkehr hat sie ihn aus ihren Gedanken verdrängt, aber jetzt kommen die Erinnerungen so plötzlich und stark zurück, dass Ella ganz schwindlig wird und sie sich setzen muss.

»Alles in Ordnung, Kind?«

»Mir ist warm.«

Die Mutter reicht ihr ein Glas Wasser. Zum Glück hat sie den Sommer als Ausrede, der an manchen Tagen mit Temperaturen über dreißig Grad flirrend über der Stadt liegt, heute ist es nach einem Gewitter über Nacht besonders drückend. Ella schiebt den Brief in ihre Tasche, steht auf und sagt, dass sie jetzt gehen werde. Der Vater macht den kurzen Versuch, sie zum Besuch des Rebstock-Flughafens zu überreden, wo heute das Luftschiff *Graf Zeppelin* anlanden soll, doch Ella gibt vor, müde zu sein, sich ausruhen zu müssen. Auch Franz verabschiedet sich, will später mit am Flugplatz sein.

Sie betrachtet das Geschriebene wie eine Archäologin. Sie sitzt im Liegestuhl auf dem Belvederchen, raucht eine Zigarette, sie liest nicht, sie betrachtet die Buchstaben, als hätte sie die Scherben eines uralten Kruges vor sich, die Knochen eines ausgestorbenen Tiers. Wo er den Brief wohl geschrieben hat? In einem Zelt in der Steppe, umschwirrt von Mücken, in einem aufgeheizten Bahnwaggon, von plötzlichem Heimweh geplagt, aus einem Traum aufgeschreckt?

*Liebe Ella … bitte ich dich um Vergebung … ich habe einen Fehler gemacht, aber ich war nicht bei Sinnen … alles ist zusammengestürzt über mir …* Sie riecht am Papier, knüllt eine Ecke leicht zusammen. *Ich bin in Moskau und würde mich über Post von dir … hältst du es denn nicht für möglich, dass wir … es muss ja keine Liebe … Ella … manchmal so einsam … verstehst du mich?*

Sie steht auf und geht hinein, vor ihren Augen tanzen Lichtpunkte. Sie geht zum blechernen Waschzuber, legt den Brief darin ab und entzündet ein Streichholz. Sie hält das Flämmchen ans Papier, das sofort zu brennen beginnt, eine

Flamme steigt auf, wird größer, frisst sich hinein in die Schrift, das Papier rollt sich schwarz auf. Reglos sieht Ella zu. Feiner Rauch steigt auf. Sie nimmt den Zuber, geht hinaus und kippt die Asche über die Balustrade. Ein Windstoß erfasst die Fetzen und trägt sie davon, hinaus aus der Stadt.

# SCHWESTERN

Frankfurt am Main, 1932

*Um uns zersprang die Welt, aber sie sah mich an mit festem Blick: Franziska. In ihrem Blick lag nicht Angst, nur eine eigentümliche Verwunderung, fast Freude darüber, dass ich sie gerade jetzt erwischt hatte. Es war beinahe so, als würde sie lächeln. Der Hintergrund verschwamm, nur ihr Gesicht war klar und deutlich zu erkennen, die Mütze hatte sie im Durcheinander verloren. Wir wollten immer noch Menschen bleiben, wir wollten etwas tun und uns nicht lähmen lassen. Wir wollten mit der Faust in die Welt hineinschlagen, damit sie sich weiterdrehe, aber dann hielt sie auf einmal an.*

*

In bequemer Kleidung steht Ella neben Franziska und den anderen im Salon der Gallus-Wohnung und setzt zum *Waki-gatame* an. Man hat Sessel, Stühle und Tisch zur Seite geräumt wie jeden Mittwochabend, wenn der Jiu-Jitsu-Meister Otto Rhode sich vor ihnen verbeugt und mit kurzer, schneidender Stimme Anweisungen gibt. Theo macht den Angreifer. Ella hat seinen Arm gepackt und dreht ihm die Hand so sehr ins Schmerzhafte, dass er mit einem Seufzer den Kochlöffel, der ein Messer sein soll, fallen lässt. Meister Rhode nickt zufrieden. Ella ist eine gute Schülerin, sie lernt schnell.

Als Nächstes stellt sich Franziska vor ihr auf, die Haare zum Dutt zusammengefasst, der Blick herausfordernd. Beide umkreisen einander, sind Raubtiere, auch Beute. Die Dielen unter ihren nackten Füßen knarren leise, Franziska macht zwei Schritte auf Ella zu, die weicht aus, stößt gegen ein Möbelteil, lässt sich aber nicht abbringen, behält die andere im Blick. Sie spürt, wie es in ihren Händen pocht, wie sich da ein dumpfes Gefühl der Stärke und Unbesiegbarkeit in ihr ausbreitet, sie weiß, dass sie sich vor niemandem fürchten muss, weiß, dass es weder auf Kraft noch auf Größe ankommt, sondern darauf, die Wut des Gegners für sich selbst zu nutzen. Sie schubst Franziska von sich, hält sie auf Abstand. Dann klatscht Meister Rhode plötzlich in die Hände, Ella fährt zusammen, und diesen Moment nutzt Franziska: Sie stürzt auf Ella zu, packt sie mit beiden Händen am Hemd und schleudert sie über ihre Hüfte krachend zu Boden, geht sofort hinterher, schlingt ihr die Schenkel um den Oberkörper, dann sitzt sie schon auf Ella, die nur noch ihre Arme vor dem Gesicht verschränken kann; sie spürt Franziskas Atem nah an ihrer Wange, Franziskas Haare streichen über ihr Gesicht. Ella hält die Luft an. Sie spürt Franziskas Gewicht, einen starken Druck auf ihrer Brust, aber sie will noch nicht nachgeben. Sie atmet zwischen den verschränkten Armen hindurch und kann Franziska atmen hören, jetzt geht ihr Atem fast im Gleichklang. Ein Schauer durchfährt sie, eine ungeheure Hitze breitet sich in ihr aus, und in einer plötzlich schwungvoll ausgeführten Bewegung wirft sich Ella zur Seite. Franziska geht nun ebenfalls zu Boden, aber Ella hat keine Kraft mehr, schnell die Beine um sie zu schlingen. Beide liegen keuchend nebeneinander.

»Du bist wendig«, sagt Franziska.

»Und du unberechenbar.«

Sie drehen sich zueinander und grinsen sich an. Franziska hat rote Wangen, auch Ellas Gesicht glüht.

»Sie haben sich ablenken lassen, Fräulein Burmeister«, hört sie Meister Rhode irgendwo über sich sagen. »Sie haben den

Überblick verloren, und ihr Angreifer konnte so Macht über Sie gewinnen.«

Ella richtet sich langsam auf, auch Franziska kommt wieder auf die Beine, und die Gruppe versammelt sich um Rhode.

»Wir kämpfen nicht Stein gegen Stein«, wiederholt der Jiu-Jitsu-Meister, »wir sind der Ast, der die Kraft des rollenden Steines aufnimmt und in eine andere Richtung lenkt, weg von uns. Wir siegen, indem wir nachgeben.«

Ella wirft während des kurzen Vortrags, der eine Wiederholung des Vortrags vom letzten Mal ist und auch nur das sagt, was vor zwei Wochen schon zur Sprache kam, kurze Blicke zu Franziska, aber die sitzt da mit geschlossenen Augen. Ellas Finger kribbeln noch immer.

Nach den Übungen schieben sie die Möbel wieder an ihre Plätze und sitzen im Salon zusammen. Ella hockt auf dem Sofa, die Beine ausgestreckt, sie ist ganz erschlagen, aber zufrieden, sie weiß, dass sie morgen vor Muskelkater kaum aus dem Bett kommen wird. Als sich Franziska neben sie fallen lässt und ihr Arm sie streift, durchfährt Ella erneut ein Schauer, ähnlich dem während des Kampfs. Sie weiß gar nicht, was plötzlich los ist, denn getrunken hat sie noch nicht viel, gerade ein Bier, aber vielleicht zieht da eine Erkältung auf. Langsam wird sie müde von den Gesprächen, die wie der Rauch um sie wabern, sie bekommt nur Fetzen mit, es soll einen Überläufer geben, von den Genossen zu den Nazis, ein übler Kerl, alle rufen durcheinander, was sie mit dem gern anstellen würden, ereifern sich.

Ella steht auf und schlüpft in ihren Mantel, sie will gehen, verabschiedet sich von den anderen, die sie in ihrer hitzigen Debatte, wie es überhaupt dazu kommen könne, dass einer die Seiten wechselt, gar nicht wahrnehmen. Nur Theo schaut kurz hoch. Noch bevor sich Ella fragen kann, wo Franziska schon wieder abgeblieben ist, fasst Gregori sie am Arm und führt sie in den Flur. Dort hält er ihr etwas hin, es sind zwanzig Mark.

Ella zögert.

»Jetzt nimm schon«, sagt er und schaut sie ernst an. »Das ist eine Anzahlung für einen Auftrag. Du machst für uns auf den Kundgebungen Fotos, Werbefotografie, verstehst du, damit wir etwas für unsere Zeitungen haben. Dein Name wird da gar nicht auftauchen. Jetzt, wo du schon hier bist, kannst du auch mit raus auf die Straße.«

Ella sieht auf das Geld in seiner Hand. Sie hat sich eigentlich vorgenommen, sich aus alldem herauszuhalten, aber zwanzig Mark sind eine Monatsmiete. Von Roedersteins Honorar ist noch etwas übrig, doch sie braucht neue Hosen und Socken, ein paar feste Schuhe. Verdammt noch mal, dieses blöde Geld! Blitzschnell greift sie zu.

Gregori feixt. »Siehst du, ist doch gar nicht so schwer. Und jetzt gute Nacht und bis bald«, er tippt sich an die Mütze und kehrt in den Salon zurück, während Ella noch einen Augenblick reglos im Gang steht und mit dem Daumen über den Geldschein streicht.

»Du bist ja immer noch da«, überrascht sie Franziska und stößt sie sanft an. »Was ist los, schläfst du hier, oder hast du einen Geist gesehen?«

»Nein, aber so was in der Art.«

*

Es herrscht Aufregung im Goldenen Jäger. Eine Gruppe von Arbeitern hat sich Zugang zum Volksbildungsheim verschafft, um dem Überläufer Neumann eine Abreibung zu verpassen, ist da aber auf die nicht minder kampferprobten Leute der SA gestoßen. Sofort wurde aufeinander eingeprügelt, Schupos kamen hinzu, immer mehr seien es geworden, ein dichtes Gewühl im Saal, berichtet Gregori, der mit aufgeplatzter Lippe dasitzt und einen Schnaps gegen die Schmerzen trinkt. Plötzlich seien von allen Seiten Knüppel und Fäuste geflogen, ein einziges Schlachtfeld sei das gewesen, es würde ihn nicht wundern, wenn SA und Polizei unter einer Decke steckten.

Es wird laut geschimpft, man klopft Gregori auf die Schulter, ist sich einig, etwas tun zu müssen, jetzt sofort.

Ella macht ein Foto von ihm, aber er winkt ab. »Nicht von mir, wer will denn einen verhauenen Genossen sehen? Wir brauchen verprügelte Nazis!«

Man drängt aus dem Lokal hinaus, Peter führt das Wort, man dürfe sich das nicht gefallen lassen, müsse Stärke zeigen, also alle mit raus! Ella folgt Franziska auf die Straße. Da stehen schon die Kerle zusammen, in ihren Jacken und Joppen, sie tragen rote Halstücher und Armbinden, aus den Nebenstraßen strömen weitere heran, auch ein paar junge Frauen finden sich ein, mit aufgewühlten Mienen, nicht weniger wütend als die Männer.

Ella ist unwohl beim Anblick dieser Menschenmenge, aber sie hält sich an der Leica fest: Knollnasen, düstere Blicke, Zigaretten zwischen den Lippen. So geht der Marsch los, die Mainzer Landstraße hinunter Richtung Hauptbahnhof, Schupos begleiten schon jetzt den Aufzug, noch abwartend. Es herrscht eine mächtige Stimmung, es ist laut, man reckt Fäuste, skandiert: »Wer Hitler wählt, wählt Krieg!« Franziska und Ella sind mittendrin, das Gesicht der Freundin leuchtet im Schein der Gaslaternen, und plötzlich ist da eine Macht um Ella, die Stärke einer geeinten Gruppe, die sich nicht von der Polizei beeindrucken lässt, die eine Botschaft hat und fest mit den Füßen auf dem Boden steht. Man marschiert geordnet und wird an der Kreuzung Hohenzollernstraße von zwei Reihen Polizei gestoppt. Gedränge, Gebrüll: »Weg da, macht Platz, die Straße gehört uns!«

Ella und Franziska mittendrin, sie wird geschoben, jemand stößt ihr den Ellenbogen in die Seite, sie versucht, sich frei zu machen, zur Seite auszuweichen, sie folgt Franziska, dann steht sie plötzlich in der ersten Reihe den Schupos gegenüber, einige Gesichter blutjung, es könnte auch der Franz sein, denkt sie, andere sind alt wie ihr Vater, und alle stehen sie da mit versteinerten Mienen, schieben in die Menge hinein, »Platz da, weg da!«. Ella sieht Franziska neben sich, es gerät Bewegung in die Masse, einige stolpern, fangen sich wieder, die ersten Knüppel fliegen, »Zurück, zurück!«. Franziska verliert ihre Kappe, bückt sich danach, und als sie wieder aufschaut, stehen ihr die Strähnen wild ins Gesicht, sie wirft sie rasch nach hinten. Ella hebt die Leica und nimmt die Freundin in den Sucher, und genau in diesem Augenblick sieht Franziska sie an, die Mütze noch in der Hand, drauf und dran loszulaufen, und Ella drückt den Auslöser.

Dann kriegt sie einen Stoß ab, wird zur Seite geschoben, die Leute drängen, und sie verliert Franziska aus den Augen. Sie kann die Leica kaum ruhig halten, als sie die Kamera wieder in die Menge richtet, hinein in die Wirklichkeit: die Straße, im Laternenlicht taumelnde Gestalten, grob hingetupfte Gesichter. Sie muss gar nicht darüber nachdenken, die Bewegungen geschehen wie von selbst, Auslöser drücken, weiterdrehen zum nächsten Bild.

Sie schaut sich nach den anderen um, Franziska, Peter und Theo, nach Gregori, aber sie findet sie nicht, da sind nur Fremde um sie, also versucht sie, wieder nach vorn zu kommen, an die Polizisten ran, sie will ihre Gesichter sehen, der kleine Ausschnitt des Suchers tanzt vor ihren Augen.

Plötzlich stürmen die Schupos los, mit gezückten Knüppeln verschaffen sie sich Platz, wollen die Menge zerstreuen; einige der Demonstranten bleiben noch stehen, andere treten schon den Rückzug an. Ella denkt an die Worte Meister

Rhodes, die Kraft des Steins aufnehmen und zu der eigenen machen, aber da erhält sie von hinten einen Stoß, sie taumelt, stürzt, die Leica, denkt sie panisch, während sie fällt, zuerst auf die Knie und dann auf die rechte Seite, die Kamera eng mit der Linken an den Körper gepresst. Ein heller Schmerz durchfährt sie, und für einen Augenblick ist alles andere ausgeblendet, da gibt es nur noch sie und die Straße, ein zerfetztes Flugblatt, ein abgerissener Knopf, die kleinen Details um sie werden zu einer ganzen Welt, und sie fragt sich, ob es sich so anfühlt, wenn man stirbt.

»Das ist kein Ort für Sie, Fräulein!«, hört sie eine Stimme über sich, blickt auf ins Gesicht eines jungen Polizisten, der ebenso erstaunt ist wie sie, der den Schlagstock in der Rechten hält und mit der Linken eine sonderbare Bewegung ausführt, halb winkt er, halb reicht er ihr die Hand. »Los, stehen Sie auf, verschwinden Sie!«

»Ich bin von der Presse«, sagt Ella, sie weiß nicht genau, warum, es ist das Erste, was ihr einfällt.

»Soso, Presse«, er steht über ihr, schaut sie an, schaut wieder die Straße entlang, um sie lärmt es, Gebrüll, Rufe, stampfende Schritte. Sie versucht, sich aufzurappeln, ihr Knie schmerzt.

»Hauen Sie schon ab«, sagt der Schupo.

Er will sie jetzt tatsächlich packen, aber ihm kommt eine andere Hand zuvor, kräftig umfasst sie Ellas Arm, zieht sie auf die Beine. Ella blickt in Franziskas Gesicht.

»Komm schon«, sagt die Freundin, »verschwinden wir!«

Sie rennen ein Stück die Mainzer Landstraße hinunter Richtung Galluswarte, dann bleibt Ella keuchend an einer Laterne stehen, es sticht in ihrer Seite, ihr rechtes Bein brennt.

»Alles in Ordnung?«, hört sie Franziska fragen.

Sie schaut auf ihr Knie, den zerrissenen Stoff der Hose,

etwas Blut und Dreck. Jetzt ist die auch noch hin, so ein Mist, flucht Ella leise.

»Wolltest du den Typen aufs Kreuz legen oder ihm einen Antrag machen?«, Franziska steht grinsend vor ihr.

»Ja, beides und in dieser Reihenfolge.«

»Hab mir Sorgen um dich gemacht. Ich dachte wirklich, die hätten dich mitgenommen.«

»Die Polizei?«

»Wer sonst?«, Franziska fasst sie am Arm, sie gehen langsam weiter. »Das ist kein Spiel, die hauen dir wirklich den Schädel ein, wenn du nicht aufpasst.«

»Ich kann gut auf mich selbst achten.«

Franziska bleibt wieder stehen. »Ja, kannst du. Trotzdem will ich nicht, dass du verprügelt wirst. Ich brauch dich doch.«

»So, und für was?«

Franziska steht dicht vor ihr, legt ihr eine Hand auf die Wange. »Verstehst du mich?«

Ella rührt sich nicht. Franziskas Hand ist warm und vertraut, aber gleichzeitig fürchtete sie sich davor, vor der zweiten Hand, vor Franziskas Atem, ihren Blicken. Sie geht einen Schritt zurück, und Franziskas Hand gleitet von ihr.

»Ich … du bist wie eine Schwester für mich«, sagt Ella leise.

Franziska nickt nur, plötzlich scheint ihr Blick zu fallen, sie schaut aufs Trottoir, schiebt die Hände in die Taschen ihrer Jacke. »Ja, wie eine Schwester«, sie lächelt zaghaft, dann holt sie eine Zigarette aus der Tasche, zündet sie an und schiebt sie Ella zwischen die Lippen. Die zieht einmal, gibt sie an die Freundin zurück. Feiner Rauch schwebt zwischen ihnen im Laternenlicht.

»Komm, wir kümmern uns mal um dein Knie und die Hose«, sagt Franziska und hakt sich bei ihr ein. »Die müssen wir beide flicken.«

*

Mit Carry ist Ella im Café Esplanade an der Taunusanlage verabredet. Dort sitzen sie an einem kleinen Tisch, Carry hat Himbeertorte und Kakao mit Sahne kommen lassen, sie trägt ein schlichtes Kleid und ein kleines Hütchen, das ihrem Gesicht etwas Humorvolles verleiht, sie müsse auch mal wieder raus, sagt Carry, sie könne nicht ständig im Atelier feststecken, da werde man ja verrückt.

»Wenn die Leute nicht mehr zu uns kommen, muss ich eben zu den Leuten gehen«, sagt sie mit einem schmalen Lächeln, doch in ihrem Blick liegt Verbitterung.

Die Tische sind gut besucht, die Sonne scheint, es ist ein Tag wie die Tage zuvor, man versucht, fröhlich zu sein, versucht, das Leben aufrechtzuhalten, man will nicht ständig an die Schlagzeilen erinnert werden, an die taumelnde Wirtschaft, an Durchhalteparolen und fallende Bankhäuser, man will seine Ruhe haben und ein klein wenig genießen, endlich mal wieder richtiger Kaffee, zumindest schmeckt er danach, endlich mal wieder Torte, auch wenn der Boden dünner ist, und beim Kakao sparen sie mit der Sahne, nur bei den Preisen sparen sie nicht.

Ella freut sich, Carry zu sehen. Ihr Knie schmerzt noch vom Sturz, die Wunde juckt, immer wieder knibbelt sie den Schorf ab, eine lästige Angewohnheit. Die Torte ist furchtbar süß, sie hat seit Ewigkeiten keine Torte mehr gehabt und genießt es, die weichen Himbeeren am Gaumen zu zerdrücken.

»Es ist jetzt entschieden«, Carry wischt sich den Kakaobart von der Oberlippe. »Ich werde nach Paris gehen.«

Ella hält im Kauen inne. »Und Nini?«

»Sie bleibt erst einmal hier.« Carry lehnt sich zurück, und plötzlich ist ihr die Anstrengung anzusehen, die Kraft, die es gekostet haben muss, sich zu dieser Entscheidung durchzuringen. »Zuerst dachte ich wie Nini, dass es vorbeigehen wird«, sagt Carry und dreht die Tasse langsam auf dem Untersetzer, sodass ein leises Kratzen zu hören ist. »Aber es wird nicht vorbeigehen, jetzt bin ich mir sicher, man muss dafür auch kein Prophet sein, sondern nur in die Zeitungen schauen oder hören, was die Leute reden. Letztens haben wir zwei wichtige Aufträge verloren, und glaub mir, das ist erst der Anfang.« Carry trinkt einen Schluck. »Wusstest du, dass sie den Elsaesser entlassen haben? Es gab ja schon länger Korruptionsvorwürfe gegen das Hochbauamt, die Presse hat daraus ein richtiges Spektakel gemacht, und nun musste er gehen, wie sagt man so schön? In gegenseitigem Einverständnis. So wie ihm wird es noch vielen anderen gehen.«

Ella erinnert sich gut an Martin Elsaesser, an das schöne Haus, den Garten, in dem sie Carry das erste Mal getroffen hat.

»Leider denkt Nini überhaupt nicht daran, mir zu folgen«, fährt Carry fort. »Ich nehme ihr das Zögern gar nicht übel, ich denke, sie sieht die Dinge sogar klarer als ich, aber sie hat Angst davor, eine Entscheidung zu treffen, sie hofft einfach, dass es vorbeigeht. Aber es kommt ja kaum noch jemand zu uns, die geselligen Abende sind passé«, sie gabelt ein Stück Torte auf, isst es aber nicht. »Ich kenne in Paris einige Leute, ich habe ihnen geschrieben und hoffe auf deren Hilfe. Ich will ja nicht sofort weg, will aber alles vorbereiten, wir brauchen eine Wohnung, ein Atelier.«

Carry schiebt sich die Gabel in den Mund, sie wirkt entschlossen, und Ella weiß, dass es keinen Sinn hat, sie umzustimmen, also isst sie schweigend ihr Tortenstück weiter.

»Ich habe mir auch gedacht, ob du nicht mitkommen willst«, sagt Carry in die aufgekommene Stille hinein.

»Nach Paris?«

»Wir könnten das Atelier zusammen betreiben. Glaub mir, wir würden schnell Erfolg haben.«

»Mein Französisch ist aber gar nicht mehr gut.«

»Meins doch auch nicht, Madame«, sagt Carry. »Aber das frischen wir schnell wieder auf, du wirst sehen, nach einem halben Jahr …«

Ella merkt, wie ihr warm wird unter dem aufgespannten Sonnenschirm, sie fühlt sich etwas unwohl. Ja, die Auftragslage ist nicht gut, sie muss an allen Ecken und Enden sparen, aber es geht irgendwie. Und Paris? Die Stadt aus den Illustrierten und Romanen, aus den Träumen der Künstlerinnen, die Stadt, in die es letztlich alle mit der Hoffnung drängt, dort das Glück zu finden, Anerkennung, Reichtum, das wahre Leben. Sie muss an Ilse denken, an deren Schwärmereien, mit denen sie wenig anfangen kann.

»Nein, ich glaube, ich kann das nicht«, sagt sie. »Und ich habe auch noch Hoffnung. Weißt du, ich fotografiere für Ottilie Roederstein, ich brauch ja nicht viel.«

Carry scheint nicht einverstanden mit ihrem Einwand. »Hier kannst du bald keine Künstlerin mehr sein, meine Liebe«, sagt sie ernst, »hier geht alles Zärtliche verloren, die Stille, jeder Witz wird schal, das Lachen bleibt einem doch im Hals stecken. Wenn du was werden willst, musst du gehen. Was erhoffst du dir noch? Es wird bald niemand mehr da sein.«

Franziska ist da, Ottilie Roederstein und auch Walter, denkt Ella trotzig.

»Du musst ja nicht sofort mit aufbrechen«, sagt Carry, »aber du sollst wissen, dass ich immer Platz für dich habe.«

Ella hat keinen Appetit mehr, der Kakao ist kalt geworden. »Wann willst du abreisen?«, fragt sie.

»Im Kopf packe ich schon sehr lange die Koffer. Also so bald wie möglich.«

Ella fährt über ihr Knie, spürt die Wunde unter dem Stoff der Hose. Wir können doch nicht alle auf einmal verschwinden, denkt sie, es muss doch noch jemanden geben, der hier ist und die Hoffnung aufrechterhält; jemand, der nicht alles hinschmeißt, die Pinsel, Stifte, Instrumente und Fotoapparate, der weitermacht, weil er überzeugt ist, die Wahrheit zeigen zu müssen, so, wie sie hier ist, und nicht wie in Paris.

»Jetzt schau nicht so traurig«, sagt Carry und wackelt ein bisschen mit dem Kopf und ihrem Hütchen. »Noch bin ich ja da. Komm, wir bestellen uns noch eine Kugel Eis, ich habe seit Ewigkeiten keins gehabt. Welche Sorte magst du, Schokolade, Pfirsich, Erdbeere?«

*

Ella gibt sich Mühe, ist immer in Bewegung, sie sitzt bei den Genossen im Goldenen Jäger, übt die von Meister Rhode angewiesenen Würfe, sie sichtet die Zeitungsanzeigen, streckt den Kaffee und schneidet das Brot gerade so dünn, dass es nicht zerfällt. Aber es geht alles nicht mehr leicht, fällt ihr nicht mehr vor die Füße wie früher. Sie ist jetzt eine von vielen mit müdem Gesicht, oft hat sie Hunger und viel zu wenig Geld. Sie weiß, sie darf nicht stehen bleiben, muss weiter zur *Frankfurter Zeitung*, auch wenn es ihr Bauchschmerzen macht. Dort sitzt sie und wartet vergebens. Nein, der Herr Geisenheyner sei nicht im Hause, sei gar nicht in der Stadt, mit dem Automobil davon, und keiner könne sagen, wann er wiederkomme. Sie wartet im Goldenen Jäger auf Gregori, gibt ihm ein paar Abzüge, bekommt zehn Mark dafür, eine Frechheit ist das, eine Unverschämtheit, so wenig zu zahlen, aber zehn Mark sind zehn Mark, und sie lässt sich erklären, dass es bald eine Kundgebung in der Festhalle gebe, womöglich komme sogar der Thälmann, da brauche er Bilder.

Noch vor dem Morgengrauen wird sie wach, und sofort beginnen wieder die Gedanken zu kreisen, sie findet keinen Schlaf mehr, kocht Kaffee, sitzt am Tisch und wartet auf den

Tag. Vielleicht hat Carry recht, und sie kann es hier tatsächlich zu nichts mehr bringen, und alles Herumgerenne und Warten, all das Hoffen ist umsonst. Sie geht in ihr kleines Labor und berührt die Negative. Wozu soll das alles noch gut sein, fragt sie sich, aber man braucht ja etwas, um sich dran festzuhalten, um selbst gehalten zu werden. Eins jedoch weiß sie: Auf keinen Fall wird sie sich noch einmal ins Puppenhaus setzen lassen, von keinem Typen, egal was er ihr auch erzählen mag! Noch einmal wird sie nicht auf ihre Worte reinfallen, sich anschmiegen und dabei zusammenschrumpfen, von Freiheit reden, um dann doch nur das alte Lied zu singen. Dann schneide ich das Brot eben noch dünner, denkt sie.

Zum Glück gibt es Franziska, sie ist also nicht allein. Franziska wird bei ihr bleiben, sie nicht noch einmal wegstoßen. Beim Gedanken an die Freundin bekommt sie ein warmes Gefühl und malt sich aus, mit ihr in einer Villa zu leben, es gibt dort einen Hund, einen Pfau, ein großes Gartenhaus mit gläsernem Dach, darin steht Franziska und malt, sie haben ein Automobil und ein Motorrad mit Beiwagen, mit dem sie durchs Land fahren, ans Meer, nach Italien, Frankreich, und warum nicht auch um die ganze Welt? Sie hat die Leica immer dabei, und dann erscheinen ihre Bilder in allen großen Magazinen und auf den Titelseiten der Zeitungen: Franziska und Ella im südamerikanischen Dschungel, Franziska und Ella in den Anden, Franziska und Ella in der Wüste Gobi, in den Graslandschaften der Mongolei, in Mangrovenwäldern, Oasen und Sumpfgebieten.

Dann aber sind da wieder nur die Wände ihrer kleinen Wohnung, und es bleibt nichts übrig von den schönen Träumen als die Ahnung einer unmöglich erscheinenden Zukunft, wie ein Juckreiz, der nie vergeht.

*

In Hofheim scheint die Sonne und lässt die Villa am Waldrand strahlen wie ein Schloss, die Wiese blüht, und der Pudel springt wie toll herum und schnappt nach Insekten. Ella sitzt mit Ottilie Roederstein im Atelier, ihr Blick geht hinaus in den Garten, wo Elisabeth Winterhalter geschäftig zwischen den Beeten hin und her geht. Die Malerin wirkt müde, ihre Blicke kreisen um Ella, ohne sie richtig zu erfassen.

»Ihre Fotografien sind großartig«, wiederholt sie noch einmal, »und ich habe Sie auch schon überallhin empfohlen, liebe Ella.« Roederstein trinkt einen Schluck Kaffee. »Sie erinnern mich an meine Jugend«, fährt sie fort, »stur war ich und eigentlich gegen alles, verstehen Sie, ich sollte heiraten und Kinder haben, den Haushalt führen und noch ein bisschen Konversation dazu. Aber glauben Sie mir, das war nicht mein Weg, da habe ich immer einen schrecklichen Zorn bekommen, wenn irgendjemand solcherlei Dinge von mir einforderte.«

Wie sie es jetzt erzählt, im Sessel ihres Ateliers, die Tasse in der Hand, klingt es so selbstverständlich, so zeitgemäß: Eine junge, kluge Frau verweigert sich dem Leben, das andere für sie vorgezeichnet haben. Aber da liegt auch noch etwas anderes in Roedersteins Blick, und es scheint jetzt für einen kurzen Moment auf, ein Schmerz, eine stille Einsamkeit.

»Wissen Sie, mein Vater hat mich sehr bald schon unterstützt, damals in Zürich, die wirklichen Kämpfe hatte ich mit meiner Mutter auszustehen. Die wollte partout nicht einsehen, dass ich malen musste. Für sie war das wie eine Krankheit, die es zu behandeln galt.« Die Malerin holt einmal tief Luft und hält kurz inne, als säße ihr nicht Ella, sondern die eigene Mutter gegenüber, und man ist wieder in Zürich und hat sich zu rechtfertigen. Aber nach einem dunklen Augenblick lächelt sie wieder. »Genug davon, es ist ja nicht auszuhalten mit meiner Geschwätzigkeit. Was sind denn Ihre Pläne für die Zukunft, Ella? Wie wollen Sie leben?«

Ella sieht in ihre Tasse, schaut dann die Malerin an. »Ich muss arbeiten und Geld verdienen«, sagt sie, »ich versuche es zumindest. Einfach ist das gerade nicht.«

»Ja, Geld sollte man besser haben«, Roederstein nickt nachdenklich, »aber es ist ja nur ein Mittel, ein Ding. Das Wichtige ist doch etwas anderes, nicht wahr, es ist die Kunst, die künstlerische Auseinandersetzung mit der Welt! Das müssen Sie wollen, liebe Ella, Geld wird sich dann von allein einstellen!«

»Ich hoffe es«, sagt Ella leise und hebt dann die Stimme: »Da haben Sie natürlich recht, ich will zuallererst Künstlerin sein, Bilder machen! Aber ich muss auch davon leben können.«

»Das werden Sie, keine Sorge«, die Malerin zündet zwei Zigaretten an und reicht ihr eine weiter. »Ich will Ihnen helfen, Ella. Das ist das Mindeste, was ich tun kann, in meinem Alter«, sie stößt eine mächtige Rauchwolke aus, genießt es, eine Weile im Dunst zu sitzen. »Ich habe Hans gebeten, Geld für Sie bereitzulegen, so haben Sie ein paar Sorgen weniger. Sehen Sie, Ella, ich habe mich immer an einen Vorsatz gehalten: keine Experimente. Ich habe gemalt, was gefordert wurde und was man erwartet hat. Also kann man sagen, ich habe mir die künstlerischen Exaltiertheiten ausgetrieben und darauf geschaut, dass ich möglichst viel auf die Leinwand bekomme und man mir dafür gute Honorare zahlt. Holbein und Botticelli standen mir bei, haben mir über die Schulter geschaut, wissen Sie, oder auch Jean Chardin, später dann. Scheuen Sie sich nicht davor, von anderen zu lernen, etwas aufzusaugen von den Kräften, die da sind. Denn eigentlich wurde ja schon alles gesagt und gezeigt und gemalt – aber eben nicht von Ihnen! Das müssen Sie sich immer vor Augen halten, egal was man Ihnen sagt. Nur Ihr Blick zählt, Ihre Wahrnehmung! Sie dürfen sich nicht fürchten, nicht zurückschrecken, nur weil es heißt, dass tue man nicht als Frau. Dann *gerade* hinein!« Roederstein richtet sich im Sessel auf, Asche rieselt dabei auf ihren Mantel. »Sie müssen es jederzeit mit all den hampelnden und strampelnden Männlein aufnehmen, ganz egal wie laut die schreien. Sie sind zu allem imstande, das müssen Sie sich immer sagen. Heute bin ich alt, aber damals … Ich habe mir nichts sagen lassen, gar nichts. Mein lieber Hans hat sehr gelitten unter den Anfeindungen, die gegen mich erhoben wurden, aber das ist nun mal der Preis.«

Die Malerin sinkt ein in die Falten ihres Mantels. Sie rückt sich den Hut zurecht, dann steht sie langsam auf.

»Kommen Sie, wir schauen einmal, was es noch in der Küche gibt. Außerdem will Hans uns den Garten zeigen. Wissen Sie, ich kann mir die Namen der ganzen Blumen und Gewächse ja nicht merken, aber es ist doch erstaunlich, wie sie sich jedes Jahr wieder hervorkämpfen, da gleichen wir ihnen, nicht wahr?«

Hinter der Malerin verlässt Ella das Atelierhaus, erregt und durchdrungen von einer neuen Kraft und dem Gefühl, auf dem richtigen Weg zu sein. Der Pudel kommt angesprungen und umkreist sie. Ottilie Roederstein legt ihr eine Hand auf die Schulter und zeigt zu den Bäumen.

»Sehen Sie, das da drüben ist ein Eichelhäher.«

*

Ella hat sich bei Walter eingehakt, sie gehen nebeneinander, und beide sind, jeder für sich, glücklich. Gerade noch saßen sie im Saalbau, wo die famosen Comedian Harmonists ein viel umjubeltes Konzert gaben, der Applaus wollte gar nicht enden, sie mussten noch zweimal zur Zugabe auf die Bühne. Auch jetzt summt Ella leise den großen Hit *Veronika, der Lenz ist da*, während sie sich von Walter führen lässt. Ins Malepartus wollen sie noch.

Das Lokal ist gut besucht, aber sie haben Glück und finden einen Tisch. Walter bestellt Wein, sie bekommen gesalzene Erdnüsse dazu.

»Hat es dir gefallen?«, fragt er.

»Ja, sehr. Am schönsten war, dass alle so laut mitgesungen haben, ich glaube, ich bin morgen heiser!«

»Na, dann prost, Ella!«

»Prost, Walter!«

Gläser klirren, sie tanzen eine Runde miteinander, wiegen sich zwischen den anderen Paaren, und als sie wieder sitzen, macht Walter plötzlich ein feierliches Gesicht.

»Ich habe mein erstes Bild nach Paris verkauft«, sagt er und kriegt ganz rote Wangen vor Stolz.

»Wie großartig, Walter, herzlichen Glückwunsch!«, sagt sie und freut sich ganz aufrichtig für ihn.

»Das müssen wir feiern, Ella, stell dir das vor, Paris!«

Paris, immer wieder Paris, denkt sie. »Du willst aber jetzt nicht auch noch fortgehen, oder?«

»Nein, keine Sorge, so schnell wirst du mich nicht los«, sagt er und strahlt sie an.

Ella lächelt zurück, aber plötzlich ist ihr die Musik zu laut, zu viele Leute, zu viele Stimmen. Sie stoßen an, doch der Wein schmeckt ihr schal.

»Hör mal«, sagt Walter dann und beugt sich vor, »jetzt, da es für mich besser läuft, dachte ich daran, ob ich nicht auch einmal Fotos von mir machen lassen sollte, also, im Atelier vor der Leinwand, du weißt schon, um sie nach Paris zu schicken. Und ich dachte dabei sofort an dich.«

»Ich soll dich fotografieren?«

»Ich bezahle natürlich dafür. Ein offizieller Auftrag. Hier, meine Karte«, er reichte ihr ein schlichtes Kärtchen: *Walter Hagedorn. Maler.* Auf der Rückseite seine Adresse.

Ella nimmt die Visitenkarte und will gerade sagen, dass sie

gern vorbeikomme, als sich plötzlich jemand vor sie an den Tisch stellt, es ist Franziska.

Alle drei sehen sich erstaunt an.

»Was gibt's zu feiern?«, fragt sie. »Verlobung?«

»Quatsch!«, Ella lehnt sich zurück, verschränkt die Arme vor der Brust. »Walter und ich waren im Konzert.«

»Und? War's schön?«

»Das war es, ja!«

Franziska zieht einen Stuhl heran und setzt sich dazu. Das Rot ist aus Walters Wangen verschwunden, irritiert schaut er Ella an, dann wieder Franziska.

»Ich dachte, du kommst nicht mehr hierher«, sagt Ella.

»Ach, hin und wieder schon. Um zu sehen, was meine alten Kommilitonen so treiben. Malst du immer noch Leinwände voll?«, wendet Franziska sich an Walter.

»Natürlich, und ich verdiene sogar gut damit«, sagt er kühl.

»Na, umso besser. Hast du einen Mäzen gefunden, dem du den Hof machst? Musst du dann auch sein Hündchen ausführen und im Garten Unkraut zupfen?«

Walter steht auf und wirkt mit einem Mal schrecklich steif. »Und du bist noch immer bei den Kommunisten und pinselst Wände an, oder?« Er wartet Franziskas Reaktion gar nicht ab, sondern wendet sich Ella zu, reicht ihr ganz förmlich die Hand. »Danke für den schönen Abend, Ella, ich bin müde und muss ins Bett. Wenn du willst, können wir uns bald wiedersehen.«

»Jetzt bleib doch noch, Walter«, versucht sie, ihn aufzuhalten, aber er zieht sich bereits den Mantel über und sagt nichts mehr, schaut Franziska schweigend und mit kalten Augen an, und dann ist er in der Menge verschwunden.

»War das denn jetzt nötig?« Ella lehnt sich nach vorn auf den Tisch. »Walter ist nett, und er verkauft seine Bilder nach Paris. Warum musst du ihn so anfahren, bist du betrunken?«

»Ich kann ihn einfach nicht besonders leiden«, sagt Franziska. »Er ist so strebsam, so korrekt. Ein Büro-Künstler, der abends um fünf nach Hause geht und dort seine Stullen futtert.«

»Aber er ist erfolgreich!«

»Was heißt das schon.«

»Warum bist du wirklich hier?«

»Ich war spazieren, hatte nichts zu tun«, sagt sie, aber Ella vermutet etwas anderes, glaubt, in ihrer Stimme einen Unterton wahrzunehmen. Ist sie tatsächlich eifersüchtig, stellt sie ihr nach? Aber Ella ist zu müde, hat keine Lust, sich mit Franziska zu streiten, und noch viel weniger Lust hat sie, für Walter einzustehen und ihn zu verteidigen, warum muss er auch wie ein beleidigter Junge aufstehen und sich davonmachen, er hätte doch bleiben und noch ein Glas mit ihnen trinken können.

»Willst du tanzen?«, fragt Franziska

»Nein danke, will ich nicht.«

»Hier ist es furchtbar langweilig geworden.«

»Und deshalb gehst du Walter so an, weil dir öde ist?«

Franziska dreht sich ihr zu. »Ich soll dir von Gregori ausrichten, dass morgen die Veranstaltung ist, drüben im Lokal von Ernst Hanisch. Er will, dass du da Fotos machst.«

Ella zuckt nur die Schultern. Sie ist Künstlerin und keine Parteifotografin; ein letztes Mal, denkt sie, ein allerletztes Mal, dann müssen die sich jemand anderes suchen. Mit einer Kopfbewegung fordert sie Franziska zum Gehen auf. »Dann kannst du mich jetzt auch noch heimbringen, wenn du schon meine Begleitung vertrieben hast«, sagt sie.

Franziska lächelt verschmitzt, steht ebenfalls auf, und sie schieben sich durch die wogende Menge hinaus in die warme Nacht.

*

Vor dem Lokal stehen sie zusammen, viele Männer und auch erstaunlich viele Frauen. Ella lehnt ihr Rad neben das von Franziska an eine Bretterwand, die Freundin deutet auf ein Plakat, das habe sie gemalt: Eine Frau steht groß in der Mitte des Bildes, im Hintergrund ist eine Stadt angedeutet, Türme, Häuser, Kaminschlote, die Frau reckt die Faust und ruft einer Menge etwas zu: *Frauen für Freiheit! Wählt KPD!* Ella zuckt zusammen, glaubt sie doch für einen Moment, da auf dem Bild in ihr eigenes Gesicht zu schauen, aber nein, das ist unmöglich, die Frau hat lange Haare, ihr Mund ist weit geöffnet, das Gesicht schmal.

»Was hast du?«, fragt Franziska. »Der Spruch ist nicht von mir, ich male nur.« Und dabei zwinkert sie, als wolle sie Ella irgendetwas sagen.

Sie treffen auf Peter, Theo und Gerda, auch Gregori schlendert heran, zieht hektisch an einer Zigarette, seine Miene ist angespannt, und dennoch versucht er ein Grinsen. Ein Genosse aus Berlin soll gleich zur bevorstehenden Wahl sprechen, einer aus dem Umfeld Thälmanns. Langsam schiebt man sich hinein in den Saal, es ist stickig, Rauch hängt in Schwaden unter der Decke, zwei Kellnerinnen laufen unentwegt hin und her, die Tische sind gut besetzt. Ella lässt die anderen vor, sie bleibt am Rand des Saals zurück, steigt auf eine Bank, sie will ein Foto von der Menge machen. Sie dreht an der Blende, schaut durch den Sucher, schießt ein Bild und kann da schon die ersten Rufe von draußen hören. Sie denkt sich nichts, doch es werden immer mehr, sie schwellen an zum Gebrüll, auch an den Tischen bekommt man es jetzt mit und reckt die Köpfe. Am Eingang schieben die Leute zu den Seiten, ein Gerangel entsteht, und dann brüllt einer: »Die Nazis!«, woraufhin sofort Tumult ausbricht. Man fährt von den Stühlen auf, Ella springt von der Bank, wird an die Wand gedrückt. Plötzlich sind da Männer in Uniform, die in den Saal drängen, »Nieder mit den Kommunisten!«, brüllen sie, und jetzt begreift auch Ella, die Nazis überfallen das Lokal, beginnen schon, wild um sich zu schlagen, ein Erster geht zu Boden, alles gerät in hektische Bewegung, auch sie will hinaus, aber da ist kein Platz. Sie schiebt sich weiter an der Wand entlang nach hinten, ein Bierkrug fliegt, noch einer, ein Stuhl wird hochgerissen: »Ihr Dreckschweine, raus mit euch, verpisst euch!«

Und dann ist da plötzlich – zwei, drei Mal – ein kurzes, ganz neues Geräusch zu hören, eins, das niemand erwartet hat, laut übertönt es alles andere und hinterlässt eine grässliche Stille. Alle wissen sofort: Da hat jemand geschossen! Panik schwappt durch den Saal, drüben reißt man die Fenster auf und klettert hinaus, alles drängt zur Tür, schiebt, drückt und schreit, auch Ella wird mitgerissen, Luft, ich brauche Luft, denkt sie nur, ich muss atmen, sie taumelt, kriegt einen Tritt ab, und dann endlich stolpert sie aufs Pflaster. Alles rennt und flieht, einen Moment lang bleibt sie stehen, sieht an sich herab, schaut zum Eingang, von Franziska keine Spur. »Die Schupos, die Schupos!«, brüllt einer. Ella läuft zu ihrem Rad, hängt sich die Leica um und steigt auf, da stürmen schon die Uniformierten heran, hinein ins Lokal. Ella schaut nicht mehr zurück, sie tritt kräftig in die Pedale und fliegt durch den Abend, weg hier, bloß weg hier, ist ihr einziger Gedanke.

Sie ist todmüde, hat die Nacht kaum geschlafen. Lange saß sie in der Küche, rauchte, um sich zu beruhigen, trank erst etwas warme Milch, dann einen Kräuterschnaps und noch einen. Nie mehr, dachte sie immer wieder, nie mehr will sie für die Kommunisten fotografieren, und auch für keine andere Partei, für niemanden. Sie muss unabhängig sein, egal was es kostet. Irgendwann gegen Morgen war sie doch noch in einen kurzen, unruhigen Schlaf gefallen. Als sie auffuhr, war es hell, die Vögel lärmten, und mit leerem Magen verließ sie die Wohnung. Jetzt steht sie im Hof des Hauses im Gutleutviertel, sie kann die Druckereimaschinen rattern hören, so früh am Morgen. Sie schaut an der Hauswand hinauf zu den Fenstern. Tauben gurren. Sie muss hinein, obwohl sich alles in ihr dagegen sträubt, muss wissen, wie es Franziska geht. Die Bilder des gestrigen Abends türmen sich übereinander, sie kann sogar noch die Schüsse hören, die jetzt hier, in ihrer Erinnerung, zu einem fast niedlich kleinen Geräusch werden, zwei Buben werfen Knallerbsen. Sie geht ins Stiegenhaus, steigt die Stufen hinauf, bleibt vor der Wohnungstür stehen und lauscht. Alles ist ruhig. Sie umfasst den Griff, aber die Tür ist verschlossen. Leise klopft sie, beugt sich vor, hält ein Ohr ans Holz, meint, Schritte zu hören, aber es könnte auch nur der Widerhall ihres eigenen Herzschlags sein. Sie klopft noch etwas lauter. Es muss doch jemand da sein. Peter und Theo sind im Werk, aber Gerda oder Franziska, irgendjemand muss sie hören.

Dann ist unten an der Treppe ein Geräusch, Ella läuft vor ans Geländer und beugt sich darüber, da sind Schritte.

»Hallo, ist da wer?«, hört sie eine Männerstimme. Ella überlegt, so lange ruhig zu sein, bis der Mann verschwunden ist, aber er kommt die Treppe hoch, also gibt sie auf und geht ihm entgegen. Es ist einer von den Druckerleuten, er trägt Schürze und Schiebermütze, seine Hände sind schwarz. Er schaut Ella fragend an.

»Guten Morgen«, sagt sie.

»Was suchst du hier?« Der Blick des Mannes ist misstrauisch.

»Ich … ich will zu einer Freundin, Franziska.«

»Die sind alle weg«, sagt der Mann und kratzt sich am Kopf. »Vorhin war hier kräftig Radau, die Kripo war da, oben in der Wohnung, aber da waren die schon fort, getürmt, bevor die sie mitnehmen konnten.«

Ella bekommt kaum noch Luft. »Was ist denn passiert?«

Der Mann zuckt die Schultern. »Irgendwas Politisches. Du solltest dich da fernhalten, ist meine Meinung. Schönen Tag noch«, er tippt sich an die Mütze und geht langsam die Stufen hinunter.

Ella hat ein Tosen in den Ohren. Was hatte die Kripo hier zu suchen? Ist jemand getötet worden? Wo ist Franziska nur? Sie sitzt auf der Treppe, kommt langsam wieder zu Atem. Und ohne eine Zeitung aufgeschlagen oder herumgefragt zu haben, weiß sie, dass etwas Schlimmes passiert sein muss.

# WIELANDSTRASSE

Frankfurt am Main, 1997

Vor dem Haus in der Wielandstraße zögerte Richard keine Sekunde und drückte auf die Klingel. Sofort summte die Haustür auf. Im zweiten Stock stand Matthias im Wohnungseingang und erwartete ihn. Etwas verlegen schüttelten sie noch einmal Hände, Richard bedankte sich für den Anruf, und sie gingen durch einen erstaunlich geräumigen Altbauflur in ein Wohnzimmer. Die Stuckdecken waren hoch, ein imposanter Kronleuchter baumelte über ihnen; an den Wänden hingen mehrere Kunstwerke.

»Die sind alle von meinem Großvater«, sagte Matthias, als er Richard vor einem der Bilder sah.

Es zeigte den Blick aus einem Fenster in einen Innenhof, rechts und links Hauswände und Fenster, diese aber verdeckt vom Laub eines Baums, dessen Äste durch das Fenster hindurchzustoßen schienen, in den Raum hinein. Es kam Richard vor, als würden ihn aus dem Laub heraus Gesichter anstarren, mit dicken, kraftvollen Strichen gemalt.

»Ella mochte dieses Bild besonders, sie bestand darauf, dass es hängen blieb, auch nach Großvaters Tod.«

»Sie hat hier gewohnt?«

»Ja, es war sogar ihr Eigentum, die beiden haben die Wohnung nach dem Krieg gekauft. Möchtest du ein Bier?« Matthias ging am Esstisch vorbei zu einer Sitzgruppe mit Couch und zwei Sesseln, neben dem Couchtisch standen zwei Kartons.

Richard folgte ihm, blieb aber stehen, weil ihm über dem Tisch ein weiteres Bild auffiel, eine gerahmte Fotografie.

Matthias sah seinen Blick, nahm den Rahmen von der Wand. »Das sind sie, Walter und Ella, als sie geheiratet haben.«

Zwei junge Leute standen vor einem Hofgang, der Mann überragte die Frau um einen halben Kopf, seine blonden Locken waren seitlich aus der Stirn gekämmt, der Anzug schien ihm etwas zu klein zu sein. Und neben ihm stand Ella, schmal, mit kurzem Haarschnitt, sie trug kein typisches Brautkleid, sondern Bluse und Rock, ihr Blick deutete ein Lächeln an, aber der Fotograf hatte den Auslöser wohl etwas zu früh betätigt.

»Wann war das?«

»Weiß nicht genau, wohl irgendwann Mitte der Dreißiger. Ich glaube, Ella war da schon schwanger mit meiner Mutter. Sie stehen übrigens vor dem Haus in Sachsenhausen, in dem die Drogerie war. Da ist sie aufgewachsen.«

Richard legte das Bild auf den Tisch und setzte sich aufs Sofa. Matthias stellte einen der Kartons neben ihn. »Ich wusste, dass es oben noch Sachen gab, aber erst nach unserem Gespräch dachte ich mir, was hat meine Großmutter uns all die Jahre verheimlicht? Das hat mich nicht losgelassen. Schau dir alles an, ich weiß nicht, ob du damit etwas anfangen kannst.«

Richard nahm den Deckel ab. Ihn überkam ein Gefühl, das er von Geburtstagen als Kind kannte, er wusste, es würde Geschenke geben, ein neues Fahrrad, ein Taschenmesser, Comichefte, die er sich so lange schon gewünscht hatte, und diese hoffnungsvolle Vorfreude war fast schöner als das Wissen später, diese von Verheißung und Neugier gespannten Minuten. Er begann, den Inhalt der Kiste zu sichten. Das meiste waren Negative, längliche Streifen, übereinandergelegt und mit Gummis zu kleinen Paketen fixiert. In unbeschrifteten

Briefumschlägen steckten Abzüge. Sofort erkannte er die Großmarkthalle, aber die Aufnahmen waren anders als die, die er im Städel Museum gesehen hatte, sie waren belebt, Menschen waren darauf zu sehen, die an Rampen standen und Pakete und Kisten verluden; dann die Ansicht einer langen weißen Häuserreihe, die Kamera peilte einen Hang hinauf, im Vordergrund unter einem Baum saß eine Familie im Gras, Kinder sprangen umher, an Leinen bauschte sich Wäsche, eine der Siedlungen an der Nidda; ein weiteres Gebäude des *Neuen Frankfurt*, vor dem Eingang Arbeiter, Richard vermutete, dass es das Gartenbad in Fechenheim war, nach Entwürfen von Elsaesser und Harder.

»Du sagst gar nichts«, riss Matthias ihn aus seinen Gedanken.

»Es ist … erstaunlich, absolut erstaunlich«, brachte Richard nur hervor. Er wusste sofort, dass das, was da in den Kisten lagerte, ein besonderer Schatz war, etwas, worauf man als Wissenschaftler nur sehr selten stieß. Er fühlte sich euphorisiert, seine Hände zitterten.

Er nahm einen weiteren Umschlag, erkannte auf dem ersten Bild sofort Ilse, sie war es, ohne Zweifel, in irgendeinem Lokal in Paris, im Hintergrund eine Tafel mit französischer Aufschrift; auch auf dem nächsten Bild war Ilse zu sehen, umgeben von zwei jungen Männern, alle schauten lachend in die Kamera, im Hintergrund der Eiffelturm auf einem Plakat.

»Hier, deine Großmutter in Paris«, sagte Richard und reichte Matthias das Foto. »Die Frau auf dem Bild ist Ilse Bing, auch sie war Fotografin, sie lebt heute in New York und ist eine Freundin von mir. Sie sagt, sie habe Ella gekannt, sie aber damals aus den Augen verloren.«

Richard wartete Matthias' Reaktion nicht ab, sah sich weitere Bilder an. Da war Ernst May zu sehen, umringt von anderen, er erkannte die Architekten Mart Stam, Gustav

Hassenpflug, Max Harder, da war auch Margarete Schütte-Lihotzky, die Erfinderin der *Frankfurter Küche*. Es war die Gruppe, die in Russland neue Städte geplant hatte, die *Brigade May*. Ein Bild weiter befand sich Ella irgendwo in einer grasbewachsenen Landschaft, verstreut waren Jurten zu erkennen, vor einer Holzhütte hockten zwei verdreckte Arbeiter und drehten Zigaretten, Kinder standen neben einem Pferd und schauten feixend zur Kamera hin.

»Und hier, Ella in Russland, da war sie anscheinend mit dem Architekten Ernst May.«

»Das ist unglaublich, sie ist ja ganz schön rumgekommen. Davon wusste ich überhaupt nichts«, Matthias fuhr sich mit der Hand über den Mund. »Hier sind auch noch Notizbücher.« Er hatte den zweiten Karton geöffnet und reichte Richard eine in schwarzes Leder eingebundene Kladde.

Als er das Buch aufschlug, fiel ihm eine akkurate Schrift ins Auge. Auch wenn er nur einzelne Wörter entziffern konnte, handelte es sich hier doch unzweifelhaft um Notizen von Ella; es war kein Tagebuch, die Einträge hatten keine Datumsangaben, eher waren es kurze Szenenbeschreibungen, Details aus dem Alltag, vielleicht auch Bildkommentare. Vor Richards innerem Auge öffnete sich ein Ausstellungsraum, an den Wänden Ella Burmeisters Fotos, begleitet von ihren eigenen kurzen Texten.

Richard wollte das Buch gerade auf dem Tisch ablegen, als ihm ein schmaler Briefumschlag entgegenglitt. Beim raschen Durchblättern des Notizbuchs kam ein zweiter Umschlag zum Vorschein. Er las die Adresse, *Cranachstraße* … – und erstarrte. Er kannte diese Schrift, auch wenn es lange her war, dass er sie zuletzt gesehen hatte: Es war die Handschrift seiner Mutter. Vorsichtig zog er den Brief aus dem Kuvert, faltete das Papier auseinander.

*New York, August 1937*

*Liebe Ella, ich bin noch immer ganz kraftlos von der Geburt, und die Hitze über den Straßen macht es nicht besser. Er wird Carl heißen. Während ich hier im Zimmer liege und mich ausruhe, denke ich an dich und muss dir unbedingt schreiben. Ich denke sehr oft an dich, und ich frage mich, wie mein Leben aussehen würde, wärst du hier bei mir? Theodor ist ein lieber Mann, ich könnte mir keinen besseren wünschen, wir haben uns bei einem Treffen der Neuen kennengelernt, aber ich habe ihm nie von dir erzählt, weil ich weiß, dass er es nicht verstehen würde. Ein Teil von mir ist immer noch bei dir, in deinem Bett da oben in der Wohnung des Richters; da sind deine Wärme und dein Geruch, und wenn ich die Augen schließe, dann sehe ich dich vor mir, wie du lächelst und mich anschaust. Liebste Ella, ich habe dir ja längst verziehen, ich verstehe dich nicht und verstehe dich doch zu gut. Hier in New York kannst du alles werden, was du dir nur erträumst, ich würde dich kein zweites Mal verlassen, ich würde immer an deiner Seite sein, und ja, ich würde dich küssen, Ella, ich sehne mich so danach, dir nah zu sein. Um nicht ganz verrückt zu werden, lenke ich mich ab, jetzt ist der Junge da, und die Liebe, die immer dir galt, will ich ihm schenken, aber vergessen kann ich dich nicht.*

Richard konnte nicht weiterlesen. Ihm wurde heiß, und er begann zu schwitzen. Franziska hatte Ella nicht bloß gekannt, nein, sie hatte sie geliebt; beide Frauen musste eine tiefe, innige Beziehung verbunden haben, von der weder Franziska noch Ella jemals anderen Menschen erzählt hatten, aus Schmerz, aus Scham, er konnte darüber nur spekulieren.

»Du bist ja ganz bleich«, sagte Matthias, »ist alles okay?«

»Ich … ich weiß nicht«, stammelte Richard und setzte sich etwas auf. Er sah Matthias an. »Das hier ist ein Brief von meiner Mutter, den sie an Ella geschrieben hat, 1937, da war sie schon in New York, mein Bruder Carl kam in dem Jahr zur Welt. Ich glaube, dass die beiden Frauen sich gut gekannt haben, Freundinnen waren, vielleicht auch mehr.«

»Auch mehr? Wie meinst du das?«

Richard zögerte kurz, Matthias den Brief zu geben, doch dann wurde ihm klar, dass auch er Teil dieser Geschichte war. Während Matthias las, lehnte sich Richard zurück und beobachtete das ernste Gesicht seines Gegenübers.

Schließlich ließ Matthias den Brief sinken und sah erstaunt auf. »Scheint so, als wären die beiden ein Liebespaar gewesen.«

»Ja, so kann man es lesen.«

Er gab Richard den Brief zurück. »Dann verstehe ich noch weniger, warum Großmutter nie davon erzählt hat.« Er ging zum Esstisch, wo er das Hochzeitsbild betrachtete. »Ich dachte immer, dass Walter und sie … es wirkte alles so harmonisch zwischen den beiden, so ruhig.«

»Die Zeiten damals waren sehr progressiv«, sagte Richard und versuchte, seiner Verwirrung mit Rationalität zu begegnen, »in Sachen Liebe und Beziehung war man sehr aufgeschlossen, oft mehr als heute, aber mit dem Krieg wurde alles zurückgedreht.«

»Sie hat Walter geheiratet, aber eigentlich hat sie jemand ganz anderen geliebt.«

»Vielleicht steht dazu etwas in ihren Notizen.«

Richard schob den Brief zurück in den Umschlag, sah sich auch den zweiten an, datiert auf *März 1942*, drei Monate vor seiner Geburt. Er las ihn nicht, zog stattdessen zwei Fotos aus dem Umschlag, die dem Brief beigelegt waren. Auf dem ersten waren Ella und Franziska zu sehen, es war in einem Lokal aufgenommen, im Hintergrund waren unscharf Menschen zu erkennen, Girlanden hingen von der Decke. Die beiden Frauen waren jung und schön, lachten in die Kamera. Die andere Aufnahme zeigte die Rückansicht von zwei Zebras im winterlichen Zoo. Und noch einmal durchfuhr es Richard wie ein Blitz: Er kannte dieses Bild! Ja, natürlich, es hing im Arbeitszimmer von Carl in dessen Haus in Mount Vernon, neben dem Fenster. Das Bild war nicht besonders groß, aber es hing dort, Richard war sich ganz sicher, das Fellmuster zweier Zebras!

»Hier, trink das besser mal!« Matthias reichte ihm ein kleines Glas. Richard hatte gar nicht bemerkt, wie er vor ihn getreten war. Ohne weiter nachzudenken, setzte er es an die Lippen. Es brannte im Hals, trotzdem tat es ihm gut.

»Das sind sie«, sagte er und zeigte Matthias das Bild der beiden Frauen. »Hast du vielleicht eine Zigarette?«

Von der Küche aus kam man auf einen kleinen Balkon. Matthias zündete sich eine Zigarette an und reichte Richard die Packung. Schweigend standen sie sich gegenüber. Die Abendkühle tat gut, und obwohl Richard die Zigarette nicht bekam, sog er den Rauch in tiefen Zügen ein.

»Da haben wir beide wohl mehr gemeinsam als gedacht.«

Richard sah Matthias an und fragte sich einmal mehr, wieso die beiden Frauen ein Leben lang geschwiegen hatten. Was wäre möglich gewesen, wäre Franziska in Frankfurt geblieben oder Ella ihr nach New York gefolgt? Er merkte, wie ihn diese Fragen jetzt, so unmittelbar nach der Entdeckung der Bilder und Briefe, zu überwältigen drohten, also versuchte er, seine Gedanken in die Zukunft zu richten, auf die Ausstellung, die ihm plötzlich immer klarer vor Augen stand.

»Das ist ein wirklich außergewöhnlicher Fund, Matthias«, sagte er. »Ich würde alles gern in Ruhe auswerten. Wärst du bereit, mir diese beiden Kartons erst einmal zu überlassen? Und falls es wirklich zu einer Ausstellung kommen sollte mit den Fotografien deiner Großmutter, wird das Museum sicher einige Bilder ankaufen wollen.«

»Du kannst alles gern mitnehmen«, sagte Matthias. »Ich glaube, dir nützt es mehr als mir.«

Richard war berührt von seiner Großzügigkeit.

»Willst du nicht noch bleiben und ein bisschen Musik mit mir hören?«

Auf dem Couchtisch standen zwei leere Bierflaschen, daneben ein Schälchen mit Erdnüssen. Richard saß neben Matthias, der mit geschlossenen Augen und verschränkten Beinen der Schallplatte lauschte. Er hatte Matthias nach seiner Band gefragt, und der hatte von seiner Zeit als Sänger und Gitarrist von Effet de Réel erzählt. »War so ein Krautrockding, sagt dir das was? Nein, wahrscheinlich nicht. So haben Amis und Briten die Rockmusik aus Deutschland genannt, wegen Kraut, also Sauerkraut, Krautrock, verstehst du? Dämlicher Name, hat eine Zeit lang aber gut funktioniert. Die Bands waren grundverschieden, *Tangerine Dream* war mehr Elektronik, andere haben Psychedelic Rock gemacht, *Can* hat im Grunde alle möglichen Stile gemixt, *Neu!* waren stark von *Kraftwerk* beeinflusst. War eine geile Zeit. Auch wir waren gut im Geschäft, Tournee in den Staaten und so, haben nicht viele geschafft.« Sie seien damals quer durchs Land gereist, erzählte er weiter: Indianapolis, Chicago, Des Moines, Denver bis nach San Francisco. Doch dann, kurz nach ihrer Rückkehr nach Frankfurt, sei die Band auseinandergebrochen, wie es halt manchmal laufe im Musikbusiness, unterschiedliche Ansichten, das Management wollte immer mehr, er aber habe keine Lust dazu gehabt, wollte lieber über den Synthesizern sitzen, Musik machen und in Ruhe arbeiten, na ja, und das habe dann halt nicht mehr funktioniert. Außerdem habe er sich auch um Ella gekümmert und wollte sie für eine erneute Tour nicht mehr allein lassen. Matthias war aufgestanden, hatte das Debüt von Effet de Réel auf den Plattenteller gelegt und sich ein weiteres Bier aufgemacht. Seitdem saßen sie auf dem Sofa und lauschten einem stoischen Schlagzeugrhythmus, strengen Bassläufen und auf und ab gehenden Gitarrenlinien, immer wieder von ruhigem, tiefem Gesang unterbrochen.

Richard hatte das Gefühl, immer weiter in das Sofa einzusinken. Er war zum ersten Mal seit Wochen vollkommen entspannt, er dachte immer wieder an Thomas, und dass er ja eigentlich noch zu ihm in eine Kneipe nachkommen wollte, aber er kam einfach nicht hoch. Er war dankbar, dass Matthias so viel erzählte, dankbar für die Musik, es war wie eine Polsterung, ein weiches Kissen, das alles andere von ihm fernhielt.

»Ella und du, ihr standet euch sehr nah«, sagte Richard nach einer Weile.

»Sie hatte am Ende ja nur noch mich«, Matthias öffnete die Augen und streckte die Beine aus. »Das Verhältnis zu meiner Mutter Clara war nie besonders gut, von Anfang an nicht, weiß nicht genau, warum. Als Kind war ich oft bei Ella, während Clara und mein Vater in den Urlaub fuhren, meine Mutter sagte immer, sie brauche Ruhe und Erholung, mit ihren Nerven stimmte was nicht, sie hatte oft Migräne. Na ja, eine leidlich glückliche Kindheit, würde ich sagen, aber bei Ella und Walter ging's mir eigentlich immer gut, da hatte ich ein eigenes Zimmer, wir sind in den Zoo gegangen und auf die Dippemess, das ist hier so ein großes Volksfest. Und später war ich dann eben für sie da, als es ihr nicht mehr gut ging. Erst da habe ich auch gemerkt, dass sie viel getrunken hat, und nach dem Tod von Walter wurde sie immer vergesslicher, später wusste sie nicht mal mehr, wo das Klo war, Details erspar ich dir. Und dann lag sie eines Nachmittags, als ich vom Einkaufen zurückkam, tot im Sessel.«

Matthias schwieg jetzt, und auch Richard wusste nichts

mehr zu sagen. Er war überwältigt, müde, aber er fühlte sich nicht länger hilflos.

Die Straßen waren feucht, wirkten rau vom Licht der Laternen, tiefschwarz und verlassen. Richard versuchte, den Weg zurück zu Thomas zu finden. Er hatte sich von Matthias verabschiedet, ihm für seine Gastfreundschaft gedankt und die Briefe seiner Mutter und einige Bilder eingepackt. Die beiden Kartons würde Matthias auf Kosten der Cooper Union per hoch versicherter Luftpost nach New York schicken.

Das Gehen tat ihm wohl. Dabei kam ihm eine Liedzeile in den Kopf, die Franziska manchmal leise vor sich hin gesungen hatte, wenn sie in der Küche hantierte: *Es war ein König in Thule, gar treu bis an das Grab, dem sterbend seine Buhle einen goldenen Becher gab* – weiter wusste er nicht, aber die Melodie stand plötzlich so unmittelbar und klar vor ihm, dass er nicht anders konnte, als sie leise zu summen.

Er erreichte wieder die Berger Straße und suchte nach der Kneipe, die ihm Thomas genannt hatte. Sie lag etwas abseits in einer Gasse, war aber schon aus der Entfernung zu hören. Er schob sich in das verrauchte Lokal, das gut besucht war. Musik lief, die er nicht kannte, an der Wand hing eine Tabelle der deutschen Fußball-Bundesliga, es gab eine Dartwand und eine voll besetzte Theke, auf der zwei große Glasbehälter mit Soleiern standen. Er musste nicht lange nach Thomas Ausschau halten, erkannte ihn sofort an einem der Stehtische, als würde sein Blick von ihm angezogen. Er unterhielt sich mit einer Frau, schaute aber sofort zu ihm und winkte Richard heran.

»Was ist passiert? Du siehst etwas verwirrt aus, aber auch glücklich.«

»Es ist … also, weißt du … du hattest recht, von Anfang an«, Richard fand nicht in die Sätze hinein, aber es machte ihm nichts aus, und Thomas schien es auch nicht zu stören. »Ellas Bilder sind unglaublich, und ich habe Briefe gefunden, von meiner Mutter, sie war … also, Ella und sie … sie waren Freundinnen, vielleicht auch mehr.«

Es war kein Blick, kein Wort mehr nötig, Thomas machte einen Schritt auf ihn zu, schloss ihn in die Arme. Und Richard ließ es zu, wehrte sich nicht, suchte keine Möglichkeit, zu entkommen. Er stand einfach da, legte jetzt auch eine Hand auf Thomas' Rücken und schloss die Augen. Der Lärm um ihn verstummte, er konnte Thomas riechen, sein Shampoo, eine feine Note Menthol, und spürte eine Welle der Erleichterung, so stark, dass er glaubte, in die Umarmung hineinzufallen.

Thomas löste sich und sah ihn an. »Dann hast du also endlich dein Konzept im Kopf!«, sagte er strahlend. Und jetzt stellte er Richard auch Katharina vor, eine Freundin, mit der er sich ab und zu auf ein Bier traf, wie er sagte.

Katharina war Anwältin und sprach akzentfrei Englisch, sodass sie sich eine Weile in Richards Muttersprache unterhielten; er erzählte von New York, von seinem Beruf und dem Grund, weshalb er in Frankfurt war, und fühlte sich dabei gelöst, fast euphorisch. Thomas stellte ein Bier vor ihn hin, sie stießen an, und während Richard weitererzählte, trafen sich ihre Blicke immer wieder.

Später spielten sie eine Runde Dart. Katharina war geübt oder ein großes Talent, sie traf mehrfach die Mitte, das *Bull's Eye*, wie sie Richard erklärte, während er froh war, die farbigen Ringe zu treffen. Thomas' Pfeile landeten sogar immer mal wieder neben der Scheibe, was allgemeine Erheiterung auslöste, auch bei den Umstehenden, und dann orderte er eine Runde Schnaps, den sie alle auf ex tranken.

»Die Kneipe hier hätte Ella sicher gut gefallen«, sagte Thomas. »Die besteht, soweit ich weiß, seit 1912, und bis vor ein paar Jahren stand auch noch Lulu Schwarz hinter der Theke, die hier regiert hat wie eine Kaiserin. Ella hätte sie sicher gemocht!« Er ließ noch eine Runde kommen, und sie tranken auf die alten Zeiten, auf Ella und die Wirtin Lulu Schwarz.

Richard schwankte zur Toilette, schloss sich in eine der Kabinen ein und musste sich setzen. Der Schwindel ließ nur langsam nach, er starrte an die mit Stickern und Sprüchen bekritzelte Wand und ermahnte sich, einen kühlen Kopf zu bewahren, denn noch hatte er nichts erreicht. Morgen, noch vor dem Abflug, würde er mit Adrian telefonieren, und er würde auch Sarah anrufen und ihr sagen, dass er sie liebte, denn das tat er viel zu selten. Das Licht über ihm flackerte, ging kurz aus, und er verlor die Orientierung. Er tastete in die Dunkelheit, drückte die Spülung, und als das Licht wieder anging, verließ er die Toilette.

Zurück im Gastraum, sah er Thomas und Katharina eng beisammenstehen, und es schien so, als hätten sie sich gerade geküsst. Richard ließ sich nichts anmerken, und auch die beiden verhielten sich ganz unbefangen. Katharina trat einen Schritt zurück, sagte, dass sie gleich gehen werde, ob sie noch eine letzte Zigarette mit ihr rauchen würden.

Katharina erzählte, dass sie einmal in New York in der Nähe des Central Park in einem Hotel übernachtet habe und von Schüssen geweckt worden sei, völlig unwirklich sei das gewesen, sie habe erst geglaubt, ein Reifen wäre geplatzt, aber dann habe sich das Geräusch wiederholt, Sirenen seien zu hören gewesen, sie habe gedacht, in einer Kriegsgegend zu sein. Richard verstand nicht, was sie ihm mit dieser Geschichte sagen wollte.

Dann trat Katharina an ihn heran für eine Umarmung. »Freut mich, dich kennengelernt zu haben«, sagte sie. »Du scheinst einen guten Einfluss auf Thomas zu haben. So entspannt habe ich ihn lange nicht erlebt.«

Sie nahm auch Thomas in den Arm, küsste ihn auf den Mund und ging.

Beide sahen sie ihr nach.

»Also, du hättest Katharina auch … Wegen mir musst du nicht hierbleiben, du solltest sie besser nach Hause begleiten«, sagte Richard.

»Das würde sie aber ganz bestimmt nicht wollen«, Thomas lächelte müde. »Ich habe ihr das schon so oft angeboten.«

Schließlich machten auch sie sich auf den kurzen Heimweg.

»Katharina und du … es geht mich ja nichts an, aber seid ihr …«, versuchte Richard, die richtigen Worte zu finden.

»Nein, wir sind nicht zusammen, wenn du das meinst«, sagte Thomas, »dafür hätte sie auch gar keine Zeit. Wir schlafen ab und zu miteinander, aber das ist alles sehr offen bei uns, unverbindlich, wie es so schön heißt, egal, damit fühlen wir beide uns am wohlsten.«

Richard schob die Hände in die Manteltaschen und ging schweigend neben Thomas her, bis sie die Wohnung erreichten. Oben wollte Thomas noch eine Jazzplatte auflegen, aber Richard fragte, ob er nicht auch etwas von Joy Division habe. Und so klangen Augenblicke später die ersten Basstöne von *Transmission* durch die Wohnung. Als Ian Curtis' Gesang einsetzte, *Radio, live transmission, listen to the silence, let it ring on*, begann Thomas zu tanzen. Er bewegte sich geschmeidig zur Musik, streckte die Arme in Richards Richtung aus und forderte ihn auf, mitzumachen. Richard entledigte sich seiner Schuhe, dann folgte er der Aufforderung. Sie tanzten sockfüßig über den Teppich, jeder für sich, jeder in seinem eigenen Kosmos, aber sie nahmen einander wahr, umkreisten sich wie Planeten, deren Anziehung und Abstoßung sich die Waage hielten. Nach etwas mehr als drei Minuten endete der Song, und während *Novelty* einsetzte, holte Thomas Wein aus der Küche.

Sie saßen auf dem Sofa, jetzt reichte Richard den Brief seiner Mutter an Thomas weiter.

»Sie hat sie wirklich geliebt.«

»Überrascht dich das?«

»Franziska hat uns nie etwas von Ella erzählt. Ihr Schweigen ist es, das mich so berührt.« Er trank einen Schluck Wein.

»Wir alle haben unsere Gründe«, Thomas stand auf. »Listen to the silence. Mehr können wir nicht tun.«

Während sich Richard die Zähne putzte, hörte er aus dem Wohnzimmer wieder die Stimme von Ian Curtis: *We would have a fine time living in the night, left to blind destruction*, und er konnte nicht anders, er begann sanft auf der Stelle zu tanzen, während in seinem Mund die Zahnpasta schäumte und Blasen zu werfen begann.

# HAUT

Frankfurt am Main, 1932/33

*Der Boden war aufgeweicht und schlammig, etwas Schnee lag noch, und es begann von Neuem zu schneien. Die beiden Zebras schüttelten ihre Schweife, sonst rührten sie sich kaum. Froren sie? Begriffen sie, dass sie in einem Schneetreiben standen, wo ihnen Schnee doch völlig unbekannt sein musste? Ihre Fellzeichnung war von betörender Genauigkeit, man bekam einen Schwindel, sah man zu lange hin. Vor allem eine Stelle zog meinen Blick immer wieder an: Vom Schweifende aufwärts zog sich ein schwarzer Streifen, hinein in ein weißes Oval, und an den Seiten dieses Ovals setzte die schwarzweiße Maserung ein. Diese eine Stelle war von solcher Eindrücklichkeit und Schönheit – und verstörte zugleich.*

*

Carry trinkt schon das dritte Glas, sie kichert, bekommt vor Aufregung Schluckauf. Ella nippt auch vom Sekt, sie sitzen sich im Bahnhofsrestaurant gegenüber, sehr bald geht der Zug Richtung Paris. Carry reist mit zwei Koffern, will vorerst in einer Pension wohnen. Sie hat sich den *Baedeker* besorgt, lässt Ella darin blättern, aber die ist mit ihren Gedanken ganz woanders, auch wenn sie Carry zum Bahnhof begleiten wollte, um ihr beizustehen, wo Nini es nicht schafft, weil sie den Abschied nicht erträgt. Der Eiffelturm gleitet durch Ellas Hände, der Arc de Triomphe, Notre-Dame, auf einer Karte schlängelt die Seine sich durchs Straßenmuster, aber das alles hat für sie keine Bedeutung. Sie schaut sich im Restaurant um, wie sie sich die ganze Zeit schon umschaut. Da will sie Franziska am Gang erkannt haben, und war das nicht gerade ihr Lachen?

»Wir sollten aufbrechen.« Carry erhebt sich und will bezahlen. »Du bist ja ein schlimmerer Trauerkloß als Nini«, sagt sie und lacht. »Wir können uns doch schreiben, meinetwegen jeden Tag, wenn es dir hilft.«

Ella nickt nur. Ihre Gedanken behält sie für sich. Sie hilft der Älteren, die Koffer zum Gleis zu tragen, mitten durch das Gemurmel, Gepfeife und Getrappel. Und auch jetzt lässt sie den Blick über die Menschen gleiten, hält Ausschau nach Franziskas einfacher Kleidung, ihrer Kappe, sieht sie vor sich, lebendig, lachend, ohne Angst vor irgendwem und irgendwas.

Am Bahnsteig wartet bereits der Zug. Ein Bediensteter hilft beim Verladen der Koffer. Carry setzt sich, Ella öffnet das Fenster und sieht hinaus. Was, wenn ich hier im Abteil bei ihr bliebe, denkt sie, wenn ich einfach mit Carry fortfahre? Plötzlich ist da dieses reizvolle Gedankenspiel, eine kleine Erregung. Man muss nach Paris, wenigstens einmal im Leben muss man das, in einem Bistro sitzen und Wein trinken, flanieren, so tun, als wäre man ein bisschen prominent, von besonderer Begabung, voller Esprit, man flirtet nach hier und da, redet anzüglich, aber nicht dumm, lebt ungesund, raucht und trinkt, geht erst ins Bett, wenn wieder die Sonne scheint.

Weitere Reisende steigen zu, Carry stellt sich neben Ella ans Fenster. »Ich schreibe dir, sobald ich kann«, sagt sie. »Und bitte schau ab und zu nach Nini. Sie kommt allein zurecht, das weiß ich, aber ein bisschen Gesellschaft schadet nie. Sie ist nicht gerade die, die Leute reihenweise anzieht.«

»Ist gut, natürlich«, sagt Ella. »Und du mach keine Dummheiten in der großen Stadt.«

»Dafür bin ich doch zu alt.« Carry lacht und schließt Ella in die Arme. »Ich sollte das vielmehr zu dir sagen!«

Für einen Augenblick stehen sie so beieinander, Ella atmet den Duft der Freundin ein, Kaffee und irgendeine feine Creme, da gellt ein Pfeifen über den Bahnsteig, und der Zug ruckt an.

»Himmel, wir fahren ja schon!«, ruft Carry, und Ella sieht, wie der Bahnsteig sich in Bewegung setzt, ganz langsam, die dort stehenden und winkenden Menschen. Und da ist er, der Augenblick des Aufbruchs, eine Entscheidung, von der sie später ihren Enkeln erzählen könnte – damals mit Carry im Zug ...

Es ist die Freundin, die sie aus dem Abteil schiebt, dabei hält Carry ihre Hand umklammert. »Ich schreibe dir, meine Liebe, ich schreibe«, sie lässt Ella los, die stürzt vor zur noch geöffneten Tür, drängt sich am Schaffner vorbei, stellt sich auf die Trittstufe – »Fräulein, sind Sie verrückt, was tun Sie denn da?« – und springt ab. Ohne Schwierigkeiten landet sie auf dem Bahnsteig, stolpert zwei Schritte nach vorn, fängt sich und läuft weiter neben dem Zug her. Carry lehnt aus dem Fenster.

»Pass auf dich auf!«, ruft Ella und spürt die Tränen über ihre Wangen rinnen. Der Zug gewinnt an Fahrt. Am Ende des Bahnsteigs bleibt sie keuchend stehen, sieht noch den winkenden Arm der anderen, bis der Zug eine leichte Kurve nimmt und schließlich verschwindet.

Ella steht da mit weichen Knien, schluckt ein paarmal, fährt sich übers Gesicht. Sie schaut auf das Wirrwarr an Schienensträngen und ahnt, dass sie Carry Hess nicht wiedersehen wird.

*

Im Malepartus sitzt sie da und wartet. Worauf, weiß sie selbst nicht. Vielleicht ist es die leise Hoffnung, Franziska könnte hereinkommen. Seit Tagen wartet Ella vergeblich auf ein Lebenszeichen, sie war schon im Goldenen Jäger, wo keiner den

Mund aufmacht, niemand etwas wissen will. In der Zeitung gab es Meldungen über eine Schießerei in einem Lokal, zwei SA-Leute schwer verwundet, einer von ihnen sei wenig später im Heilig-Geist-Hospital den Verletzungen erlegen. Von den Tätern fehle jede Spur, man vermutet sie in den Reihen der Kommunisten. Eine Gewissheit hat Ella dadurch: Franziska muss am Leben sein, wie alle anderen auch.

Sie fragt sich, ob die Kripo auch zu ihr kommen wird, doch woher sollte man von ihr wissen, sie können doch nicht alle Leute verhören, die an dem Abend dabei waren. Trotzdem kann sie nicht sicher sein. Sie kennt die Gruppe, und man kennt sie, ihren Namen, ihr Gesicht. Peter, Theo, Gregori, sie alle müssen dichthalten, keiner darf die Nerven verlieren.

Ella lässt sich Zigaretten bringen, denkt an Carry in Paris, von der sie auch noch nichts gehört hat. Sie fährt mit den Fingern über die Knöpfe der Leica, das kühle Metall beruhigt sie, das Wissen, dass diese kleine Maschine sie niemals im Stich lassen wird. Dann legt sie ein paar Münzen auf den Tisch und geht.

Am Goldenen Jäger macht Ella einen Stopp, lehnt das Rad an eine Wand und geht hinein. Wie üblich sitzen die Arbeiter der umliegenden Werke beim Bier, sie schaut über die Theke zum Wirt, der nur kurz den Kopf schüttelt, er muss nichts sagen, damit Ella versteht. Keiner hat ihre Freunde hier gesehen, keiner will sie gesehen haben. Sie tritt wieder hinaus, ein heftiger Windstoß fegt durch die Straße, über den Häusern ballen sich die Wolken. Und als Ella Richtung Hauptbahnhof fährt, klatschen die ersten dicken Tropfen aufs Pflaster. Staubwirbel tanzen vor ihr, eine Elektrische saust vorbei, im Hintergrund grollt Donner, und der Regen wird stärker. Sie biegt in eine Nebenstraße ein, da vorn ist schon das Bahnhofsgebäude, sie springt vom Rad und schlüpft durch eine Seitentür, geht ein

Stück am Gleis entlang, bis vor in die große Halle, in die es immer mehr Menschen treibt. Draußen peitscht der Wind über den Vorplatz, ein paar Versprengte kommen angerannt, halten sich ihre Tasche über den Kopf, was aber völlig nutzlos ist, sie sind ja schon klitschnass. Und trotzdem ist die Stimmung gelöst und fröhlich, der Regen bringt eine lang ersehnte Abkühlung.

Ein mächtiger Donnerschlag dröhnt in der Halle wider, und jetzt verstummen alle, da hat's in der Nähe eingeschlagen, ganz sicher, und ein Kind beginnt zu weinen. Plötzlich ist es dunkel wie in der Nacht, schon wieder zuckt ein Blitz, wirft grelles Licht über die Gesichter, der folgende Donner lässt die Menschen zusammenfahren. Ella hat das Rad abgestellt und betrachtet die Szene durch den Sucher, wartet auf das nächste Leuchten. Irgendwo weiter hinten in der Halle beginnt eine Klarinette zu spielen, kurz darauf stimmt eine Geige mit ein, ein Walzer für das weinende Kind. Es dauert nicht lang, da finden sich die ersten Paare und tanzen über den glatten Bahnhofsboden.

Ein junger Herr im Frack, die Haare sorgfältig nach hinten pomadisiert, spricht Ella mit einer Verbeugung an, bittet um einen Tanz, reicht ihr die Hand. Sie zögert, doch der Herr lächelt so einnehmend, also nimmt sie an. Er ist ein ausgezeichneter Tänzer, sie bewegen sich leichtfüßig zwischen den anderen Paaren, Platz gibt es im Übermaß, eine Kathedrale für einen Walzer. Ella wird ein bisschen schwindlig, aber sie genießt es, geführt zu werden. Die Bahnhofshalle wird zum Ballsaal, die Blitze sind Scheinwerfer, das Donnergrollen Pauken. Der Herr duftet aufreizend gut, nach Nelken und Menthol, ein letztes Mal dreht er sie im Kreis, dann lässt er los, tritt einen Schritt zurück und verbeugt sich.

»Herzlichen Dank, Sie tanzen ausgezeichnet«, die Stimme ist ungewöhnlich hell.

»Sie aber auch. Wollen Sie heute noch ausgehen?«

»Ich bin auf dem Heimweg. Frida Schmidt ist mein Name, Tänzerin, Freundin, Zuhörerin, was Sie wollen.«

Ella kann nicht anders, sie lacht vor Überraschung laut auf und fragt, ob sie Frida fotografieren darf. »Bleiben Sie einfach stehen, keine Pose, bitte«, sagt sie, und ehe Frida sich noch ausrichten kann, ist sie auch schon im Kasten. »Wenn Sie mir Ihre Karte geben, schicke ich Ihnen das Bild gern zu.«

»Sie sind geschickt«, sagt Frida und lacht, »das muss ich mir merken. Kamera umhängen, und schon gelangt man auf liebenswürdige Weise an eine Adresse.«

»Da irren Sie.«

»Ganz wie Sie meinen, hier meine Karte. Verraten Sie mir auch Ihren Namen?«

»Aber ja, natürlich ... Ella ... Ella Burmeister.« Sie ist auf sehr angenehme Weise irritiert.

Frida reicht ihr die Hand. »Und jetzt entschuldigen Sie mich, ich muss ins Bett. Es war mir eine große Freude, Ella Burmeister.« Frida haucht einen Kuss auf ihre Hand, dann dreht sie sich um und durchschreitet rasch die Halle, anscheinend mit festem Ziel und ohne einen Blick zurück.

Das Gewitter ist weitergezogen, die Musik pausiert, die Menschen eilen wieder zu den Gleisen. Ella schiebt ihr Rad ins Freie, wo die Straßen vor Feuchtigkeit dampfen. Sie blickt hinter sich, aber da ist nur die gewöhnliche Bahnhofshalle in ihrer Geschäftigkeit; sie steigt auf und tritt in die Pedale, noch immer erregt von den verzauberten Minuten, die ihr aus der Zeit gefallen erscheinen.

*

Als Walter öffnet, schaut er sie für einen Augenblick so verwundert an, dass Ella glaubt, er könnte die Tür wieder zuschlagen.

»Ich komme wegen der Fotos«, sagt sie.

»Ja, äh … selbstverständlich, Ella«, Walters Wangen flecken sich rot, aber er macht keine Anstalten, die Tür weiter zu öffnen.

»Komme ich ungelegen?«

»Nein, nein, überhaupt nicht. Ich bin nur … ich war … vertieft in die Arbeit, in Gedanken, verstehst du?«

»Soll ich besser morgen wiederkommen?«

»Nein, nein, ich freue mich sehr, dass du da bist«, und jetzt endlich zieht er die Tür auf und lässt Ella in den Flur eintreten.

Er geht voran, sie wirft einen Blick in die Küche, in eine kleine Kammer, in der ein schmales Bett und ein Schrank stehen, dann tritt sie hinter Walter in einen großen, hellen Raum, in dessen Mitte die Staffelei auf einem Teppich steht, am Rand ein Sofa, ein Tisch mit Farben und Pinseln, ringsum Leinwände. Walter trägt seinen Malerkittel, wischt sich die Hände an einem Lappen ab.

»Schön hast du's hier«, sagt sie.

»Ich hatte Glück, der Vermieter ist selbst Künstler, Musiker, er weiß also um meine Bedürfnisse. Möchtest du Limonade?«

Ella tritt ans Fenster und schaut in einen grünen Hof. Eine Linde streckt ihre Äste bis fast an die Scheibe heran. Walter muss zahlungskräftige Gönner haben, denkt sie, wie sonst kann er sich diese Wohnung leisten?

Er tritt neben sie und reicht ihr ein Glas. »Nachts sitzen in den Ästen die Ungeheuer. Dann kratzen sie am Fensterglas und wollen zu mir.« Walter sagt es, ohne zu lächeln, und Ella schaut ihn fragend an. »Aber am Tag sind sie zahm.« Er geht zur Staffelei. »Also, wie wollen wir anfangen, was muss ich tun?«

Ella stellt das Limonadenglas auf den Tisch, nimmt die Kamera, schaut durch den Sucher, wählt die passende Blende. »Du sollst nichts tun, ich meine, eigentlich sollst du nur das machen, was du immer machst. Mal einfach weiter, als wär ich überhaupt nicht da.«

»Wenn du meinst. Aber das ist ja nicht ganz leicht.«

»Oder willst du lieber ein gestelltes Porträt, wie von einem König, Brust raus, Blick geradeaus?«

»Nein, nein, es soll schon natürlich sein.«

Ella dirigiert ihn vor die Staffelei, Walter greift nach dem Pinsel und beginnt zu malen. Sie kann nicht genau erkennen, was es einmal werden wird, aber es scheint ein Blick aus dem Fenster zu sein, aus einem der Fenster dieses Raums, auf der Leinwand ist schon etwas Lindgrün zu erkennen. Sie umkreist ihn und die Staffelei, geht in die Knie, bittet ihn, einmal zu ihr zu schauen, über sie hinweg. Sie achtet darauf, dass immer auch die Leinwand im Bild ist, dass es eine Verbindung gibt von Walter und seinen Werkzeugen, den Pinseln, den Farben. Sie will keinen König, sie will ihn, den Maler, mit besudeltem Kittel und scheuem Lächeln.

Als der Film voll ist, fragt sie, ob sie noch einen zweiten verschießen soll, aber er hält es für ausreichend.

»Wollen wir etwas essen gehen?«, schlägt er stattdessen vor. »Ich zieh mich rasch um.«

Während sie also auf Walter wartet, steht Ella wieder am Fenster und schaut zur alten Linde. Ungeheuer, die aus den Bäumen kommen, denkt sie und will gerade das Fenster öffnen, um einen der Äste zu berühren, als Walter wieder ins Zimmer kommt, ein frisches Hemd am Leib, die Haare gekämmt, und ihr einen Umschlag reicht.

»Hier, du sollst das Geld im Voraus haben«, sagt er. Ich weiß, es ist gut, was du machst.«

Ella öffnet den Umschlag, darin sind einhundert Mark. Erst will sie sagen, das sei doch viel zu viel, doch dann denkt sie an Ottilie Roederstein, an ihren Rat, nicht zurückzuschrecken, nicht bescheiden zu sein, also bedankt sie sich und steckt das Geld ein.

Seit Wochen hat sie nicht so gut und viel gegessen, Würstchen mit Kraut und Senf, dazu frisches Brot, und das sagt sie Walter freiheraus. Im Hof ist es schattig, die Stimmen steigen an den Hauswänden empor. Er staunt über ihren Appetit, ob sie denn nicht genug zu essen habe. Sicher habe sie das, sagt sie, aber sie mache sich nun mal nicht so viel daraus.

Dann nimmt Walter plötzlich ihre Hand und schaut sie an. Ella ist sein Blick unangenehm, sie will die Finger wegziehen, aber er hält sie fest.

»Weißt du, Ella, ich liebe dich ja«, sagt er mit roten Ohren und leicht verwaschener Stimme.

»Das hast du mir an Silvester schon einmal gebeichtet. Weißt du noch, im Malepartus?«

»Nein, aber wenn ich's gesagt habe, dann stimmte es schon damals. Ich frage mich, ob nicht auch du gern jemanden an deiner Seite hättest, einen Seelenverwandten, weißt du, wir alle brauchen doch einen anderen Menschen.«

Das blonde Haar sitzt auf seinem Kopf wie eine Krone, er wirkt ein bisschen derangiert, aber seine Worte sind aufrichtig, das weiß Ella. Zwei Spatzen fliegen an ihren Tisch heran und picken nach Krumen. Sie zieht die Hand zurück. Es schmeichelt ihr, geliebt zu werden, aber sie empfindet für ihn nun einmal nicht mehr als Freundschaft; küssen wird sie ihn gern, vielleicht würde sie sogar mit ihm schlafen. Aber Liebe?

»Ich bin grad etwas abgelenkt«, versucht sie es, »also, weißt du, wegen Franziska. Sie ist schon seit über zwei Wochen verschwunden.«

Als der Name fällt, richtet Walter sich auf, sein Mund wird schmal.

»Ich bin wirklich in Sorge.«

»Aber sie ist doch erwachsen genug, meinst du nicht? Vielleicht hat sie jemanden kennengelernt.«

Ella will von den Schüssen im Lokal erzählen, von ihrer panischen Flucht, von der Kripo, die Wohnungen durchsucht, aber dann schweigt sie lieber.

»Du musst ihr nicht hinterherrennen«, sagt er.

»Ich renne ihr auch gar nicht nach.« Ella bekommt schlechte Laune, Walter hat ja überhaupt keine Ahnung, sitzt da und ist in sie verliebt, und wahrscheinlich hat ihn schon die Eifersucht gepackt, aber so etwas kann sie gerade überhaupt nicht gebrauchen. Sie zündet sich eine Zigarette an.

Walter bestellt noch ein Stück Apfelkuchen, Ella lehnt ab.

»Schau, meine Liebe«, sagt er, »ich seh doch, dass es dir nicht gut geht, dafür muss man weder Arzt noch Psychologe sein. Ich würde dir gern helfen, weißt du. Ich habe im Moment genug Geld, ich könnte dir etwas abgeben. Was hältst du davon?«

Ella bläst den Rauch der Zigarette dicht über seinen Kopf.

»Und was soll ich dafür tun? Deine Wäsche waschen, das Atelier putzen, dich küssen?«

»Gar nichts sollst du.«

Sie schaut mit einiger Abneigung auf sein halb gegessenes Kuchenstück, aus dem die Apfelmasse quillt. »Ich komme zurecht«, sagt sie. »Und ich glaube, ich werde jetzt gehen, ich bin todmüde.«

»Hab ich dich beleidigt?«

»Nein, hast du nicht. Ich komme in ein paar Tagen wieder zu dir mit den Negativen, dann suchst du dir welche aus, und ich mache Abzüge davon.«

Sie stehen gleichzeitig auf.

»Darf ich dich denn wenigstens zum Abschied einmal küssen?«, fragt er.

»Wenn dir danach ist.«

Also beugt er sich zur ihr, küsst sie auf den Mund, nein, nicht ganz, nur auf den rechten Teil der Oberlippe, dort kitzelt es etwas. Dann verlässt Ella rasch den Hof des Lokals, springt in die nächste Elektrische, erst mal nur weg, wieder Luft holen, allein sein.

*

Sie sitzt in der Küche und notiert Zahlen in ihr Büchlein: *Roggenbrot 60 Pfennige, 2 Rollfilme 1,80 Mark, Butter 1 Mark, Pfund Kaffee 1,20 Mark,* dann schaut sie seufzend zum Fenster, gegen das der Regen trommelt. Die einhundert Mark von Walter haben sie erst mal gerettet, und trotzdem weiß sie, dass es so nicht weitergehen kann mit ihrem Leben, sie denkt an die Wucherin bei Dostojewski und fragt sich, ob demnächst jemand zu ihr heraufkommen wird, um sie zu ermorden. Ottilie Roederstein hat gut reden davon, wie unwichtig Geld ist und wie wichtig die Kunst, sie sitzt in Hofheim in ihrer Villa und ist alle Geldsorgen los, aber sie, Ella, hockt hier und muss durch den Monat kommen.

Der Rücken tut ihr weh, sie streckt sich; die Gymnastik hat sie längst aufgegeben, und jetzt gibt es auch keine Stunden bei Meister Rhode mehr. Sie zieht eine Zigarette aus der Packung, dabei fällt ihr Blick wieder auf die Anzeige, die sie sich am Morgen in der *Frankfurter Zeitung* markiert hat: *Paul Wolff Verlag sucht: Nette und zuverlässige Mitarbeiterin für die Photographie-Abteilung. Erste Photo-Erfahrungen von Vorteil.* Sie erinnert sich gut an den groß gewachsenen Mann mit der hohen Stirn, der ihr zuerst im Garten von Elsaesser und später bei anderen Gelegenheiten begegnet ist. Er hat sie immer mehr oder weniger auflaufen lassen. Aber es wäre mal ein festes Einkommen, denkt sie, ich muss den Wolff ja nicht ständig anschauen. Sie öffnet die Tür zum Belvederchen, der Regen hat nachgelassen, sie raucht und grübelt weiter.

*

Es klopft noch einmal. Es ist Nacht, Ella hebt den Kopf, richtet sich auf. Also hat sie nicht geträumt, draußen muss wirklich jemand stehen. Und wieder ein Klopfen, diesmal mit mehr Nachdruck. Ist das die Kripo? Hat man sie nun doch gefunden, um sie zu verhören, wegen des toten Nazis? Aber warum mitten in der Nacht? Sie zieht sich den Morgenmantel über, geht barfuß zur Tür und lauscht. Da bewegt sich jemand, tritt ganz nah heran, ein Flüstern: »Ella? Bist du da, Ella, bitte mach auf!«

Sie erkennt die Stimme sofort, zögert keine Sekunde mehr, zieht die Tür auf und blickt in ein bleiches Gesicht. »Franziska, oh Gott!« Sie nimmt die Freundin in den Arm. »Was ist passiert, du siehst aus wie ein Geist? Komm rein!«

Franziska trägt Hosen und einen Sweater, ihre Haare sind schief geschnitten, fransig, nicht sehr gekonnt, der Mantel hängt um ihren Leib wie ein Grabtuch. Ella zieht sie in die Wohnung und schließt die Tür. Franziska lässt sich auf einen Stuhl fallen, schaut sie mit wässrigen Augen an.

»Wo hast du nur gesteckt? Die ganze Stadt hab ich abgesucht nach dir, ich dachte, du wärst tot.«

»War ich auch fast«, und jetzt lächelt Franziska trotz der Tränen, und ihr vertrautes Gesicht kommt wieder zum Vorschein. »Hast du was zu trinken da?«

Ella rührt sich nicht, schaut die Freundin an, und jetzt wird ihr erst richtig klar, wie sehr sie Franziska vermisst und um sie gebangt hat.

»Was ist denn los? Ich leb doch noch!«

Ella fasst sich, geht und holt Kräuterschnaps, stellt zwei Gläser auf den Tisch und schenkt ein, sie trinken. Und dann berichtet Franziska von dem Abend, und wie das Unglück seinen Lauf nahm: wie die SA-Schläger ranstürmten und Gregori auf einmal den Revolver in der Hand hielt und schoss, wie sie durch die Fenster flüchteten, raus in die Nacht, wie sie etwas später in der Gallus-Wohnung zusammenkamen und von Gregori angewiesen wurden, mitzukommen, sie könnten nicht bleiben, zu gefährlich, sie müssten sofort verschwinden, untertauchen.

Franziska steckt sich eine Zigarette an, atmet lange den Rauch aus.

»Er hat uns irgendwohin nach Höchst gebracht«, fährt sie fort, »zu Genossen, die er kennt, wir mussten runter in einen Keller, es gab ein paar Matratzen und Decken, da standen leere Flaschen rum, wir waren also nicht die Ersten dort. Wir sollten bleiben und das Maul halten. Das waren seine Worte, dieser blöde Arsch. Er selbst ist verschwunden, keine Ahnung, wohin, später kam er zurück, hat etwas zu essen und Zigaretten gebracht, gesagt, wir müssten eine Weile versteckt bleiben. Auf meine Frage, wie lange, hat er nur die Schultern gezuckt. Wenn ich jetzt schon Angst hätte, sei ich auch nur eine von diesen Kaffeehaus-Kommunisten, die sich sofort in die Hose scheißen, wenn es ernst werde. Dabei war er es doch, der abgedrückt hat.«

»Einer von den Nazis soll getötet worden sein«, sagt Ella, »stand in der Zeitung.«

Franziska nickt. »Da hat auch Gregori Schiss gekriegt, weil plötzlich alle nach ihm suchten. Der wollte uns festhalten, damit wir ihn nicht verpfeifen. Dabei ist er es, der alle verpfeift.«

»Wie meinst du das? Haben sie ihn geschnappt?«

»Ich weiß nicht, aber alle denken das«, Franziska hält inne, drückt ihre Kippe ins leere Glas und presst die Lippen zusammen. »Keine Ahnung, wie lange wir da unten waren, irgendwann kam Gregori jedenfalls nicht mehr. Wir haben gewartet, aber er kam nicht, niemand kam. Da bin ich in der Nacht einfach weg und zurück nach Frankfurt. Was hätte ich tun sollen? Ewig da unten im Keller hocken?«

»Und was ist mit Peter und den anderen?«

Franziska zuckt die Schultern. »Da reicht die Solidarität doch auch nur bis zur eigenen Haustür«, sagt sie. »Sind alle stiften gegangen, denk ich.«

»Und jetzt?«

»Jetzt bin ich bei dir. Hab mir sogar selbst die Haare geschnitten, damit man mich nicht so leicht erkennt. Und Papa hat mir Geld zugesteckt, ließ mich erst gehen, als es dunkel war.«

Es ist nach Mitternacht. Ella überlegt, ob es nötig ist, sofort den Koffer zu packen und abzureisen. Wenn sie Gregori geschnappt haben, sind sie auch hier nicht sicher, dann dauert es nicht lange, bis die Polizei anrückt und sie mitnimmt. Angeklagt wegen Störung der öffentlichen Ordnung, wegen Aufruhr, Mordverdacht.

»Lass uns ins Bett gehen«, sagt Franziska.

Ella holt einen zweiten Pyjama aus dem Schrank, er ist an den Armen viel zu kurz. Das Bett knarrt und ächzt wie früher im Sommer, als sie nach langen Nächten hier reingestolpert waren und zusammen in die Decken fielen. Auch jetzt ist es warm, und es zwickt Ella, ständig muss sie sich kratzen. Franziska ist schmaler geworden, zumindest kommt es ihr so vor. Die Freundin liegt ruhig da und zittert.

»Ist dir kalt?«, fragt Ella in der Dunkelheit.

»Ein bisschen. Ich glaube, ich hab mich in dem Keller erkältet.«

Wieder schweigen sie.

Ella meint, Franziska blinzeln zu hören. »Wir werden uns nicht lange hier im Bett verstecken können«, sagt Ella leise.

»Meinst du nicht?« Franziska dreht sich um, Ella kann das Gesicht der Freundin vor sich schimmern sehen.

»Dein Vater ist Advokat, der wird doch etwas tun können«, sagt Ella.

»Nein, die werden ihn gleich mit einbuchten.«

Ella hat Kopfschmerzen, von draußen ist wieder Regen zu hören, die Tropfen schlagen aufs Dach. Franziska atmet ruhig, sie muss eingeschlafen sein. Aber Ella liegt wach, schiebt Gedanken hin und her, Paris, denkt sie, wir müssen fort nach Paris, nur weg von hier. Was soll man einpacken? Und wovon soll man leben? Auch Holland soll schön sein, oder sie besteigen gleich ein Schiff nach Amerika. Wir sind jung, denkt sie, wir können doch überall neu anfangen.

Und als sie das nächste Mal einen Gedanken fasst, graut der Morgen. Franziska hat heftig im Schlaf gezuckt, und Ella fragt sich, was sie wohl träumt.

Sie verlässt das Bett und macht im Ofen Feuer, stellt Wasser auf, überlegt, was sie brauchen könnten, sie müssen etwas essen. Und was soll sie dem Richter sagen, wenn er Franziska gesehen hat? Sie muss auch an Wolff denken, sie kann heute unmöglich zur Arbeit gehen. Sie wird unten beim Richter telefonieren müssen, um sich krank zu melden, furchtbare Kopfschmerzen, und das ist ja noch nicht mal gelogen, ihr ganzer Körper dröhnt.

Ella zieht sich an, gießt sich eine Tasse Kaffee auf. Draußen ist es nass, aber der Himmel fast wolkenlos, und als sie gerade gehen will, stolpert Franziska ihr verschlafen entgegen.

»Nimm dir Kaffee«, sagt sie, »ich werde uns etwas einkaufen.«

Wie früher sitzen sie auf dem Belvederchen, jede einen Teil der Zeitung vor sich, auf einem Tablett steht der Kaffee, es gibt Schinkenwurst aus der Dose, Brot, eine halbe Tafel Schokolade. Franziska steckt sich eine nächste Zigarette an und schließt die Augen. Sie trägt Ellas Wollweste, sie wirkt wieder ruhiger. Und auch Ella ist gefasst, ja, sie ist glücklich, dass die Freundin wieder bei ihr ist.

Franziska trägt Meldungen aus der Zeitung vor: »*Neueröff-*

*nung des Schumanntheaters am Bahnhofsplatz mit reichhaltigem Programm aus Theater, Jazz und Varieté.* Der große Aufmacher in der Frankfurter Zeitung: *Spektakel auf dem Main. Das größte Flugzeug der Welt in Frankfurt. Mit achtundvierzig Metern Spannweite hat sich nie etwas Größeres in die Lüfte gehoben und hält nun, auf seinem Rückflug von New York, in der Mainstadt Audienz. Das Verkehrsflugschiff Do X der Firma Dornier besitzt zwölf imposante Kolbenmotoren, die auf den Tragflächen aufgeständert sind und für den nötigen Auftrieb sorgen, zehn Besatzungsmitglieder betreuen die rund einhundertsiebzig Passagiere. Das Ufer bei Griesheim ist zu beiden Seiten schwarz vor Menschen, als sich am frühen Nachmittag das Fluggefährt auf den Main senkt und anmutig wie ein Schwan aufsetzt.«* Sie hält Ella die Seiten hin: »Schau dir diese Fotos an.«

Die beiden bestaunen die Bilder aus dem Inneren der Maschine, mit Blumenornamenten tapezierte Wände, an den Seiten schmale Tische und Polstermöbel, Teppiche, alles wie in einem zu klein geratenen Hotel.

»Ich habe davon geträumt, dass wir mit dem Motorrad um die Welt fahren«, sagt Ella, »aber ich würde auch so ein Flugzeug nehmen.«

»Du meinst, wie die Stinnes? Die hat sich sofort in ihren Begleiter verliebt, diesen Fotografen, später hat er sich von seiner Frau scheiden lassen, und sie haben geheiratet.«

Ella sagt nichts, und Franziska faltet die Zeitung zusammen.

»Also, heiraten wird schwierig, aber losfahren würde ich mit dir sofort.«

Und dann malen sie sich eine Reise aus, nach Russland und durch Sibirien bis nach China, mit dem Schiff nach Japan und weiter über Hawaii nach Amerika, dort ganz hinunter an den allerletzten Zipfel, Feuerland, und wieder zurück durch den Amazonas, durch Mexiko bis nach New York. Sie stellen sich ihre triumphale Rückkehr vor, die Straßen in Frankfurt sind geschmückt mit Fahnen und Blumen, man ruft ihre Namen, Journalisten umringen sie, im Blitzlichtgewitter winken sie in die Menge.

Franziska hat ganz rote Wangen, sie schließt die Augen und lehnt sich im Liegestuhl zurück, lässt die Herbstsonne noch einmal die Sommersprossen in ihrem Gesicht hervorholen. Ella räumt die Frühstücksreste zusammen und trägt alles hinein. Sie weiß ja, das sind alles nur Spinnereien, dumme Gedanken, man darf sich da nicht reinsteigern.

Als sie wieder hinaustritt, lehnt Franziska an der Brüstung und raucht. »Ich dachte gerade, warum tun wir es nicht einfach.«

»Was tun?«

»Na, fortgehen, um die Welt reisen. Wir könnten noch heute aufbrechen, nach Paris oder Rotterdam«, sie schaut Ella an, und ihr Blick ist ernst. »Wir können uns hier nicht ewig verstecken, du hast recht.«

Ella nimmt ihr die Zigarette aus der Hand. »Glaubst du nicht, dass sie Ruhe geben, wenn sie Gregori haben?«

»Nicht, wenn er denen unsere Namen sagt.« Franziska verschränkt die Arme vor der Brust. »Ich bin Kommunistin, Ella, ich bin eine Frau, und ich bin Jüdin, auch wenn ich das nie für wichtig gehalten habe. Aber das ist es. Nein, ich glaube nicht, dass sie mich in Ruhe lassen werden.«

»Also willst du wirklich weg?«

»Von Wollen kann nicht die Rede sein.«

Ella reicht ihr die Zigarette zurück, will gerade etwas sagen, irgendetwas Mutmachendes – als es an der Tür klopft. Die beiden erstarren, schauen einander an. Ella drängt Franziska hinein, schiebt sie in ihre Dunkelkammer, flüstert: »Bleib hier, sei leise!« Nein, es gibt keine Fluchtmöglichkeit, keine Chance, über das Dach zu entkommen. »Warte hier«, wiederholt sie, »ich schick sie weg!« Ella schließt die Tür der alten Waschkammer, versucht, ganz ruhig zu werden, sie muss jetzt einen völlig unbeteiligten Gesichtsausdruck hinbekommen: Nanu, was wollen Sie denn hier? Sie wartet noch einen Augenblick, dann öffnet sie die Wohnungstür.

Walter schaut ihr mit großen Augen ins Gesicht, weil Ella ihn wohl noch überraschter ansieht. »Du bist es!«, sagt sie mit einem Seufzer der Erleichterung, fast wäre sie ihm um den Hals gefallen, aber sie hält sich zurück, auch Walter gegenüber will sie sich normal verhalten.

»Ich … ich war gerade in der Gegend«, sagt er, »da wollte ich mal vorbeischauen.«

»Wie nett von dir, Walter«, sagt Ella und macht einen Schritt in den Flur, versperrt ihm damit die Tür.

»Ich wollte fragen … also, wegen der Fotos.«

»Ja, ich wollte in den nächsten Tagen vorbeikommen und sie mit dir ansehen.«

»Hast du sie denn hier?«, er versucht, über ihre Schulter zu spähen.

»Die hängen an der Leine, ich muss sie noch fertig machen. Leider habe ich heute aber keine Zeit, muss arbeiten.«

»Trinkst du trotzdem einen Kaffee mit mir?«

»Gerade wirklich nicht, ich habe Kopfschmerzen.«

Walters Mund wird vor Enttäuschung schmal, er macht einen Schritt zurück, streicht sich eine Locke aus der Stirn. Dann verabschiedet er sich, winkt ihr unbeholfen. Ella ruft ihm hinterher, sie werde gleich in den nächsten Tagen vorbeikommen. Sie wartet, bis es unten wieder still ist, und schließt die Tür.

Franziska sitzt am Tisch, bleich, knetet ihre Finger. »Hast du jetzt etwa was mit Walter laufen?«

»Ich hab ihn kürzlich fotografiert. Er ist wohl in mich verliebt.«

»Das ist er doch schon lange.«

»Ich habe dafür aber überhaupt keinen Kopf«, sie setzt sich zu Franziska. »Außerdem müssen wir überlegen, wie es mit uns weitergeht. Was willst du denn jetzt tun?«

*

Es gibt Kirschlikör und Spielkarten, zwei halb heruntergebrannte Kerzen und eine Dose Sardinen in Öl, es gibt das Spiel Binokel, das sie seit Jahren nicht gespielt haben, und jetzt reizen und drücken sie sich, versuchen, an Stiche zu kommen, und wer ein Spiel verloren hat, muss vom Likör trinken, und die andere trinkt mit aus Solidarität, denn ohne das ist es nur halb so lustig.

Was es noch immer nicht gibt, ist eine Antwort auf die Frage, wie es weitergehen soll. Franziska zuckt darauf nur mit den Schultern: »Was weiß denn ich? Los, lass uns weiterspielen!«

Ella ist etwas übel von Likör und Sardinen. Bald lassen sie die Karten liegen, draußen dämmert es bereits. Ist es Abend oder schon wieder Morgen? Aber was spielt das schon für eine Rolle, Hauptsache, sie sind zusammen. Auf dem Tisch liegen Ellas Fotografien ausgebreitet, und sie erinnern sich gemeinsam an die abgebildeten Orte, das Malepartus, das Gutenberg, schau, das war in Russland, der Magnetberg, und das da der Rote Platz. Und schau mal hier, der Zoo, die beiden Zebras. Ja, zwei Zebras im Schnee!

Sie sitzen im Bett, halten jede eine Zigarette zwischen den Fingern und versuchen, Rauchkringel ins Zimmer zu pusten, nur Franziska gelingt es annähernd.

»Würdest du denn mit mir kommen?«, fragt sie plötzlich und wendet sich Ella zu.

»Wohin?«

»Paris, vielleicht Amerika.«

Ella hat die Frage erwartet und sich davor gefürchtet. Sie will am liebsten gar nichts sagen, nicht ans Weggehen denken. Muss man denn wirklich weggehen, gibt es keine andere Möglichkeit? Man kann doch nicht einfach alles zurücklassen und verschwinden. »Wenn ich nur mehr Geld hätte«, weicht sie aus.

»Wir werden uns welches verdienen«, Franziska kriegt ein Oval hin, das kurz darauf in sich zusammenfällt. »Aber es ist ja dein Leben, und ich habe meins, und jede von uns muss nach sich schauen.«

»So meine ich das nicht.«

»Es ist aber richtig, ich würde es genauso tun. Wir sind ja nicht verwandt, nicht mal ein Paar. Jede kann tun und lassen, was sie will.« Franziska steht auf, zieht sich aus, schlüpft in den Pyjama und dann unter die Decke. »Erzähl mir bitte noch irgendwas, das nicht langweilig ist«, sagt sie dann und rollt sich ins Bettzeug ein.

Mitten in der Nacht wird Ella wach. Sie hat von einer fremden Stadt geträumt, Lichter schimmern überall, Reklametafeln blinken, und jemand folgt ihr, aber jedes Mal, wenn sie sich umdreht, wird ihr Verfolger unscharf, bleibt ebenfalls stehen; sie kann die Gestalt atmen hören, sie geht auf sie zu, doch in gleichem Maße entfernt sich die Gestalt auch wieder von ihr. Dann spürt sie plötzlich eine Hand an der Wange, sie ist wach und blinzelt. Franziska atmet ruhig, die Hand tastet nach ihrer Nase, nach ihrem Mund. Eine Fingerspitze berührt ihre Lippe. Ella rührt sich nicht, die Fingerspitze wandert weiter zu ihrem Kinn und noch tiefer. Oder träumt sie doch? Befindet sie sich in jener fremden Stadt, und diese Hand versucht herauszufinden, wer sie ist? Sie lässt die Berührungen geschehen, weicht nicht zurück, spürt Franziska neben sich.

Ganz nah ist sie, dann beugt sie sich zu ihr und küsst sie. Ella ist zu überrascht, um etwas zu sagen. Franziska wartet. Ella kann das Weiß ihrer Augen in der Dunkelheit sehen, sie spürt ihren Atem, ihre Haut. »Komm mit mir«, sagt sie leise.

Ella richtet sich auf. »Ich … ich kann nicht einfach …«

»Mit Max damals konntest du's.«

»Da dachte ich auch, er wäre in mich verliebt, ich dachte, ich müsste mit ihm gehen, aber es war dumm.«

»Aber kapierst du es denn nicht?« Franziska sitzt nun auch aufrecht im Bett. »Ich bin auch in dich verliebt, Ella.«

Ella tastet nach der Decke, will sie weiter über ihre Beine ziehen, über den Bauch. Von draußen fällt schwaches Licht herein, es dämmert bereits.

»Warum, glaubst du, bin ich sonst zu dir gekommen?«

»Aber du liebst doch ganz viele«, sagt Ella, »Peter und Gerda und noch andere, die ich gar nicht kenne.«

»Liebe ist Liebe«, sagt Franziska, »warum soll sie nur einem gehören? Dir aber hat sie von Anfang an gehört, weißt du, schon immer.«

»Ich bin nicht wie du, Franziska.«

»Das wäre auch grässlich.«

»Aber wie stellst du dir das vor? Wir beide? Wie sollten wir denn leben? Und wovon? Ich kann dir nicht ständig hinterherlaufen.«

Franziska hockt schweigend da. Ella sieht ihren Körper vor sich im Dämmerlicht, ihren schönen Hals, ihre Schultern, ihre Brüste, das feine Muster der Verbrennungen, und vorsichtig streckt sie ihre Hand aus, legt sie Franziska aufs Schlüsselbein. Sie spürt Franziskas Herz schnell schlagen, oder ist es der Widerhall des eigenen? Ich liebe dich auch, Franziska, denkt sie, aber ich kann dir keine Antwort geben, ich werde dir niemals genug sein, das weiß ich.

Franziska nimmt Ellas Hand von ihrem Hals, küsst ihre

Finger. »Lass uns schlafen«, sagt sie mit einem Lächeln, das keins ist. Sie streckt sich aus, zieht sich die Decke über. Wir müssen bald eine Entscheidung treffen, denkt Ella. Sie dreht sich der Freundin zu, tastet sich vorsichtig voran; Franziska erwidert das Tasten und schließt ihre Finger um Ellas Finger.

Ella erwacht, schnappt nach Luft. Die fremde Stadt ist auf Wasser gebaut, alles schwankt und bewegt sich sanft unter ihren Schritten. Sie tastet um sich, sie ist in ihrer Wohnung, in ihrem Bett. Es ist kühl im Zimmer, kühl und still. Und Ella spürt sofort, dass Franziska nicht mehr da, nicht mehr bei ihr ist, noch bevor sie sich der leeren Stelle an ihrer Seite zudreht, weiß sie es.

*

Wie betäubt treibt Ella durch den Alltag, die Welt dringt nur schwach bis zu ihr durch. Sie geht zu Wolff in den Verlag und fertigt Collagen an für Werbeseiten, sie fegt das Büro, spricht kaum ein Wort mit jemandem; ab und zu besucht sie Nini, hört von Carry, und dass das Leben in Paris wohl genauso stillstehe wie hier; sie lässt sich von Walter ins neu eröffnete Vergnügungsunternehmen Corso in der Kaiserstraße ausführen, da gibt es ein Kaffeehaus und eine Bierstube, Walter verschickt seine Porträtfotos und hofft auf weitere Verkäufe; durch Roedersteins Empfehlung erhält sie den Auftrag, den Unternehmer Walther vom Rath in seinem holzvertäfelten Büro abzulichten, und macht dabei auch Bekanntschaft mit dessen Tochter Hanna, einer früheren Schülerin von Roederstein, die sich auch wünscht, fotografiert zu werden, was Ellas finanzielle Situation merklich entspannt; zu Weihnachten kauft sie Geschenke für Vater und Mutter, echten Kaffee, echte Schokolade, auch ihren Bruder vergisst sie nicht, obwohl Franz nur kurz am ersten Weihnachtstag erscheint, in SA-Uniform, und lapidar davon berichtet, dass er die Arbeit im Rebstock los sei, aber längst etwas Neues gefunden habe, er sei jetzt Mitglied im Kraftfahrkorps und repariere Autos und Krads.

Ella bahnt sich langsam ihren Weg, hat Hoffnung, es geht ja auch voran, und doch fühlt sie sich seit Franziskas Verschwinden wie auseinandergebrochen, eine dumpfe Wut rumort in ihr, nachts liegt sie wach oder schreckt auf aus Träumen, in denen die Freundin so nah ist, sie jede Pore, jedes Härchen sehen kann und ihr alles so wirklich erscheint, als wäre der Traum das Leben und das Leben bloß erträumt. Sie geht nicht mehr ins Malepartus und auch nicht in den Goldenen Jäger, um nach Franziska zu suchen.

Gleich am Morgen ihres Verschwindens war Ella aufgefallen, dass Franziska mehrere Fotografien mitgenommen hatte, jene mit den Zebras aus dem Zoo, zwei Aufnahmen, die sie während einer Demonstration zeigen, und auch das Bild aus dem Malepartus fehlt, es ist das einzige, auf dem sie beide zusammen zu sehen sind.

Nach der Arbeit bei Wolff geht sie durch den Grüneburgpark Richtung Osten. Die alten Baumriesen sind kahl und stehen da wie Skelette, sie zieht den Schal noch enger, der Rücken tut ihr weh, und die Luft brennt kalt in den Lungen. Sie weiß, es ist nicht weit. Im Licht der Laterne sieht sie die feinen Schneeflocken, wie Puderzucker auf einem Kuchen. Sie geht an der Städtischen Irrenanstalt vorbei, die Lübecker Straße hinunter und erreicht schneller als erwartet die Eysseneckstraße. Dort sieht sie sich um. Niemand ist hier unterwegs. In den Fenstern der mehrstöckigen Häuser schimmern Lichter. Ella bleibt unter einem Baum stehen und schaut hoch zum Haus. Ein Automobil rumpelt vorbei, dann ist es wieder still. Sie nähert sich dem Zaun, blickt sich um, nimmt dann den kurzen Weg durchs Tor zum Eingang. *Goldblum*, steht am Portal auf einem

Schild. Sie war nicht oft hier, wenige Male an den Weihnachtstagen, sie hat Heinrich und Elsa Goldblum als stille, freundliche Menschen in Erinnerung, die sich um ihre Nichte und Ziehtochter sorgten und ihr trotzdem ein Leben als Malerin ermöglicht haben. Sie schaut an der Fassade hinauf, die Wohnung liegt dunkel da. Wo sollte Franziska Zuflucht gesucht haben, wenn nicht hier.

»Suchen Sie etwas?« Ella fährt herum. Vor ihr steht ein alter Mann, leicht nach vorn gebeugt, er schaut sie misstrauisch an. »Was wollen Sie? Verschwinden Sie!« Er schiebt eine Hand in die Tasche seiner Joppe, als wollte er eine Waffe hervorziehen, aber dann macht er nur zwei Schritte zurück.

»Ich bin eine Freundin von Franziska Goldblum«, sagt Ella. »Ich suche nach ihr.«

Der Blick des Mannes verändert sich. »Entschuldigen Sie, ich wollte Sie nicht erschrecken. Ich schaue nach dem Haus der Goldblums, ich habe für sie gearbeitet.«

»Sind sie verreist?«

»Soviel ich weiß, schon.«

»Und sie haben Ihnen nicht gesagt, wohin oder für wie lange?«

»Ich bedaure, nein.«

Ella schiebt die Hände in ihre Taschen. Der Schneefall hat zugenommen, dicht fallen die Flocken im Licht der Laternen und legen sich auf die Schultern des Mannes.

»Dann werde ich ein andermal wiederkommen«, sagt sie.

»Ich weiß nicht, ob es das geben wird.«

Sie sucht im Gesicht des Mannes eine Erklärung, doch dessen Blick folgt jetzt dem Treiben des Schnees.

»Noch einen schönen Abend«, sagt sie leise und geht vor bis an die Straße, schaut sich nicht um und nimmt den Weg zurück, den sie gekommen ist.

Die Abendausgaben der Zeitungen verkünden es bereits laut und unübersehbar: *Hitler ist Reichskanzler! Ernennung durch Reichspräsident Paul von Hindenburg.* Auf der Straße sammeln sich die Menschen wegen der Nachrichten aus Berlin. Ella steigt die Stufen zu ihrer Wohnung herauf, unter ihrer Tür durchgeschoben liegt ein Telegramm. Sie ist müde und durchgefroren, macht das Licht an und liest noch im Mantel am Tisch die zwei Zeilen:

*Paris, Hôtel de Balzac. Ich warte auf dich.*
*Uns bleibt nicht viel Zeit. F.*

# MOUNT VERNON

New York City, 1997

Richard schreckte auf, und es dauerte einen Moment, bis er begriff, wo er war: etwa fünfunddreißigtausend Fuß über dem Atlantik auf einem Fensterplatz in einer Boeing 747 unterwegs nach New York. Er streckte die Beine aus und gähnte. Der Mann neben ihm trug eine Schlafbrille und atmete gleichmäßig, einmal zuckte sein rechter Arm im Traum. Richard wusste, dass sein Name Derek war und dass er aus Washington kam, er sei für das Außenministerium unterwegs, hatte er erzählt und vielsagend gelächelt, mehr könne er leider nicht zu seiner Arbeit sagen, und dann hatten sie angestoßen.

Das Licht in der Kabine war gedimmt, die meisten Passagiere schliefen. Richard blickte aus dem Fenster, sah eine meist geschlossene Wolkendecke, einmal glaubte er, dort unten Lichter zu sehen, aber das war unmöglich, denn sie befanden sich noch über dem Meer. Er dachte wieder an Thomas, an ihren Abschied auf der Straße, bevor er ins Taxi gestiegen war. Sie hatten sich noch einmal herzlich umarmt, wie alte Freunde, einander ganz vertraut. Sie hatten vereinbart, in jedem Fall in Kontakt zu bleiben, und Thomas hatte sein Angebot noch einmal wiederholt, ihn von Frankfurt aus bei der weiteren Arbeit zu unterstützen.

Richard pendelte zwischen Wachen und Schlaf. Gerade war er mit Thomas durch die Wohnung getanzt, ausgelassen aufs Sofa gesunken, jetzt versuchte er, seine Gedanken auf Sarah zu lenken, auf ihr Gesicht, ihren Körper. Sie hatte die

Angewohnheit, sich vor und nach dem Sex zu duschen, sie brauche das für ein gutes Gefühl, hatte sie einmal gesagt, und jetzt, im Flugzeugsitz neben dem leise schnarchenden Derek, gestand sich Richard ein, dass er gar nicht mehr genau wusste, wie Sarah roch, wohingegen er sich an den Duft von Thomas klar erinnerte, wie auch an seine Hände und die Art, wie er lachte. Er sank noch etwas tiefer in den Sitz hinein, sein Rücken schmerzte. Er wollte nicht weiter darüber grübeln, es einfach dabei belassen, wie es war.

Stattdessen dachte er an Ella und Franziska. Für seine Mutter waren die Grenzen nach ihrer Flucht unüberwindbar geworden, sie hatte die USA nie wieder verlassen, nicht einmal für einen Urlaub. Er versuchte, sie sich mit Mitte zwanzig vorzustellen, energisch und voller Tatendrang, an der Staffelei in ihrem Atelier, auf der Straße während der Demonstrationen, und stets an ihrer Seite, die Leica dabei, ihre beste Freundin. Hatte seine Mutter Ella vor dem Brief, den er bei Matthias gefunden hatte, jemals ihre Liebe gestanden? Und was hatte Ella zu alldem gedacht? Er hoffte, in ihren Notizen Antwort zu finden, es lag einiges an Arbeit vor ihm und seinem Team. Aber nun hatte er endlich sein Thema, konnte für John Rosen voller Überzeugung ein Konzept schreiben, in seinem Kopf stand es nahezu fertig da, er musste es nur noch runtertippen. *Ella Burmeister und Das Neue Frankfurt. Eine Entdeckung* – so oder so ähnlich würde er das Ganze betiteln.

Als sein Sitznachbar sich rührte, richtete Richard sich auf. Derek schaute ihn verschlafen an, stand auf und ging zur Toilette. Richard sah wieder aus dem Fenster. Die Maschine erreichte den nördlichsten Zipfel von Nova Scotia, kurz darauf kündigte der Kapitän den Sinkflug an. Mit Einsetzen der Dämmerung würden sie den John F. Kennedy International Airport erreichen.

In den Heights hatte sich nichts verändert. Richard blieb stehen und atmete die feuchte Luft ein, es musste vor nicht allzu langer Zeit geregnet haben, auch wenn der Asphalt schon fast wieder trocken war. In diesen Tagen begann die seiner Meinung nach beste Jahreszeit für New York, der Frühling. Man würde wieder in die Parks gehen, auf den Restaurantterrassen sitzen, meist noch im Pullover oder Sweater, aber hin und wieder würde auch schon ein T-Shirt reichen. Am Flughafen hatte er überlegt, ein Taxi zu nehmen, sich dann aber für die Subway entschieden, und als er jetzt den kurzen Weg zu seiner Wohnung ging, fühlte er sich kein bisschen müde, obwohl es nach zehn Uhr war und er seit dem Abflug in Frankfurt nicht richtig geschlafen hatte.

Am Morgen, nach dem Frühstück mit Thomas, hatte er Sarah schließlich geschrieben, dass er noch in Frankfurt sei, dass er aufgrund einer Recherche seinen Aufenthalt kurzfristig verlängert habe und Sonntag Abend wieder in New York zurück sein wolle. Sarah war darauf gar nicht eingegangen, hatte geschrieben, dass sie ihn in seiner Wohnung erwarten würde. Und obwohl Richard sich auf sie freute, zögerte er jetzt die Heimkehr hinaus. Er nahm den etwas längeren Weg um den Bennett Park herum, kam an der Synagoge vorbei, die er mit seinen Eltern gelegentlich besucht hatte, obwohl die Religion im Leben der Kugelmans keine große Rolle gespielt hatte. Auch Richard war seitdem nicht mehr dort gewesen. Er blieb vor dem Eingang stehen, ein Art-déco-Bau mit Kalksteinfassade, Messing, Edelstahl, und die Erinnerungen an seine Mutter überkamen ihn erneut mit einer Wucht, die ihn schwindeln ließ. Ganz in der Nähe hatte sie einen Literaturkreis geleitet, hatte Zeichenunterricht gegeben und war ständig von Menschen umgeben gewesen, hatte sich dann aber irgendwann aus alldem zurückgezogen. Stattdessen hatte sie begonnen, sich mit ihrer Religion zu beschäftigen, ohne aber den Kontakt zum Rabbi oder anderen Gemeindemitgliedern zu suchen, ganz im Stillen, nur für sich allein. Richard sah Franziska vor sich, wie sie in einem Buch las, wie sie leise vor sich hin murmelte und ihn mit einem Ausdruck entrückter Gelassenheit ansah, wie sie in der Küche stand und vergessen zu haben schien, was sie gerade vorgehabt hatte. Nachdem auch er als letztes Kind die Wohnung für ein Studium verlassen hatte und nur noch an den Wochenenden nach Hause kam, schien sie sich nicht mehr verstellen zu wollen. Oft umgab sie eine Aura stiller Tatenlosigkeit, die er jedoch erst jetzt als das begriff, was sie gewesen war: die Trauer und der Schmerz einer Frau, die ein ganzes Leben hinter sich gelassen hatte.

Er riss sich los, wollte plötzlich schnell ankommen. Oben vor der Tür hielt er ein letztes Mal inne, dann klingelte er. Sarah öffnete ihm, die Wohnung war hell erleuchtet. Sie sahen einander stumm an, fast so, als wären sie überrascht, den jeweils anderen hier zu sehen. Richard stellte den Koffer ab, machte einen Schritt auf sie zu, und sie umarmten sich.

»Schön, dass du da bist«, sagte er leise.

»Willkommen zurück.«

Sie küssten sich.

Sarah hatte gekocht, Tagliatelle al Ragù. Die Bandnudeln seien vielleicht etwas weich geworden, sie könne noch mal neue kochen, aber Richard war mit allem zufrieden. Während sie aßen, erzählten sie beide von ihren Reisen. Richard beschränkte sich auf die Fakten, das Symposium, das Hotel, was er gegessen, welche Leute er kennengelernt hatte.

»Hat deine Mutter nicht mal in Frankfurt gelebt?«, fragte Sarah wie beiläufig nach.

»Ja, aber ich weiß davon eigentlich so gut wie nichts.«

Richard wollte weder über die Erschütterungen sprechen,

die die Konfrontation mit der Vergangenheit in ihm ausgelöst hatte, noch von seinen Panikschüben im Hotel. Er hoffte, sie würde nicht weiter nachfragen.

Sie erzählte von Barcelona, wie großartig die Stadt sei, wie lebendig, wie warm. Er schaute sie von der Seite an, sie sah toll aus, hatte Farbe bekommen, lächelte unbeschwert.

»Eleonore hat heute schon zweimal angerufen«, sagte sie dann und stellte ihr Glas ab. »Wegen Carls Geburtstag nächstes Wochenende. Sie hat wohl Angst, du könntest es vergessen haben.«

»Hab ich nicht. Aber du kommst doch mit, oder?«

»Ja, sicher. Ich freue mich drauf, alle wiederzusehen.«

Richard räumte mit ihr auf, bedankte sich für das Essen. In der Küche schmiegte sie sich an ihn, ihre Hand wanderte zielstrebig zwischen seine Beine, sie raunte ihm zu, dass sie jetzt mit ihm schlafen wolle, sie dusche nur schnell, ob er sie begleite. Das Essen hatte Richard müde gemacht, aber er wollte Sarah die gute Stimmung nicht verderben. Also zog er sich aus und folgte ihr ins Bad.

Als er nach Mitternacht noch immer nicht schlafen konnte, betrachtete er sich eine Zeit lang im Badezimmerspiegel und putzte sich dann zum zweiten Mal an diesem Abend die Zähne. Er wusste, dass sich für ihn mit seiner Reise etwas grundlegend geändert hatte. Noch konnte er es nicht in Worte fassen, aber er hatte es auch schon in der Subway gespürt und an der Kreuzung der Fort Washington Avenue. Etwas war in Bewegung geraten.

Als er zurück ins Bett unter die Decke schlüpfte, drehte Sarah sich ihm zu und tastete nach seiner Hand, er wollte sie zurückziehen, doch dann ließ er sie liegen, wo sie war, umfasste ihre Finger und schlief endlich ein.

Schon in der Woche nach seiner Rückkehr bemerkte Richard eine sanfte Veränderung seines Alltags, weniger äußerlich, dort ging alles seinen gewohnten Gang, Vorlesungen, Telefonate, Gespräche, aber in sich selbst spürte er eine Ruhe, die ihn zuerst befremdete, die er dann aber hinnahm und nicht weiter hinterfragte. Die kurzen Momente abends in seinem dunklen Büro hatten jetzt nichts Bedrohliches mehr, im Gegenteil, er empfand eine Art Zufriedenheit mit sich und seinem Leben – dies aber Glück zu nennen, getraute er sich noch nicht.

Er hatte sein Ausstellungskonzept geschrieben, es mit Adrian und dem Team besprochen und es zusammen mit einigen Bildern von Ella an John Rosen geschickt, der ihn daraufhin gleich zum Mittagessen einlud; während des Essens hatte John fast ununterbrochen geredet und Richard nur manchmal etwas eingeworfen, eine Frage beantwortet; John war fasziniert von Richards Entwurf, von der unbekannten und nun wiederzuentdeckenden deutschen Fotografin. Ende der Woche waren die beiden Kartons aus Frankfurt eingetroffen, Richard hatte mit Matthias telefoniert und sich noch einmal bedankt, dann hatten er und sein Team sich an die Sichtung und Auswertung des Materials gemacht.

Sein Bruder besaß draußen in Mount Vernon ein Haus, das groß genug war, um die ganze Familie zu beherbergen. Wie ihr Vater arbeitete Carl als Zahnarzt, hatte zwei erwachsene Kinder, die sich gerade irgendwo in der Welt herumtrieben, wahrscheinlich in Europa, Ruby, seine Frau, war ebenfalls Dentistin und engagierte sich in der Obdachlosenhilfe, wofür sie zweimal die Woche mit einem mobilen Behandlungswagen runter in die Bronx fuhr, um dort kostenlos Menschen zu helfen.

Carl war fast einen Kopf größer als Richard und sah ihrem Vater wie aus dem Gesicht geschnitten ähnlich, nur dass er noch mehr Haare hatte. Er stand unten im Eingangsbereich, wo er die Ankommenden begrüßte und weiter in den Garten schickte, dort gebe es Drinks, man solle es sich bequem machen. Richard hatte ihn seit einer Ewigkeit nicht gesehen, und sie umarmten einander herzlich.

Sein Bruder klopfte ihm auf die Schulter. »Schmaler geworden«, sagte er mit seiner tiefen Stimme.

»Und du wächst anscheinend immer noch.«

»Ich denke, du schrumpfst eher.«

Carl schloss auch Sarah in die Arme, nahm ihre Glückwünsche und das Geschenk entgegen. »Ich komme gleich zu euch, geht doch bitte schon mal raus in den Garten«, sagte er. »Eleonore ist auch schon da.«

Als sie über die Terrasse den Garten betraten, stürmte Richards Schwester auf sie zu, warf sich in seine Arme und küsste ihn. Ihr langes Haar trug sie zum Zopf gebunden.

»Rick«, sagte sie und zupfte an seinem Jackett herum, »ich hatte ja wirklich Sorge, du würdest den Geburtstag sausen lassen.«

»Wieso sollte ich?«

»Das fragt er?«, sagte sie lächelnd an Sarah gewandt und begrüßte auch sie mit einer Umarmung.

Früher, als Richard noch für SOM gearbeitet hatte, war er tatsächlich selten zu den Festen mit seinen Geschwistern erschienen, Geburtstage, Thanksgiving, Weihnachten, meist war er gerade nicht im Land, und wenn doch, hatte er zumindest häufiger so getan, als wäre er fort.

»Er hat das Geschenk sogar selbst besorgt«, bekräftigte Sarah.

»Na dann, nichts für ungut!«

Sie gingen zu einem der Tische, auf denen Gläser, eine große Schüssel mit der traditionellen Erdbeerbowle, Bier, Cola und Wein angerichtet standen. Eleonore schöpfte für alle Bowle und reichte die Gläser weiter. Ruby kam vorbei und begrüßte sie herzlich, sie entschuldigte sich gleich wieder, sie habe noch in der Küche zu tun.

»Wie war's denn in Frankfurt?«, fragte Eleonore. »Hast du etwas über Mom herausfinden können?«

Richard nippte an seinem Bowleglas und sah zu dem mit Lampions geschmückten Pavillon, wo ein Musiker gerade Keyboard und Gitarre vorbereitete. Er kannte den Mann, er spielte oft bei den Festivitäten der Kugelmans.

»Ich denke schon«, sagte er und legte eine Hand auf seine Umhängetasche. »Aber lass uns darüber später sprechen, wenn auch Carl dabei ist.«

Eleonore wandte sich Sarah zu, die ihr begeistert von Barcelona erzählte, und während Richard ihrem Gespräch mit halbem Ohr lauschte, suchte er den Garten nach seinem Bruder ab. Er wollte unbedingt in Carls Arbeitszimmer, doch nicht ohne dessen Zustimmung.

»Bin gleich wieder bei euch«, entschuldigte er sich bei den beiden Frauen und ging ins Haus, wo er Carl nach wie vor im Flur stehend vorfand, ins Gespräch mit einem Kollegen vertieft, den Richard vom Sehen kannte. Ungeduldig wartete er ab, bis zwischen den beiden eine Pause entstand. Er beugte sich zu seinem Bruder, sagte, dass er ihn einmal sprechen müsse, oben in seinem Arbeitszimmer. Carl sah ihn kurz irritiert an, entschuldigte sich bei dem Kollegen, dann stiegen sie die Treppe in den ersten Stock hinauf.

Richard hatte schon immer gemocht, wie Ruby und Carl das Haus eingerichtet hatten, schlicht, aber nicht kühl, elegant, aber nicht protzig. Im Arbeitszimmer stand ein breiter Schreibtisch aus Naturholz, an einer Wand zog sich ein Bücherregal entlang, es gab Kunstdrucke, das große Fenster ging zum Garten hinaus. Richard steuerte zielsicher die Wand hinter dem Schreibtisch an, dort hing das kleine Bild, eingefasst in einen schwarzen Rahmen. Er war nicht oft hier oben gewesen, aber an dieses Bild hatte er sich in Frankfurt sofort erinnert. Ohne seinen Bruder zu fragen, nahm er es von der Wand und betrachtete es eingehend. Es war in Öl gemalt, mit feinen Pinselstrichen.

»Was ist denn los? Du tust so geheimnisvoll«, Carl stand hinter ihm und fragte sich zu Recht, was sie hier oben sollten.

Richard trat ans Fenster, öffnete es und rief nach Eleonore, ob sie einmal zu ihnen raufkommen könnte.

Carls Blicke wurden immer verständnisloser. »Ist was passiert, Richard?«

»Einen Moment noch, ich will euch etwas erzählen.«

Als Eleonore ins Zimmer trat, schaute sie ihn ebenso erstaunt an wie Carl. Alle drei standen sie vor dem Schreibtisch.

Richard legte das Bild vor sie, dann holte er aus seiner Tasche die Fotografie von Ella und platzierte sie direkt daneben. Wortlos sah er die Geschwister an.

»Und was willst du uns damit sagen?«, wollte Carl wissen, langsam wurde er ungeduldig.

»Dieses Foto hat vor etwa siebzig Jahren eine junge Frau in Frankfurt gemacht, Ella Burmeister. Sie war Moms Freundin und hat ihr die Fotografie mit den beiden Zebras geschenkt. Und ich denke, das ist noch nicht die ganze Geschichte …« Vorsichtig begann er damit, das Bild aus dem Rahmen zu lösen. Dann drehte er es um. Die Schrift seiner Mutter auf der Rückseite war unverkennbar: *Für Ella. Wir sind wie Zebras im Schnee. Man sieht immer nur einen Teil des Ganzen.* Er hielt es seinen Geschwistern hin. Eine Weile standen sie alle schweigend da, betrachteten die beiden Bilder.

»Es ist die einzige Malerei von Mom, die ich kenne«, sagte Eleonore.

»Ja, alles andere von ihr muss in Frankfurt geblieben sein«, sagte Richard nachdenklich, »und ist dort verschollen. «

»Dann ist es doch umso schöner, dass das Bild jetzt hier hängt«, Carl versuchte, die fröhliche Stimmung zu bewahren.

»Was genau ist in Frankfurt passiert, Rick?«, fragte Eleonore und sah Richard jetzt mit einem Blick an, der nicht streng, sondern eher besorgt war.

»Ich habe Briefe von Mom gefunden«, sagte er und zog nun einen davon aus seiner Tasche, faltete ihn auseinander und legte ihn vor die beiden auf den Tisch. Eleonore und Carl beugten sich darüber.

»Der ist ja auf Deutsch«, sagte Eleonore.

»Das kann ich nicht lesen«, Carl richtete sich auf.

Eleonore aber las, langsam, Wort für Wort und übersetzte zugleich für Carl. Richard stand am Fenster und sah in den Garten, während in seinem Rücken die Stimme seiner Schwester zur Stimme seiner Mutter wurde, die zu Ella sprach. Als sie verstummte, drehte er sich wieder um.

»Es scheint so, als sei Mom in diese Frau verliebt gewesen«, sagte Eleonore.

»Ja, ich glaube, das war sie wirklich«, Richard trat wieder vor den Schreibtisch. »Und sie hat nie darüber gesprochen, mit keinem von uns, ich glaube, nicht einmal mit Dad. Sie hat diese Liebe zeitlebens geheim gehalten vor uns und vielleicht auch zu einem guten Stück vor sich selbst.«

»Dann ist dieses kleine Bild also eine Art Liebeserklärung und eine versteckte Botschaft an uns«, sagte Eleonore.

»Vielleicht«, Richard setzte das Bild wieder in den Rahmen und hängte ihn zurück an die Wand. An seinen Bruder gewandt fuhr er fort: »Aber ich wollte dir deinen Geburtstag nicht ruinieren, es war mir nur wichtig, dass ihr auch davon wisst, von Moms Bild und welchen Hintergrund es hat.«

Carl hatte die meiste Zeit über stumm bei ihnen gestanden, jetzt legte er die Arme um seine Geschwister. »Schon komisch«, sagte er, »ich sehe diese Bild eigentlich jeden Tag, aber so richtig aufgefallen ist es mir noch nie«, er sah die beiden nacheinander an. »Ich bin froh, dass ihr hier seid. Lasst uns wieder nach unten gehen, man fragt sich bestimmt schon, was wir hier oben Geheimes aushecken.«

Das Fest war fröhlich und ausgelassen wie alle Feste der Kugelmans. Der Garten war voller Menschen, zwei Hunde sprangen kläffend herum, für die Kinder gab es Kostüme zum Verkleiden, die Ruby vom Speicher geholt hatte, Schminke und haufenweise Süßes; der Musiker schrammelte Countrysongs und Oldies, man sang mit, man tanzte und trank Bowle, der Barbecuegrill glühte den ganzen Abend. Richard tanzte mit Sarah, mit Eleonore, und er war glücklich, hier zu sein, glücklich über die bekannten Gesichter, die Kinder, das Essen, die Musik.

Mit Einbruch der Dämmerung wurde Holz in zwei Feuerkörben angezündet, und die Geschwister saßen mit Sarah und Ruby beim alten Walnussbaum zusammen, alle waren sie etwas angeheitert. Richard zeigte ihnen das Foto von ihrer Mutter auf der Demonstration, danach das Bild von Ella und Franziska. »Das sind die beiden«, sagte er.

»Mom sieht so anders aus«, sagte Eleonore, »ich meine nicht das Alter, aber schaut doch mal, wie sie uns ansieht, als würde sie sagen: Macht Platz, jetzt bin ich dran! Und mit Ella zusammen, als würde für sie in diesem Moment wirklich eine neue Zeit anbrechen, so schauen sie, als könnten sie die Welt aus den Angeln heben!«

»Könnt ihr euch das vorstellen: Mom verliebt in eine andere Frau?« Carl saß im Schneidersitz da und betrachtete das Foto.

»Warum denn nicht? Schau doch, wie schön die beiden sind! Es macht mich gerade unheimlich glücklich, sie so zu sehen«, Eleonore lehnte sich mit der Schulter sanft gegen Richard. »Mom war immer eine starke Frau«, fuhr sie fort, »sie hat sich nie etwas anmerken lassen. Aber ganz verstecken konnte sie ihre Traurigkeit nicht. Ich frage mich ja seit ihrem Tod, ob wir etwas falsch gemacht haben, ob wir ihr irgendwie hätten beistehen können.«

»Ich wüsste nicht, wie«, sagte Carl. »Also, mir gegenüber hat sie nie etwas von Ella erzählt.«

»Nein, das hat sie nicht«, bestätigte Richard. »Sie hat ja so gut wie nie von ihrem Leben in Frankfurt gesprochen, als habe sie sich dazu entschieden, die Zeit dort hinter sich zu lassen. Und wir können nichts tun, als das zu respektieren. Ich wünschte auch, es wäre anders gewesen«, er trank einen Schluck Wein. »Und wir dürfen auch nicht die politische Dimension des Ganzen vergessen: Mom war damals anscheinend bei den Kommunisten, zumindest eine Zeit lang, auch das wird ein Grund gewesen sein, weshalb sie Deutschland verlassen musste. Und hätte das hier jemand herausgefunden, sie hätte sicher große Probleme bekommen. Ich will damit nur sagen, dass sie gute Gründe hatte, nicht über Frankfurt zu sprechen.«

»Um ihre Familie zu schützen«, sagte Eleonore.

Richard nickte.

»Wurde sie denn nicht sogar mal vor einen Ausschuss geladen und befragt? Ich meine, Dad hat davon erzählt.« Carl trank einen Schluck Bier und stellte die Flasche neben sich ins Gras.

»Ich glaube, man hat sie beide befragt.«

»Vielleicht hat sie deshalb auch nicht mehr für diese Zeitung gearbeitet, wie hieß die noch mal?«

»*Aufbau*«, sagte Eleonore.

Franziska hatte einige Zeit für das Monatsmagazin *Aufbau* gearbeitet, dort über Ausstellungen geschrieben, über Theateraufführungen und Literatur. Die Zeitung hatte sich rasch zu einer der wichtigsten Informationsquellen für jüdische Neuankömmlinge in den USA entwickelt. Franziska informierte dort auch über ihre Zeichenkurse, Theodor fand interessierte Schachspieler und eine Pingpong-Mannschaft. Richard hatte sich das Magazin regelmäßig gekauft, als er Deutschunterricht genommen hatte, da viele der Artikel auf Deutsch erschienen waren und er so das Lesen hatte üben können.

»Ehrlicherweise muss man ja sagen, dass wir damals Kinder waren, Rick war gerade mal zehn, wir nicht viel älter, wie hätten wir etwas ahnen sollen?« Eleonore strich sich eine Strähne aus dem Gesicht. »Wir hatten alles in allem eine glückliche Kindheit, und das lag sicher auch daran, dass vor allem Mom es uns nie hat spüren lassen, wenn es ihr schlecht ging, sie hat das immer von uns ferngehalten.«

»Und trotzdem habe ich es gespürt«, sagte Richard, »gespürt, aber nicht begriffen. Und später war ich mit anderen Dingen beschäftigt, Studium, Beruf.«

»Das waren wir alle«, sagte Eleonore, »du musst dich dafür nicht entschuldigen. Mom hat es so für sich entschieden, und wir können es nur akzeptieren, wie du gesagt hast.«

»Aber sie hätte mit uns doch reden können«, sagte Carl, »zumindest später, als wir älter waren, nach dem Tod von Dad.«

Richard sah seinen Bruder an. Carl hatten die Entdeckungen heute sichtlich erschüttert, er zeigte es nur nicht, versuchte wie Franziska, stark zu sein, sich nichts anmerken zu lassen.

»Mom war immer stolz auf uns«, sagte Eleonore, »auf jeden von uns. Sie mochte es später ja auch nicht, im Mittelpunkt zu stehen, hat sich aus allem zurückgezogen. Sie hat nie eingefordert, dass man sich um sie kümmerte, sie war auch im Alter noch eine stolze Frau, wollte immer selbständig sein.«

»Vielleicht hätten wir das aber tun sollen, uns mehr um sie kümmern«, sagte Carl, Verbitterung lag in seiner Stimme.

»Als Kind nimmt man seine Mutter als selbstverständlich wahr«, sagte Richard, »und ich glaube, das wollte Franziska immer. Dass wir sie so wahrnehmen, wie Eleonore es sagt: selbständig, eigensinnig vielleicht, auf alle Fälle unabhängig von anderen. Sie wollte selbst über sich und ihre Liebe bestimmen. Und sie hat sich dazu entschieden, es nur durch zwei Briefe auszudrücken – und durch dieses Bild oben in deinem Arbeitszimmer. Wer weiß, vielleicht gab es noch mehr Briefe, vielleicht hat sie auch weitere Bilder gemalt, vielleicht standen die beiden sogar über all die Jahre in Kontakt miteinander, haben es aber niemanden sonst wissen lassen. Ich weiß nicht, ob wir das jemals herausfinden werden oder ob wir es überhaupt herausfinden wollen.«

Jetzt schwiegen alle. Grillen zirpten, die Sonne war untergegangen, es wurde kühler.

»Und was willst du mit den Bildern jetzt machen?«, fragte Ruby.

»Ich werde eine Ausstellung auf die Beine stellen«, sagte Richard. »Mit Ellas Fotografien und Notizen. Und ich würde dafür auch gern Moms Bild verwenden, wenn ihr damit einverstanden seid?«

Eleonore drückte ihm wie zur Bestätigung die Hand, und dann stießen sie alle an und besiegelten damit ihre Abmachung.

Als das Feuer heruntergebrannt war, löschte Carl den Rest der Glut, und sie wechselten auf die bequemeren Sitzmöbel der Terrasse. Dort unterhielten sie sich noch bis weit nach Mitternacht über ihre Eltern, sie erinnerten sich so lebhaft an die beiden, dass Richard glaubte, Franziska könnte jeden Moment zu ihnen in den Garten kommen und sich zu ihnen setzen. Eine junge, lebhafte Frau mit blonden Haaren, ihr verschmitztes Lächeln, sie verlangt nach einer Zigarette und Bier, sie lacht laut, provoziert ein bisschen und diskutiert alle anderen in Grund und Boden.

Kurz nach Mitternacht ging Richard neben Sarah die Straße entlang, sie hatten sich entschieden, noch ein bisschen zu Fuß zu gehen, bevor sie in ein Taxi steigen würden. Sarah hatte sich eine Zigarette angesteckt, und als Richard sie ihr sanft aus der Hand nahm und selbst daran zog, sah sie ihn zuerst erstaunt an, dann aber legte sich ein ahnungsvolles Lächeln auf ihr Gesicht.

»Was ist eigentlich in Frankfurt passiert?«, fragte sie, blieb stehen und legte Richard zärtlich eine Hand in den Nacken.

»Nichts.« Er sah sie an, alles um ihn schien in leichte Schwingungen versetzt zu sein, bewegte sich, während er ganz ruhig war.

»Das klang vorhin aber ganz anders«, Sarah blies den Rauch über ihre Köpfe aus.

»Mom war eine besondere Frau«, sagte er. »Ich habe das jahrelang nicht kapiert, und ich weiß nicht, ob ich jemals ganz herausfinden werde, wer sie war. Aber in Frankfurt bin ich ihr so nah gekommen wie noch nie.«

Sie gingen weiter, Sarah hakte sich bei ihm ein. Es war still, die Laternen warfen ein weiches Licht auf die Straße. »Es war schön, euch heute zu sehen, Eleonore, Carl und dich«, sagte sie. »So habe ich euch noch nie zusammen erlebt, so vertraut.«

»Du warst so schweigsam«, sagte Richard, »ich dachte, es wäre dir unangenehm.«

»Nein, das war es ganz und gar nicht.« Sarah blieb erneut stehen, strich ihm mit der Hand über die Wange und küsste ihn. »Weißt du, ich glaube, ich begreife erst jetzt, wer du eigentlich bist.«

»Und?«

»Ich glaube, ich könnte mich in dich verlieben!«

# SCHNURRBÄRTE AUS KOHLE

Paris, 1933

*Wir waren glücklich – und war es auch nur für diesen Moment. Da glaubten wir, die ganze Welt erobern zu können, da glaubten wir, nichts würde sich uns in den Weg stellen. Ich gab dem Mädchen meine Leica und sagte: Drück einfach ab! Und dann schnitten wir Grimassen und rissen Augen und Münder weit auf, um alles hineinzubekommen. Die Leica fraß uns! Da waren zwei junge Menschen ohne Angst, zwei junge Menschen, die nicht zurückweichen würden. Zwei lachende Gesichter in einer Kellerbar in Montmartre, das Leben gehörte uns, wir wollten es mit beiden Händen packen, nicht schüchtern sein und nicht verzagt. Wir wollten aufs Land fahren, in die Lavendelfelder, wir wollten ans Meer, in ein schickes Hotel, wir wollten Champagner und Zigaretten. Wir wollten Musik machen und Bücher schreiben, wir wollten die klügsten und charmantesten Menschen in unseren Salon einladen. An diesem Abend war alles möglich!*

*

Ella hält das Telegramm in der Hand, *Paris, Hôtel Balzac*, wieder und wieder hat sie es gelesen, erst ungläubig, dann staunend, dann besorgt. Es kommt von Franziska, ohne Zweifel, und sie fordert sie auf, zu ihr zu kommen. Obwohl Ella eine schlaflose Nacht verbracht hat, war ihr sofort klar, dass sie fahren würde. Im ersten Morgenlicht hat sie den Koffer gepackt, alles Geld aus der Schatulle eingesteckt und sich auf den Weg zum Bahnhof gemacht. In der Stadt herrschte bemerkenswerte

Unruhe, überall Schlagzeilen, überall rumorte es, die Kommunisten riefen zum Generalstreik auf, die Nazis hissten ihre Flagge auf dem Opernhaus, aber Ella versuchte, das alles von sich fernzuhalten, für sie gab es nur das Telegramm, Franziskas Aufruf, Paris!

Vor dem Zugfenster zieht das Rheintal vorbei, steil aufsteigende Hänge, der rasch dahinströmende Fluss, immer wieder geht es durch Tunnel. Das ist keine Luxusfahrt wie mit den Architekten, auf ein Abenteuer aus, das hier ist eine Notwendigkeit, es ist das Leben. Ella ist müde, hat Hunger, aber sie will ihr Geld zusammenhalten. In Duisburg wird sie in den Fernschnellzug FD 25/26 nach Paris steigen, so hat es ihr der Beamte in Frankfurt auf einen Zettel notiert. Vielleicht ist es eine Dummheit, die sie begeht, aber sie muss Franziska wiedersehen! Sie kann nicht sagen, ob sie auch verliebt ist, Franziska ist ja schon immer da, Schwester, Gefährtin, aber Ella weiß, dass sie sie nicht einfach so gehen lassen, dass sie nicht weiter durch ihren Alltag schlittern kann, ohne zu wissen, was mit ihr ist. Sie versucht, sich auf die Landschaft zu konzentrieren, hängt ihre Gedanken an die Berge, lässt sie auf dem Rhein dahintreiben. Ist es doch nur wieder einer von Franziskas Späßen, eine Art Herausforderung? Sie hat ja schon länger weggewollt, raus aus Frankfurt, das ihr zu klein und piefig wurde.

Der freundlich aussehende Herr auf der Bank gegenüber bietet ihr eine Zigarette an, und das Flirten mit ihm lenkt Ella ab. Als Vertreter mache er diese Reise oft, erzählt er, Frankfurt–Essen und wieder zurück, er könne schon fast behaupten, der Zug sei sein zweites Zuhause, und deswegen ziehe er jetzt auch seine Schuhe aus. Wohin sie denn fahre, will der Mann wissen. Draußen beginnt es leicht zu schneien. Wahrscheinlich hat er auch diese Hitlerverehrung in der Birne, denkt Ella, aber er schaut nicht ganz so dumm aus.

»Ich will nach Paris«, sagt sie.

»Oh, Paris. Machen Sie Urlaub oder sind Sie auf der Flucht?« Er grinst kokett, Ella weiß, dass er sie herausfordern will, aber sie wird darauf nicht eingehen.

»Ich bin Künstlerin.«

»Na, sieh mal an, eine Künstlerin! Und was ist Ihre Kunst?«

»Fotografie.«

»Das ist ein Ding! Und jetzt gehen Sie nach Paris, weil dort die große Kunst ist, nicht wahr? Wenn ich Künstler wäre, würde ich es genauso machen. Man weiß ja gar nicht, wo das alles hinführt hier in Deutschland, nicht wahr? Wer noch Künstler sein darf und wer nicht.«

»Ich besuche eine Freundin. Ich habe nicht vor, dortzubleiben.«

Er beugt sich zu ihr, stößt Zigarettenrauch aus den Nasenlöchern. »Sind Sie denn auch eine von denen, also … verstehen Sie mich nicht falsch, ein Kollege in Essen, der hat solche Frauen immer Drachenweiber genannt, also, es sind, wie gesagt, nicht meine Worte, aber sind Sie auch so ein *Drachenweib*?«

»Was soll das denn bedeuten?«

»Ach, ich weiß nicht genau. Ist nur so ein Wort. Ich glaube, er meint damit Frauen, denen vor Wut das Feuer aus den Nasenlöchern schießt, was meinen Sie?«

»Das ist doch albern, Ihr Kollege hat keine Ahnung.«

»Ja, das hab ich ihm auch gesagt: Du hast keine Ahnung! Die jungen Frauen heute wollen einfach keine Kavaliere mehr, sondern ein Automobil!«

»Ich glaube, sie wollen einfach ernst genommen werden, so wie man Sie auch ernst nimmt!«

»Das glaube ich Ihnen sofort!« Er lehnt sich zurück, anscheinend zufrieden mit sich und den besockten Füßen, wackelt mit den Zehen, raucht genüsslich zu Ende.

Später bietet er Ella etwas von seinem Brot an, aber sie

lehnt ab. Sie hat einen mickrigen Apfel in der Tasche, den sie erst bis aufs Kerngehäuse abnagt, und dann isst sie auch noch den Griebs.

Die Einfahrt in den Gare du Nord verschläft sie. Jemand rüttelt an ihr, sie reißt die Augen auf und blinzelt ins Gesicht eines freundlich lächelnden Bediensteten. Er spricht sie auf Französisch an, Ella versteht nicht alles, trotzdem weiß sie sofort, dass sie ihr Ziel erreicht haben.

Der Mann trägt ihr den Koffer bis auf den Bahnsteig und tippt sich an die Mütze, und dann steht Ella allein da, müde und verwirrt in der riesigen Ankunftshalle. Aber sie ist da, endlich in Paris! Sie geht ein paar Schritte, stellt sich neben eine Säule, den Koffer hat sie zwischen die Beine geklemmt, studiert den Stadtplan. Der Arc de Triomphe ist ihr Anhaltspunkt, in der Nähe muss das Hotel liegen, das Franziska erwähnt hat. Ihr Blick irrt von einem Punkt zum andern: Montmartre, Jardin des Tuileries, Tour Eiffel, Jardin du Luxembourg, die Seine. Schließlich findet sie den Triumphbogen, fährt mit dem Finger den Weg zum Bahnhof ab.

Noch etwas benommen macht sie sich auf, steigt in einen der klobigen Sprague-Thomson-Wagen der Pariser Métro Richtung Westen. Sie findet einen Platz, aber die Fenster sind im Grunde nutzlos, man starrt nur das eigene Gesicht an, während der Wagen durch die Tunnelschwärze rumpelt. Die Namen der Stationen klingen wie aus einem Roman: *Pigalle, Place de Clichy, Villiers, Monceau*, und als sie am *Place de l'Étoile* die Treppe hinaufsteigt, bleibt sie stehen und fotografiert sofort das, was sie vor sich sieht: die steil aufragende Wand des Triumphbogens, unter dessen nördlicher Flanke sie sich befindet, Fresken und Inschriften, jahrhundertealter Stein. Und drum herum brausen wie in einem Karussell Automobile und Pferdewagen.

Die Häuser sind prächtig, die Bäume kahl. Ella folgt der Avenue de Friedland, überwältigt von allem, frierend und müde, und nur die Aussicht, gleich Franziska gegenüberzustehen, die Freundin in den Arm nehmen zu können, gibt ihr Kraft.

Das Hôtel Balzac liegt in einer Nebenstraße. Der Portier schaut freundlich, und Ella versucht, ihm zu erklären, dass hier eine Freundin auf sie warte. »Madame Goldblum«, wiederholt sie den Namen, hinein ins lächelnde Gesicht des jungen Mannes.

»Madame Franziska Goldblum, qui.« Der Portier verschwindet im Nebenraum, kehrt aber augenblicklich zurück und reicht ihr einen Brief. »La famille Goldblum est partie.«

Ella gräbt in ihrem Fremdwortschatz, *partir, partir,* überlegt sie, es heißt *gehen.* Familie Goldblum ist gegangen? Sie schaut den Mann verwundert an. Aber sie wollten sie doch hier treffen, Franziska, die Goldblums. Sie versteht nicht ganz.

»Quand?«, fragt sie, wann sind sie abgereist?

»Ce matin, madame.«

Ella versteht, schon am Morgen, früh am Morgen.

Sie dankt dem jungen Mann. Dann verlässt sie das Hotel, verwirrt, ratlos, sie hat fest mit Franziska gerechnet. Ist das hier also wieder nur ein Spaß? Oder könnte es sogar eine Falle sein, und das Telegramm stammt gar nicht von ihr, sondern von der Polizei? Warum aber sollten die sie bis nach Paris locken, das wäre Wahnsinn!

Gegenüber gibt es ein Bistro, dort setzt sie sich an einen der Tische, bestellt einen Kaffee und versucht, die Panik niederzuringen. Sie öffnet den Brief, rast über die Zeilen:

*Wir konnten nicht mehr warten, liebe Ella, verzeih mir! Aber wenn du das liest, hast du dich tatsächlich auf den Weg gemacht, dann wird der nächste Schritt einfach für dich sein!*

*Vom Gare de Lyon geht jeden Morgen der Zug Richtung Marseille. Wir sind im Hôtel Maison Montgrand. Ich habe dir ein paar Franc für das Ticket beigelegt, mit den besten Grüßen von Papa und Mama! Zweifel nicht und steig in diesen Zug! In Liebe, F.*

Ellas Gedanken überschlagen sich, sie liest den Brief erneut. Marseille! Sie ist sich sicher, dass die Goldblums dort nicht bleiben werden, was also würde sie dort finden? Einen nächsten Brief mit der Aufforderung, weiterzureisen, nach Rom, nach Barcelona, ein Dampfschiff zu besteigen nach Kairo oder Amerika?

Ella wird schwindlig, die Wände des Bistros neigen sich ihr zu, die Gesichter verschwimmen, die Stimmen werden zu einem großen Lärm. Und wo soll sie die Nacht verbringen bei dieser Kälte? Sie denkt an Carry, hat aber keine Ahnung, wie sie die Freundin in dieser Stadt finden sollte. Und dann fällt ihr plötzlich Ilse ein, sie durchblättert hastig das Notizbuch, findet ihren Brief samt Adresse. Sie muss es versuchen, denkt sie, vielleicht kann Ilse weiterhelfen.

Draußen dämmert es bereits, im Bistro füllen sich die Plätze. Ella bezahlt und steht auf der Straße, atmet die kalte Luft tief ein, wird ruhiger. Sie stellt den Koffer ab, nimmt die Leica und peilt in die verlassene Avenue, die im Licht der Laternen geheimnisvoll glimmt.

Es ist dunkel, als sie endlich die Rue de Varenne erreicht, das Haus an der Ecke zum Boulevard Raspail, in dem Ilse wohnen soll. Sie schaut an der Fassade empor, blickt auf die Postkarte in ihrer Hand und geht hinein. Langsam steigt sie die Treppe hinauf bis in den vierten Stock und klopft. Wenn ihr niemand öffnet, wird sie sich einfach hier hinsetzen und warten.

Doch sogleich schwingt die Tür auf. »Ella? Mensch, Ella.

Bist du es wirklich?« Vor ihr steht Ilse im einfarbigen Kleid. »Das ist doch nicht möglich!«

»Doch, ich bin's«, mehr bringt sie nicht heraus.

»Himmel, Ella, was tust du hier? Bist du schon länger in Paris?«

»Erst ein paar Stunden. Ich wollte zu einer Freundin, Franziska, aber sie war nicht da, wo sie sein wollte.«

»Na, dann schnell rein, du bist sicher hungrig. Komm, gib mir deinen Koffer.«

Ilses Wohnung wirkt leer, ist nur mit dem Nötigsten eingerichtet, drei Zimmer unterm Dach, Bett und Schreibtisch, zwei Kameras liegen darauf, an den Wänden sind Leinen gespannt, an denen Bilder und Zeitungsausschnitte hängen.

»Ich kann's gar nicht glauben.« Ilse wirkt noch immer überwältigt und schaut Ella an wie eine schicke Schaufensterpuppe im Kaufhaus. »Wie lange haben wir uns nicht gesehen, sicher drei Jahre nicht.«

»Dir scheint es gut zu gehen«, sagt Ella. Ihr Blick wandert an den Wänden entlang. Es sind dort fantastische Fotografien zu sehen: Tänzerinnen, Boxer, herumstehende Arbeiter, ein Stuhl, ein Paar weiße Handschuhe, die Überschrift eines Magazintitels lautet: *La reine du Leica.*

»Das tut es, Ella, ich arbeite für die großen Magazine«, Ilse schenkt Wein in zwei Gläser und reicht ihr eins davon. »Jetzt stoßen wir aber erst mal an, auf uns, liebe Ella, und auf die Fotografie!«

Und schon fängt Ilse an, von Paris zu schwärmen, wie außergewöhnlich diese Stadt sei, so viele gescheite und reizende Menschen, die hier versammelt seien, Paris sei ohne Zweifel ein Magnet für alle Künstler.

Sie hält inne, legt die Hand auf Ellas Arm, hat auf einmal einen Ernst im Blick. »Aber du zitterst ja, meine Liebe.«

»Ich habe kaum geschlafen.«

»Und du sagst, du suchst eine Freundin?«

»Ja, sie schrieb, sie wolle hier auf mich warten, aber sie ist schon weitergereist. Ich soll ihr morgen nach Marseille folgen. Es ist alles verwirrend, ich weiß nicht, was ich denken soll.«

»Willst du denn auswandern?«

Die Frage überrascht Ella in ihrer Direktheit, aber Ilse spricht ja nur das aus, was Franziskas Telegramm eigentlich bedeutet: dass sie zusammen Frankfurt, dass sie Deutschland für immer verlassen sollen.

»Ich … nein, eigentlich …«

»Du musst es tun!«, fällt ihr Ilse ins Wort. »Geh weg! Ich würde keinen Tag mehr in Deutschland bleiben, jetzt, da Hitler freie Hand hat und die Nazis das Sagen haben. Ich wundere mich, dass du es so lange ausgehalten hast!« Sie tritt ans Fenster und schaut auf die Straße, dann wendet sie sich wieder Ella zu. »Auf jeden Fall kannst du fürs Erste bei mir bleiben.«

»Danke« ist alles, was Ella rausbringt. Dieser Tag fühlt sich an wie ein ganzes Dutzend Tage, sie ist erschöpft, kann keinen klaren Gedanken mehr fassen, weiß nur, dass das Angebot von Ilse sie beruhigt, die Aussicht auf einen Schlafplatz.

»Und jetzt komm, zieh deinen Mantel an«, sagt Ilse und schlüpft schon in ihren. »Du musst die Stadt sehen. Lass uns ausgehen!«

Ella ist überhaupt nicht danach, aber sie lässt sich von der Begeisterung mitreißen. Ilse hängt sich ihre Leica um, Ella tut es ihr gleich.

»Und jetzt raus ins Leben!«

Die Nacht steht sternenklar über der Stadt. Unterwegs nach Montmartre besorgen sie sich zwei üppig belegte Sandwiches, dazu Limonade; die Leute essen schnell, reden schnell, Tausende Lichter schwirren herum, Ella rutscht der Schinken aus dem Sandwich, Ilse macht ein Foto von ihr. Geld klimpert,

Musik scheppert, Ella ist ein wenig übel, aber neben der Erschöpfung ist da auch ein kleines Glück in ihr, das jetzt zu blühen beginnt. Hier und jetzt so in Paris zu sein, mit Ilse an ihrer Seite, das hatte sie sich nicht erhofft. Sie hatte sich aus Verzweiflung auf den Weg gemacht, und jetzt laufen sie an den breiten Straßen entlang und halten auf Montmartre zu; überall stoßen sie auf Bemerkenswertes, verheißungsvolle Zeichen des Lebens, Erträumtes, Vergessenes. Sie steigen die Stufen einer Kellerbar hinab, drängen sich ins Gewühl unter die Menschen. Es ist brütend warm, man raucht und redet durcheinander; Ella sitzt neben Ilse auf der Bank, vorn auf einer Bühne stehen zwei und machen Musik, Akkordeon und Gitarre, es wird schon getanzt. Ella stößt mit Ilse an, jemand rempelt gegen sie; der junge Mann lupft die Mütze und entschuldigt sich, reicht ihr eine Zigarette, drängt sich neben sie. »Je m'appelle Maxime.«

»Je suis Ella.«

»Vous voulez danser?«

Also tanzen sie in der engen Bar, Maximes Freund heißt Franck, sie sagen, sie seien Kommunisten, sie sagen, sie seien Anarchisten, und so jemand wie Hitler, der könne sie am Arsch lecken, dem würden sie ordentlich die Fresse polieren, sollte der sich hier blicken lassen. Man lacht und trinkt und tritt sich auf die Füße, niemand stört sich am anderen, keine abschätzenden Blicke, kein Geraune, man lebt und schwitzt und hat sein Gegenüber gern, verbrüdert sich und singt gemeinsam.

Ilse macht ein Foto nach dem anderen: »Reportage de la clandestinité«, ruft sie ihr zu. Maxime und Franck wollen von Ella wissen, wie es ist in Deutschland, und sie sagt: *Merde!*, und dann bringt sie den beiden deutsche Schimpfwörter bei, sodass sie zusammen fluchen können: *Sauhund, Armleuchter, Drecksack, Arsch mit Ohren.* Eine junge Poetin steht auf der

Bühne und trägt mit glühenden Ohren Gedichte vor, zuerst verhalten, doch dann, durchs Publikum angestachelt, immer lauter und mit erhobener Faust. Ella versteht nur einzelne Worte, hört *peuple*, *bataille*, *cœur*, aber sie weiß, dass die junge Frau alles in die Waagschale wirft, sieht, wie sie mit Haut und Haar ihren Vortrag beglaubigt, die Mütze rutscht ihr dabei vom Kopf, sie gerät in eine Tirade, flucht wie ein Lagerarbeiter; schließlich lehnt sie erschöpft an der Wand, man johlt und klatscht, sie bekommt Wein gereicht. Ella will zu ihr und sie in den Arm nehmen, der jungen Frau ins Ohr flüstern, dass sie niemals aufgeben darf, immer bei ihren Worten bleiben muss, doch da wird sie von Franck, Maxime und Ilse aus der Bar gezogen, bekommt eine Zigarette zwischen die Lippen geschoben, einen angedeuteten Kuss hinterher.

Der Atem wölkt sich vor ihren Gesichtern, vor den Nachtklubs stehen geschniegelte Herren im Anzug, aber sie wollen ja gar nicht da rein, haben kein Geld für Champagner und Austern, kein Geld fürs *Château Caucas*, *»entrez, Mesdames, Messieurs, entrez«*. Eine Zigarette steckt Ella im Mund, und sie kriegt kaum Luft, dafür noch einen Kuss. Wer ist denn jetzt Franck und wer Maxime? Die beiden stehen vor einem Plakat des Eiffelturms, seltsamerweise hält jeder von ihnen einen Schuh in der Hand trotz der Kälte, zwischen ihnen steht Ilse, und Ella fummelt an ihrer Leica herum, jetzt mach doch schon, ich halt's nicht mehr lange aus, ich muss aufs Klo, *la Tragédie de la Rue* steht auf dem Plakat, und Ella drückt endlich den Auslöser.

*

Es ist fast Morgen, noch aber herrschen die Lichter der Nacht, es schimmert von den Laternenmasten, streut von den Werbetafeln auf die Straße. Die Trottoirs sind verlassen, nur vereinzelt sind Stimmen zu hören, in der Ferne das Brummen von Maschinen, ein Straßenkehrer schiebt seinen Karren übers Pflaster. Ella schlendert neben Ilse den Boulevard entlang, sie weiß nicht genau, wo sie sind, aber die Freundin kennt sich aus, sie vertraut ihr blind.

»Komm schon!«, ruft Ilse ihr zu. »Oder willst du hier erfrieren?«

Ella spürt die Kälte überhaupt nicht.

Ilse wartet auf sie, nimmt ihre Hand. Sie hat noch immer einen Schnurrbart im Gesicht und sieht damit verwegen aus. »Was ist mit dir?«

»Gar nichts. Vielleicht bin ich nur glücklich, das ist alles.«

»Aber du weinst ja.«

»Ist doch egal. Die Nacht ist schön.«

»Komm mit, wir müssen ins Warme!«

Ilse zieht sie hinter sich her in ein Bistro, wo sie sich an einen der Tische zwängen, heißen Kaffee bekommen. Ilse schließt die Augen und scheint im Sitzen zu schlafen, aus einem Grammofon summt leise eine Arie; die, die hereinkommen, sind unterwegs zur Arbeit oder auf dem Weg ins Bett.

Ella ist müde, aber ihre Gedanken sind klar, trotz der Opiumpfeife, die Maxime ihr gereicht und an der sie gezogen hat, woraufhin alles zu flattern begann, zu schweben. Franck und Maxime führten sie in ein anderes Lokal, verraucht und verwinkelt, dort bekamen sie Pfeifen, dort malten sie sich mit Kohle gegenseitig Bärte, Ella tanzte mit Ilse zur Musik einer Akkordeonistin, und Franck begann, davon zu reden, endlich mit seinem Roman beginnen zu wollen, er werde nun in die Vollen gehen und nehme keine Rücksicht mehr, auf niemanden, er wolle ein freier und radikaler Schriftsteller sein. Fünf Seiten habe Franck bislang zustande gebracht, flüsterte Maxime ihr zu, und die verstehe kein Mensch. Den *Ulysses* verstehe auch keiner, raunte Ella zurück, vielleicht schlummere da ein großer Autor. Maxime grinste. Hier in Paris glaube beinahe jeder, er sei zu Höherem berufen, und dann hocke man doch nur mit der Opiumpfeife da und träume ein bisschen und schwafle und könne sich tags drauf an nichts erinnern.

Ella schreckt hoch. Hat sie auch geschlafen? Ihr Nacken schmerzt, Ilse steht an der Theke und besorgt Zigaretten, gibt ihr eine. Und ein warmes Gefühl ergreift Ella, ein Gefühl, von dem sie weiß, dass es flüchtig ist und schnell wieder vergehen wird. Doch in diesem Augenblick, während sie schweigend neben Ilse sitzt und raucht, fühlt sie es, da hat sie plötzlich eine Ahnung von jener Freiheit, die sie damals mit Franziska beschwor; der Freiheit, sich für einen Weg entscheiden zu können, sich nicht kleinzumachen, eine Freiheit nicht ohne Bedingungen – man muss an Geld kommen, muss Leute kennenlernen, Hände schütteln, lächeln, rege sein, man kann nicht nur rumsitzen und warten –, aber es ist ein köstliches Gefühl, ein süßer Geschmack auf den Lippen, wie ein Kuss. Sie denkt an Franziska, will sie sofort fest in den Arm nehmen, will zu ihr unter die Decke schlüpfen. In der überwältigenden Fremde der unbekannten Stadt spürt Ella, dass sie nun ein echter Mensch geworden ist, Herz und Seele und Verstand zusammenbringen kann, dass sie endlich weiß, wer sie ist.

Sie machen sich auf den Heimweg, nehmen die Metro, sitzen müde aneinandergelehnt da, steigen die Treppe zu Ilses Wohnung hinauf. Ilse kocht Kaffee, Ella steht bei ihr in der Küche und sieht durch das beschlagene Fenster in den anbrechenden Morgen.

»Ich werde abreisen«, sagt sie leise.

Ilse reicht ihr eine Tasse. »Aber warum, Ella? Du solltest bleiben. Alle sind hier in Paris, alle wichtigen Leute.«

Ella denkt an Franziskas Brief und weiß, dass sie das nicht kann, unmöglich. »Ich will ja nicht zurück«, sagt sie. »Ich will weiter, wie alle anderen.«

»Du weißt ja jetzt, wo du mich findest«, sagt Ilse und stellt sich neben sie ans Fenster, lehnt sich sachte an sie. »Und wasch dir besser das Gesicht, bevor du gehst!«

*

Wind fegt über die Gleise, der Dampf der Lokomotiven wirbelt umher, mischt sich mit allerlei Qualm und Gerüchen. Auf die Freiheit! Ella hält den Koffergriff umklammert. Auf die Freiheit! Auf die Wahrheit! Sie hat das Bild klar vor sich, sie und Franziska im Malepartus, an ihrem zweiundzwanzigsten Geburtstag. Eine andere Welt war das gewesen, ein anderes Leben. Und sie hatte geträumt von den weißen Bauten der Architekten, von den strengen Linien der Stadtplaner, den weiten Gärten, sie war in eine neue Welt hineingestolpert, eins hatte zum anderen geführt, eine wilde Fahrt auf dem Karussell.

Sie hat Franziskas Brief in der Tasche, hat sich jedes ihrer Worte eingeprägt. Auf die Freiheit! Sie kann nur erahnen, was es für die Freundin bedeuten muss, Frankfurt und Deutschland hinter sich zu lassen. Hinaus in die Welt! Endlich raus aus dieser langweiligen Provinzstadt. Amerika!, denkt Ella und fühlt einen Schwindel. Es klingt mehr wie ein Roman als ein Land!

Sie stellt den Koffer kurz ab und findet in ihrer Tasche eine Zigarette, bittet einen Bediensteten um Feuer. Dann geht sie den Bahnsteig entlang. Was wirst du in Amerika tun? Gold schürfen, Eisenbahnlinien bauen, ein Imperium errichten? Sie lächelt.

Schnaufend schiebt sich die Lok die letzten Meter in den Bahnhof hinein. Die Wagen glänzen feucht. Ella sieht sich im

Abteilfenster gespiegelt, auf ihrem Gesicht ist noch etwas von dem Kohleschnurrbart zu erahnen. Koffer und Kisten werden verladen, die Passagiere treten hinzu. Sie blickt aufs Wagenschild, wirft einen letzten Blick in die Bahnhofshalle.

Dann steigt sie ein.

# INTERNATIONAL CENTER OF PHOTOGRAPHY

New York City, 2000

Die Beleuchtung war heruntergedimmt, die meisten Bilder lagen im Dunkel. Der rote Schimmer der *Emergency-Exit*-Hinweise lag auf den Wänden rechts von ihm und ließ die Illusion zu, der Raum stünde in Flammen. Richard saß auf einer Bank und genoss die Stille. Es war seit Tagen, ja seit Wochen der erste Augenblick, in dem er nicht von Menschen umgeben war, kein Telefon klingelte, niemand eine Frage an ihn richtete, etwas von ihm unterschrieben haben wollte. Er war umgeben von Ellas Fotografien und Notizen, erschöpft, aber glücklich; am liebsten hätte er sich auf die Bank gelegt, die Beine angezogen und mit dem Blick in die Großmarkthalle auf den Schlaf gewartet, aber natürlich war das undenkbar. In rund drei Stunden würde die Ausstellung eröffnet werden, Presse hatte sich angekündigt, über zweihundert geladene Gäste würden kommen, man erwartete eine Rede von ihm, er würde viele Hände schütteln müssen, Interviews geben. Aber dieser Augenblick gehörte ihm, Ella und Franziska. Sie waren seit seiner Reise nach Frankfurt immer bei ihm gewesen, in jeder Sitzung, bei den Recherchearbeiten, in den Besprechungen, selbst noch beim Einschlafen hatte er sie vor sich gesehen, in einem der Tanzlokale, im Zoo, auf dem Fahrrad. Manchmal hatte er sogar das Gefühl gehabt, sich in Gedanken mit den beiden zu unterhalten.

Richard streckte die Beine aus und schloss die Augen, er spürte den riesigen Raum, hörte Ella leise aus den Notizen lesen, eine Stelle hatte ihn dabei besonders berührt:

*Eine einzige Berührung genügte, und ihr Körper verlor alle Spannung. Nur diese Hand reichte aus, um alles in ihr zum Schweigen zu bringen. Diese Finger, denen man die Arbeit ansah, die sich fast beiläufig auf die fremde Haut legten, den Nacken sanft umfassten. Da kam alles zur Ruhe. Da war eine kleine Gänsehaut, da war ein goldener Flaum.*

Ein Bild dazu gab es nicht oder nicht mehr, aber die wenigen Zeilen genügten, um ihm die mögliche Fotografie klar vor Augen zu führen.

Seit seinem ersten Besuch war er zwei weitere Male nach Frankfurt gereist, um in Archiven zu recherchieren und an die konkreten Orte der Fotografien zu gehen. Wie versprochen hatte ihn Thomas bereitwillig unterstützt, sie hatten die Abende zusammen verbracht, sich angeregt unterhalten. Vor jeder Reise hatte er das Wiedersehen mit Thomas gefürchtet, eine Scheu verspürt, doch schon im Moment ihres Zusammentreffens hatte sich wieder diese Vertrautheit eingestellt. Thomas war aufgeschlossen wie beim ersten Mal, hörte zu, ging auf ihn ein, gab ihm das Gefühl von Nähe. Und dann hatte Richard bei einem Abendessen endlich den Mut gefunden, ihre Freundschaft zu thematisieren. Er hatte Thomas gesagt, wie wohl er sich in seiner Gegenwart fühlte, wie wichtig ihm seine Meinung war, er sei sehr froh, ihn kennengelernt zu haben. Thomas hatte geantwortet, dass es ihm genauso gehe, dass es ihm vorkomme, als würden sie einander schon ewig kennen, und dann hatten sie auf ihre Freundschaft angestoßen.

Mit Thomas hatte er alles besprochen, was von seinem Team entwickelt worden war, später auch die Reihenfolge der Bilder, die sich mit Ellas Notizen abwechselten. Er schätzte

Thomas' Expertise, seinen Sachverstand, und als er ihn vor zwei Tagen zum ersten Mal durch die Ausstellungsräume des ICP geführt hatte, war Thomas lange still geblieben und hatte ihm dann gestanden, wie überwältigt er von alldem war.

Die beiden Kartons, die Matthias nach New York geschickt hatte, hatten neben den erwartbaren Bildern auch noch einige Überraschungen zutage gefördert. So gab es tatsächlich Fotos, die Ella nach dem Krieg gemacht hatte, Bilder des zerstörten Frankfurt, des Wiederaufbaus und der langsamen Erholung, und auch hier hatte sie sich den Menschen der versehrten Stadt gewidmet, häufig waren auf den Aufnahmen Frauen zu sehen, Frauen, die arbeiteten, die auf einer Treppe saßen und sich ausruhten, Frauen beim Tanzen, beim Trinken. Es fanden sich bei den Bildern auch Durchschläge weiterer, kurzer Briefe, die Ella an Redaktionen geschickt hatte, an die *Frankfurter Allgemeine Zeitung*, den *Spiegel*, *Die Zeit*, mit denen sie ihre Aufnahmen zum Abdruck anbot. Nach seinen Recherchen war keines ihrer Anliegen erfolgreich gewesen. Aber so konnte er zumindest sicher sein, dass Ella nach dem Krieg das Fotografieren nicht aufgegeben hatte, sie hatte nur keine Beachtung mehr damit gefunden. Richard nahm an, dass man sie nicht mehr für interessant und unverbraucht genug gehalten hatte, jetzt, da eine neue Generation moderner Fotografinnen ins Rampenlicht drängte. Er hatte sich dafür entschieden, einige dieser späten Bilder ebenfalls der Ausstellung hinzuzufügen, vor allem eine Reihe aus der Siedlung Höhenblick, die die Gebäude nach dem Krieg zwar unversehrt, aber ziemlich heruntergekommen zeigte. Auf einem der Bilder war die Nummer 14 gut zu erkennen, und Richard erinnerte sich an das Türgespräch mit der alten Dame, die ihn gefragt hatte, ob er in diese Ella verliebt sei. Heute, da war er sich sicher, würde er ihre Frage bejahen.

Sie hatten die Ausstellung in mehrere Themenbereiche

untergliedert: *Stadtleben*, *Architektur*, *Reisen*, *Politik*, und den Bildern jeweils Texte aus Ellas Notizen an die Seite gestellt, die auf Tafeln danebenhingen. Die Hochphase des *Neuen Frankfurt* war nach dem Weggang von Ernst May 1930 langsam zu Ende gegangen, die Geschichte und Bedeutung der Gebäude und Siedlungen in Vergessenheit geraten. Erst in den Siebzigerjahren hatte man einige Bauten unter Denkmalschutz gestellt und sich darangemacht, sie wissenschaftlich zu untersuchen, und erst vor kurzer Zeit war damit begonnen worden, sie zu restaurieren. Ella zeichnete mit ihren Aufnahmen diese Wandlung nach, die bei ihr aber nicht allein an den Gebäuden, sondern auch in den Gesichtern der Menschen zum Ausdruck kam.

Richard sah auf seine Uhr. Er trat an eins der Ausstellungsobjekte heran. Von manchen Bildern hatten sie großformatige Kopien anfertigen lassen, andere hingen als Originale im Leica-Format an der Wand. Sie war so begabt gewesen, dachte Richard, wie er es schon unzählige Male gedacht hatte, mit einer Mischung aus Anerkennung und Bestürzung – Bestürzung darüber, dass Ellas künstlerischer Weg so abrupt geendet hatte und sie nicht mehr an ihre früheren Erfolge hatte anknüpfen können. Es blieb ihm nur, darüber zu spekulieren, aber der Gedanke daran, was diese Frau unter besseren Umständen alles hätte erreichen können, schmerzte ihn.

Die letzten Monate hatten Richard neben der Arbeit aber auch noch auf andere Weise zugesetzt, hatten ihn überrascht, berührt, geängstigt: Sarah und er hatten im vergangenen Frühjahr geheiratet, nichts war geplant gewesen, sie hatten es bei einem gemeinsamen Abendessen beschlossen, hatten nur ein paar Freunde eingeladen und waren danach für drei Wochen nach Europa geflogen, wo sie mit einem Mietwagen von Spanien über Frankreich bis nach Italien fuhren, immer entlang der Mittelmeerküste: Barcelona, Marseille, Toulon,

Saint-Tropez, Cannes, Nizza, Genua, eine Reise, die Richard heute wie ein Traum vorkam, die Hitze, das funkelnde Meer, die malerischen Küstenorte, innige Zweisamkeitsmomente wie auch die üblichen Streitereien mit Sarah, Schweigen, Sex auf dem Rücksitz des Wagens. Er fragte sich manchmal, ob er das alles wirklich erlebt hatte. Zwei Wochen nach ihrer Rückkehr war plötzlich Eleonore gestorben; der Tod seiner Schwester hatte Richard für Wochen aus der Bahn geworfen, Adrian hatte eine Zeit lang die Teamleitung übernehmen müssen. Ihr Tod durch plötzlichen Herzstillstand war ungerecht, und Richard wünschte sich, Eleonore jetzt und hier noch einmal in den Arm nehmen und lachen hören zu können. Und dann war auch Ilse Anfang des Jahres verstorben. In ihrem Testament hatte sie Richard als Verwalter ihres Werks eingesetzt, der es dem Archiv des ICP übergeben hatte. Tod auf der einen, Wiedergeburt auf der anderen Seite: Eleonore und Ilse, Ella und Franziska. Diese Ausstellung war ihnen allen gewidmet.

Über ihm sprangen die Deckenleuchten an. Zwei Museumsmitarbeiter kamen herein, grüßten ihn, und Richard machte sich auf den Weg zurück ins Auditorium, wo letzte Vorbereitungen für die Eröffnung getroffen wurden.

Richard stand umringt von Menschen im Eingangsbereich des ICP, wo ein Caterer das Buffet aufgebaut hatte; es gab kalifornischen Weißwein, und man hatte aus Frankfurt sogar ein paar Kisten Apfelwein einfliegen lassen. Seine Rede war kurz und einprägsam gewesen: Er hatte von der Entdeckung der ersten Fotos von Ella Burmeister erzählt, von seiner Reise nach Frankfurt, seinem Wunsch, diese Frau näher kennenzulernen, und der Schwierigkeit, an weiteres Material zu kommen. Wie Ella habe auch er immer auf eigenen Beinen stehen wollen, habe zu lange jedoch nur auf sich selbst gehört, manchmal komme man nur weiter, wenn man sich auch auf andere Menschen einlasse. An dieser Stelle hatte er Thomas genannt und dann in der Reihenfolge der Ereignisse die Kolleginnen und Kollegen vom Städel Museum, Matthias, Ilse und Eleonore. Applaus brandete auf, John Rosen schüttelte ihm sichtlich gerührt die Hand, sagte nun selbst ein paar Worte, denen Richard jedoch kaum folgen konnte, es war nur ein großes Rauschen um ihn gewesen, so, als stünde er unter einem Wasserfall.

Jetzt entspannte er sich langsam; er war wieder Professor Kugelman, geistreich, eloquent, zugewandt. Es war sein Abend, und alle waren sie gekommen: die Leute von der Universität, Pressemenschen, Kollegen, Freunde; er erkannte Carl in der Menge, sein Bruder überragte die meisten um einen Kopf; da war Matthias, der gestern aus Frankfurt angereist war, natürlich auf Einladung der Cooper Union. Richard lächelt in sich hinein beim Gedanken an den vergangenen Abend, an dem Thomas, Matthias, Carl und er in einer Jazzbar in Harlem versackt waren. Matthias hatte sehr unterhaltsam aus seiner Zeit in den Staaten erzählt, von den Konzerten, den schäbigen Motels, betrunkenen Fans und auch einer ganzen Menge Drogen.

Die Gäste wanderten mittlerweile durch die Ausstellungsräume, auf einem Tisch neben dem Buffet wurde der dazugehörige Katalog verkauft, für den Richard sowohl Vorwort als auch Haupttext verfasst hatte, *Wie Zebras im Schnee*, in dem er versuchte, Ellas Leben nachzuzeichnen und dort weiterzuerzählen, wo es keine gesicherten Informationen mehr gab.

Er stand zwischen Thomas und Sarah, nahm Glückwünsche entgegen, sprach mit einem Journalisten der *New York Times* und einem vom *Observer*, diktierte einem Reporter von *WNYC* ein paar Worte ins Mikro, eine Band spielte Jazz, zu dem jetzt einige Mutige tanzten. Als die Musik langsamer wurde, wollte auch Sarah tanzen, und Richard bewegte sich mit ihr über den glatten Boden, sah über ihre Schulter hinweg zu Thomas, der im Gespräch mit John Rosen stand und ihm zuzwinkerte.

Der Septemberabend war mild, der gerade erst neu eröffnete Bau des ICP zog ebenso wie Ellas Fotografien die Blicke auf sich, es war erst die zweite Ausstellung seit dem Neustart, was Richard als große Ehre empfand. Er sprach eine Weile mit John Rosen, stieß mit Carl auf Eleonore und Franziska an. Ihr Bild der beiden Zebras hing direkt neben Ellas Fotografie und bildetet das heimliche Zentrum der Ausstellung: An dieser entscheidenden Stelle waren die Lebenswege der beiden Frauen für immer sichtbar miteinander verbunden, und auch wenn es Außenstehenden nur als ein kleines Detail erscheinen mochte, schlug hier für Richard das Herz der gesamten Konzeption.

Hier hatte alles begonnen, und hier sollte es auch enden.

# DANK

Dieses Buch ist nicht hinter verschlossenen Türen entstanden und wäre nicht das, was es jetzt ist, ohne die folgenden Menschen. Ihnen allen gebührt mein Dank: Andreas Paschedag, Sebastian Richter, Sabine Baumann, Gisela Thomas, Franziska Lindner, Marion Victor, Alida Bremer, Julia Westlake, Rebecca Spilker, Jens Eisel, Isabel Bogdan, Susann Pásztor, Gunnar Cynybulk, Ingo Herzke, Melina Mörsdorf. Und natürlich, aus tiefstem Herzen: Irmela und Hannah.